应用型本科院校"十二五"规划教材/经济管理类

Consumer Behavior

消费者行为学

主　编　汤　杰　高延鹏
副主编　陈媛媛　张庚全　宗文宙　付存军　李　伟

哈尔滨工业大学出版社
HARBIN INSTITUTE OF TECHNOLOGY PRESS

内容提要

本书以理论联系实际,适应消费者行为学教学与实践应用为宗旨进行编写,在体系安排上将消费者行为学这门课程分为三个主要部分,即影响消费者行为的内部因素、外部因素、消费者决策过程。全书力求结构严谨,布局合理,在内容上继承传统,吸取国内外最新研究成果;同时本书在编写过程中强调理论部分够用,突出实践,拓展了知识面。

本书可作为应用型院校经济类、管理类、统计类专业的本科生的教材,也可作为企业培训、成人教育等指导用书。

图书在版编目(CIP)数据

消费者行为学/汤杰,高延鹏主编. —哈尔滨:哈尔滨工业大学出版社,2012.7(2016.1重印)
应用型本科院校"十二五"规划教材
ISBN 978-7-5603-3687-9

Ⅰ.①消⋯ Ⅱ.①汤⋯ ②高⋯ Ⅲ.①消费者行为论—高等学校—教材 Ⅳ.①F713.55

中国版本图书馆 CIP 数据核字(2012)第 167431 号

策划编辑	杜 燕 赵文斌 李 岩
责任编辑	苗金英
出版发行	哈尔滨工业大学出版社
社　址	哈尔滨市南岗区复华四道街 10 号　邮编 150006
传　真	0451-86414749
网　址	http://hitpress.hit.edu.cn
印　刷	哈尔滨久利印刷有限公司
开　本	787mm×960mm 1/16 印张 24.75 字数 538 千字
版　次	2012 年 7 月第 1 版 2016 年 1 月第 3 次印刷
书　号	ISBN 978-7-5603-3687-9
定　价	39.80 元

(如因印装质量问题影响阅读,我社负责调换)

《应用型本科院校"十二五"规划教材》编委会

主　任　修朋月　竺培国

副主任　王玉文　吕其诚　线恒录　李敬来

委　员　（按姓氏笔画排序）

丁福庆　于长福　马志民　王庄严　王建华

王德章　刘金祺　刘宝华　刘通学　刘福荣

关晓冬　李云波　杨玉顺　吴知丰　张幸刚

陈江波　林　艳　林文华　周方圆　姜思政

庹　莉　韩毓洁　臧玉英

序

　　哈尔滨工业大学出版社策划的《应用型本科院校"十二五"规划教材》即将付梓,诚可贺也。

　　该系列教材卷帙浩繁,凡百余种,涉及众多学科门类,定位准确,内容新颖,体系完整,实用性强,突出实践能力培养。不仅便于教师教学和学生学习,而且满足就业市场对应用型人才的迫切需求。

　　应用型本科院校的人才培养目标是面对现代社会生产、建设、管理、服务等一线岗位,培养能直接从事实际工作、解决具体问题、维持工作有效运行的高等应用型人才。应用型本科与研究型本科和高职高专院校在人才培养上有着明显的区别,其培养的人才特征是:①就业导向与社会需求高度吻合;②扎实的理论基础和过硬的实践能力紧密结合;③具备良好的人文素质和科学技术素质;④富于面对职业应用的创新精神。因此,应用型本科院校只有着力培养"进入角色快、业务水平高、动手能力强、综合素质好"的人才,才能在激烈的就业市场竞争中站稳脚跟。

　　目前国内应用型本科院校所采用的教材往往只是对理论性较强的本科院校教材的简单删减,针对性、应用性不够突出,因材施教的目的难以达到。因此亟须既有一定的理论深度又注重实践能力培养的系列教材,以满足应用型本科院校教学目标、培养方向和办学特色的需要。

　　哈尔滨工业大学出版社出版的《应用型本科院校"十二五"规划教材》,在选题设计思路上认真贯彻教育部关于培养适应地方、区域经济和社会发展需要的"本科应用型高级专门人才"精神,根据黑龙江省委书记吉炳轩同志提出的关于加强应用型本科院校建设的意见,在应用型本科试点院校成功经验总结的基础上,特邀请黑龙江省9所知名的应用型本科院校的专家、学者联合编写。

　　本系列教材突出与办学定位、教学目标的一致性和适应性,既严格遵照学科体系的知识构成和教材编写的一般规律,又针对应用型本科人才培养目标及与之相适应的教学特点,精心设计写作体例,科学安排知识内容,围绕应用讲授理论,做到"基础知识够用、实践技能实用、专业理论管用"。同时注意适当融入新理论、新技术、新工艺、新成果,并且制作了与本书配套的PPT多媒体教学课件,形成立体化教材,供教师参考使用。

《应用型本科院校"十二五"规划教材》的编辑出版,是适应"科教兴国"战略对复合型、应用型人才的需求,是推动相对滞后的应用型本科院校教材建设的一种有益尝试,在应用型创新人才培养方面是一件具有开创意义的工作,为应用型人才的培养提供了及时、可靠、坚实的保证。

希望本系列教材在使用过程中,通过编者、作者和读者的共同努力,厚积薄发、推陈出新、细上加细、精益求精,不断丰富、不断完善、不断创新,力争成为同类教材中的精品。

黑龙江省教育厅厅长

前　言

消费者行为学是一门年轻的学科，又是一门领域跨度大的学科，涉及市场营销学、心理学、社会学、社会心理学、人类文化学、经济学、管理学以及统计学等诸多学科。近年来，许多高校纷纷开设消费者行为学课程，消费者行为学的教学水平和研究能力有了明显提高，极大地推动了国内经济的发展和企业营销水平的提高。消费者行为学这门课程，不仅成为市场营销专业学生的必修课，而且成为工商管理、广告、传播等相关专业的选修课，受到广大学生的重视和欢迎。

为满足市场经济新形势下高等院校市场营销专业教学和企业营销应用的需要，本书吸收和借鉴了国内外消费者行为研究及营销应用的基本理论和最新成果，博采中外众家之长并加以发展和创新，着重关注以下三点。

第一，基本原理的理解。由于消费者行为学是多学科交叉的边缘学科，涉及其他学科的原理和专业名词，为了便于学生理解和记忆，本书尽可能应用营销概念去诠释这些基本原理。

第二，内容体系化。本书循着影响消费者购买行为的因素和消费者决策过程的主线展开。首先论述了消费者行为研究的发展过程、研究的意义、若干基本概念和体系结构、消费者行为学的特点和研究途径；其次论述了影响消费者行为的内在因素，包括消费者的感觉和知觉，消费者的记忆，消费者的情绪情感过程和意志过程，消费者的个性、个性倾向性和个性心理特征，消费者的注意和理解，消费者的态度以及消费者已发生的行为对将要发生的行为的影响；再次论述了外在因素对消费者行为的影响，主要有社会因素、文化和经济因素、市场营销组合因素等；最后论述了消费者的决策过程，包括消费者的购买行为类型、信息搜集、购买评价、情境影响、购后过程与顾客满意。

第三，内容的新颖性。本书吸收了国内外消费者行为研究的最新成果，并尽可能反映我国的营销实践，突出了案例教学的特点，增强了学习的可操作性。

本书由汤杰、高延鹏、陈媛媛、张庚全、宗文宙、付存军、李伟共同编写。具体分工为：汤杰编写第一章、第三章和第十二章（第一节、第二节、第三节），高延鹏编写第六章、第七章、第八章和第九章（第二节、第三节），陈媛媛编写第四章和第五章，张庚全编写第二章和第十三章，宗文宙编写第十二章（第四节）和第十四章、第十五章，付存军编写第十章和第十一章，李伟编写第九章（第一节）。全书由汤杰负责审核和定稿。

限于编者的水平，书中难免有不足和不妥之处，请广大读者和专家给予批评指正，多提宝贵意见，以便于不断完善和提高（E-mail：tangjie73@163.com）。

编　者
2012年5月

目 录

第一章 消费者行为学概论 ... 1
- 第一节 消费者行为学的基本概念与研究内容 ... 2
- 第二节 消费者行为研究的意义 ... 12
- 第三节 消费者行为与企业营销 ... 16
- 第四节 消费者行为学的理论来源与研究方法 ... 26

第二章 消费者的认识过程 ... 34
- 第一节 消费者的意识 ... 35
- 第二节 消费者的感觉与知觉 ... 39
- 第三节 消费者的注意 ... 48
- 第四节 消费者的思维与想象 ... 52

第三章 消费者的学习与记忆 ... 57
- 第一节 消费者学习概述 ... 58
- 第二节 学习的相关理论 ... 64
- 第三节 消费者的记忆与遗忘 ... 73
- 第四节 营销中消费者学习与记忆的测量 ... 83

第四章 消费者的动机、个性与情绪 ... 90
- 第一节 消费者的动机 ... 91
- 第二节 消费者的个性 ... 103
- 第三节 消费者的情绪 ... 112

第五章 消费者的态度与态度改变 ... 122
- 第一节 消费者态度概述 ... 124
- 第二节 消费者态度的形成与测量 ... 133
- 第三节 消费者态度的改变 ... 140

第六章 文化与消费者行为 ... 150
- 第一节 文化的含义及特征 ... 151

第二节　文化内容的构成因素 …………………………………… 154
　　第三节　亚文化与消费者行为 …………………………………… 158
　　第四节　中国传统文化对消费者行为的影响 …………………… 167

第七章　社会群体与消费者行为 ………………………………………… 172
　　第一节　社会群体概述 …………………………………………… 173
　　第二节　参照群体对消费者行为的影响 ………………………… 178
　　第三节　口传过程与意见领袖 …………………………………… 184
　　第四节　消费习俗与消费流行 …………………………………… 190

第八章　社会阶层与购买行为 …………………………………………… 197
　　第一节　社会阶层概述 …………………………………………… 198
　　第二节　社会阶层的决定因素与测量 …………………………… 200
　　第三节　社会阶层与消费者行为 ………………………………… 208

第九章　家庭与消费者行为 ……………………………………………… 217
　　第一节　家庭的概念 ……………………………………………… 218
　　第二节　家庭购买决策 …………………………………………… 225
　　第三节　孩子对家庭购买行为的影响 …………………………… 231

第十章　消费者决策过程Ⅰ:消费者决策与问题认知 ………………… 238
　　第一节　消费者决策概述 ………………………………………… 239
　　第二节　问题认知 ………………………………………………… 250

第十一章　消费者决策过程Ⅱ:信息搜寻与方案评价 ………………… 261
　　第一节　信息搜寻 ………………………………………………… 262
　　第二节　方案评价 ………………………………………………… 274

第十二章　消费者决策过程Ⅲ:购买行为与购后行为 ………………… 286
　　第一节　店铺选择与购买 ………………………………………… 287
　　第二节　购后行为与处置 ………………………………………… 301
　　第三节　消费者的满意与品牌忠诚 ……………………………… 306
　　第四节　消费者不满及其行为反应 ……………………………… 312

第十三章 网络消费者行为 ... 319
第一节 网络消费者类型及购买过程 ... 320
第二节 网络环境下消费者行为特征 ... 325
第三节 影响网络消费者购买行为的因素 ... 329
第四节 网络消费心理及营销策略 ... 335

第十四章 绿色消费者行为 ... 343
第一节 绿色与绿色消费行为 ... 344
第二节 绿色消费心理过程 ... 351
第三节 绿色消费行为的影响因素 ... 354
第四节 我国绿色产品消费中存在的问题 ... 359

第十五章 服务消费者行为 ... 364
第一节 服务消费及购买心理 ... 365
第二节 服务产品的评价 ... 369
第三节 服务购买及其决策过程 ... 374

参考文献 ... 383

第一章 Chapter 1

消费者行为学概论

【学习目标】

(1) 知识目标

通过本章的学习,掌握消费者行为学的基本概念,认识研究消费者行为的重要性,了解消费者行为学的理论来源,掌握消费者行为学与市场营销学之间的关系。

(2) 技能目标

掌握消费者行为学的研究方法。

【引导案例】

布莱尔·奥尼尔的事业

布莱尔·奥尼尔是 Vous Vois Vision 公司的雇员。她买下了一个经营失败的光学零售商店,这家店以前以"纽约眼科大夫"的名称营业,该店一直强调店里没有价格超过199美元的眼镜,而布莱尔却以一种不同的途径经营。她父亲尝试过劝她脱离这"奄奄一息的事业"。然而,布莱尔相信一直以来的低价定位是目光短浅的,这一定位并没有意识到事物的潜在价值——一种特别的价值和意义,眼镜也是一样。

虽然越来越多的消费者选择矫正手术来弥补受损的眼睛,但她相信一定存在一个未开发的市场,而构成这个市场的元素则是消费者对通过眼镜来表达自我的需求。她进行了一次市场调查,了解到那些专门设计的可以改变眼睛外观的眼镜架和隐形眼镜将会具有巨大的潜在增长率。即便是炫耀,一些长得漂亮的消费者仍然会希望买一个专门设计的镜架来表达特定的情绪或搭配他们最爱的服装。另外,太阳镜的平均价格是十年前的两倍以上,越来越多的消费者光顾光学店来满足他们对太阳镜的需要。虽然布莱尔一开始对这次风险行为有些紧张,但是,对市场的近距离观察又给了她信心。她找到了她适合的职业,或者说适合的职业群!

> 问题:1. 使用基本的消费过程理论,说明消费者是怎样"消费"眼镜的。
> 　　　2. 布莱尔·奥尼尔的成功给你带来了什么启示?
> (资料来源:BARRY J BABIN,ERIC G HARRIS. 消费者行为学[M]. 北京:机械工业出版社,2011.)

第一节　消费者行为学的基本概念与研究内容

一、消费者行为学的基本概念

消费者行为学是一门实践性较强的应用型学科,同时也是一门交叉性和综合性的学科。为了理解消费者行为学的特定含义,便于学习和研究,必须弄清下面几个相关的概念。

(一)消费

消费和生产、分配、交换一起构成社会经济活动的整体,是社会经济活动中一个十分重要的领域。消费是人们消耗物质资料和精神产品以满足生产和生活需要的过程。经济发达的社会通常被称为消费社会。生活在这一社会中的人们,要花相当多的时间从事消费活动。人类的消费活动与人类的产生相伴而来,是人类赖以生存和发展的最古老的社会活动和社会行为,是社会进步与发展的基本前提。消费包括生活消费和生产消费。生活消费即我们日常生活中所说的消费,是人们为了自身的生存与发展,消耗一定的生活资料和服务,以满足自身生理和心理需要的过程。如吃、穿、住、行、通信、体育休闲、娱乐等的消费都是生活消费。生产消费指物质资料生产过程中原材料、燃料、工具、劳动力等的消耗,它包含在生产之中,是维持生产过程连续进行的基本条件。消费者行为学研究消费的主体——消费者,就必须涉及消费,而消费者行为学主要研究的是生活消费。

(二)消费者

从法律意义上讲,消费者是为个人的目的购买或使用商品和接受服务的社会成员。消费者是从事消费行为活动的主体。根据研究角度的不同,对消费者概念的界定分为广义的消费者和狭义的消费者。

广义的消费者是指所有进行物质产品和精神产品的消费活动的社会人。从一定意义上看,社会中的每一个人,无论其身份、地位、职业、年龄、性别、国籍如何,为维持自身的生存和发展,都要对衣食住行等物质生活资料或精神产品进行消费,因而都是消费者。换言之,广义的消费者等同于全部的个体和社会群体。

狭义的消费者是指那些对某种商品或服务有现实或潜在需求的个人或家庭。由于对商品需求的表现不同,狭义的消费者又可分为现实消费者和潜在消费者。现实消费者是指对某种商品或劳务有现实需要,并进行商品购买或使用的消费者。潜在消费者指当前尚未购买、使用或需要某种商品,但在未来可能对其产生需求并付诸购买及使用的消费者。通常,消费者需求的潜在状态是由于缺乏某种必备的消费条件,诸如需求意识不明确,需求程度不强烈,购买能力不足,缺乏有关商品信息等。而一旦所需条件具备,潜在消费者随时有可能转化为现实消费者。本书重点研究的是狭义的消费者。

【资料卡1.1】

消费者的角色

成功的营销者应该了解消费者角色的价值。消费者的角色可以分为五种:消费的倡导者、决策者、影响者、购买者和使用者。

1. 消费倡导者

即首先提出或有意购买某一产品或服务的人。

2. 消费决策者

即有权在消费中单独与其他成员共同作出决策的人。

3. 消费影响者

即以各种形式影响消费过程的一类人,包括家庭成员、邻居与同事、购物场所的售货员、广告中的模特、消费者所崇拜的名人明星,甚至素昧平生、萍水相逢的过路人等。

4. 购买者

即实际作出最终购买决定,直接购买商品的人。

5. 使用者

即最终使用、消费该商品并得到商品使用价值的人,有时称为"最终消费者""终端消费者""消费体验者"。

(资料来源:菲利普·科特勒.营销管理:分析、计划执行和控制[M].9版.上海:上海人民出版社,1999.)

【资料卡1.2】

消费者的特点

1. 消费者的消费性质属于生活消费

消费者的生活消费包括两类:一是物质资料的消费,如衣、食、住、行、用等方面的消费;二是精神消费,如旅游、文化教育等方面的消费。

2. 消费者的消费客体是商品和服务

商品指的是与生活消费有关的并通过流通过程推出的那部分商品,既包括消费者购买商品用于自身消费,也包括购买商品供他人使用或使用他人购买的商品。服务指的是与生活消费有关的、有偿提供的、可供消费者利用的任何种类的服务。

3. 消费者的消费方式包括购买、使用(商品)和接受(服务)

关于商品的消费,即购买和使用商品;关于服务的消费,不仅包括自己付费自己接受服务,而且包括他人付费自己接受服务。不论是商品的消费还是服务的消费,只要是将有偿获得的商品和接受的服务用于生活消费的人,就属于消费者。

(资料来源:荣晓华. 消费者行为学[M]. 3版. 沈阳:东北财经大学出版社,2011.)

(三)消费品

根据消费者的意图,产品可分为工业品和消费品。二者之间最根本的区别在于它们的预期用途不同。如果是用于商业,那么产品被定义为工业品或产业用品。工业品是用于制造其他产品或服务、用于促进企业经营以及向其他消费者转售的产品。消费品是用来满足消费者个人需求的产品。在有些情况下,同一个产品既会被定义为工业品又会被定义为消费品,例如家庭主妇购买苹果是为了家人享用,因此苹果是消费品;但如果是果酒厂买进苹果用来酿酒,那苹果就变成工业品了。

【资料卡1.3】

消费品的种类

根据商品的种类来划分,消费品可以分为四种类型:便利品、选购品、特殊品、非渴求品。

1. 便利品

便利品是消费者经常购买而且不需要费更多的精力就能买到的商品。

便利品的特点是:

①便利品都是非耐用品,且多为消费者日常生活必需品。因而,经营便利品的零售商店一般都分散设置在居民住宅区、街头巷尾、车站、码头、工作地点和公路两旁,以便消费者随时随地购买。

②消费者在购买前,对便利品的品牌、价格、质量和出售地点等都很熟悉,所以对大多数便利品只花较少的时间与精力去购买,比如奶制品、牙膏、盐等。

2. 选购品

选购品是指消费者对使用性、质量、价格和样式等基本方面要作认真权衡比较的产品。选购品的价格一般比便利品的价格高,而且销售选购品的商店也要少。消费者在购买选购品时一般要对几种品牌或几家商店进行比较,看款式、适用性、价格与其生活方式的协调性如何,他们也愿意花费一些精力以取得自己期望的利益。

选购品分为两种:同质品和异质品。消费者认为同质品的质量基本相似,但价格却明显不同,所以有选购的必要,如冰箱、电视等。相反,消费者认为异质品的质量是不同的,如家具、住宅等。消费者在选购异质品时比较麻烦,因为其价格、质量、特征等差异很大。对异质品进行比较的好处是"为自己挑选到最好的商品或品牌",因而消费者作出的决定通常个性化极强。

3. 特殊品

特殊品是指那些具有独特的品质特色或拥有著名商标的产品。当消费者广泛地寻求某一特殊商品而又不愿意接受替代品时,这种商品即为特殊品,如奔驰汽车、劳力士手表等。特殊品的经销商经常运用突出地位感的精选广告保持其商品的特有形象,分销也经常被限定在某一地区的一个或很少的几个销售商店里。所以,品牌名称和服务质量非常重要。特殊品不涉及购买者对商品的比较,他们只需花时间找到该商品的经销商即可。

4. 非渴求品

如果一项产品不为其潜在的消费者所了解或虽然了解也并不积极问津,那么这项产品就叫做非渴求品。新产品在通过广告和分销提高其知名度以前都属于非渴求品。一些商品永远都是非渴求品,特别是我们不愿意想起或不喜欢为它们花钱的商品。如墓地、保险、丧葬用品、百科全书等物品都是传统的非渴求品,都需要借助鼓动性强的销售人员和有说服力的广告促进销售。销售人员总是尽力地接近那些潜在的消费者,因为消费者大多不会主动地去寻找这类产品。

(资料来源:荣晓华.消费者行为学[M].3版.沈阳:东北财经大学出版社,2011.)

(四)消费者行为

所谓消费者行为,就是指人们为满足需要和欲望而寻找、选择、购买、使用、评价及处置产品和服务时个人的活动及其过程。它一方面涉及人们的思想和行为,另一方面也是一个不断积累知识的研究领域。由于所站角度不同,研究者对于消费者行为概念也众说纷纭,恩格尔把消费者行为定义为"为获取、使用、处置消费物品所采取的各种行动,以及先于且决定这些行动的决策过程"。这个定义强调消费者行为是一个整体,是一个过程,获取或者购买只是这一过程的一个阶段。所以当前研究消费者行为,既要了解消费者在获取产品和服务之前的需要、评价与选择活动,也应重视在获取产品后对产品的使用和处置活动。因为消费者消费产品或服务的体验,处置产品的方式和感受,均会影响消费者的满意度和是否重复购买。

美国市场学会把消费者行为定义为:"感知、认知、行为以及环境因素的动态互动过程,是人类履行生活中交易职能的行为基础。"在这一定义中,至少包含了三层重要的含义:

①消费者行为是动态的。这意味着作为个体的消费者和作为群体的消费者,会随着社会历史的变迁和社会经济的发展变化而发生或大或小、或慢或快的变化。比如,"80后和90后"消费者群体,他们的物质生活相对比较优越,同时深受互联网文化的影响,因此具有与以往不同的消费行为,网上购物逐渐成为主流消费形式之一。

②消费者行为不仅仅是一个行为过程,它还包含了感知、认知、行为以及环境因素的互动作用。研究消费者行为就必须了解他们的心理活动,了解他们在想什么(认知),感觉如何(感知),他们要做什么(行为),掌握消费者的认知、感知和行为如何相互影响,与环境因素是如何起到互动作用的。把某些因素孤立起来的研究是片面的、不可取的。

③消费者行为是一个涉及交易的行为。消费者行为包含了人类之间的交易,这一点使消费者行为的定义与市场营销的定义保持了一致性——市场营销就是通过系统地制定和实施营销战略和策略实现交易的。

【资料卡1.4】

消费者行为的特点

1. 消费者行为的广泛性和分散性

(1) 广泛性

生活中每一个人都不可避免地发生消费行为或是购买行为,成为消费者市场的一员,因此,消费者市场人数众多,消费者行为范围广泛。

(2) 分散性

消费者分散在全国各地,大江南北,甚至全世界;消费者又是以个人或家庭为购买单位的,通常一次购买数量较少;再者,现代市场商品供应丰富,购买方便,随时需要,随时购买。而每次购买数量零星,购买次数频繁,导致了消费者行为分散性的特点。

2. 消费者行为的多样性和复杂性

(1) 多样性

多样性表现在消费者需求、偏好以及选择产品的方式等方面各有侧重,互不相同。同一消费者在不同时期、不同环境、不同情境、不同产品的选择上,其行为呈现出很大的差异性。

(2) 复杂性

消费者行为研究结果已经证明,人们的消费行为是在需要基础上、在购买动机的驱使下进行的,但是每一行为背后的购买动机往往又是隐蔽的和复杂的。消费者行为还受到社会经济环境、社会文化环境、个性特征和生活方式等因素的影响,而且这些因素对消费者行为的影响有的是直接的,有的是间接的,有的是单独的,有的是交叉的或交互的。

3. 消费者行为的易变性和发展性

(1) 易变性

消费需求具有求新求变的特性。这种特性要求企业生产的产品品种、款式不断翻新,给人一种新鲜感、新奇感,他们不喜欢一成不变的老面孔。

(2) 发展性

人类社会的生产力和科学技术总是不断进步,新产品不断出现,消费者收入水平不断提高,消费需求也就呈现出由少到多、由粗到精、由低级到高级的发展趋势。"发展性"与"易变性"都说明消费需求的变化,区别在于"易变性"说明变化的偶然性和短期现象,"发展性"说明变化的必然性和长期趋势;"易变性"说明与科技进步无关的变化,"发展性"说明与科技进步有关的变化。

4. 消费者行为的非专家性和可诱导性

（1）非专家性

随着社会的发展和社会分工的细化，商品越来越丰富，消费时尚和消费流行变化越来越快，消费者不是购买专家的特点就显得十分突出。在购买商品时，特别是购买大件耐用消费品时，为了降低购买风险，消费者往往用品牌和价格作为降低购买风险的标志。在当前这种行为特征十分突出。

（2）可诱导性

消费者行为还有一个特点就是可诱导性，即消费者有时对自己的需要并不能清楚地意识到。此时，企业可以通过提供合适的产品来激发消费的需要，也可以通过有效的广告宣传、营业推广等促销手段来刺激消费者，使之产生购买欲望，甚至影响他们的消费需求，改变他们的消费习惯，更新他们的消费观念，创立全新的消费文化。

5. 情感性

消费品有千千万万，消费者对所购买的商品大多缺乏专门的甚至是必需的知识，对质量、性能、使用、维修、保管、价格乃至市场行情都不太了解，只能根据个人好恶和感觉作出购买决策，多属非专家购买，受情感因素影响大，受企业广告宣传和推销活动的影响大。

6. 伸缩性

消费需求受消费者收入、生活方式、商品价格和储蓄利率影响较大，在购买商品数量和品种选择上表现出较大的需求弹性或伸缩性。

7. 替代性

消费品种繁多，不同品牌甚至不同品种之间往往可以互相替代。由于消费品的替代性和购买力相对有限，消费者对满足哪些需要以及选择哪些品牌来满足需要必然慎重决策且经常变换，导致购买力在不同产品、品牌和企业之间流动。

8. 群体性

消费者可依据不同标准划分为不同群体，同一群体的消费者在生活习惯、收入水平、购买特点和商品需求等方面有较大的相似之处，而不同群体消费者的消费行为则表现出较大的差异性。

9. 季节性

季节性分为三种情况：一是季节性气候变化引起的季节性消费，如冬天穿棉衣，夏天穿单衣；热天买冰箱，冷天买电热毯等。二是季节性生产引起的季节性消费，如春夏季是蔬菜集中生产的季节，也是蔬菜集中消费的季节。三是风俗习惯和传统节日引起的季节性消费，如端午节吃粽子，中秋节吃月饼等。

（资料来源：http://sv4.wljy.sdu.edu.cn:85/xfzxwx/ktjx/ch01/se04/01.html.）

【资料卡 1.5】

消费者行为的发展趋势

消费者行为的发展和变化是促进营销发展变化的重要因素之一。事实上,社会和时代最重要的变化不仅在于科技,还在于消费者因科技而拥有更多的知识和更高的能力。他们的行为正向着以下几个方面发展。

1. 注重价值导向

由于消费水平的提高,消费者不仅考虑产品或服务的功能,还追求其附加价值。同时,他们强调物有所值,不盲目地追求品牌和档次。其特征集中表现为"交叉购买"。

2. 信息索取趋于多、捷、便

互联网的运用和发展,正逐步减少和消除因信息不对称和高昂的信息成本给消费者带来的困扰和不便。消费者几乎足不出户便可以最快、最便利、最便宜的方式,获得所需的大量资料。

3. 追求个性化、独特化

个性化已逐渐成为现代人性格的一大特征。"人们通过自己所拥有的去寻求、表达、确认并且肯定一种存在的感觉。"目前,许多消费者已进入明显的个性消费阶段,过去那种"忠诚度同质化"的现象正逐步淡化。

4. 积极主动,更加内行和自信

由于消费者能接触到更多的信息,有更多的选择机会,他们不再被动地接受他人的观点和信息,不再消极地购买和消费,而要求参与、掌握主动权,需要终极关注以及被倾听。

5. 主张创新而不是单纯选择

不断发展的 IT 技术及数字媒体给消费者建造了全新的创新舞台。他们不仅仅满足于对现有产品或服务作出选择,创新才是他们追求的永恒目标。

6. 关注和重视社会利益

社会文明程度的不断提高使消费者在满足个体消费需求的同时,更注重保护生态环境,防止污染,并且主张节省及再利用资源。

(资料来源:荣晓华. 消费者行为学[M]. 3 版. 沈阳:东北财经大学出版社,2011.)

二、消费者行为学研究的内容

消费者行为学是研究消费者为满足其需要和欲望而选择、获取、使用和处置产品、服务的活动及其过程,以及影响这一活动和过程的各种因素。

【资料卡 1.6】

消费者购买行为分析模型

图 1.1 是一个关于消费者行为的简单模型,我们以此模型来描述消费者行为的一般结构与过程,同时据此统领全书内容。消费者在各种因素(包括个人因素、环境因素和营销因素)的作用下,形成一定的自我意识与生活方式,特定的自我意识与生活方式能导致消费者产生相应的需要和动机。为了满足这些需要和动机,消费者就会产生相应的购买行为。一旦消费者面临问题情境(需求确认),消费决策过程将被启动。这一过程所带来的购买行为的实现与消费体验又会对消费者的内部特性和外部环境产生影响,从而最终引起消费者自我意识与生活方式的调整或改变。

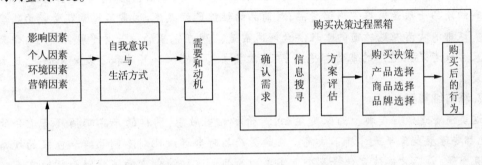

图 1.1 消费者购买行为分析模型

(资料来源:荣晓华. 消费者行为学[M]. 3 版. 沈阳:东北财经大学出版社,2011.)

消费者行为学的研究内容可分为以下几个方面:消费者为什么购买(购买需求和动机)、怎样购买(购买决策过程)以及影响购买行为的各种因素(包括个人的、环境的和营销方面的)。

(一)消费者的需求和动机

消费者的需求是消费者行为学的主要研究内容。心理学研究表明,人的行为的出发点和原动力就是人的需求,有了需求之后产生动机进而产生行为。所谓需求,就是个体缺乏某种东西时的主观状态。

(二)研究消费者的购买决策

了解消费者的购买决策是消费者行为学研究的主要内容,因为消费者行为研究要解决的根本问题就是"消费者是如何进行购买决策的"。了解了消费者的购买决策过程及其影响因素,可以通过影响和控制这些因素来影响消费者的购买行为,从而达到提高营销绩效的目的。消费者的决策过程主要包括确认需求、信息搜寻、方案评估、购买决策以及购买后的行为。

【资料卡 1.7】

卖场消费者的 5 种消费行为模式

卖场是当今大中城市食品、家庭生活用品等大众快速消费品最重要的销售渠道之一。如果能够把握卖场消费者的消费行为模式，就能够采取相应的营销方法去赢得消费者，从而提升产品在卖场的销量。卖场消费者在购买产品时是如何决策的？影响他们消费决策的因素是什么呢？作为商家该如何着手才能让消费者把自己的产品放进购物篮？我们大致把卖场消费者划分为以下 5 类。

1. 心中有数型

消费者在去卖场采购前对所要采购商品的类型、数量、规格、品牌等事前已经细致规划，所要采购的商品一般是家庭常用消费品，对商品的性能已经熟悉，通常不愿意花费精力去尝试新品牌。这种消费者在购物前的心理潜台词通常是："现在家里的××牙膏快用完了，今天要去买 1 只。"或者是："这周的零食都吃完了，这次要去买 2 罐××薯片和 2 袋××糖果，这都是我的最爱。"

2. 精打细算型

这类消费者通常是典型的家庭主妇，对价格相当敏感，同样的产品哪怕只有几分的价格差，她都要琢磨犹豫半天才能下决定。在购买产品时会详细比对不同品牌和包装的规格单价乃至克重等，最后才能决定选择哪个更实惠的商品。这种消费者的消费潜台词通常是："A 洗发水××元 1 瓶，有××毫升；B 洗发水××元 1 瓶，有××毫升；但是 C 洗发水 1 瓶××毫升只要××元。还是 C 实惠，可是今天 A 买 2 瓶赠浴帽啊。家里正好没浴帽，买一个还要好多钱呢，还是买 A 吧。"

3. 品牌倾向型

品牌倾向型的消费者通常具有一定的消费能力和知识层次，这种消费者对生活精致化的需求有一定的品位，愿意在品牌消费时满足自己的精神需求，从而彰显自己的生活层次。同时也可能是因为不信任非品牌产品的质量而更愿意选择品牌产品。这种消费者的消费潜台词通常是："我们一般不买外地货，你看××和××，老是出现质量问题，我们本地的××牛奶质量就是好，买了放心。"或者是"果汁当然是买××了，那些杂牌连听都没听说过，谁知道会不会有质量问题。××大品牌，喝了放心。如果××也有问题，那些小品牌就更不能买了。"

4. 一时冲动型

一时冲动型消费者通常在两种情况下出现，一是看到打折或抢购时，潜意识里有一种"有便宜大家占有亏大家吃"的心态，进而冲动消费。另一种冲动型消费者在去卖场时，并没有明确的消费方向，但在闲逛时会因为看到新产品、新包装、新促销方式时，有一种愿意尝新的消费冲动。通常的消费潜台词是："这个东西有意思，买了尝尝。"或者是："这个东西没有用过，买回去试试。"

5. 终端拦截型

这种消费者通常缺少主见或者对自己所购商品的特性并不十分了解,需要促销员给予帮助。所选购的商品通常价格较高或产品的品质很难通过观察和触摸分辨出来,例如化妆品、海鲜、儿童用品、电器、保健品等。消费者在购物时,很容易受到促销员的影响,从而改变自己先前模糊的消费指向。例如,消费者在选购保健品时,可能原先想送 D 或 E 的礼盒,但是促销员会说:"现在电视都报道了,D 里有毒物质超标,你买这个送人谁敢要啊?还有 E,到药店都不一定能买到真货,这种人工种植的营养价值很小的。你看 F,电视广告的大品牌,送这个有面子,今天买2盒还送1盒,既能送人还能自己用,多实惠。"这时,消费者恐怕很难拒绝促销员的促销了。

以上5种卖场消费者消费行为模式也许不能包括所有的卖场消费者,但大部分消费者都逃离不了这5种消费行为和心理活动状态。

(资料来源:http://www.globrand.com/2012/528253.shtml.)

(三)研究影响消费者行为的各种因素

消费者的决策过程和影响其决策过程的因素是消费者行为学研究的主要内容。影响消费者决策的因素很多,如个人因素、环境因素以及营销因素。影响消费者决策的个人因素包括消费者的生活方式、感知、学习、价值观与态度以及个性等。影响消费者决策的环境因素包括社会环境因素和其他环境因素。社会环境因素包括文化因素、参照群体、社会阶层、家庭等。其他环境因素包括购物环境因素、情境因素等。影响消费者决策的营销因素主要包括营销沟通、与营销组合有关的因素等。

【资料卡1.8】

霍金斯模型

霍金斯模型是由美国心理与行为学家 D.T. 霍金斯提出的,是一个关于消费者心理与行为和营销策略的模型,此模型是将心理学与营销策略整合的最佳典范。

霍金斯认为,消费者在内外因素影响下形成自我概念(形象)和生活方式,然后消费者的自我概念和生活方式导致一致的需要与欲望产生,这些需要与欲望大部分要求消费行为(获得产品)的满足与体验。同时这些也会影响今后的消费心理与行为,特别是对自我概念和生活方式起调节与变化作用。

自我概念和生活方式是近年来消费心理研究的热点。自我概念是一个人对自身一切的知觉、了解和感受的总和,包括真实的自我概念、理想的自我概念、私人的自我概念和社会的自我概念。而生活方式是指人如何生活。一般而言,如图1.2所示,消费者在外部因素和内部因素的作用下首先形成自我概念和自我意识,自我概念再进一步折射为人的生活方式。人的自我概念与生活方式对消费者的消费行为和选择会产生双向的影响:人们的选择对其自身的生活

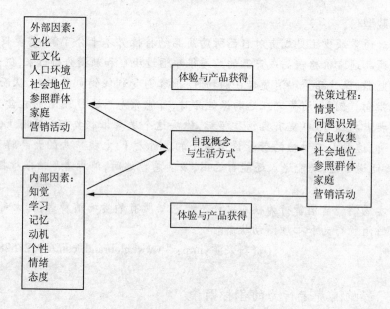

图1.2 霍金斯模型图

方式会产生莫大的影响,同时人们的自我概念与现在的生活方式或追求的生活方式也决定了人的消费方式、消费决策与消费行为。

另外,自我概念与生活方式固然重要,但如果说消费者会处处根据其生活方式而思考,这也未免过于主观了,消费者有时在作一些与生活方式相一致的消费决策时,自身却浑然不觉,这和参与程度也有一定的关系。

(资料来源:张雁白.消费者行为学[M].北京:机械工业出版社,2011.)

第二节 消费者行为研究的意义

研究消费者行为的意义是多方面的。我们每个人作出的消费行为决策不仅会影响到我们自己的生活,甚至会影响到国家政策的制定以及政府对众多的行业和市场的发展,更直接地影响着一些产业的发展和另一些产业的衰落。具体地说,研究消费者行为有以下几方面的意义。

(一)研究消费者行为有利于企业赢得消费者

消费者是企业生存发展的根本,有了消费者,才有市场,才能为企业带来利润。消费者购买的产品越多,为企业带来的利润就越高。世界著名的管理学大师彼得.P.德鲁克认为,企业的目标就在于创造并保留满意的消费者。虽然企业一定要赚钱,但德鲁克认为,赚钱是企业的一种必需,但不是目标。而企业要想赚到钱,必须满足消费者的需要,赢得消费者的满意。有资料显示,我国品牌的顾客忠诚度平均为34.8%,持续购买率仅为12.4%。国际著名品牌的顾客忠诚度一般都在60%以上,持续购买率也在50%以上。这说明,我国的消费者资源还远未得到充分挖掘,企业还要付出更多努力,培育消费者对品牌的情感,强化消费者对品牌的忠诚。

(二)研究消费者行为能够引领企业经营战略的发展

满足消费者需求是企业生存和发展的基础。在制订经营战略时,企业应把消费者作为一种核心力量和战略资源来考虑。消费者的消费倾向、消费观念的变化会促进企业经营战略的调整和发展。在市场经济条件下,社会生产力飞速发展,商品供应丰富,消费需求复杂多变,形成了供过于求的买方市场,使企业之间的竞争日益加剧。而且,今天的消费者与以前相比有着更好的教育背景、更大的消费能力和灵活性、更广泛的选择消费的机会。所有这一切,都要求企业必须调查消费需求的信息,研究消费者的行为及影响消费者行为的各种因素,有针对性地制订相应的市场营销战略,提高企业竞争力。罗萨贝斯·莫斯·坎特认为,企业必须与顾客建立"战略伙伴关系",听取他们的意见,满足他们的要求,这样才可以有的放矢。

(三)研究消费者行为能够促进企业提高产品和服务质量

实践表明,消费者的需要得到满足的程度越高,他们的满意度就越高,因而企业就越容易处于一种良好的发展势头。这也就是为什么越来越多的企业开始青睐关系销售。关系销售持这样一种观点:把消费者看做企业的长期"财富",而不是一次性购买者。很多企业逐渐意识到,保持住一个老客户比吸引一个新客户更容易,而且更便宜。关系销售的本质就是要发现哪些消费者对企业具有真正的价值。当然这些客户不一定是最富有的,或者是支出最多的。努力提高产品和服务质量,提高消费者的满意度,对企业的长远发展意义深远。现在,质量问题不但受到企业的普遍重视,而且被提到国家发展战略的高度。中国的"质量万里行"活动对树立民族的质量意识,提高企业产品与服务质量产生了深远影响。欧美国家和日本等国都设立了各种质量奖,以鼓励企业提高产品和服务质量。比如欧洲质量奖,要求"顾客满意度"超过1 000点200分。在这些国家的质量体系中,"顾客"被定义为"企业最直接的客户",他们分布于企业生产产品和服务的整个链条中。

【小案例1.1】
艾波特净水机缘何成为净水行业的领跑者?

既没有美的、海尔的知名度和资金实力,也没有沁园、安吉尔的饮水机渠道资源,艾波特净水机缘何成为净水行业的领跑者,让行业和媒体刮目相看?自从艾波特净水品牌2010年3月亮相中国家电博览会,4月启动央视广告投放以来,艾波特净水品牌成为行业、媒体和终端用户关注的焦点。在净水行业发展"混乱",市场不温不火,甚至是增速放缓的情况下,艾波特净水品牌却反其道而行之,一系列的市场运作,让业界人士、媒体对艾波特更加关注。随着净水旺季的到来,艾波特净水产品产销两旺,咨询经销代理的客户数量以及客户质量都获得很大提升。艾波特的市场表现超出了媒体和业界的想象,有人说艾波特净水机的净化技术是行业的现有技术,称不上技术创新;渠道网络新开发,与美的、沁园等企业相比,没有任何优势;从产品用材上也找不到艾波特的成功之处。那究竟是什么原因让艾波特净水品牌成为行业发展的风向标? 从资料和长期对艾波特的观察来分析,艾波特净水机能成为行业的领跑者源于企业的专业性、与国内外众多大型企业的合作以及持续的品牌化运作。

1. 专业化成就艾波特品牌高度

艾波特的专业性不仅仅体现在企业只做净水项目的专注性,更体现在研发、生产、团队的构建上。自公司成立伊始,艾波特便确立了"做净水行业专业化第一品牌"的坚定信念和发展目标,这是艾波特专业性的开始。每年投入千万元的研发和新品模具开发费用,是众多中小净水企业不能望其项背的。正是这种持续的高投入,使得艾波特净水机、纯水机、软水机、中央净水机、直饮机等产品外观独树一帜,而技术的持续创新,也使其获得了数十项国家技术专利。目前,艾波特产品覆盖直饮机、管线机、反渗透净水机、商务净水机、大型水处理设备等八大系列上百款产品,成为国内产品线最齐全、产能最大的净水企业。围绕产品的研发、生产和品牌的运营,艾波特不惜重金聘请水处理技术领域资深专家团队担任总工程师和技术顾问。而在品牌营销团队中,大多由来自传统大家电行业、小家电行业、净水行业和咨询公司等资深职业经理人组成,这些职业经理人在加盟艾波特之前,有不少都在此前服务的企业中做过总经理、副总经理、营销总监等角色。凭借对行业和市场的了解,在产品上率先采用滤芯寿命显示、触摸键技术、节电模式、儿童防电锁、卡槽走线设计、内置饮水杯设计等技术,一路创新领跑;在产品的用材及机器的耐用性方面,做到产品百分百检测,进行产品的运输碰撞和跌落试验,以确保产品实现"汽车级的安全";针对食品安全问题,所有涉水部件一律使用食品级材料。产品一经投放市场,便受到行业和顾客的一致认可,因此市场表现强劲。艾波特还是中国净水行业超滤膜净水机、反渗透净水机行业标准和直饮机国家标准这三项重要行业标准的副组长发起单位,这是艾波特品质、专业性的集中体现。

2. 与高手过招,艾波特成为强者中的强者

如果说艾波特与中国武警部队的合作是品牌发展的点睛之笔,给了众多合作伙伴信心,那么艾波特与国内外众多大型企业的合纵连横,则助推了艾波特品牌的进一步提升和发展。与中国武警部队的合作,是因为艾波特的高品质、专业性。因为部队的特殊性,对产品的要求极高,而艾波特都能够一一满足,所以在中国净水行业获得了唯一一块由武警系统颁发的"水处理设备指定采购单位"。一个不知名的品牌获得不知名企业的认可很正常,但如果获得国内外众多大型知名企业的认可,那就非比寻常了! 而艾波特正是这样一家企业! 艾波特先后与海尔、帅康、欧琳、欧派、九阳、美的、沁园、熊津豪威、滨特尔、美菱、万利达等国内外数十家大型企业建立了或技术、或产品、或生产的合作关系。俗话说,与高手过招才能够成为强者! 在与众多知名企业合作的过程中,既提升了艾波特的产能,又增加了品牌的溢价能力;更重要的是提升了企业管理的综合水平,使企业生产、管理更加标准化、制度化、高效化。

3. 品牌化运作,让梦飞扬

"做净水行业专业化第一品牌"是艾波特从企业层面在净水行业的差异化定位,而"做最适合中国家庭净水机品牌"是艾波特面向终端、面向消费者的品牌差异化定位。围绕品牌终端定位,艾波特在持续推动品牌建设。艾波特在营销和品牌建设领域的一次次组合拳的打出,更是吸引了行业及媒体的目光,低调的艾波特变得高调起来。

品牌化运作是艾波特结合市场营销环境,实行整合营销,整体作战的重要举措。而艾波特创造性地提出的"1+X"家庭饮用水解决方案,持续打造的品牌文化,契合了其品牌终端市场定位,有效地进行了品牌市场区隔,提升了产品的市场竞争力。亮相中国家电博览会,回归家电圈,为的是实现艾波特渠道的升级;选择大众主流媒体平台——中央电视台,为的是快速构建艾波特品牌的知名度,塑造艾波特的公众品牌形象;启动四省240家地方电视台的广告,为的是促进艾波特终端市场的深度分销网络构建和终端产品销售,助推"临门一脚"。随着央视广告的投放和地方电视台的持续联动,艾波特的知名度和曝光率实现了爆发式的增长,主动咨询经销代理的客户数量持续增长,客户质量不断优化提升。

伴随着净水行业向纵深发展,从2011年开始,小企业陆续出局,强者愈强、弱者愈弱的"马太效应"渐显。艾波特提速前进,加速品牌化运作,精耕终端市场,代表着净水行业发展的方向。

(资料来源:http://www.globrand.com/2012/528213.shtml.)

(四)研究消费者行为能够促进企业市场开拓

企业的市场开拓是在消费者的基础上进行的,如果没有消费者人数的增长和忠诚度的提高,市场开拓就毫无意义,因而企业要研究消费者的特点,研究品牌之间的关系,选择正确的开拓策略。有些企业投入巨大的营销资源,做广告,建立分销网络,推行代理制,实行区域一体化,然而收效甚微,一个重要原因是它们忽视了消费者这个基础。

【小案例1.2】

联想集团:"您的需求,我们的行动"

随着IT产品日新月异的发展,用户对服务也有了更进一步的需求。而厂商是否做好了充分的准备,变单纯的针对产品的售后服务为全方位的对客户的服务呢? 2002年6月7日,联想集团在位于北京土地信息产业基地的总部大楼举行了一次独具特色的客户日活动,并发布了联想阳光服务品牌,让我们看到了中国厂商已迈出可喜的一步。

联想此次全力推出了IT产品服务品牌——联想"阳光服务"。联想"阳光直通车"具有"一站式"和"全程化"的特点。这意味着全国任何地方的客户购买联想的产品,只需通过登录联想阳光网站或拨打咨询电话进行用户注册,就可在任何时间就地享受到专业的咨询服务,而不必再东奔西走。联想也可以对服务的每一个环节进行全程监控,从而保证了服务的标准化。

对于不同用户的不同需求,联想"阳光服务"在"标准化"之外,还具有"个性化"的特点。以军队客户为例,联想针对他们的服务格外注重保密性、时效性和精确性,并且在配件上采用了灵活的维护政策。

(资料来源:陈健.服务客户面对面 联想阳光服务浮出水面[EB].人民网,2002-06-10.)

问题:试从满足消费者的角度分析联想集团的服务战略。

分析提示:目前,顾客服务已经从单纯承诺竞争阶段、承诺兑现竞争阶段,发展到今天的服务体验竞争阶段。也就是说,谁最能切实接近客户、理解客户,谁最能将最全面的客户需求切实贯彻到企业运作的各个环节,谁就能在新一轮的服务竞争中取胜。联想集团的"阳光服务",正是以满足消费者需求为出发点,因而取得了良好的效果。

第三节 消费者行为与企业营销

深刻了解消费者及其影响消费者的环境是制定营销策略的基础。企业要在竞争中获取优势,关键在于企业首先要明确自己的产品是为哪一阶层的消费者服务的,服务目标定位于哪一特定的消费群体,满足哪一特定类型消费者的需要。在明确整体的定位后,对市场进一步进行科学有效的细分,并从中选出一个或几个细分市场作为自己的目标市场,集中有限的人力、物力,进行集中化的市场企业营销策略。其次,在集中企业营销策略的基础上,企业应突出自己的产品与竞争对手之间的差异,以差异求得竞争的优势。创造差异的基本途径有四种:产品差异、服务差异、人事差异和形象差异。在买方市场条件下,企业应根据目标顾客的需求特点并结合企业自身的资源条件,对上述变量赋予不同的含义和内容,寻求最佳的差别企业营销策略组合。通过差异经营,企业既可以避开与竞争对手之间的过度竞争,又可以满足消费者较为细微的差异需求。因此,差异经营是买方市场条件下提高企业效益及社会效益的最佳经营手段。

一、市场细分

消费者的需求和欲望是千差万别的,且分散于不同的地区,并随着环境因素的变化而变化。面对这样复杂多变的大市场,任何一个规模巨大的企业、资金实力雄厚的大公司,都不可能满足该市场上全部顾客的所有需求,又由于生产企业受资源、设备、技术等方面的限制,也不可能满足全部顾客的不同需要,企业只能根据自身的优势条件,从事某方面的生产、营销活动,选择力所能及的、适合自己经营的目标市场,因此有必要细分市场。市场细分仅仅是企业营销战略的第一步。

(一) 市场细分概念

市场细分是现代市场营销学的一个概念,是由美国著名市场学家温德尔·斯密在总结一些企业市场营销实践经验的基础上,于20世纪50年代提出来的。所谓市场细分,是指企业根据消费者的一定特性,把原有的市场分割为若干个具有共同特征的子市场,用来确定目标市场的过程。具体一点说,就是通过调查分析,根据不同的消费者在需求、资源、地理位置、购买习惯和行为等方面的差别,将需求基本相同的消费者群分别收并为一类,形成整体市场中的若干子市场或分市场。不同的细分市场之间,需求差别比较明显;在一个细分市场内部,需求差别则比较细微。市场细分为企业选择目标市场提供了基础,是第二次世界大战后西方市场营销思想和战略的新发展,有人称之为继"消费者为中心观念"之后的又一次革命。市场细分的理论基础是市场"多元异质性"理论。这一理论认为消费者对大部分产品的需求是多元化的,具有不同的质的要求。需求本身的"异质性"是市场可能细分的客观基础。实践证明,只有少数商品的市场,消费者对产品的需求大致相同,例如消费者对食盐、白糖、大米等的需求差异就很小,这类市场称为同质市场。在同质市场上,企业的营销策略比较相似,竞争焦点集中在价格上。大多数商品的市场属于异质市场,这是由消费者对商品的需求千差万别所决定的。企业的营销活动更应重视异质市场的销售。市场细分有利于企业发现市场营销机会,制定最优营销策略,扬长避短,发挥优势,从而有效地与竞争对手相抗衡。这也有助于企业拓展市场,提高产品的市场占有率。

(二) 市场细分的依据

由于消费者或用户的需求存在差异性,而且引起消费者需求差异的变量很多,企业一般是组合运用有关变量来细分市场,而不是单一采用某一变量。概括起来,细分消费者市场的变量主要有四类,即地理变量、人口变量、心理变量、行为变量。以这些变量为依据来细分市场就产生出地理细分、人口细分、心理细分和行为细分四种市场细分的基本形式,见表1.1。

表1.1 消费者市场细分的变量

细分变量	具体变量	典型分类
地理变量	地理区域	南方、北方、东北、平原、山区
	气候	寒带、温带、亚热带、热带
	城乡	大、中、小城市,镇、乡、村,郊区和农村
	人口密度	高密度、中密度、低密度
人口变量	性别	男、女
	年龄	老年、中年、青年、少年、儿童、婴儿
	文化	高等教育、中等教育、初等教育

续表1.1

细分变量	具体变量	典型分类
人口变量	职业	公务员、教师、工人、医生、军人
	民族	汉族、满族、蒙古族、回族、壮族、苗族等
	种族	黄种人、白种人、黑种人等
	宗教	基督教、天主教、佛教、伊斯兰教等
	家庭人口	多、少
	家庭生命周期	单身期、初婚期、满巢期、空巢期和解体期
	国籍	中国、美国、英国、日本等
	收入	高、中、低、贫困
心理变量	社会阶层	上层、中层、下层
	生活方式	享受型、地位型、朴素型、自由型
	个性	随和、孤独、内向、外向
行为变量	利益追求	便宜、实用、安全、方便、服务
	购买时机	平时、双休日、节假日
	购买状态	未知、已知、试用、经常购买
	使用程度与使用状态	大量使用者、中量使用者、少量使用者、非使用者；经常使用者、初次使用者、曾经使用者和潜在使用者
	对市场营销因素的反应程度	对产品、价格、渠道、促销、服务等的敏感
	偏好与态度	极端偏好、中等偏好、没有偏好；热心、积极、不关心、消极、敌意

（三）市场细分的原则

企业实施市场细分策略,必须充分注意市场细分的实用性和有效性,使之为企业选择目标市场提供有价值的依据。为此,市场细分必须遵循一定的原则。

（1）一致性

在一个细分市场内,目标群体的需求必须相似,否则企业的产品就会遇到和现存产品同样的问题,它不能很好地满足每一个人的需求。

（2）可衡量性

细分市场的需求特征必须是可以衡量的。为了估计每一个细分市场的大小,营销人员通常利用二手的人口统计资料,如国家或省市统计局发布的数据,或者自己进行市场调研的结果来估计整个市场(我们将在第二章详细讨论有关的消费者研究方法)。

(3) 可进入性

对于要作为目标的市场部分,营销人员必须能够以一种经济的方法接近它并为之服务。除了特定的杂志等媒体之外,现在越来越多的企业通过互联网来实现与顾客的低成本接触,比如可以向计算机用户周期性地发送与特定主题相关的电子邮件。

(4) 效益性

一个细分市场要成为有价值的目标市场,必须有足够数目的消费者来保证可以针对他们的特定需求或兴趣设计产品或进行促销活动。因此,细分市场的规模如果够大,有足够的利润,就会吸引企业去经营。

(5) 可识别性

如前所述,一种产品的整体市场之所以可以细分,是由于消费者或用户的需求存在差异性,而营销人员必须能够辨识这些差异性。当然,有的细分变量比较容易,如地理位置、性别、职业等;有的变量可以通过问卷调查得到,比如教育程度、收入、婚姻状况等;有的变量如生活方式、性格等,就比较难于辨识。对于运用这种无形的消费者特征作为市场细分基础的营销人员来说,了解消费者行为的知识是非常有用的。

【资料卡 1.9】

市场细分的程序

如果按照一定的程序,细分市场的基本要求就会比较容易实现。市场细分的程序大体包括以下主要环节。

(1) 界定相关市场

每一位消费者都是独一无二的,绝大多数的销售量是由一小群消费者创造出来的。界定相关市场就是确定企业推广其产品或服务所要寻找的消费者群体。企业在确定消费群体时,必须明确自身的优势和劣势,根据自己的资源条件在以下几方面作出抉择:①产品线的宽度;②顾客类型;③地理范围等。有效的市场细分强调企业在清晰的市场上满足现有顾客和潜在顾客的需求,也就要求企业必须了解消费者的态度、偏好及其所追求的利益。

(2) 收集研究信息

收集、整理市场情报和资料,并进行分析研究。例如通过收集同类产品的市场情况,作为新产品市场细分的参考;或者通过对消费者的调查,来检验欲采用的细分因素是否合适。

(3) 选择细分依据

企业在选择市场细分的标准时不能照搬以往细分变数,而必须结合本企业具体情况有所创新,以建立起差异化竞争优势。因此,企业必须设计最佳的细分依据。设计最佳细分依据的操作步骤是:①先把各种潜在的、有用的细分变数都罗列出来。②对被选择出的重要标准再作进一步的划分。在某种情况下，这种划分可能比较直接和显而易见，如年龄、性别等。对那些心理因素则要作较为深入的调查，以了解其特征和需求类型。

(4) 确定目标市场

市场细分的结果往往是得到了大量的细分市场。显然，企业要对每一个细分市场都予以足够的重视，既不可能也无必要。所以，必须对它们进行筛选，从而确定自己的目标市场。一般来讲，这种筛选从两方面——细分市场本身的特征和本企业的营销目标、资源着手。

（资料来源：http://www.globrand.com/2011/522816.shtml.）

【小案例1.3】

宝洁公司洗衣粉差别化的九种途径

宝洁公司设计了九种品牌的洗衣粉：汰渍(Tide)、奇尔(Cheer)、奥克多(Oxydol)、格尼(Gain)、波德(Bold)、象牙雪(Lvory Snow)、卓夫特(Dreft)、达诗(Dash)和时代(Era)。这九种品牌分别针对如下九个细分市场。

(1) 汰渍

洗涤能力强，去污彻底。它能满足洗衣量大的工作要求，是一种用途齐全的家用洗衣粉。"汰渍一用，污垢全无"。

(2) 奇尔

具有"杰出的洗涤能力和护色能力，能使家庭服装显得更干净、更明亮、更鲜艳"。

(3) 奥克多

含有漂白剂，"可使白色衣服更洁白，花色衣服更鲜艳。所以无需漂白剂，只需奥克多"。

(4) 格尼

最初是宝洁公司的加酶洗衣粉，后重新定位为令衣物干净、清新，"如同太阳一样让人振奋"的洗衣粉。

(5) 波德

加入了织物柔软剂，能"清洁衣服，柔软织物，并能控制静电"。波德洗涤液还增加了"织物柔软剂的新鲜香味"。

(6) 象牙雪

"纯度达到99.44%"，碱性温和，适合洗涤婴儿尿布和衣服。

(7) 卓夫特

也用于洗涤婴儿尿布和衣服，它含有"天然清洁剂"硼石，"令人相信它的清洁能力"。

(8) 达诗

宝洁公司的价值产品，能有效去除污垢，但价格相当低。

(9) 时代

天然的去污剂，能清除难洗的污点，在整个洗涤过程中效果良好。

问题:宝洁的这些品牌在相同的超级市场上肯定相互竞争。那么,为什么宝洁公司要在同一品种上推出好几个品牌,而不集中资源推出单一领先品牌呢?

分析提示:不同的顾客希望从产品中获得不同的利益组合。宝洁公司至少发现了洗衣粉的九个细分市场,为了满足不同细分市场的特定需求,公司就设计了九种不同的品牌。可见,洗衣粉可以从功能上和心理上加以区别,并赋予不同的品牌个性。在本案例中,有些消费者认为洗涤和漂洗能力最重要,有些消费者认为使织物柔软最重要,还有的消费者希望洗衣粉具有气味芬芳、碱性温和的特征。通过多品牌策略,宝洁已占领了更多的洗涤剂市场,目前市场份额已达到55%,这是单个品牌所无法达到的。

(资料来源:http://www.pkudl.cn/kclt/dv_rss.asp?s=xhtml&boardid=66&id=59831&page=1.)

二、市场营销组合

市场细分的目的和结果是为企业选择目标市场策略作准备。对于选取的每一个目标市场,企业都要制订不同的营销策略,形成有针对性的营销组合计划。所谓市场营销组合是指企业针对目标市场的需要,综合考虑环境、能力、竞争状况,对自己可控制的各种营销因素(产品、价格、分销、促销等)进行优化组合和综合运用,使之协调配合,扬长避短,发挥优势,以取得更好的经济效益和社会效益。

(一)产品

产品(product)是指企业提供给目标市场的货物、服务的集合,包括产品的效用、质量、外观、式样、品牌、包装和规格,还包括服务和保证等因素。消费者购买和消费产品时所追求的是需要的满足,而不是具体形态的物质特性。可见,只有顾客需要的产品才是好产品。如果顾客不接受,即使产品再好,企业也只能是做无用功。为此,营销人员应该了解:消费者喜欢和不喜欢什么样的产品?除了产品本身的功能外,他们还希望产品能做到什么?

(二)定价

定价(price)是市场营销学里面最重要的组成部分之一,主要研究商品和服务的价格制定和变更的策略,以求得营销效果和收益的最佳。价格通常是影响交易成败的重要因素,同时又是市场营销组合中最难以确定的因素。企业定价的目标是促进销售,获取利润。这要求企业既要考虑成本的补偿,又要考虑消费者对价格的接受能力,从而使定价策略具有买卖双方双向决策的特征。此外,价格还是市场营销组合中最灵活的因素,它可以对市场作出灵敏的反应。常见的定价策略有:成本导向定价法、需求导向定价法、竞争导向定价法。

【小案例 1.4】

TPA 的定价失误

TPA 是美国一家医药公司利用生物工程技术研制开发的一种治疗血栓塞的新药,其主要作用就是消除血栓。当初该公司初步预测市场对 TPA 的需求将达到 5 亿美元之巨。该公司认为,药品尤其是高效药品是价格需求曲线缺乏弹性的产品,因此他们把 TPA 的价格定在每剂 2 200 美元的"天价"上,试图以"高质高价""生命更重要"等理论来推行他们的这一新产品。当 TPA 以这一价格刚开始推向市场时,由于强势宣传和高效取得了销售优势。但是,当消费者们逐步熟悉了 TPA 的效果、特征后,便渐渐放弃了品牌忠诚,转而购买药效稍逊但价格远低于 TPA 的链激酶,其每剂价格仅 200 美元。对该公司而言,更大的打击是 1988 年 4 月,加拿大安大略医疗协会建议禁止使用 TPA,理由是它价格过高。同时,欧洲医学会质疑 TPA 的疗效是否真有该公司宣称的那么显著。在种种打击下,TPA 的销售业绩日趋下降,企业甚至出现了亏损。

问题:1.分析"TPA 血栓药"价格策略上失误的原因与教训。

2.通过本案例的分析,你对"高质高价"经营有何新的认识?

分析提示:产品定价是企业营销过程中一个重要的环节,企业必须审时度势,切忌仅凭经验定价。TPA 失败的首要原因就在于它根据低弹性系数而制订高价策略。在当今社会,商业竞争激烈,药品行业由于其高额利润吸引着大量的竞争对手,竞争企业常常研制开发出药效类似、差别不大但价格迥异的产品,再加上不断有新产品问世,参与竞争已变得越来越难,过去习惯地认为药业的价格需求弹性小的时代一去不复返了。

(资料来源:荣晓华.消费者行为学[M].3 版.沈阳:东北财经大学出版社,2011.)

(三)分销

菲利普·科特勒认为:"一条分销(place)渠道是指某种货物或劳务从生产者向消费者移动时取得这种货物或劳务的所有权或帮助转移其所有权的所有企业和个人。因此,一条分销渠道主要包括商人中间商(因为他们取得了商品的所有权)和代理中间商(因为他们帮助转移所有权)。此外,它还包括作为分销渠道的起点和终点的生产者和消费者;但是,它不包括供应商、辅助商等。"商品经济的高速发展使工商企业的经济协作和专业化分工水平不断提高,面对众多消费者群体,生产厂商既要生产或提供满足市场需要的产品和服务,又要以适当的成本快速地将产品和服务送达目标消费者,实现销售,这对于商品生产厂商来说,即使有可能做到,也没有必要去做,因为这样未必能达到企业收益最大化的目的。因此,通过其他中间商贸企业丰富而发达的市场体系来分销产品就成为市场经济的常态。从经济学的观点来看,分销渠道的基本职能是把自然界提供的不同原料,根据人类的需要转换成有意义的货物搭配。分销渠道对产品从生产者传播给消费者所必须完成的工作加以组织,其目的在于消除产品或服务与使用者之间的差距。因此,分销渠道是由处于渠道起点的制造商,处于渠道终点的消费者,以及处于制造商与消费者之间的商人中间商(因为他们取得了商品的所有权)和代理中间商(因为他们帮助转移所有权)等营销中介构成的。

(四)促销

促销(promotion)就是营销者向消费者传递有关本企业及产品的各种信息,说服或吸引消费者购买其产品,以达到扩大销售量的目的。促销实质上是一种沟通活动,即营销者(信息提供者或发送者)发出作为刺激消费的各种信息,把信息传递到一个或更多的目标对象(即信息接受者,如听众、观众、读者、消费者或用户等),以影响其态度和行为。常用的促销手段有广告、人员推销、网络营销、营业推广和公共关系。企业可根据实际情况及市场、产品等因素选择一种或多种促销手段的组合。在任何社会化大生产和商品经济条件下,一方面,生产者不可能完全清楚谁需要什么商品,何地需要,何时需要,何种价格消费者愿意并能够接受;另一方面,广大消费者也不可能完全清楚什么商品由谁供应,何地供应,何时供应,价格高低,等等。正因为客观上存在着这种生产者与消费者间"信息分离"的"产"与"销"矛盾,企业必须通过沟通活动,利用广告、宣传报道、人员推销等促销手段,把生产、产品等信息传递给消费者和用户,以增进其了解和信赖,并购买本企业产品,达到扩大销售的目的。随着企业竞争的加剧和产品的增多,消费者收入的增加和生活水平的提高,在买方市场上的广大消费者对商品要求更高,挑选余地更大,因此企业与消费者之间的沟通更为重要,企业更需加强促销,利用各种促销方式,使广大消费者和用户加深对其产品的认识,以使消费者愿多花钱来购买其产品。

【小案例1.5】

《让子弹飞》破7亿票房的营销思考

贺岁片《让子弹飞》以7.24亿元的骄人业绩成为2011年贺岁档最大"黑马",成为贺岁片神话,成为中国国产商业大片票房新标杆。《让子弹飞》1.1亿元制作费,5 000万元传播费,缔造了一个多月破7亿元票房的传奇。它的成功,是"产品"的成功,是传播的成功,是营销的成功。《让子弹飞》的成功,首先是"产品"的成功。《让子弹飞》作为"贺岁片"产品,其产品定位、产品功效完全符合"贺岁片"市场消费需求,其赚钱的主要方式就是卖眼泪、卖笑声、卖战争、卖爱情……姜文"懂得",所以他挖到了贺岁档这个金矿,赚得盆满钵满,令中国所有企业导演惊叹!姜文笑了,笑得很灿烂。

产品符合社会需求,满足消费群需要。《让子弹飞》笑点分布非常密集,能够"解压"。2010年,中国食品价格、房价、油价等"涨声一片",各种危机与自然灾害不断,社会问题增多,许多人有各种各样的压力。网友说《让子弹飞》很给力,很欢乐、轻松、幽默,很"解压"。有几千万观众(目标消费群),《让子弹飞》自然能够实现其"规模经济"效益。每一个企业,都希望能够创造成功产品,因此,它们在产品细分、功效、定位、研发、概念、诉求等方面都竭尽全力去研究市场、研究消费者。《让子弹飞》这个贺岁片产品,让我们看到了其团队创造成功产品的功力与精湛、精准的技艺。现在的贺岁片基本是同样套路:一是大导演"主厨";二是堆砌大明星;三是大投入。因此,产品同质化严重。为了差异化,为了确保产品能够成功销售、获利,就必须去研究社会需求,研究消费者。

因此,一个成功产品,最重要的是能够迎合社会需求,能够迎合最大消费群,而不需要苦思冥想地闭门造车,然后美其名曰"创新"。提供满足消费者需求的产品或劳务,从而获得最大利润,是我们本土中小企业老板必须做好的。《让子弹飞》的成功,也是传播与营销的成功。的确,《让子弹飞》是个"问题"产品,完全是政府监管部门提到的"血腥、暴力、恶搞和低俗"产品,因此,从它还没有"出生"到上映的过程,一直争议不断、口水四溢。而普通老百姓、网民认为很给力,很欢乐、轻松、幽默,很解压——雅俗共赏,观众买账。针对《让子弹飞》这样一部电影,中央电视台、人民日报、新华社这三大喉舌,发出了不同的声音。就这样,《让子弹飞》在争议不断、口水四溢下,一传十,十传百,百传千……口口相传助力突围,最终成就辉煌的7亿票房,创造出"口水效应"的传奇。而网络传播的非凡成功,是《让子弹飞》的票房突破国产电影票房纪录的另外一个关键:不管是大众门户网站,还是视频网站,还是微博、贴吧、论坛,抑或QQ、MSN等,均在进行《让子弹飞》的传播。

(资料来源:志东.《让子弹飞》破7亿票房的营销思考[EB].全球品牌网,2011-02-11.)

三、产品定位

产品定位是指确定公司或产品在顾客或消费者心目中的形象和地位。这个形象和地位应该是与众不同的。产品定位是产品在未来潜在顾客心目中占有的位置。其重点是对未来潜在顾客心智上所下的功夫,为此要从产品特征、包装、服务等多方面作研究,并顾及竞争对手的情况。通过市场调查掌握市场和消费者消费习惯的变化,在必要时对产品进行重新定位(repositioning)。但是,对于如何定位,部分人士认为,定位是给产品定位。营销研究与竞争实践表明,仅有产品定位是不够的,必须从产品定位扩展至营销定位。

产品定位的步骤如下:

①分析本公司及竞争者所销售的产品,是定位的良好起点。

②找出差异性。比较自己的产品和竞争产品,对产品目标市场正面及负面的差异性,这些差异性必须详细列出适合所销售产品之营销组合关键因素。有时候,表面上看来是负面效果的差异性,也许会变成正面效果。

③列出主要目标市场。

④指出主要目标市场的特征。将目标市场的欲望、需求等特征简单扼要地写出。

⑤把产品的特征和目标市场的需求与欲望结合在一起。有时候,营销人员必须在产品和目标市场特征之间,画上许多条线,以发觉消费者尚有哪些最重要的需求及欲望,未被公司产品或竞争者的产品所满足。

【小案例1.6】

今麦郎的产品定位

20世纪90年代末，中国方便面业格局基本形成了康师傅、统一、华龙三足鼎立的格局。康师傅、统一不满足于局限在城市市场，拼命向农村市场渗透；华龙则不满足仅在农村市场占山为王的现状，想尽办法要在城市中与康师傅决一雄雌。今麦郎就是华龙集团这种问鼎天下的产物。今麦郎横空出世在一定程度上打破了"两城市一农村"的旧有市场品牌格局，其挟"弹面"的概念，仅用了三四年就顺利完成中国城市市场布局。华龙面业在2002年以前的产品定位基本上是在中低档，其"华龙面，天天见"的广告诉求，让它在农村市场纵横驰骋，风光无限。但随着市场规模的快速扩张，特别是中低档方便面市场竞争的微利与白热化，其产品升级被提上日程。为此，华龙公司整合资源，通过充分的市场调研与科学论证，终于在2002年重拳出击，推出了在华龙发展史上富有里程碑意义的新产品——今麦郎弹面，该产品定位为高档产品，渠道主要选择大卖场、商品超市与社区便民店等。到2003年前后超越统一，坐上了中国面业榜眼的位置。在实现了从农村到城市的品牌蜕变后，今麦郎集团颇有战国纵横家的风采，开始不断连横，先后与日清、统一等公司合作，希冀完成到达九五至尊的最后一步。

分析提示：今麦郎通过"弹面"这一产品的全新定位与卖点诉求，突出了自己独特的产品卖点，改变了华龙方便面的低端形象，一箭双雕地实现了产品升级与品牌升级。

（资料来源：http://info.food.hc360.com/2009/06/011620140805-2.shtml.）

【资料卡1.10】

市场营销组合的特点

市场营销组合作为企业一个非常重要的营销管理方法，具有以下特点。

(1) 市场营销组合是一个变量组合

构成营销组合的"4Ps"的各个自变量，是最终影响和决定市场营销效益的决定性要素，而营销组合的最终结果就是这些变量的函数，即因变量。从这个关系看，市场营销组合是一个动态组合。只要改变其中的一个要素，就会出现一个新的组合，产生不同的营销效果。

(2) 营销组合的层次

市场营销组合由许多层次组成，就整体而言，"4Ps"是一个大组合，其中每一个P又包括若干层次的要素。这样，企业在确定营销组合时，不仅更为具体和实用，而且相当灵活；不但可以选择四个要素之间的最佳组合，而且可以恰当安排每个要素内部的组合。

(3) 市场营销组合的整体协同作用

企业必须在准确地分析、判断特定的市场营销环境、企业资源及目标市场需求特点的基础上，才能制订出最佳的营销组合。所以，最佳的市场营销组合的作用，绝不是产品、价格、渠道、促销四个营销要素的简单数字相加，即4Ps≠P+P+P+P，而是使它们产生一种整体协同作用。就像中医开出的重要处方，四种草药各有不同的效力，治疗效果不同，所治疗的病症也相异,而且这四种中药配合在一起的治疗,其作用大于原来每一种药物的作用之和。市场营销组合也是如此,只有它们的最佳组合,才能产生一种整体协同作用。正是从这个意义上讲,市场营销组合又是一种经营的艺术和技巧。

(4)市场营销组合必须具有充分的应变能力

市场营销组合作为企业营销管理的可控要素,一般来说,企业具有充分的决策权。例如,企业可以根据市场需求来选择确定产品结构,制定具有竞争力的价格,选择最恰当的销售渠道和促销媒体。但是,企业并不是在真空中制订的市场营销组合。随着市场竞争和顾客需求特点及外界环境的变化,必须对营销组合随时纠正、调整,使其保持竞争力。总之,市场营销组合对外界环境必须具有充分的适应力和灵敏的应变能力。

(资料来源:http://baike.soso.com/v7469612.htm? ch = ch. bk. innerlink.)

第四节 消费者行为学的理论来源与研究方法

一、消费者行为学研究的理论来源

消费者行为学属于应用科学,主要研究消费者行为的基本规律和特点,以及进行消费者行为分析的一些基本理论和方法,是市场营销专业的基础理论课,它是在多门学科基础上建立起来的具有综合性和交叉性的边缘学科,一般学者认为,对消费者行为学的形成贡献较大的学科主要有心理学、经济学、社会学、人类学和行为学。

1. 心理学

心理学的名称来源于希腊语,是一门研究人类及动物的心理现象、精神功能和行为的科学,既是理论学科,也是应用学科,包括理论心理学与应用心理学两大领域。心理学研究涉及知觉、认知、情绪、人格、行为和人际关系等许多领域,也与日常生活的许多领域——家庭、教育、健康等发生关联。心理学尝试用大脑运作来解释个人基本的行为与心理机能,同时也尝试解释个人心理机能在社会行为与社会动力中的角色;同时它也与神经科学、医学、生物学等科学有关,因为这些科学所探讨的生理作用会影响个人的心智。一些研究人员运用心理学的技术,如通过仪器测量眼睛注意力的变动,就可以探测消费者对柜台陈列的反应。另外一些心理学家,则通过研究记忆机制来了解消费者是如何对信息予以加工和处理的。

2. 经济学

经济学是现代的一个独立学科,是关于经济发展规律的科学。从1776年亚当·斯密的《国富论》开始奠基,现代经济学经历了200多年的发展,已经有宏观经济学、微观经济学、政治经济学等众多专业方向,并应用于各垂直领域,指导人类财富积累与创造。经济学是一门研究稀缺资源如何配置和利用的社会科学。最初从事消费者行为研究的学者,大都是经济学家或接受过经济学知识训练的人。经济学家提出,消费者是影响社会资源最终配置的重要因素,而资源的配置又直接制约着消费者的消费行为。经济学是以数量分析为基本分析方法的,它着眼于经济产物的表面联系,把各种经济关系看成是若干变量之间的数量关系,由此建立的边际效用递减规律、理性预期理论、无差异理论、消费者剩余理论等都是经济学关于消费者行为研究的成果。经济学原理在帮助营销经理制定价格、评价影响某种特定产品供需状况的各种因素、制订非价格竞争策略等方面也极有价值。

3. 社会学

社会学起源于 19 世纪末期,是一门利用经验考察与批判分析来研究人类社会结构与活动的学科。社会学家通常将经济学、政治学、人类学、心理学等一起并列于社会科学来进行研究。社会学的研究对象范围广泛,小到几个人面对面的日常互动,大到全球化的社会趋势及潮流。社会学是研究社会结构及其内在关系与社会发展规律的学科。它侧重于对社会组织、社会结构、社会功能、社会变迁、社会群体等的研究。社会学在研究社会结构、社会发展过程时,涉及人类的社会需要、社会心态、社会意向等现象,而这些社会现象又反过来影响社会群体中的个体或人的行为,社会学的一些理论对于分析消费者行为是极有价值的。例如,社会阶层影响消费者的购买偏好;家庭的变迁与消费需求的变化影响消费行为等。这些研究对于分析角色对消费者行为的影响是很有价值的。

4. 人类学

人类学是用历史的眼光研究人类及其文化的科学。它包含对人类的起源、种族的区分,以及物质生活、社会构造、心灵反应等的原始状况的研究。人类学对于文化和环境的研究,使得消费者行为研究人员能够了解不同地区和不同国家人们的基本价值观、态度和民族文化的差异,必然导致他们在消费心理与行为上表现出较大的差异。人类学家采用的跨文化比较研究的方法,对于考察不同国度的消费者行为无疑是十分有价值的。人类学关于民俗、宗教等方面的研究,对于分析习俗与禁忌是如何影响消费者进行购买决策,如何影响消费者选择商品的作用是直接而深远的。

5. 行为学

研究人类行为规律的科学称为行为学,它属于管理科学。行为是生命的特征,而生命由躯体和灵魂组成。躯体是生命组成的有形因素,属于《医学》和《生命科学》研究的范畴。灵魂是生命组成的无形因素,属于《行为学》研究的范畴。人的灵魂包含性格和知识两大要素。性格是先天赋予的行为本能,包括欲望、情感、智力和体能等方面;知识是后天通过学习所获得的行为依据,包括习俗、技艺、科学文化知识和思想意识理念等方面。每个人的灵魂都不会相同,因为每个人先天的性格和后天学习所获得的知识都不会完全一样。所以每一个人都有自己行为的特征,也就是每个人所特有的个性。在同一社会群体之中,由于相同的习俗和文化,成员的个性之中会有较多的共同点,因此就形成了社群成员某些行为的共同特征。对于一个民族和国家来说,就称这些行为的共同特征为这个民族的民族性和这个国家的国民性。任何一种行为,都会相应产生一种以上的后果。任何一种控制行为的行为,也都会相应产生一种以上的后果。而任何一种行为的后果,都有其自身固有的演化规律,与行为者和实施控制行为者的主观愿望无关。行为学是研究消费者行为学的理论基础,消费行为学是行为学的一个分支,以研究消费者的行为规律为对象。

二、消费者行为学研究的方法

消费者行为学研究涉及的范围比较广,其研究方法大致分为两类:实证主义(positivists)和阐释主义(interpretivism)。实证主义观点强调了科学的客观性,并视消费者为理想决策者。阐释主义观点强调了消费者个人经验的主观意义,并认为任何行为都是受多重原因而不是单一原因支配的。现代消费者行为学研究以实证主义方法为主流,实证主义的研究方法来源于自然科学,它包括实验、调查、观察等方法,其结果是对比较大的总体进行描述、检验和推理,收集的数据是量化的实际数据,并利用计算机对它们进行统计分析。但由于其研究对象的特殊性,人的心理与行为很难直接作出定性分析或准确的定量判断,只能从人的言论、表情、交往和买卖等外在的行为方式及行为结果中进行间接的测量和分析。在对消费者行为进行研究和分析的过程中,必须坚持客观、联系和发展的原则,以保证判断的准确性。由于消费者行为学是一门应用性极强的学科,它进行研究的出发点和归宿是为了运用,指导实际的工作,这个性质决定了它比较重视实证研究和经验的积累。因此,消费者行为学的基本研究方法就包括了观察法、问卷调查法、实验法、投射法、小组座谈访谈法和网络调查法等。而研究方法的选择,取决于人力、时间、信息来源等因素,更取决于研究的目的和性质。下面就介绍几种主要的研究方法。

1. 观察法

观察法是指研究者根据一定的研究目的、研究提纲或观察表,由调查者直接或利用仪器来观察记录被调查对象的行为、活动、反应、感受或现场事物,以获得资料的方法。观察法的使用范围为市场商品需求、商品购买者的特征情况、企业经营状况、竞争环境、商品库存、产品的质量、广告调查等。科学的观察具有目的性、计划性、系统性和可重复性。观察法的观察方式有两种:

(1)直接观察

直接观察包括顾客观察、环境观察(神秘购物法、伪装购物法)。

(2)间接观察

间接观察即通过现场遗留下来的实物或痕迹进行观察以了解或判断过去的市场行为。这种方法的主要优点是比较直观,被观察对象的外部表现是在不受干扰的情况下自然流露的,因此,所获得的结果一般比较真实和切合实际。

观察法的局限性是只能观察到被观察人从事活动的外在表现形式,并不能了解消费者为什么这样活动,无法了解内在信息,因而对观察所得的资料往往不足以区别哪些是偶然的,哪些是规律性的;观察结果与观察人员的素质有关;结果本身的说服力有限;观察结果难以量化统计;观察过程受时间的限制。

2. 问卷调查法

问卷调查法是研究消费者行为常用的方法。问卷调查法是通过研究者事先设计的调查问卷,向被调查者提出问题,并由其予以回答,从中了解被调查者心理与行为的方法。根据操作方式,问卷调查法可以分为留置访问、邮寄问卷法、入户问卷法、拦截式问卷法等。

(1) 留置访问

留置访问是指由调研人员将调查问卷送到被调查者手中,征得同意后对填写事项作出说明并与被调查者约定交返问卷的时间,调研人员按约定时间再次登门收取问卷,并向被调查者致谢的整个收集信息的过程。

(2) 邮寄问卷法

邮寄问卷法是指调查者将设计好的问卷通过邮寄的方式送达被访者手中,请他们按要求和规定时间填写问卷并寄回,以此获取信息的一种方法。它不受地理条件限制,调查范围十分广泛,被调查者填写问卷的时间比较灵活,回答问题也比较真实可靠。

(3) 入户问卷法

入户问卷法是指采用随机抽样的方式抽取一定数量的家庭单位,访问员到抽取出来的家庭或单位中进行访问,直接与被访者接触,然后依照问卷或调查提纲进行面对面的直接提问,并记录下对方答案的调查方式。

(4) 拦截式问卷法

拦截式问卷法是调查者在某一特定人群相对集中的地点,如广场、购物中心、超市、校园等公共场所现场拦截被访者进行访谈。

3. 实验法

实验法是指在既定的条件下,通过实验对比,对市场现象中某些变量之间的因果关系及其发展变化过程加以观察分析的一种调查方法,研究自变量对因变量(销售量、品牌态度等)的影响。实验法是有目的地严格控制或创设一定的条件,人为地引起某种心理现象与行为的产生,从而对它进行分析研究的方法。根据实验场所的不同,实验法又可分为市场实验法和实验室实验法两种形式。市场实验法是指在市场营销环境中,有目的地创设或变更某些条件,或者给消费者的心理活动以一定的刺激和诱导,或者是针对某一心理与行为问题,选择一定的实验对象进行活动,从而观察和记录其心理活动的各种表现。这种方法既可以研究一些简单的心理现象,也可以研究人的个性心理特征,应用范围比较广泛。常用的市场实验法主要有以下几种:

①事前事后对比实验法。这是最简便的一种市场实验调查形式。采用这一方法是在同一个市场内,实验前期在正常的情况下进行测量,收集必要的数据;然后进行现场实验,经过一定的实验时间以后,再测量实验过程中(或事后)的资料数据,从而进行事前事后对比,通过对比

观察，了解实验变数的效果。

②控制组同实验组对比实验法。控制组，系非实验单位（企业、市场，与实验组必须具备同等条件，以保证其可比性），它是与实验组作对照比较的，又称对照组。实验组，系实验单位（企业、市场）。控制组同实验组对比实验，就是以实验单位的结果同非实验单位的情况进行比较而获取市场信息的一种实验调查方法。采用这种方法的优点在于实验组与控制组在同一时间内进行现场对比，不需要按时间顺序分为事前事后，这样可以排除由于实验时间不同而可能出现的外界变数影响，尽量降低实验效果出现的偏差。实验法的应用范围包括产品的价格实验、掌握必要的市场信息、市场饱和程度实验、广告效果实验、测试各种促销方法的效果。

4. 投射法

投射法也称投射测试法，根据心理学上的解释，指个人把自己的思想、态度、愿望、情绪或特征等，不自觉地反应于外界的事物或他人的一种心理作用。此种内心深层的反应，实为人类行为的基本动力，而这种基本动力的探测，有赖于投射技术的应用。具体来说，投射法就是让被试者通过一定的媒介，建立起自己的想象世界，在无拘束的情境中，显露出其个性特征的一种个性测试方法。测试中的媒介，可以是一些没有规则的线条；也可以是一些有意义的图片；也可以是一些只有头没有尾的句子；也可以是一个故事的开头，让被试者来编故事的结尾。因为这一画面是模糊的，所以一个人的说明只能是来自于他的想象。通过不同的回答和反应，可以了解不同人的个性。投射法是研究者以一种无结构性的测验，引出被试者的反应，用来考察其所投射出的人格特征的心理测验方法。投射法不是直接对被试者明确提出问题以求回答，而是给被试者一些意义不确定的刺激，让被试者想象、解释，使其内心的动机、愿望、情绪、态度等在不知不觉中投射出来。消费者行为学研究中常用的投射法有造句测验法、漫画实验法和角色扮演法。

投射测试法的优点：

①投射测试法的最大优点在于主试者的意图、目的藏而不露，这样就创造了一个比较客观的外界条件。采用投射测试法可以测试出被试人人格更真实的一面，使测试的结果比较真实。

②它真实性强，比较客观，心理活动了解得比较深入，有利于提高招聘方法的科学化程度。

投射测试法的缺点：

①分析比较困难，需要有经过专门培训的主试。因此，在员工招聘中运用投射测试一般比较少，只有在招聘高层次的管理人员中才考虑运用，不可能大规模运用。

②投射测试法在计分和解释上缺乏客观标准，人为性较强，不同的测试者对同一测验结果的解释往往不同，测验者的主观感情很可能会影响被测试者的得分，并且，投射测试法的重测信度很低。

③被测试者不易知道测试的目的及其反应在心理解释上具有什么意义。

④由于投射测试结果的分析一般是凭分析者的经验主观推断，其科学性有待进一步考察。

5. 小组座谈法

小组座谈法是最为重要的定性研究的方法,在国外被广泛应用。小组座谈法采用小型座谈会的形式,挑选一组具有代表性的消费者或客户,在一个装有单面镜或录音、录像设备的房间,在主持人的主持下,就某个专题进行讨论,从而获得对有关问题的深入了解。小组座谈法作为定性研究中最常用的方法,在发达国家十分流行。因为其有如下优点:

①比一对一的面谈更容易发现新概念、新创意,因为被访者的发言能够互相激励、互相启发。

②提供了较好的观察被访者的机会(如通过单面镜),从而使不同的观察者都能发现自己想要的信息。

③快速,节省大量的时间。这些优点使得小组座谈在我国的调研实践中也越来越多地被应用。

6. 网络调查法

网络调查法(online survey)又称网上调查。在线调查的范围很广,包括市场、消费者行为学及相关政府宏观政策和企业市场营销策略制订的各个方面。最近几年,随着网络技术的发展,许多研究者开始运用网络调查方法收集数据,与传统的纸笔调查(又称书面调查)技术相比,网络调查更加节省时间成本和金钱成本,因而网络调查近年来日益流行。例如,国外的一个网络调查网站"Zoomerang"可以向使用者提供容量为250万人的样本库。国内的网络调查网站"问卷星"则可以向使用者提供容量为260万人的样本库,已经有40多万人、600多所高校和7 000多家企业正在使用"问卷星"网络调查平台。

本 章 小 结

本章主要介绍了消费者行为学的相关概念、研究消费者行为的意义、消费者行为与企业营销战略的关系以及消费者行为学的理论来源与研究方法。消费者行为,就是指人们为满足需要和欲望而寻找、选择、购买、使用、评价及处置产品和服务时个人的活动和过程。它一方面涉及人们的思想和行为,另一方面也是一个不断积累知识的研究领域。研究消费者行为有利于企业赢得消费者;研究消费者行为能够引领企业经营战略的发展;研究消费者行为能够促进企业提高产品和服务质量。深刻了解消费者及其影响消费者的环境成为制订营销策略的基础。企业要在竞争中获取优势,关键在于企业首先要明确自己的产品是为哪一阶层的消费者服务的,服务目标定位于哪一特定的消费群体,满足哪一特定类型消费者的需要。在明确整体的定位后,进一步科学有效地细分市场并从中选出一个或几个细分市场作为自己的目标市场,集中有限的人力、物力,进行集中化的市场企业营销策略。其次,在集中企业营销策略的基础上,企业应突出自己的产品与竞争对手之间的差异,以差异求得竞争的优势。消费者行为学属于应用科学,主要研究消费者行为的基本规律和特点,以及进行消费者行为分析的一些基本理论和方法,是市场营销专业的基础理论课,它是在多门学科基础上建立起来的具有综合性和交叉性的边缘学科。一般学者认为,对消费者行为学的形成贡献较大的学科主要有心理学、经济学、社会学、人类学和行为学。消费者行为学的基本研究方法包括观察法、问卷调查法、实验法、投射法、小组座谈法和网络调查法等。

思考练习

1. 简述消费者行为学的概念。
2. 消费者行为学的理论来源有哪些?
3. 消费者行为学的研究方法有哪些?
4. 举例说明消费者行为的研究对企业营销的重要性。

【案例分析】

欧莱雅的市场细分策略

巴黎欧莱雅进入中国市场至今,以其与众不同的优雅品牌形象,加上全球顶尖演员、模特的热情演绎,向公众充分展示了"巴黎欧莱雅,你值得拥有"的理念。目前已在全国近百个大中城市的百货商店及超市设立了近400个形象专柜,并配有专业美容顾问为广大中国女性提供全面的护肤、彩妆、染发定型等相关服务,深受消费者青睐。回顾上述成功业绩,关键取决于欧莱雅公司独特的市场细分策略。

首先,公司从产品的使用对象进行市场细分,主要分成普通消费者用化妆品、专业使用的化妆品,其中,专业使用的化妆品主要是指美容院等专业经营场所使用的产品。

其次,公司将化妆产品的品种进行细分,如彩妆、护肤、染发护发等,同时,对每一品种按照化妆部位、颜色等再进一步细分,如按照人体部位不同将彩妆分为口红、眼膏、睫毛膏等;再就口红而言,进一步按照颜色细分为粉红、大红、无色等;此外,还按照口红性质差异将其分为保湿型、明亮型、滋润型等。如此步步细分,仅美宝莲口红就达到150多种,而且基本保持每1~2个月就向市场推出新的款式,从而将化妆品的品种细分几乎推到极限地步。

然后,按照中国地域广阔的特征,鉴于南北、东西地区气候、习俗、文化等的不同,人们对化妆品的偏好具有明显的差异。如南方由于气温高,人们一般较倾向于淡妆;而北方由于气候干燥以及文化习俗的缘故,一般都比较喜欢浓妆。同样,东西地区由于经济、观念、气候等的缘故,人们对化妆品也有不同的要求。欧莱雅集团敏锐地意识到了这一点,按照地区推出不同的主打产品。

最后,采用了其他相关细分方法,如按照原材料的不同有专门的纯自然产品;按照年龄细分等。

总之,通过对中国化妆品市场的环境分析,欧莱雅公司采取多品牌战略,对所有细分市场进行全面覆盖策略,按照欧莱雅中国总经理盖保罗所说的金字塔理论,欧莱雅在中国的品牌框架包括了高端、中端和低端三个部分。

其中,塔尖部分为高端产品,约有12个品牌,如第一品牌的赫莲娜,无论从产品品质和价位都是这12个品牌中最高的,面对的消费群体的年龄也相对偏高,并且具有很强的消费能力;第二品牌是兰蔻,它是全球最著名的高端化妆品之一,消费者年龄比赫莲娜年轻一些,也具有相当的消费能力;第三品牌是碧欧泉,它面对的是具有一定消费能力的年轻时尚消费者。欧莱雅公司希望将其塑造成大众消费者进入高端化妆品的敲门砖,价格也比赫莲娜和兰蔻低一些。它们主要在高档的百货商场销售,兰蔻在22个城市有45个专柜,目前在中国高端化妆品市场占有率第一,碧欧泉则是第四。而赫莲娜2000年10月才进入中国,目前在全国最高档百货商店中只有6个销售点,柜台是最少的。

金字塔的塔中部分为中端产品,所包含品牌有两大块:一块是美发产品,有卡诗和欧莱雅专业美发,其中,卡诗在染发领域属于高档品牌,比欧莱雅专业美发高一些,它们的销售渠道都是发廊及专业美发店。欧莱雅公司认为,除产品本身外,这种销售模式也使消费者有机会得到专业发型师的专业服务。还有一块是活性健康化妆品,有薇姿和理肤泉两个品牌,它们通过药房经销。欧莱雅率先把这种药房销售化妆品的理念引入了中国。

塔基部分是指大众类产品,中国市场不同于欧美及日本市场,就在于中国市场很大而且非常多元化,消费梯度很多,尤其是塔基部分上的比例大。在中国大众市场中,欧莱雅公司目前共推行5个品牌,其中,巴黎欧莱雅是属于最高端的,它有护肤、彩妆、染发等产品,在全国500多个百货商场设有专柜,还在家乐福、沃尔玛等高档超市有售。欧莱雅的高档染发品已是目前中国高档染发品的第一品牌。第二品牌是羽西,羽西秉承"专为亚洲人的皮肤设计"的理念,是一个主流品牌,在全国240多个城市的800家百货商场有售。第三品牌是美宝莲——来自美国的大众彩妆品牌,它在全球很多国家彩妆领域排名第一,在中国也毫不例外,目前已经进入了600个城市,有1.2万个柜台。第四品牌是卡尼尔,目前在中国主要是引进了染发产品,它相比欧莱雅更大众化一些,年轻时尚,在中国5 000多个销售点有售。第五品牌是小护士,它面对的是追求自然美的年轻消费者,市场认知度90%以上,目前在全国有28万个销售点,网点遍布国内二、三级城市。

(资料来源:王明铮. 欧莱雅市场细分策略[EB]. http://wmzh1114. blog. 163. com/blog/static/69109886201031421535121/.)

思考题

欧莱雅的市场细分策略是否成功?

第二章 Chapter 2

消费者的认识过程

【学习目标】

(1)知识目标

理解消费者意识的含义及其整体性;掌握消费者的感觉、知觉的含义和特征;掌握消费者注意的类型以及在企业营销活动中的运用;理解消费者的思维及想象的过程及其对营销的影响。

(2)技能目标

体会消费者的意识、感觉、知觉、注意、思维和想象等心理活动的产生、发展、变化的一般规律,从总体上把握消费者的认识过程,进而预见消费者的购买行为和消费倾向。

【引导案例】

抓住消费者的感觉

只要拿到想要的东西就会感觉快乐,这种快乐的原点就是"感觉"。当前营销的要义就是抓住消费者的这种感觉,其重要途径就是进行创新设计。在同一顾客身上赚更多的利润,才是真正目标。主宰市场的不再是产品的品质或技术,而是顾客的感觉。要抓住顾客的感觉,必须多倾听顾客的心声,把握顾客的感觉。

人并不复杂难懂,他们在购物时,也不会考虑太多。基本上都是凭借突然的感觉来作决定。而每个人都有自己的个性行为特征。决定消费者行为的关键就在于"感觉"与心目中"价值"是否吻合。要想引起消费者的购买意愿,就要向其传递出"感觉"的信息。因为"感觉"才是消费者行动的标准。其实,消费者购物的原因并不完全是图便宜或一时冲动,像买房子,最后下决心的关键往往还是第一时间内的"念头,感觉"。所以注重"感觉"的营销并不困难,只要用产品创新的思考模式回归到个人感受即可,这也是企业设计与现代营销结合的重点。

> 消费者喜欢就是喜欢,没有什么特别理由。不管男女老少,只要满足他们的需要他们就会感到快乐。而要把握顾客的这种感觉,必须进行产品创新,用艺术化、人性化、科学化手段重新创造产品价值,传递企业价值信息,靠打造产品和服务的动人魅力来俘获消费者的心。
>
> (资料来源:搜狐工商财经.http://business.sohu.com.)

第一节 消费者的意识

一、消费者意识的含义

意识作为人的一种高级认识活动,包括对环境和人自身的识别能力以及清晰的程度。正常人在清醒的时候,意识是明晰的,神志是清楚的,能正确地识别和理解时间、地点、人物、事件以及自己的经济收入和消费状况,能对周围环境的作用(包括周围他人消费情况对自己的影响作用)作出相应的、合适的、有目的的、能动的反应。

消费者的意识,是消费者在消费活动中所产生和形成的一种最高级的心理现象,是消费者对商品、消费、社会环境以及自身的经济条件、社会地位、年龄、性别、职业等方面的综合反映,是消费者在消费活动中的一种具有复合结构的思想认识。消费者的意识状况如何,直接影响到其购买倾向和消费活动。

在现实生活中,所有的消费者都是具体的人。由于实际生活状况各不相同,使得他们的意识带有各自的主观性特点。不同的消费者对同一商品有着不同的看法、不同的情绪和情感色彩。另一方面,消费者的意识又是现实物质世界在人脑中的反映,故消费者的意识又具有客观性。消费者的意识是客观性和主观性的统一。

奥地利精神分析心理学家弗洛伊德认为,人的心理有两部分:一部分是意识,另一部分是无意识或潜意识。意识是与直接感知有关的心理部分,它包括个人现在意识到的与现在虽然没有意识到但可以想起来的,而无意识则是不能被本人意识到的,它包括个人的原始的盲目冲动、各种本能以及出生后的与本能有关的欲望。这些冲动、本能、欲望与社会的风俗、习惯、道德、法律不相容而被压抑或被排挤到意识之下,但它们并未被消灭,仍在不自觉地积极活动着,在追求满足。现在人们一般认为,无意识是指不知不觉的、没有意识到的心理活动,它不同第二信号系统相联系,不能用语言明确地表述出来。这种无意识现象,在消费者的购买与消费行为中有所反映。

美国行为主义心理学家华生提出的行为公式"刺激—反应"(S—R)排除了人的意识,受到许多人的批评。以托尔曼等人为代表的新行为主义者们,为了克服华生行为主义的弊端,修改了华生的行为公式,引入了中介变量的概念(中介变量为O),使公式成为S—O—R,中介变量就是人的心理意识,在刺激与反应之间是不能排除意识的,消费者的购买与消费行为,总是受到某种刺激而引起的,其间同样不能排除意识(有时可能是潜意识)的支配和调节作用。

【资料卡2.1】

大力培育公众的生态文明意识

人是生态环境建设的主体,在生态环境建设和保护中起着决定作用,只有人们充分认识生态环境建设的重大意义并积极投身到生态环境建设与保护之中,才能更好地促进人与自然的和谐与发展。

中国是人口众多、资源匮乏、环境容量相对狭小的国家,倡导物质消费和精神享受相协调、人与自然和谐相处应当是其消费文化最典型的两大特征。愚昧或过激的行为往往源自不正确的认识和已有的陈腐观念。要变革损害环境的生活方式,首先应该使人们树立起环境意识。"生态文明观念在全社会牢固树立",这是胡锦涛总书记在党的十七大报告中提出的新要求。当前要重点摒弃"人是自然的征服者和统治者""自然资源是取之不尽的""自然界的自净能力是无限的""消费越多就越幸福"等错误认识,树立符合自然生态法则的人与自然相互平等、相互依赖的价值观,体悟大自然是人类生命的依托、大自然的消亡必然导致人类生命系统消亡的规律。

绿色消费理念的核心是消费的"有限福祉"观和"共同福祉"观。前者要求人们的追求不再是对物质财富的过度享受,而是一种适度的消费。后者要求人类不再以当代人的消费需要满足为标准,而是以追求当代人与后代人共同消费需要的满足为立足点,既满足当代人的需要,又不损害后代人的需要。

(资料来源:程春生.培育公众绿色消费意识的有效路径[J].现代经济信息,2011(22):84-85.)

二、消费者意识的整体性

消费者的意识具有整体性的特征,这表现在以下两个方面。

(一)消费者意识的整体性是各种认识形式有机结合的必然反映

消费者的意识是消费者各种认识形式有机结合的、最高级的认识形式或认识活动,这是其整体性的一个方面;另一个方面,人的知觉、记忆、思维、想象等认识形式或认识活动本身也具有整体性的特点,这就决定了意识的整体性。因此,消费者意识的整体性是消费者运用各种认识形式进行综合认识活动的反映。

对于消费者而言,各种消费品(如一件衣服、一台电视机)都是以整体的形象呈现在他们面前的。一位消费者走进商店,他所看到的是琳琅满目的商品和卖场的布局,他对商店的知觉是整体性的。完形心理学有不少实验证明了知觉的整体性的特征。完形心理学反复强调,整体性并不等于部分的总和,整体先于部分而存在并制约着部分的性质和意义,这在一定程度上是符合事实的。

思维是人脑对客观事物的间接的、概括的反映,这种反映是借助于语言,并以已有的知识经验为中介而实现的,它揭露客观事物的本质属性及其变化发展的规律。当消费者需要购买某种商品时,他总是自觉或不自觉地考虑这种商品是否合适(包括商品本身和消费者自己两方面的合适)、自己在经济上是否有支付能力,他还要对商品进行比较、分析、挑选,以形成对该商品质量、款式、价格等方面的总体认识,这就是消费者购买行为中的思维过程。在这一思维过程中,消费者是从自己的整体情况以及商品的整体情况来考虑的,其整体性是显而易见的。

无论是消费者的感性认识还是理性认识,都是有机结合的,各种认识形式相互渗透、相互交融、相互制约、相互促进,从而形成一个完整的认识体系即意识,以此影响着、决定着消费者的购买与消费行为。

(二)消费者意识的整体性是由环境影响的整体性所决定的

德国心理学家勒温曾提出一个公式:$B = f(P \cdot E)$。在这个公式中,B 代表行为,P 代表人,E 代表环境,f 是函数。勒温提到的环境主要是指心理环境,即对人的心理实际产生影响的环境,他把人与环境统称为心理生活空间。勒温的行为公式表明行为随着人与环境两个因素的变化而变化,即人的行为是人及其所处环境的函数。勒温的行为公式并未直接涉及意识问题,但他强调了心理环境的作用。勒温强调当前和近期的环境影响是行为的决定因素,但也不否认过去事件对个体行为的影响。他还把生活空间看做动力系统,一切个体在这个系统中都想维持一种平衡状态。可见,在勒温的行为公式中,渗透着环境整体性的影响。

勒温的行为公式表明消费者的意识是受环境刺激的影响而产生的,而消费环境的影响总是具有整体性的,因而,消费者的意识同样具有整体性。我国出现过的各种"购买热"以及消费方式的变化,既是社会消费环境整体性影响的结果,也是消费者的意识整体性的反映。

三、消费者的自我意识与消费行为

自我意识是意识的一种特殊形式,是人对自己的认识,即人运用无声语言去标示、回顾或确认自己内部的心理活动状态。消费者的自我意识直接影响到消费者的购买与消费行为。

消费者的自我意识使其获得自我概念,自我概念的含义非常广泛,根据美国学者里查德·黑斯(Richard T. Hise)等人的观点,自我概念由四个部分组成:自我印象是指自己对自己的看法,即对自己的认识;理想的自我是指自己喜欢成为什么样的人;镜中的自我是指自己认为别人对自己是怎么想的、有什么看法;真实的自我是指自己在现实生活中实实在在是怎样的一个人。自我概念是对自己的一种整体性的自我意识,自我印象是自我概念中的一部分,是自己对自己的主观方面的认识和评价。

自我概念中的自我印象在认识消费者的购买与消费行为方面具有非常重要的作用,因为表达自我印象的重要途径之一就是通过购买而进行消费的行为。人们常常希望别人对自己有一个良好的印象,而自己也常常通过自己的谈吐、情绪、行为等来向别人表达良好的自我印象。每个人所拥有的物品、所喜爱的活动等,反映了人们所希望表示自己的身份或地位。消费者常常通过购买商品、进行消费来表达这种自我印象。

消费者一旦形成了某种自我印象,就会在这种自我印象的支配下产生一定的购买行为与消费行为。例如一位女青年觉得自己很年轻、很漂亮(自我印象),就会在自己经济条件许可的情况下,按照理想的自我去购买适合自己的新款时髦服装,把自己打扮得更加俏丽一些,当她买来新款时髦服装之后,镜中的自我可能会表现出来——自己穿上了这种服装之后,别人会怎样看待自己、议论自己。有些老年消费者认为,他们不适合穿着新款式的、颜色鲜艳的、时髦的服装,也是自我印象的表现。

在现实生活中,不少消费者是按照实实在在的自我即真实的自我而进行购买与消费的。他们在购买与消费活动中,采取现实的态度,根据自己的年龄、性别、职业、经济条件、社会地位、周围环境等来进行选择。中年以上的消费者,按照真实的自我而采取现实的态度进行购买与消费的特点比较突出。但是,理想的自我是一种追求,它驱使着消费者消费水平的提高,使消费者的购买行为带有追求理想中的自我的性质。青年消费者,特别是年轻的女性消费者,按照理想的自我进行购买与消费的特点比较突出。当然,这并不是说中年以上的消费者没有按照理想的自我进行购买与消费的特点,也不是说青年消费者不会表现出按照真实的自我进行购买与消费的行为。

通过真实的自我、理想的自我、镜中的自我形成良好的自我印象,是自我概念的形成,或者说是自我概念的获得。自我概念是消费者整体性自我意识的标志,消费者的自我意识、自我概念左右着消费者的购买与消费行为。

四、消费者的意识与消费行为类型

由于消费者的意识是复杂的,因而消费行为有各种各样的表现,主要可以归纳为以下几种类型:

(一)面子型

所谓面子,是指人的脸面、面目。许多学者认为,"面子意识"与"面子行为"是中国人重要的和较为典型的社会文化现象。大多数中国人十分热衷于"面子行为"。强烈的面子意识,有着深刻的社会心理根源。消费者的"面子意识"是导致"面子型"消费行为的心理基础。例如,一位消费者想买一架照相机在日常生活中或外出旅游时拍照,朋友向他介绍了几款经济适用的照相机,他却始终坚持要购买国际一流品牌的名牌专业相机。该消费者由于受"面子心理"的驱使,产生了"面子型"消费行为。

(二)超前型

超前消费是一种暂时还未普及的消费方式或消费行为,是指消费者脱离自己收入水平和收入能力的盲目消费行为,以追求享乐为目的,以消费高品牌、高档次的商品为特点,是一种不顾生产发展的可能和家庭收入的多少而盲目攀比、不计后果的消费行为。

(三)任性型

任性型是一种放纵性情、不加约束的消费行为,消费者的潜意识(下意识)在其中起着推波助澜的作用。也就是说,消费者丝毫没有考虑为什么要这样做,只是凭一时心血来潮或者受到某种刺激而采取的一种消费行为。

(四)炫富型

炫富型是指为了显示自己的富有,在消费过程中不是以满足基本生活需要进行的必需品消费,而是通过夸富式消费博得社会艳羡,从而提升其社会地位和声望、荣誉,获得社会性的自尊和满足。炫富型消费行为的后果是形成奢侈之风,造成浪费。

(五)快乐型

快乐型是消费者受到"花钱买快乐"的意识所支配的消费行为。有些消费者认为他们努力工作是为了享受快乐人生。通过消费,不但满足他们的物质需要,而且满足他们的精神需要,在消费过程中体验人生的快乐。这种类型的消费者正在逐年增加。

(六)理智型

理智型是指消费者在消费能力允许的条件下,按照追求效用最大化原则进行的消费。从心理学的角度看,理智型消费是消费者根据自己的学习和知觉作出合理的购买决策,当物质还不充裕时,理智型消费者通常追求商品的价廉物美以及经久耐用。

总之,消费者的消费行为受消费意识的驱使,表现为多种类型并存,只是在不同情境下,某些方面表现得比较突出,其他方面表现得不甚明显而已。

第二节 消费者的感觉与知觉

一、消费者的感觉

消费者在购物时通常是缺乏理性的,他们常常会"跟着感觉走"。消费者长期经验形成的感觉偏好往往成为影响消费者购买行为的重要因素,因此,研究消费者感觉,寻找内在规律,对于营销者如何通过产品形状、颜色、气味的设计和视听环境的创造,促进产品销售,具有十分重要的意义。

(一)感觉的含义

感觉是人脑对直接作用于感觉器官的客观事物个别属性的反映。消费者对商品的认识过程是从感觉开始的,首先是五官的感觉,它反映事物的个别属性,这些个别属性作用于人的感觉器官,在人的大脑中引起相应的视觉、听觉、嗅觉、味觉和触觉。感觉是客观内容与主观形式的统一,感觉的对象和内容是客观的,感觉的形式和表现是主观的。

(二)感觉的基本特征

消费者对商品的认识过程是从感觉开始的,它是人类最简单、最低级的认识过程,是一切复杂心理活动的基础。感觉具有如下特性:

1. 适宜刺激性

某种特定的感觉器官只能接受特定性质的刺激。例如,麦当劳的金色的拱形"M"商标,从视觉上吸引了我们。

2. 感受性

促销的活动对消费者而言是个刺激信号,达到一定优惠才会刺激消费者的感觉,如买200送200元购物券。刺激只有达到一定的程度和范围时,才能产生感觉。

3. 适应性

由于外界刺激持续作用于人体感受器官而发生感受性变化。"入芝兰之室,久而不闻其香"正是感觉适应性的反映。

4. 关联性

人的感觉不是彼此孤立的,而是相互联系、相互制约的。最近的研究显示,当音乐和气味性质相同,都令人振奋时,消费者对零售环境的看法会更正面,对购物会更满意。

【资料卡2.2】
感觉阈限理论在市场营销活动中的应用

感觉的特征之一是感受性。感受性是指人的感觉器官对各种适宜刺激的感受能力。适宜刺激是指特定感觉器官只接受特定性质的刺激。每种感觉器官有其特定的功能,只能反映特定性质的刺激。心理学用"感觉阈限"来衡量感受性的强弱。感觉阈限是指能引起感觉的并持续了一定时间的客观刺激量。任何超出感觉阈限的刺激都不能引起人的感觉。感觉阈限与感受性之间成反比关系。

感受性和感觉阈限都有两种形式,即绝对感受性和绝对感觉阈限、差别感受性和差别感觉阈限。绝对感觉阈限是指刚刚能引起感觉的最小刺激量。绝对感受性是指对最小刺激量的感觉能力。它们之间成反比关系,$E = 1/R$。只有超过绝对阈限的刺激,人们才能感觉到它的作用。如:人的眼睛可见光谱400~760纳米;声音感受频率20~200 000赫兹。

产品是一个整体概念,包括核心产品、形式产品与附加产品。产品具有生命周期,为了保证企业长期稳定发展及竞争的需要,企业必须不断进行新产品的开发。企业无论改变产品的哪一部分都应考虑感觉阈限。

由于成本上涨,企业不得不提高商品价格时,每次提价的幅度应尽量不超过价格差异的差别阈限,以免对市场销量带来负面影响。但是由于成本下降等原因,降低商品价格,则降价幅度应尽可能超过差别阈限,令顾客感到便宜了许多,从而提高销售量。

零售商在对场地的布置和装潢、软硬件建设时,都要立足于对消费者构成刺激,使消费者能感觉到,超过顾客的感觉阈限。如感觉不到,则无异于"穿新衣,走夜路",劳而无功。商场应根据不同季节、不同活动主题等经常进行重新布置装潢,令顾客重拾美好的感觉。

广告中各种刺激物的强度必须在绝对感觉阈限之内。在广告策划过程中强调寻找产品的USP(独特销售主张),树立差异化的品牌形象和对产品进行准确的市场定位,其实都是希望在目标消费者差别阈限的基础上,通过相应的信息诉求与销售刺激引起他们的感知,并借助视听引导形成持续的信息关注,进而完成注意、兴趣、欲望、记忆、行动几个阶段的过渡,以有效达成产品销售。

(资料来源:杜淑琳.感觉阈限理论在市场营销中的应用[J].商场现代化,2010(15):37.)

(三)消费者的五种感觉在营销中的应用

1. 视觉及营销应用

研究表明,人体有70%的感受器集中在眼睛里,是人占支配地位的一种感觉器官。引起视觉感觉的主要是大小、形状和色彩。消费者在选择商品时,倾向于选择外包装较大的产品。在消费者感觉中,形状吸引人的包装,产品量较大。色彩实际上决定我们是否看到刺激,是影响购买的极为重要的因素。色彩分为暖色调(红、黄、橙)和冷色调(绿、蓝、紫)。色彩心理学家发现,暖色通常激发活跃和兴奋,而冷色则令人感到安慰和平静。另外,更深、更浓的色彩(色彩饱和度高)和更暗的色彩比浅色和亮色更容易激发兴奋。色彩偏好还与社会阶层、年龄及性别有关。

营销者从各个方面对视觉进行利用。由于视觉对面积的大小判断会受形状的影响,一般人会觉得正方形的面积比同样大小的长方形的面积要小,因此,可以将包装尽量设计成长方形;由于消费者常常对价格比较敏感,因此,营销者常常通过不改变包装,而减少包装内产品数量来变相提价。在医院或者疗养院,冷色调更加合适,而在快餐店或健身俱乐部,暖色常常是较好的选择。快餐店里橙色装饰可以引发饥饿感,医院里蓝色和绿色可以减轻病人的焦虑。不同社会阶层在颜色偏好上存在较大差异,明亮的色彩可以用来吸引年轻人,深色(如茶色)可以用来吸引选择高端消费品群体的目光。

【小案例2.1】

色彩营销:打开消费者心灵的钥匙

夜晚都市中大大黄色的"M"会让人立即想到世界第一快餐"麦当劳";一提到"法拉利",我们脑海中马上浮现出火一般的红色;一说起"IBM",会让我们想起那象征智慧的蓝色。

没错,这就是色彩的力量。哈药集团三精制药厂生产的葡萄糖酸钙口服液正是运用消费者对色彩的敏感策略来提炼的产品卖点。如今,估计长城内外,大江南北的老少妇孺们没有人不知道"蓝瓶的钙,好喝的钙"这句广告语。无独有偶,素有世界袜王之称的浪莎集团与中国流行色协会联合发布了"中国有个浪莎红"色彩主题。正式推出全球首个以企业命名的色彩——浪莎红,并将浪莎红作为浪莎集团的标志色。中国流行色协会秘书长梁勇表示:浪莎红是国内首次以特定品牌命名的色彩,将开创中国品牌色彩营销的新时代。

(资料来源:http://www.globrand.com.)

2. 听觉及营销应用

人们有令人吃惊的声音辨别能力。一位母亲听到另一房间婴儿微弱的哭声会很快醒来,但却会在更响的垃圾车的"嘎嘎"声中酣睡如常;在一个忙乱嘈杂的宴会上,人们能剔出所有噪声听到房间另一边有人提到他的名字。

声音是一种感觉,决定声音能否被听到的一个主要指标是听觉密度。不同形式的声音能够使顾客产生轻松或刺激的情绪,从而影响人们的购物行为。英国的一项研究显示,当播放慢速音乐时,消费者就餐时间要比放快速音乐时长得多,同时增加了饮食消费支出。美国营销学者尼曼在超市中调查发现,一分钟94拍的快节奏音乐和一分钟72拍的慢节奏音乐相比,后者能增加高达38%的销售,因为它让顾客心情平静,不知不觉中走路的速度随着音乐而放慢。音乐与产品形象和消费者心情的匹配可以使心情愉悦,而消费者心情愉快的时候会产生时间错觉。

听觉在营销中的应用也很广泛,在销售现场,声音具有无穷的妙用,当消费者置身于众多的商品以及广告之中时,不会有什么特别的感觉,不会对任何商品感到有特别的需要,如果播放恰当的音乐,便能够刺激消费者产生一种情感,唤起他们的购买欲望。例如,在大型的书店里,可以通过播放轻音乐并适时插播有关的图书信息,如一些新书介绍以及最新的畅销书排行榜等,这种策略可以有效地促进销售。

在电视广告中,单调、速度略快的讲话声会导致更加正面的广告效果和品牌态度。当企业总是用一个人的声音或许多广告中使用同样的韵律时,消费者会对这些声音与产品或品牌建立起紧密的联系。如同听声音能判断一个熟悉的人一样,通过独特的声音传播,也可以使消费者产生一对一的联想,并由此来认知、判断品牌。例如,听到"KEKE(克咳)"人们马上想到感冒咳嗽;听到"滴答、滴答",人们就想到雅客品牌。有些时候,单纯的形容词描述常常让消费者感觉抽象,但借助声音,可以使产品属性具体化。雕牌洗洁精用"我家的盘子会唱歌!"通过用手摩擦能发出响声来证明洗涤得干净,起到了很好的广告效果。

3. 嗅觉及营销应用

嗅觉是最直接的感觉。与其他感觉一样,嗅觉也会产生生理和情绪反应,从而影响购买行为。如薄荷油让人清醒,百合令人放松,烤面包的香味刺激人的食欲,苹果的香味有镇静的作用,可以使人呼吸轻松,血压降低;闻到童年时闻过的气味能引起童年时的情绪反应。研究发现,气味宜人的环境可以鼓励消费者注意相关刺激,延长逗留时间,从而对购买行为产生正面影响。一项研究表明,在散发花香的房间中,消费者对产品的正面评价明显高于没有花香的房间。

企业可以借助于消费者的嗅觉进行营销接触。如美国的 Bronner 公司每年 12 月份,在圣诞树销售部喷放松香气味,让消费者体验到节日购物的心境和氛围。有些商店,在店内设置食品加工小屋,新鲜食品的香味在商店入口处就能闻到,极大地唤起了消费者的购买欲望。

英国零售商特易购在店内咖啡机上设置特殊的散香阀门,让咖啡香气挥发出来以刺激消费者购买。美国市场上最畅销的三款香水都带有婴儿粉的味道,他给顾客带来温暖的感觉。索爱现已推出一款使用时会发出淡淡清香、让人闻了可以平静的新款手机。这种特有的香味使人联想到农村的气息,自然就会将田园风光与农业银行相联系,这就是法国农业银行独特的"嗅觉"标识。韩国 LG 有"巧克力"之称的手机则散发出巧克力香味。

当然,有些气味会带来相反的效果,必须加以祛除。这为漱口液、除臭剂等提供了市场空间,如有一家公司开发出一种喷剂可以掩盖烟草留在头发和衣服上的味道。另外,气味具有文化差异性,如某些文化中大量使用香料可能会让其他文化中的人感到难以接受。

4. 触觉及营销应用

触觉由很多复杂的感觉组成,对心理和行为有极其重要的影响。研究发现,做过抚触的婴儿比不做的长得快,因为触觉对儿童心理有重要影响。持续地抚摸使心跳速度降低,有镇静作用。调查结果显示,大部分消费者喜爱某些产品是因为接触它们时的感觉。有些消费者购买润肤霜或者婴儿护肤品是因为享受那种抹在皮肤上轻柔的感觉。消费者在传统商店挑选衣服而不是通过网上购买,是因为他们喜欢触摸和检视。超市敞开售货就是让消费者能够"自由地漫游、自由地尝试、自由地触摸",从而大大延长了消费者购物的时间。

触摸羊毛、丝绸、皮毛等纤维有直接唤起联想和降低心跳的功能,这显然唤起了合成纤维的发展,合成纤维同样也能带来自然纤维那样的触觉联想。在很多商店里,聪明的营销者允许消费者试用店里的任何产品。可口可乐公司采用亚历山大·山姆森设计的曲线瓶子后,销量飞速增长,在两年的时间内,销量翻了一倍。这种瓶子的结构是中大下小,当它盛装可口可乐时,给人分量很多的感觉。触觉商标(Touch Mark)是触觉的又一应用,它是通过质地平整光洁程度区别商品或服务出处的商标。一些企业在名片、信封、公司简介、包装袋乃至接待桌面、员工服装上使用特殊的材料,以达到与众不同的效果。

5. 味觉及营销应用

味觉是一个很个性化的感觉,靠分布在口腔不同部位的约 10 000 个味蕾分辨酸甜苦辣咸等味道。品尝食品比闻它要多用 25 000 倍的分子,所以对事物的质感、气味、温度、辛辣感等具有更精确的感知。人们品尝东西的方式就像指纹一样各不相同。不同的文化有不同的口味偏好,几乎每一种文化都用食物作为符号。食物是生理和情感愉悦的一大来源,"要抓住消费者的心,首先要抓住消费者的胃"有一定的道理。

营销者常常创造一些物质来骗过味蕾,像用人造鸡精和甜味素来模拟鸡肉和糖的味道,很多奶制品正是有了这些味道才吸引消费者。在商场促销中,尽管现场陈列(靠视觉)是购物者最先注意的手段,但免费品尝和试用才是最能影响消费者购买的营销手段。在推出新产品的过程中,营销人员常常通过口味测试来掌握消费者的口味。对食品或饮料类产品,口味往往会成为重要竞争力。20世纪80年代,百事可乐靠着口感甜、柔和,通过口味测试广告向可口可乐发起挑战,这个广告让可口可乐一下子无力应付,市场上百事可乐的销量再一次激增。可口可乐为了应对竞争,推出了比老可乐口感更柔和,口味更甜,泡沫更少的新可口可乐。不过,可口可乐忽略了口味的文化因素,老可口可乐配方代表了一种传统的美国精神,放弃老可乐意味着文化背叛。结果这次口味改革竟成为公司历史上的一次灾难,为公司造成了巨大损失。

需要指出,消费者的感官不是独立起作用,而是协同工作的。如果能够让各种感觉协同起来向顾客大脑传递性质一样的信息,营销效果会更明显。

【小案例2.2】
抓住中国消费者的感觉

找准某一品牌或产品在消费者心中的感觉,是市场推广要做的最重要的事情,也是最难做好的事情。同样一个产品(如手机),在不同的国度,在不同的文化中,有不同的象征意义。因此,任何一个产品在中国市场上,在中国不同的区域市场上,对消费者到底意味着什么,消费者购买它到底是为什么,消费者购买这种产品的感觉是什么,变得极为重要。这好似中医的号脉,大家知道中医最重要的是号脉,如果这个脉没有号准,你做再多市场调查,做再多数据堆砌和理性分析,都有可能失败。

企业到底把自己的眼光关注消费者,还是关注竞争对手,还是关注经销商通路,企业面对一选三的问题,应该更关注谁,这是一个非常重要的选择。

企业必须关注消费者。例如中国移动受到中国联通CDMA的进攻时,24小时的会议就讨论怎么应对联通的低价策略,讨论联通新的广告,但24小时都关注竞争对手,并没有使中国移动找到一个更高明的战略,直到中国移动把它的聚焦点从联通身上移开,移到消费者身上,去发现公司是否能比联通提供更高的消费者价值时,才找到了更好的策略。大家可能记得中国移动的那条电视广告:用写真的手法,说一个海船出事了,幸好有一个乘客带着全球通,使全船的人得救了。"打通一个电话,能够提供的最高价值是挽救生命","关键时刻,信赖全球通",完全转向关注消费者价值。

此前讨论中国移动的竞争策略时,我问中国移动的基本问题是,你们的客户被联通拉走了,是不是因为你们对客户方面有问题?或者说一个老客户从中国移动身上得到的好处和利益,比一个新客户更少?他们想了一下说,是更少,因为新客户得到很多优惠,老客户价格很高。老客户可能为中国移动贡献了10年的电话费,他们得到的更少,老客户没有理由不走掉。当中国移动明白了这个基本道理以后,出现了上述那条广告,那则广告最后落脚点是拉消费者"网络好,其实很重要",打通一个电话,其实比省一点钱更重要。我认为这是电信行业做得最好的广告之一。

当然也有理由把目标转向厂商矛盾,最重视代理商和分销商,因为通路往往最决定业绩。但如果把所有的关注点放在厂商矛盾上,甚至超越消费者的矛盾,如果认为厂商矛盾是中国营销中最基本的矛盾,就可能犯长远性的错误。因为解决市场问题的最根本的钥匙,是在消费者那边,不是在竞争对手手上,也不是在经销商和通路中。

菲利浦·科特勒说:"营销并不是以精明的方式兜售自己的产品或服务,而是一门创造真正顾客价值的艺术。"顾客价值这个词比较抽象,但是消费者的感觉,和消费者的真正追求是必须捕捉的,如果可以解决好这个问题,就可以实现跳跃,也不必担心会有标王式的衰落。

(资料来源:卢泰宏.中国营销创新22条军规[J].销售与市场,2005(5):60-63.)

二、消费者的知觉

感觉是一切心理活动的基础,它为人的高级的心理过程——知觉、思维等提供材料。消费者对产品的认识通常以感觉为基础,通过综合分析作出完整的评价,这一过程实质上就是消费者对产品的知觉过程。企业在开展营销活动时,应充分了解知觉的特点,以有效地达到信息传播的目的。

(一)知觉的含义

知觉是人脑对客观事物各种属性和各个部分的整体反映,它是对感觉信息加工和解释的过程。知觉是将人们对个别属性的认识上升为整体的认识。知觉不是感觉的简单相加,而是在知识和经验的参与下,经过人脑的加工,形成对事物正确解释的过程。例如,我们感觉到苹果的形状、大小、颜色、滋味、香气、平滑、硬度等,在综合这些方面的基础上构成了我们对苹果的整体的映像,这就是我们对苹果的知觉。

(二)知觉的特性

知觉是人脑对外界事物的主动反映过程,具有多种特性,它与消费者心理活动的各个方面紧密相连,对营销活动产生直接影响。

1. 知觉的选择性

在同一时间内作用于人的客观事物是纷繁多样的,人不可能在瞬间对所有的刺激都作出反应,而只能按照某种需要和目的主动而有意识地优先选择其中少数事物(或事物的某一部分)或无意识地被某种事物所吸引,以它作为知觉对象,对其产生鲜明而清晰的知觉映像。人对外来信息进行优先选择而作出进一步加工的特性称为知觉选择性。

知觉的选择过程就是优先从背景中分出对象的过程,知觉之所以具有选择性,是由于人的意识有选择性。客观上讲,人在同一时刻所面临的种种刺激并无轻重缓急之分,但是人在主观上会把意识指向某种刺激。一旦意识指向某种事物时,这种事物便会成为知觉的对象,而其他事物便成为知觉的背景。

知觉除了受人的主观选择影响外,还受到对象和背景本身的刺激结构的影响,主要表现为:强度大的、对比明显的刺激物容易成为知觉的对象。例如,夜深人静时的窃窃私语,黑夜映衬下的霓虹灯闪烁,草原上奔跑的骏马,都容易成为知觉的对象,而雪地上的白纸、嘈杂的火车站中人说话的声音,就很难成为知觉的对象。此外,空间位置相近、连续,形状上相似,轮廓上闭合的刺激物也容易成为知觉的对象。

消费者每天接触到的刺激数量相当惊人,但不一定所有刺激都会被知觉到。纵使消费者已经知觉到刺激,但也并不表示消费者会对其进行处理。有些刺激会被消费者有意无意地略过。知觉选择性还与消费者的需要、愿望、兴趣、任务、以往的知识经验以及刺激物对消费者的意义是否重要有极为密切的关系。

2. 知觉的理解性

人在知觉过程中根据自己的知识经验,对感知的事物进行加工处理,并加以概括,赋予它确定的含义,从而标示出来的特性,称为知觉的理解性。

知觉的理解性主要受个人的知识经验、言语指导、实践活动以及个人兴趣、爱好等多方面因素的影响。个人已有的知识经验是人对知觉对象理解的前提,知识经验不同的人对同一事物的理解不同。对事物的知识经验越丰富,对该事物的理解就越深刻、越丰富,知觉的速度也相对较快。

3. 知觉的整体性

在知觉过程中,人们不是孤立地反映刺激物的个别特性和属性,而是反映事物的整体和关系的特性,称为知觉的整体性。

客观事物本身存在着整体与部分的关系,存在着各种属性的相加关系。当它们作为刺激物作用于人的感官时,常常只是它的部分属性分别或先后发生作用,有时甚至只有其中的一部分发生作用,但人却将其个别属性或个别部分综合为一个整体,即在客观刺激不完备的情况下,人在主观上能够弥补并形成全面完整的感知。应当强调的是,知觉的整体性并不遵循科学上的相加原理,不是简单的 $1+1=2$,而是 $1+1>2$,是超越部分刺激之和所产生的一种整体的知觉经验。它不仅取决于组成整体的各个部分的特点,也依赖于事物的整体特性。

知觉的整体性除了在同一种知觉范围内出现外,也常常在不同的知觉间出现,如听到梅子就想起梅子的酸味,看到水在冒蒸气就知道水温很高等都是知觉这种整体性的表现。当然,在实际的知觉活动中,人们对整体的知觉有时也会先于个别部分的知觉,例如我们在看一幅POP广告时,首先看到的是画的整体,其次才是画的细节。

知觉的整体性是知觉的积极性和主动性的一个重要方面。一方面它的存在提高了人们知觉事物的能力,例如人们常常能够识别残缺的汉字;另一方面,知觉的整体性有时也会让人忽略部分和细节的特征,如让人画出硬币的正面和背面图案时,人们大多无法完成,一个主要原因就是人们将硬币知觉为一个整体而忽略了细节的描述。

4. 知觉的恒常性

知觉的恒常性是指当知觉条件在一定范围内改变时,知觉映像仍然保持相对不变的特性。知觉恒常性的种类很多,尤以视知觉的恒常性表现最为明显,主要是由于对象的大小、亮度、颜色、形状等映像与客观刺激的关系并不完全服从于物理学的规律,尽管外界条件发生了一定的变化,但人们在观察同一物体时知觉的映像仍相当稳定,表现为大小常性、亮度常性、颜色常性和形状常性等。

知觉恒常性主要是指由于过去经验的作用,当外界条件发生一定变化时,变化了的客观刺激物的信息与经验中保持的印象结合起来,人便能在变化的条件下获得近似于实际的知觉形象。对知觉对象的知识经验越丰富,在一定条件下,就越有助于产生知觉对象的常性。已有的研究表明,新生儿还没有知觉的恒常性。随着成熟和经验的积累,知觉恒常性才得到发展。研究发现,客观刺激在一定限度内变化时人的知觉不随之变化,即为实际恒常性;当客观刺激已发生很大变化时,人的知觉仍然保持不变的特性为完全恒常性;客观刺激在相对稳定的情况下稍有变化时,人的知觉就会完全随之发生变化的特性称为完全不恒常性。在日常生活中,完全恒常性是不存在的,人的实际恒常性一般在完全恒常性和完全不恒常性之间。

消费者过去的购物经验会影响现在的知觉,例如,过去使用某种商品满意的经验会延续到下一次购买;满意的顾客会向亲友推荐某一家游乐园,是因为他认为这家游乐园的优异表现会维持稳定,在一定时期内不会发生改变,这正是知觉恒常性的表现。

【资料卡 2.3】

知觉的种类

知觉按照不同的方法可分为不同的种类。

1. 根据知觉时起主导作用感官的特性分类

按照这一标准,可以把知觉分为视知觉、听知觉、触知觉、嗅知觉、味知觉等。

2. 根据人脑所反映的事物特性分类

这是最为通用的知觉分类法,可以把知觉分为空间知觉、时间知觉和运动知觉。空间知觉是个体对外界事物空间特性的反映,包括大小、形状、距离、立体、方位等知觉,其原理主要是凭借视觉、听觉、动觉、平衡觉等的协同活动,并辅以习得的经验而形成的,其中视空间知觉占据主导地位。

时间知觉是个体通过某种媒介对客观现象的延续性和顺序性的反映,媒介可以是自然界的周期现象,也可以是机体的生理状态,如人体的生物钟。视觉、听觉和触觉等感觉都参与了时间知觉,其发展受到个体的活动内容、情绪状态和态度等的影响。

运动知觉是个体对物体空间位移的反映,它是通过视觉、动觉、平衡觉等多种感觉器官的协同活动来实现的。运动知觉的产生依赖于许多主、客观条件,即物体运动的速度、运动物体离观察者的距离、运动知觉的参考系、观察者自身的运动或静止状态等。

（资料来源：王有智.心理学基础——原理与应用[M].北京：首都经济贸易大学出版社，2004.）

三、感觉与知觉的联系及区别

知觉是在感觉的基础上，综合整理感觉的材料，从而形成对事物的完整印象，它们之间既有联系，又有区别。

（一）感觉与知觉的联系

感觉与知觉的联系主要表现为以下三个方面：

①两者都是人脑对直接作用于感官的刺激物的反映，同属于感性认识阶段。

②感觉与知觉之间是连续的，知觉的产生必须以各种形式的感觉存在为前提。感觉是知觉的有机组成部分，是知觉的基础，知觉则是感觉的深入和发展。

③感觉和知觉是同时进行的，在现实生活中人很少有孤立的感觉存在，通常两者是融为一体的，合称为感知觉。

（二）感觉和知觉的区别

感觉和知觉作为两种不同层次的心理过程存在着一定的区别，如表2.1所示。

表2.1 感觉与知觉的区别

项目	属性	身体	经验	分析器	阶段
感觉	个别属性	生理	无以往知识经验参与	单一分析器	直接接触的心理活动
知觉	整合属性	心理	有以往知识经验参与	多种分析器复合刺激的反应	心理活动较高阶段

感觉是介于心理和生理之间的活动，是以生理作用为基础的简单的心理过程，而知觉则是纯粹的心理活动，是加入了个体主观因素的复杂的心理过程；感觉是个体共有的普遍现象，而知觉则具有很大的个别差异，如相同的刺激可以引起相同的感觉，但却会引起不同的知觉；分析器是产生感觉、知觉的生理基础，感觉是单一分析器活动的结果，反映的是客观事物的个别属性，而知觉则是多种分析器协同活动的结果，反映客观事物的许多属性；经验在感觉与知觉活动中所起的作用是不同的，人的感觉有无经验均能产生，经验可使感受性更加敏锐，但知觉的产生离不开经验，它更多依赖于个体的知识经验和个性特点。

第三节 消费者的注意

注意是一个十分普遍的现象，它本身并不是一个独立的心理过程，而是感觉、知觉、思维、想象等心理过程的一种共同特性,即心理活动的一种组织特性。

一、注意的含义

注意是指人的心理活动对一定对象的指向和集中。我们平时所说的"注意汽车""注意声音",并不是说注意本身就是独立的心理过程,而是把"看""听"省略了。另外,平时讲"没注意",并非指心理活动在进行时什么也没注意,而是说人没有注意应该注意的事物,而注意了其他无关的事物。总之,一切心理活动的进行都离不开注意,正如荀子所说:"心不在焉,则黑白在前而不见,雷鼓在侧而不闻。"

所谓指向性是指在某一瞬间,人们的心理活动有选择地朝向一定对象,而离开其他对象。在千变万化的世界中,有各种各样的信息作用于人,但人们不可能对所有的信息都作出反映,而只能选择其中的一部分,这样才能保证知觉的精确性和完整性。所谓集中性是指心理活动停留在被选择对象上的强度或紧张度。它使心理活动离开一切无关的事物抑制多余的活动,保证注意的清晰、完善和深刻。指向和集中是同一注意状态下的两个方面,两者紧密联系。

注意是消费者行为的起点,消费者在对产品了解并最终作出购买决策之前,必须去注意产品信息。企业广告是消费者注意并获取产品信息的重要途径,而企业广告的主要目的就是吸引消费者的注意。企业广告的策略,就是企业广告采用什么样的信息能更好地吸引消费者的注意,以便产生最佳的广告效果。

【资料卡2.4】
广告宣传如何引起消费者稳定性注意

注意的稳定性,是指注意较长时间地保持在感受某种事物或从事某种活动上。注意稳定性的标志即是活动在某一段时间内的高效率。广告心理学研究这一现象的目的,就在于在广告设计的时候,要寻求被宣传者即消费者在视听广告这一段时间内的高效率。所谓注意的稳定性,并不就是说注意总是指向同一对象,而是说行动本身和行动所接触的对象是可以变化的,但是活动的总方向却始终不变。例如,人们在看广告时,会看到颜色、画面、文字、数字等等,虽然他们所接受的东西时刻都在变化着,但是他们的活动却都服从于看广告这一任务。研究表明,当人们注意某一事物时,维持这种注意状态的时间,一般来说,平均时数是五秒钟,几乎很少有人能够维持二十秒钟。达到或超过二十秒钟,注意力就会分散并且不由自主地离开这一事物。注意的焦点针对印刷广告的印刷标题两秒钟之后,是注意力最强的时刻,再过两秒钟,注意力就会逐渐减弱消失。

因此,广告宣传必须把握这种规律性,即不要只是一般地追求稳定的注意,而是要在变化当中去引导人们的注意。这就要求广告在变化内容、出场顺序等方面要有一个既稳定又变化的安排,以此才能保持住人们的注意力。诸如,印刷广告就必须妥善安排好版面的各个部分,使读者的注意力能够按照设计者所预期的路线,能够依次顺序地通过事先安排的各种宣传要素。也就是说,设计者必须引导读者,从产生注意的那一瞬间开始,诱使读者全神贯注地看完整个广告。

(资料来源:王有智.广告心理学原理与应用[M].北京:首都经济贸易大学出版社,2008.)

二、注意的类型

根据注意的产生和保持有无目的以及所需要付出意志努力的程度不同,可以将注意分为无意注意和有意注意。

(一)无意注意

无意注意是一种事先没有预定目的,并且不需要意志努力的注意。这种注意的产生和维持,不是依靠意志努力,而是人们自然而然地对那些强烈的、新颖的和感兴趣的事物所表现出来的心理活动的指向和集中。它往往在环境发生变化时发生。消费者对广告的注意以无意注意为主,无意注意是一种定向反射。定向反射是由客观环境中的刺激所引起的有机体的一种应答性反应。因此,广告作为对消费者的刺激物,其本身的特点会影响消费者对它的注意。

(二)有意注意

有意注意是一种有预定目的,需要一定意志努力的注意。它是人类所特有的心理活动,是在实践活动中发展起来的。它服从于既定的目的任务,并受人意识的自觉调节和支配。例如,一位顾客想要购买笔记本电脑时,便会对笔记本电脑的相关信息特别感兴趣,因此会特别留意,这便是有意注意的表现。

无意注意与有意注意既有联系又有区别,它们相互联系并在一定条件下互相转化,共同促进消费者心理活动过程的有效进行。只有有意注意,消费者就很容易疲劳,无法提高购买效率;只有无意注意,消费者就容易分神,也难以顺利实现购买行为。

【小案例2.3】

成功广告如何引起消费者的注意

美的东西会首先被人们所注意,就像在大街上行走时,迎面而来的众多行人中,通常你会被某个符合你审美标准的人所吸引。对美的追求是人类的一种本性,它始终存在着。而艺术可以给人们带来美的享受,可以满足人们追求美的需要,因而增强广告的艺术性,使消费者产生美感,满足了消费者的美的追求,自然可以吸引他们的注意。例如,某汽车电视广告,片中没有一点汽车的影子,整个画面是崎岖的山路和路边优美的风光,就像你开车缓行欣赏沿途的风景,画面十分美丽,广告告诉你,这是××汽车给你带来的赏心悦目的感受。据调查,此部电视广告片子播映后,收到许多消费者的咨询,包括不想马上买车的消费者也十分关注此种车型的外型与性能。不过,值得注意的是,增加广告的艺术性,不能只为艺术而艺术。

请看下面的例子,这是××首乌皂角洗发露的一部电视广告片,电视画面中以含蓄、缥缈的东方情调表现了现代人遐想传统武打场面中黑发飘逸的场景,一组组美轮美奂的画面和精彩的武打场景立刻吸引了消费者的注意。广告人物在一招一式、造型优雅的武打后,推出首乌洗发露的产品形象,使消费者在美丽的虚幻气氛下感到了迷惑不解。这部电视广告片虽然极力营造出一组组绝美的画面,以期迎合消费者对美的需求,然而满足其对美的需要,并不是广告的最终目的,它仅仅是广告走出的第一步,即吸引消费者注意,增加广告的艺术性并不意味着广告就是艺术。

(资料来源:姚建平.成功广告如何引起消费者的注意[J].包装工程,2001(4):64-66.)

三、注意的功能

注意是整个心理活动的引导者和组织者,它使人能够及时、适当地集中自己的心理活动,清晰地反映客观事物,更好地适应环境并改造环境。注意主要有以下功能:

(一)选择功能

周围环境充满了丰富多彩的刺激,这些刺激中包含的信息有的对人很重要,有的对人比较重要,有的毫无意义,甚至会干扰当前正在进行的活动。因此,区分出那些重要的信息,同时排除那些无关信息的干扰就十分重要。人脑这种选择信息、排除干扰的功能就是注意的选择功能。注意能使人在某一特定时间内选择具有意义的、符合当前活动需要的特定刺激,同时避开或抑制那些无关刺激的干扰,即注意将有关信息线索区分出来,使心理活动具有一定的指向性。选择功能是注意的首要功能,注意的其他功能都是在它的前提下发生作用的。消费者不可能注意他们接触到的所有商品信息,消费者的认知能力,即注意并思考信息的能力是有限的,消费者只能注意或关注某些而不是全部信息,这就是注意选择性功能的体现。

(二)保持功能

注意的保持功能是人脑的一种比较紧张和持续的意识状态,在这种状态下人才可能对选择的信息作进一步的加工处理,使其转换成一种更持久的形式保存在大脑中。它体现出注意在时间上的延续性。注意能使人的心理活动较长时间地保持在被选择的对象上,从而使个体维持一种比较紧张的状态,进而保证活动的顺利进行。

(三)整合功能

有关注意对输入信息的整合功能,心理学家们正在研究,但根据已有的事实我们可以认为注意是对信息进行加工的一个重要阶段。在前注意状态下,人只能对信息的个别特征进行有限的加工,而在注意状态下,人才能将信息整合成一个整体。

（四）调节和监督功能

注意使人的心理活动沿着一定的方向和目标进行，并能提高人的意识觉醒水平，使心理活动根据当前的需要进行适当的分配和及时的转移，以适应变化着的周围环境。

【小案例 2.4】

引起消费者注意的因素——显著性刺激

显著刺激可以非自愿地吸引人们的注意。人们很难忽略显著刺激。某些产品、包装和广告是显著的，是因为它们与众不同、充满趣味。例如，××车跟其他类型的车就是不同，因此在路上，它们就真的抢眼。××薯片包装设计成高挑的圆柱形，这就与那种典型的玻璃纸包装大相径庭，从而在食品店的货架上就非常引人注目。

但是，所谓显著是随条件而变化的因变量，即在一种背景或情况下，刺激可能是显著的，但是在另一种背景或情况下，刺激就有可能不是显著的。例如，在一个排外的区域性俱乐部里，如果俱乐部成员都开着××车，那么，在俱乐部的露天停车场里，某一辆××车就不会很抢眼；在一个放满相同的圆柱形包装的货架上，一筒××薯片就不会那么显眼。某一刺激显著只有这一刺激与其他刺激非常不同时才成立。独一无二或与众不同的刺激具有聚焦性，而所有的其他刺激物都淡化成背景，这称为感知的图形——背景原理。

有很多方式可以使显著刺激不同于背景刺激。新颖的、不同寻常的、变化着的、移动着的、鲜艳的、强烈的、综合的刺激是显著的。这类刺激凸起、吸引注意力、可抓住人们的兴趣并对其判断和选择有强烈的影响。新颖的产品、广告和营销沟通是显著的和吸引注意力的。它们之所以对人产生影响是因为它们与众不同，所以也就很难被人们忽略。从本质上讲，新颖的产品容易获得高的销售额。例如，好几家公司开发新颖的透明饮料。百事可乐公司开发了水晶百事，可口可乐公司紧随其后开发了 Tab Clear，Miller Brewing 公司开发了 Miller 清澈啤酒。像这样的新产品，在它们投放市场的第一年销售一般都是可喜的。但最终，新颖性会消失，公司必须重新开发更加新颖的产品。广告者经常试用新颖的广告技巧。新的角色、方法和方案不断被开发采用。

（资料来源：马非.消费者注意与企业营销策略关系分析[J].商业研究，2005(16)：11-15.）

第四节　消费者的思维与想象

思维与想象是人有别于其他动物的灵性所在，是人类认识的高级阶段。消费者的消费方式与消费行为自始至终都由思维伴随并受到思维的影响与支配。人们不同的思维方式与思维过程常常导致不同的消费理念与消费方式。

一、消费者的思维

(一)思维的含义

思维是人脑对客观事物的一般属性与事物内在联系的概括、间接的反映,是包含知觉、记忆、学习、想象以及语言在内的综合性活动,是人们认识的高级阶段。它是借助语言、表象或动作实现的、能揭示事物本质特征与规律的理性认识过程。思维主要表现在人解决问题的活动之中。思维是以感觉、知觉为基础的一种更复杂、更高级的认识过程。它与感觉、知觉都是人脑对客观事物的反映,都属于人为了弄清事物的特性、规律而产生的认识活动,但它们反映的形式、范围、层次不同。

感觉和知觉是对事物的直接反映,所反映的是事物的外部现象和属性;思维则是对事物间接、概括的反映,所反映的是事物的本质特征和内在规律。思维既可以反映现实,也可以反映过去和未来。思维比感觉、知觉的反映更复杂、更广泛、更高级。然而,无论思维多么复杂高级,总是在感知的基础上产生和发展起来的,正确的思维不仅没有脱离客观事物,反而更接近于客观现实,是人对现实更深刻、更准确的认识。

(二)消费者的思维过程

消费者对产品的认识离不开思维。思维是人脑对客观事物间接的概括的反映,它在整个心理活动中,占有核心的地位,是人的认识活动的高级阶段。思维具有间接性和概括性两个重要特征。思维的间接性,就是思维能对客观事物作间接的反映,即借助已有的知识经验来理解或掌握那些没有直接感知过的事物,以及推测和预见事物发展的过程。比如,了解计算机构造原理的消费者,就能根据计算机在使用过程中所发生的故障,来推测出故障的原因。思维的概括性,就是思维能对客观事物作出概括的反映,即通过对同类事物共同的本质属性或事物之间规律性的联系来认识事物,而不像感知那样,只对个别事物或个别属性发生反映。比如,通过观察行人、同事或商店的顾客购买、穿着的服饰,可以概括出服饰的流行款式。

思维是一个心理过程,是人脑对感性材料进行去粗取精、去伪存真的过程,也是分析、综合、比较、抽象、概括、系统化和具体化的过程。其中分析和综合是思维的基本过程,分析是在思考中把事物的整体分解为各个部分或个别属性,而综合是在思考中把事物的各个部分或个别属性结合为一个整体。比如,消费者在评价某一种服装时,总是把服装分解为面料质量、颜色、式样、品牌名称等部分来细心观察,这就是分析过程。然后把观察的各个部分的结果综合在一起,得出对这一服装质量总的评价,这就是综合。

人们在思考中确定各种事物的异同,称为比较,有比较才能有鉴别,俗语说:"不怕不识货,就怕货比货。"消费者就是通过在同类产品中进行比较,才能找出产品之间的不同之处,才能判断出商品质量的优劣。

人们在头脑中把事物的本质和非本质属性区别开来,称为抽象。比如,消费者通过对各种服装的观察,把"款式新潮"这一概念提取出来作为"时装"共同的、本质的特征。

人们在头脑中把抽取出来的事物的共同特征或本质特征加以综合,并推广到同类其他事物中去的过程,称为概括。当消费者从许多服装中揭示出时装"式样最新"这个特有属性之后,就可以把这个特征推广到一切时装中去,得出"式样最新的服装"这一概括性的观点。

系统化是人脑在分析、综合、抽象和概括的基础上,把事物整体的各个部分归入某种顺序,把它们分成各种类型的思维过程。人们把日常生活中经常购买的产品归为日用品,把不经常购买且经久耐用的商品归为耐用品等。人们把概括出来的一般认识推广到同类其他事物上,这就是思维的具体化。比如,营销人员掌握了有关电学方面的一般知识,就可以更加具体地为顾客介绍家用电器商品中有关电的原理、防护知识以及简单的维护等。

综上可知,分析和综合是思维的基本过程,比较、抽象、概括、系统化和具体化等过程都是由分析、综合过程中派生出来的,或者说是通过分析与综合来实现的。在日常生活中,消费者也是通过分析、综合、比较、概括、系统化、具体化等活动去理解商品。消费者可以通过试听、试看来了解电视机的性能好坏,可以用尺子度量身高和胸围来判断衬衣是否合身,依据经验推算商品价格趋势,以决定马上购买还是以后再买,等等,这些都是消费者通过思维来完成的。

【小案例2.5】
向星巴克学习如何了解消费者的思维

华盛顿州州长骆家辉一行到广州作短期访问。在紧张的行程安排中,这位美国首个华人州长仍然抽出了近两个小时的宝贵时间光顾了星巴克在广州的第一家分店。其间,骆家辉不仅当着众媒体亲自DIY咖啡煮法,同时还把自己在竞选过程中借星巴克提神的心得与大家分享无遗。

这毫无疑问又是一次成功的营销,因为它再次让追随星巴克的消费者感受到与国际时尚的接轨,同时它还借助骆家辉的形象传达出"我们都是黑头发、黄皮肤的华人,我们都喝星巴克"的平等讯号。

在中国,星巴克已真正将自己变成一种咖啡文化的载体,通过这个载体,它把星巴克文化传递给他人,并以几何级的增长速度在北京、上海扩散营销。如今,星巴克咖啡几乎等同于"小资"一词,但凡追求小资生活的人群都会把星巴克列为经常活动之场所,而且家中必备星巴克的咖啡杯或小饰品。

对于市场营销而言,最重要的事在于了解消费者的思维,并通过有效的途径,将产品信息以最有效的方式传达到消费者那里。商家通常的做法是尽量借助于媒介,提高信息传递的能效,希望以最大程度的宣传力度来实现大众信息的最快传达。但有专家发现,社会上总有一些非正式的团体,他们创造出的生活方式或消费趋向经常会对大众产生好奇心理,在经过短暂的"口口传播"或"草根传播"之后,不久就变成时尚最新的潮流。

在广州,新自由主义在蔓延,他们崇尚"DIY",喜欢突出的个性,这实际上是"小资情结"在广州地域的不同表现形式。星巴克以高成本投入在广州黄金地段选址,并装修成随意舒适的休憩环境,同时店内配有个性鲜明的音乐背景,消费者可对每一款咖啡进行现场加工,并且想在店内呆多久就呆多久,这些恰恰都符合新自由主义者的消费观念。

现今的营销已逐渐从传统的人口统计学为基础的市场细分转变为以喜好、情感为基础的细分,因此,真正影响消费者消费力的除了理性因素,感情因素的比重也在增加。因此,对于以文化为载体的星巴克来说,广州市场大有所为。

(资料来源:网易商业报道. http://biz.163.com.)

三、消费者的想象

(一)想象的含义

想象是人脑对已有表象进行加工改造而形成新形象的心理过程。所谓新形象是指人脑对旧有记忆表象加工改造而形成的形象。它不是记忆表象的简单再现或组合,而是以人脑中已有的记忆表象为基础材料,经过人脑的加工改造所形成的符合人的一定意识活动的新形象,也称为想象表象。

(二)消费者对商品的想象

想象是人思维的创造性发展,它使思维变得更高级、更复杂。消费者通过想象可以进一步理解商品的制作原理、制作过程和制作质量,可以想象使用这种商品后的效果以及可能获得的心理满足。顾客见到一件服装时,想象到将它穿在自己身上的美好形象,引起了愉快的情绪,就会产生购买行为。可见,想象有助于顾客的思维活动,有助于促进认识过程的完成。

根据产生想象时有无目的、有无意图来区分,可以把想象划分为无意想象和有意想象两种。无意想象是没有预定目的、不自觉的想象。比如,当消费者在商店里看到某一新颖的布料时,会不由自主地把它想象成为自己家里的餐桌布,甚至想象出用上这一布料后会与家中的家具和谐相配。可见,无意想象虽没有预定目的和特殊的意向,但往往会转化为有意想象。因此,销售人员可以利用它来开展促销活动。例如,销售人员在向顾客介绍香水或化妆品时,可以构建出顾客使用产品引发的想象空间,引发顾客对散发魅力的想象。此外,对商店店堂精心装修,可以使消费者在入门处就能产生奇妙的想象,刺激消费者不由自主地走进商店;在摆放和陈列商品时,也可尽心设计,使消费者接触商品后产生无意想象而引起购买冲动。

例如,顾客可以根据儿童补钙的广告招贴画,想象出自己孩子补钙后的美好形象;根据调味品包装上的标签,想象出美味的菜肴,等等。消费者进入商店以前,就已经想象着他所要购买的商品的形状、颜色、效用是有意想象。在生活中往往存在着幻想,它是一种与生活愿望相联系,并指向未来的想象。幻想有积极和消极两种,积极的幻想是一种正常的理想,经过努力最终可以实现;消极的幻想就是空想,脱离现实,不可能实现。普通消费者对高档商品的消费都抱有幻想,但大多是空想,难以实现。幻想容易使人产生失落感。

本章小结

消费者的意识状况如何,直接影响到其购买倾向和消费活动。消费者的自我意识影响消费行为。按照消费者意识的不同可将消费者行为划分为面子型、超前型等。消费者对商品的认识过程是从感觉开始的,它具有适宜刺激性、感受性、适应性和关联性。知觉是人脑对客观事物各种属性和各个部分的整体反映,它是对感觉信息加工和解释的过程。知觉具有选择性、理解性、整体性和恒常性等特性。消费者注意是消费者行为的起点,消费者注意是指消费者的心理活动对一定对象的指向和集中,分为无意注意和有意注意,具有选择功能、保持功能、整合功能以及调节和监督功能。消费者对商品的认识离不开思维。思维是人脑对客观事物间接的、概括的反映,它在整个心理活动中,占有核心的地位。想象是人脑在感知、记忆、思维活动的基础上进行加工而形成的一种新的形象。消费者通过想象可以进一步理解商品从而获得心理上的满足。

思 考 练 习

1. 什么是消费者的意识?如何理解消费者意识的整体性?
2. 什么是感觉?感觉的基本特征有哪些?
3. 什么是知觉?知觉在购买活动中有哪些作用?
4. 注意可以分为哪几种类型?
5. 思维和想象对消费者的购买行为有哪些影响?

【案例分析】

美国老太太与中国老太太买房

40多年前,美国老太太玛丽通过向银行贷款购买了一套房子,如今,玛丽已经进入老态龙钟的暮年。在这样明亮舒适的住宅里生活了大半辈子的玛丽临终前感到很满意,心想,我在自己中意的房子里度过了中年、晚年,现在,银行的贷款已经还完了,我可以安心地去了。

与此同时,中国某城市,一位满头白发的中国老太太正为刚刚买到的房子而高兴。她在狭窄的老房子里住了几十年,现在,终于可以拥有一套自己的新房,虽然自己能住的时间不多,可是多少也为后辈留下点房产,她感到很欣慰。

(资料来源:http://wenku.baidu.com/view/f724fefbfab069dc5022014e.html.)

思考题
1. 以上这则案例说明了我国居民的消费观念和西方人有什么不同?
2. 中国老太太直到暮年才买到中意的住房,主要受哪些因素的影响?

第三章
Chapter 3

消费者的学习与记忆

【学习目标】

(1) 知识目标

通过本章的学习,了解消费者学习的基本概念、类型和特点;掌握两种学习理论的具体内容;了解消费者记忆与遗忘的概念;掌握消费者的记忆系统。

(2) 技能目标

掌握经典条件反射与操作性条件反射的区别;掌握记忆与遗忘的关系;掌握如何测量消费者的记忆与遗忘。

【引导案例】

7-11 连锁店

Slurpee 是 7-11 店销售的著名软饮料品牌,这个便利店只向过往消费者销售 Slurpee 这一种商品。但是,拥有并在全国范围内特许经营 7-11 店的 Southland 公司高层管理者,却想改变 7-11 店的传统形象。换句话说,他们想让消费者以一种全新的看待并记住 7-11 店。毕竟,单凭 Slurpee 这一个品牌提升 7-11 店的形象只有在梦中祈祷。

Southland 公司的经理们想让消费者在脑海中抹去 7-11 店廉价快捷的旧记忆,代之以高档熟食店/餐馆的新形象,这种熟食店同时也提供便利商品。"这一切需要转变消费者对便利店的感知。这些消费者大部分是蓝领男性,他们对便利店有自己的期望。"Southland 公司总经理解释道。为此,7-11 店计划提供很多美味食品,如 2.98 美元一份的低脂肪火鸡胸肉以及 3.49 美元一碗的日式炒大米饭。Southland 公司的高层经理甚至希望在不久的将来,让 7-11 店上正餐主菜。

但是新菜单在付诸实践时却遇到了麻烦。食品都是在远离现场的配送库和面包房里作，13个分销中心要向2 500个分店配送。而且，迄今为止，质量问题似乎一直存在。食品虽然比热狗机加工得好一点，但比不上新鲜备制的食品，甚至比不上某些快餐连锁店。7-11店的原主顾说，他现在已经不到7-11店了。

随着竞争对手的加入，残酷的竞争使7-11店的问题更加突出、举步维艰。药店、24小时超市以及加油站都在设法吸引便利店的顾客。例如，Mobil公司已经计划筹建餐饮市场，销售食品。对7-11店来说，要想在新的投资中获得成功，就必须成功改变消费者对该店的原有记忆。该店的市场营销经理必须在消费者脑海中树立全新的形象，将7-11店和其正面形象联系起来。这些正面形象包括提供消费者愿意吃的食品，并以消费者愿意支付的价格提供。

（资料来源：卡迪斯. 消费者行为与管理决策[M]. 马龙龙，译. 北京：清华大学出版社，2003.）

第一节 消费者学习概述

学习是消费过程中一个不可或缺的环节，消费者的行为在很大程度上是后天习得的。人们通过学习而获得大部分的态度、价值观、行为偏好、象征意义和感受力。社会、文化、家庭、朋友、大众媒体以及广告为人们提供各种学习体验，这些体验影响着人们所追求的生活方式和他们所消费的产品。

一、消费者学习的概念

学习渗透在人们日常生活中的各个方面，有广义和狭义之分。狭义的学习是指文化知识的学习，也是人们通常所说的学习。广义的学习是基于经验而导致行为或者行为潜能产生较为持久改变的过程，国外的研究人员将其表述为，记忆或行为因有意识或无意识的信息处理而改变的过程即学习。

消费者学习可以被认为是个体获得购买及消费知识和经验以用于未来相关行为的一个过程。这个定义中有以下两点值得注意：

首先，消费者学习是一个过程。就是说，由于新得到的知识，它不断发展变化（可能由阅读、讨论、观察和思考得到），或者是实际经验、新得知识或个人实践都作为反馈，并为未来相似情况下的行为提供基础。其次，经验作为学习的一个要素意味着学习并不都是一个有计划的探索过程。虽然大多数学习都是有目的的（即仔细考虑学习所能获得的收益），但也有相当一部分学习是偶发的，一些偶然或没有任何意志的努力也能获得经验从而产生学习。例如，即使消费者的注意力在别处（杂志中的文章而不是封面上的广告），某些广告也可能诱发学习（如商标名称）。如果某些广告被消费者选出加以仔细阅读，那就可能会产生一个重要的购买决策。

【小案例3.1】

脑白金广告的成功

"今年过年不收礼,收礼只收脑白金!"——一位老奶奶和一位老爷爷,摇头晃脑、满脸堆笑对着屏幕唱着。在很多人看来,脑白金的这个广告简直是毫无创意、很土。但就是靠着这个"第一恶俗"广告,脑白金创下了几十亿元的销售额。自1998年以来,脑白金以极短的时间迅速启动了市场,在2至3年内创造了几十亿元的销售奇迹。

消费者的购买动机是多种多样的,有时购买者并不一定是使用者,许多产品是用来赠友的,通过赠送礼品,表达某种情感。如果某产品正好符合这种愿望,他们就会主动去购买而较少考虑产品的质量、功效等具体属性。当厂商通过广告传播把购买这种产品变为一种风气后,消费者就会被这种时尚所牵引,去购买这种产品。因此,当"今年过节不收礼,收礼只收脑白金"的广告语被高密度播放后,几乎妇孺皆知。虽然该广告并没有引起人们的积极情感,甚至引起很多消费者的反感,2002年被评为"中国十大恶俗广告"之首,但不可否认通过暗示引导消费,该广告在促进销售方面还是比较成功的。

(资料来源:李付庆.消费者行为学[M].北京:清华大学出版社,2011.)

二、消费者学习的类型

人们以不同的方式学习事物。例如,购买一辆汽车或一套音响设备需要集中注意力并进行信息处理,买到更好的产品是对这些努力的回报。然而,大部分的学习与此有很大的不同。许多人即使不喜欢篮球,也知道谁在NBA打球,因为他们经常听到有关这方面的信息。同样,尽管有的人从不认真考虑服装的潮流,但仍然能够识别出时髦的服装。关于学习类型的划分,我们首先要了解介入状态的概念。介入可以理解为消费者对产品与自己的关系或重要性的主观体验状态。所谓产品与自己的关系包含以下两层意思:第一,消费者购买商标产品符合自身的需要、价值(信念)、态度与兴趣等个体特点;第二,消费者购买某商标产品会引起风险知觉。消费者知觉到的风险主要有两大类:经济的风险和社会心理的风险。前者是指购买某商标产品可能带来经济损失;后者则涉及心理的不平衡、他人对自己的不满等。介入强度可分为高低两大类,之前提到,学习是信息处理的结果,信息处理可能是高介入状态下的有意识、有目的的活动,也可能是低介入状态下的不集中甚至无意识的活动。

(一)低介入状态下的学习

低介入状态的学习是个体没有多少推动力去主动处理和学习信息。根据裂脑半球单侧化理论,一个钢琴消费者研究专家提出了这样的理论:个体总是被动地处理和存储右脑(非语言的、图像化的)信息,在这个过程中他们是没有积极介入的。因为电视上的信息主要以视频图画的形式出现,所以看电视往往被视为一个右脑活动(被动,且对屏幕上的图像进行整体处理),重复地向消费者展示电视广告(低介入的信息处理),会引发消费者的被动学习,这将会在改变消费者对产品的态度之前,先改变消费者的行为(比如购买商品)。

一位正在阅读报纸的人,他通常注意报纸上的文章而对旁边的广告很少注意。然而,这些广告展露在该读者面前(偶然展露)确是事实。研究发现,这种偶然展露,消费尽管不能确切回忆,但的确增加了他喜爱该品牌的程度。偶然展露还增加了该品牌进入消费者品牌考虑范围(消费者要达到一定购买目标所考虑选择的品牌组合)的可能性。很明显,在偶然展露时发生的低介入度学习,对营销者和消费者来说都很重要。

(二)高介入状态下的学习

高介入状态的学习是指个体有目的地、主动地处理和学习信息。例如,在购买笔记本电脑之前阅读《笔记本电脑指南》的消费者,可能有很大的驱动力去学习各种品牌计算机相关的知识。

一个消费者学习的介入程度取决于产品与该消费者的关联度。如果一个购买行为对某消费者而言是很重要的(或是将引发明显的风险),那么该消费者将可能采取高介入的购买学习行为,并引起广泛的问题解决(信息处理过程)。在这个设定前提下,一辆汽车和一瓶去屑洗发水的购买都可能是高介入的购买——因为汽车将导致明显的财务风险,洗发水则会导致明显的社会风险。那些对消费者而言不是很重要的购买行为,与消费者的相关度较低,也不会导致明显的风险,最后引起的是非常有限的问题解决,在这种情况下消费者很可能选择低介入的购买学习。高介入学习的消费者仅将很少的品牌列为可选品牌;低介入学习的消费者更倾向于接受更多关于购买的广告信息,同时也会考虑更多的品牌。

【资料卡3.1】

测量介入程度的语义差别量表

对于我来说,(插入产品或产品种类)是:

	1	2	3	4	5	6	7	
1. 重要的	—	—	—	—	—	—	—	不重要的
2. 有趣的	—	—	—	—	—	—	—	无聊的
3. 相关的	—	—	—	—	—	—	—	不相关的
4. 令人兴奋的	—	—	—	—	—	—	—	令人扫兴的
5. 有意义的	—	—	—	—	—	—	—	没有意义的
6. 吸引人的	—	—	—	—	—	—	—	无吸引力的
7. 迷人的	—	—	—	—	—	—	—	平常的
8. 无价的	—	—	—	—	—	—	—	没有价值的
9. 有关的	—	—	—	—	—	—	—	无关的

10. 必需的 ___ ___ ___ ___ ___ ___ ___ 没有必要的

（资料来源：利昂 G 希夫曼，莱斯利 L 卡纽克. 消费者行为学[M]. 8 版. 江林，译. 北京：中国人民大学出版社，2007.）

三、消费者学习的特点

（一）学习强度

怎样才能形成一种强烈和持久的习得性反应呢？学习强度受四个因素的影响：重要性、强化、重复、意象。一般来讲，所学材料越重要，过程中接受的强化（或惩罚）越多，刺激重复（或练习）的次数越多，材料中包含的意象成分越多，学习就越快而且记忆也越持久。

1. 重要性

重要性指所学信息对于消费者的价值。学习某种行为或信息对你越重要，你的学习过程越有效果和效率。重要性也是区分高介入状态学习与低介入状态学习的一种尺度。前者比后者更完全，而且较少需要强化、重复和意象。遗憾的是，营销者面对的往往是处于低介入学习状态的消费者。

2. 强化

强化是指能增加特定反应在未来发生可能性的任何事物或活动。虽然学习经常是缺少强化（或惩罚）的，但强化能极大地影响学习的速度和学习效果。正强化是一种愉快的或期待的结果。一个爱吃糖的人购买了一块某品牌的薄荷糖，觉得不错，那么他下一次就很可能还买这种薄荷糖。负强化则涉及对不愉快结果的排斥和避免。强化的反面就是惩罚。惩罚是能减少特定反应在未来发生的可能性的任何事物。一个消费者购买某食品发现味道不好，就不大会再去买它了。从上面的讨论可以看出，营销者之所以要精确地确定"什么才能强化消费者的具体购买行为"，有两个重要原因：①要让消费者重复购买，产品必须满足消费者所追求的目标；②要诱导消费者做出第一次购买行为，促销信息必须保证恰当地强化，也就是保证产品会满足消费者的需要。

3. 重复

重复（或练习）能增加学习的强度与速度。很简单，我们接触某种信息的次数越多，我们掌握它的可能性就越大。重复的效果也直接与信息的重要性和所给予的强化有关。换句话说，如果所学的内容很重要或者有大量强化相伴随，重复就可以少些。由于许多广告内容在当前对于消费者并不是很重要，也不能提供直接的激励与强化，重复就成为促销过程中的关键因素。

图 3.1 是以对 1.6 万多名消费者的调查研究数据为基础绘制出来的，它表明不同的广告重复水平对品牌学习的影响。图中横坐标表示实验的时间，纵坐标表示相对收获率。时间以

周为单位,本试验持续的时间是 48 个星期。相对收获率则是商标知名度的相对变动百分比,即知名度新增的百分点与原来的知名度之比。如原来某商标的知名度为 10%,现在提高到 15%,则相对收获率为(15% - 10%)/10% = 50%。图中粗实线表示每四周刊登一次,虚线表示每两周刊登一次,细实线则表示每周刊登一次。图中上半部分与下半部分不同之处是商标的最初显露水平或知名程度存在差别:上半部分反映的商标最初的知名率为 65%,下半部分反映的商标知名率为 25%。该研究获得了以下重要结论:首先,商标的最初显露水平对学习的影响最大。第二,每周重复刊播一次较每两周或每四周重复刊播一次效果更好,而且,随着试验时间的增加,这一点表现更为明显。第三,对于知名度较低的商标,其相对收获率要高于具有较高知名度的商标。

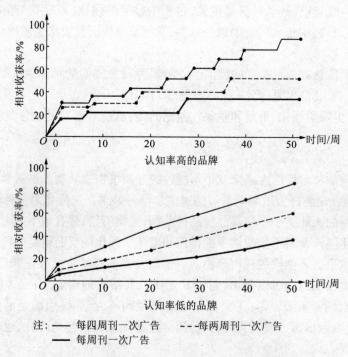

图 3.1 重复对高认知率和低认知率品牌的影响

【资料卡 3.2】
广告重复的技巧

广告专家艾尔文·阿肯保姆曾在 1977 年提出了有效展示(effective exposure)的概念,指出广告展示存在一个下限,低于这个下限,广告信息与消费者就无法建立牢固的联系,广告就会浪费。研究同时发现,同样的广告播放多次会增加 20% 至 200% 的记住率。特别对于消费者低参与度的产品,广告展示的频次需要更高才能达到诱发购买的目标。没有在媒体上的高投入、高投放,其广告显然达不到满意的效果。但是重复也要注意时机和次数的适当。据研究,广告展示的频次增加到一定程度,很可能引发消费者的负面心理,反而拖产品销售的后腿。

(资料来源:[美]亨利·阿塞尔.消费者行为和营销策略[M].韩德昌,等,译.北京:机械工业出版社,2000.)

4. 意象

无论是某个品牌名称还是某个公司的口号,均能产生一定的意象。例如,"骆驼""野马"这样的品牌名称能激起感觉上的意象或大脑中清晰的图像,这有助于消费者学习。因为形象化的语言更容易学习和记忆。意象效果背后的理论是,形象化语言有双重编码,它能同时以语言和形象两种方式存储于人的记忆中。由于意象能极大地提高学习的速度和质量,品牌名称的意象就成为市场营销决策的一个关键方面。图像是形象化的,因此是一种特别有效的学习工具。它能增加消费者的视觉意象,还有助于消费者对信息编码使之形成相关的和有意义的信息块。所以,一则广告的关键沟通点应该是在它的图形部分所激发的意象里面,原因是消费者对这种意象记得更快更牢。

(二) 刺激泛化

刺激泛化是指由某种刺激引起的反应可经由另一种不同但类似的刺激引起。营销者经常运用这一原理来进行品牌延伸。以海尔集团为例,该品牌旗下的产品包括电视、冰箱、洗衣机、空调、手机等,正是应用消费者的刺激泛化不断扩大企业的生产线。如果我们不能进行刺激泛化,就不会发生更多的学习。

刺激泛化解释了为什么一些"我也一样"的模仿产品会在营销领域获得成功:消费者把他们通过广告看到的原始产品和这些模仿产品混淆了。这也解释了为什么自有品牌的制造商试图使他们的产品包装看起来与全国性品牌领先者的产品包装十分相似。他们希望消费者将领先者的产品包装和自己的产品包装混淆,并且买他们的产品而不是领先者的。相似的包装竞争产品使那些定位准确并投入大量广告支出的品牌产品蒙受重大的销量损失。

(三) 刺激辨别

刺激辨别指对于相近但不同的刺激作出不同反应的过程。在某一点上,刺激泛化机能开始失灵,因为相似性越来越小的刺激都被同样对待,这时必须对刺激加以区分,以使消费者对它们作出不同的反应。例如,拜耳阿斯匹林与其他品牌的阿斯匹林不同,为了发展品牌忠诚型消费者,必须教会消费者区分拜耳阿斯匹林与其他品牌的阿斯匹林。要做到这一点,营销者可以采用多种方法,其中最显而易见的一种就是在广告中具体指出各种品牌的差别。这种差别可以是现实存在的,也可以是象征意义上的。产品本身也应在造型或设计上经常改变以增加产品差别。例如,"柳普林"止痛药广告强调药片的颜色("小小的、黄黄的、不一样的、更好的"),从而使其迅速成为市场上增长最快的品牌。它的广告总监指出:"柳普林的黄色药品使它的优越性外在化,使人们注意到它的不同。"

第二节 学习的相关理论

受到人们广泛认可的两种学习理论是:行为学习理论和认知学习理论。行为学习理论主张学习完全可由外部可观察到的行为来加以解释;认知学习理论则主要反映出消费者知识上的变化,着重探讨消费者如何学习信息的心理过程。尽管两种理论在某些基本方面很不相同,但每种理论都为营销者提供了如何向消费者传达信息来引起购买行为的观点。

一、行为学习理论

行为学习理论认为,学习是外部事件引起的反应。认同这一观点的心理学家并不关注人的内部思维过程,相反,他们提议将大脑看成一个"黑箱",强调可观察的行为。可观察的部分包括输入箱子的东西(从外部世界感知到的刺激或事件)和从箱子输出的东西(对这些刺激的反应或响应)。

行为学习理论有时被称做刺激-反应理论,因为它们是建立在受特殊外部刺激和已发生学习并可观察反应的假设基础之上的。当一个人对已知的刺激以一种可预测的方式作出行为(反应)时,他或她被认为已经"学习"。行为理论并不与学习过程十分相关,因为他们伴随了学习的输入和输出;也就是说,仅限于消费者从环境和那些可观察并导致结果的行为的刺激。经典条件反射和操作性条件反射是两个与市场营销有很大联系的行为学习理论。

(一)经典条件反射

经典条件反射是指将一种能够诱发某种反应的刺激与另一种原本不能单独诱发这种反应的刺激相配对,随着时间的推移,因为与能够诱发反应的第一种刺激相联结,第二种刺激会引起类似的反应。

这种现象是由研究动物消化的苏联生物学家伊凡·巴甫洛夫在狗身上第一次证实的。巴甫洛夫通过一个实验归纳总结了经典条件反射学习。在这个实验中,巴甫洛夫将一种中立的刺激(铃声)与另一种已知能够引起狗分泌唾液的刺激(他将干肉粉喷到狗嘴巴里)相配对。因为干肉粉能够自然地引起这种反应,所以它是非条件刺激。随着时间的推移,铃声成为条件刺激。铃声本身并不能引起唾液分泌,但是狗学会了将铃声与干肉粉相联系之后,当单独听到铃声时,也开始分泌唾液。犬类听到与喂食时间相联系的铃声时就会流口水,这种流口水的行为便叫做条件反应。

这个由巴甫洛夫证实的经典性条件反射的基本形式,主要用于解释那些由自发神经系统(如唾液分泌)和神经系统(如眨眼)控制的反应。也就是说,它重点研究包括饥饿、口渴、性唤起以及其他基本内驱力的视觉和嗅觉线索。当这些线索不断地与诸如品牌名称之类的条件刺激相匹配时,日后消费者受到这些品牌线索的刺激时,他们就会产生饥饿、口渴和性唤起的反应。例如,流行音乐(无条件刺激)能引发许多人的正面情感(无条件反应)。如果这种音乐总是与某种品牌的钢笔或其他产品(条件刺激)同时出现,这种品牌本身也变得能引发正面情感(条件反应)了,如图3.2所示。

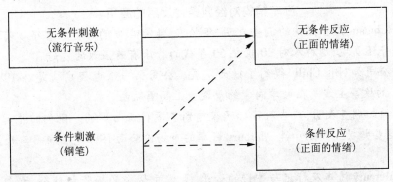

图3.2 经典条件反射下的消费者学习

经典条件反射在其他市场营销中的应用包括:

①不断地在令人兴奋的体育节目中宣传某种产品会使该产品本身令人兴奋。

②一个不知名的政界候选人可以通过不断地在他或她的竞选广告或露面中现场播放具有爱国内容的背景音乐,从而激发人们的爱国激情。

③商店内播放圣诞音乐会激发给予和共享的情感反应,从而增加消费者的购买倾向。经典性条件反射在低介入状态下经常发生。

【资料卡3.3】

可口可乐公司求助于巴甫洛夫

商业电视广告使人们的举止像巴甫洛夫的狗吗?可口可乐公司给出的答案是肯定的。在最近几年中,亚特兰大软装饮料公司基于行为原理精制了一个广告测试过程。迄今为止,就此范围可口可乐说它的新建测试系统工作做得非常好。俄国人巴甫洛夫在他的传统实验中,发现了他能用铃声代替喂肉粉使狗分泌唾液。可口可乐关于"像巴甫洛夫的狗"的说法开始由铃声联想一个新含义。广告为产品提供了使人产生联想的音像刺激。虽然,可口可乐公司关于可口可乐测试的特殊性是个秘密,公司企图通过评估广告图像支配收视者转向其产品。在过后的3年期间,可口可乐说在他的测试中广告的得分很高,因为几乎总是造成很高的软饮料销售额。可口可乐公司的通讯调查经理认为:"我们推荐巴甫洛夫为现代广告业之父……巴甫洛夫使用一个中性物体,与一个更有意义的物体相结合,制成了一个其他事物的符号(标记),并使它被意向感染,赋予了更多的价值。在现代广告业,这就是我们要试图做的。"

(资料来源:[美]J 保罗 彼得,杰里 C 奥尔森.消费者行为与营销策略[M].韩德昌,译.沈阳：东北财经大学出版社，2000.）

【小案例 3.2】
汽车销售对经典条件反射的应用

Young &Rubicam 广告机构的调查表明，年龄在 24~44 岁的目标顾客很少有人知道 Mercury 汽车。调查还发现，这群人对 20 世纪 60 年代的音乐有着强烈的爱好。

一些广告公司如"Big Chill"得到了很大发展。公司第一个电视广告是在 1984 年播出的"重聚"。广告的故事主线是在大学同学的重聚会上高唱歌曲。

广告播出后的调查表明，广告对目标顾客起到了多种正面影响。他们回忆起大学时的美好时光，并将这些归功于 Mercury。Mercury 汽车的市场份额由 1983 年的 4.3% 升至 1985 年的 5.1%。

显然，将 Mercury 汽车及标记与美好的音乐、大学重聚会的场景相结合，在勾起人们怀旧思绪的同时提高了 Mercury 的知名度；更重要的是，正面效应与品牌相结合，引发了购买行为。这是经典条件反射成功应用的一例。

（资料来源：[美]J 保罗 彼得，杰里 C 奥尔森. 消费者行为与营销策略[M]. 韩德昌，译. 沈阳：东北财经大学出版社，2000.）

（二）操作性条件反射

操作性条件反射，又称为工具性条件反射，是指个体学会那些能产生积极结果并避免负面结果的行为。心理学家 B.F. 斯金纳的研究与这个学习过程联系最密切，通过系统的奖赏来鼓励理想的行为，他教会鸽子和其他动物跳舞、打乒乓球和表演等其他活动，从而证明了操作性条件反射。

【资料卡 3.4】
斯金纳箱

20 世纪 30 年代后期，斯金纳为研究操作性条件反射，精心设计制作了一种特殊的仪器，即一个阴暗的隔音箱，箱子里有一个开关（如用白鼠为被试者，即是一小根杠杆或一小块木板；如以鸽子为被试者，就是一个键盘）。开关连接着箱外的一个记录系统，用线条方式准确地记录动物按开关的次数与时间，如图 3.3 所示。这个实验装置被称为"斯金纳箱"（Skinner box）。在实验时，并不是动物每一次按杠杆或啄键盘都给食物，食物的释放方式由实验者决定。

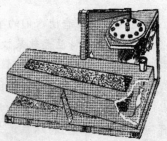

图 3.3 早期的斯金纳箱

（资料来源：张雁白，张建香，赵晓玲. 消费者行为学[M]. 北京：机械工业出版社，2011.）

操作性条件反射发生的方式有以下三种：

当环境通过给予奖励的方式提供正强化时，反应就得到加强并使个体学会适当的行为。例如，一位妇女在喷洒某品牌香水后得到称赞，她就知道使用这种产品有理想的效果，从而更有可能继续购买这种产品。

负强化同样能够使反应得到加强以便学会适当的行为。一家香水公司可能会播放这样一则广告：一位妇女周六晚上不得不待在家里，因为她没有使用这个公司的香水。这则广告要表达的信息是，这位妇女只有使用这个公司的产品，才能避免这种消极结果的出现。在负强化中，我们为了避免不愉快而做某些事情。

与此不同的是，惩罚是指不愉快事件发生后的反应（如喷洒不合时宜、难闻的香水后受到朋友们的嘲笑）。我们通过这种难堪的事件学会了不要重复这些行为。操作性条件反射的三种模式如图3.4所示。

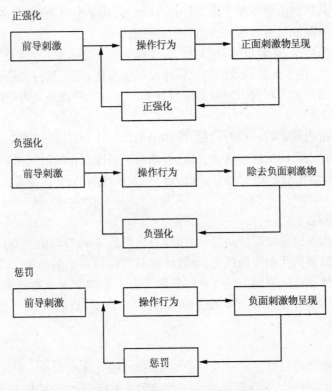

图 3.4 三种操作性条件反射类型

美国中西部的一家保险公司所做的一个试验显示了操作性条件反射的威力。将按月购买人寿保险的 2 000 多名消费者随机分成 3 组。其中两组在每月购买保险后收到公司感谢信或致谢电话的强化,另一组没有收到类似强化。6个月后,前两组中只有10%的人终止购买保险,而后一组中有23%的人终止购买保险。强化(被感谢)导致了行为的继续(每月继续交保险费)。

最近的一项研究显示,在一家糖果店接受免费巧克力试用的人中有84%会购买巧克力,而没有被给予免费试用品的人中有59%购买巧克力。正强化能增加再购买的可能性,负强化(惩罚)则会产生相反的效果。因此,对产品的一次不满意的购买经历会极大地减少再购买的可能性。这一点强调了保持产品质量稳定的重要性。操作性条件反射被营销者广泛运用。最普遍的一种运用便是使产品质量保持一致,从而使消费者从产品使用中得到强化。其他运用包括:

①在销售之后,通过信函、人员回访等形式祝贺购买者作出了明智的选择。
②对于光顾某一商店的购买者给予诸如商品赠券、折扣、奖励之类的"额外"强化。
③对购买特定品牌的消费者给予诸如折扣、小玩具、优惠券之类的"额外"强化。
④免费派送试用品或优惠券鼓励消费者试用产品。
⑤通过提供娱乐场所、空调设施、精美布置,使购物场所令人愉快(强化)。

对于营销者来说,什么是最有效的强化程序是很重要的,因为这与为了奖赏消费者从而产生理想的行为而付出的努力和投入的资源数量有关。以下几种程序是可能的:

(1)固定时距强化

固定时距强化指在规定的一段时间后,所作出的第一个反应就会带来奖赏。在这种情况下,在刚得到强化后,人们的反应一般会变缓,但是当下一次强化的时间来临时,人们的反应会加快。例如,商店在季节大甩卖的最后一天,人们会大量涌入,而下次季节大甩卖到来时,类似的情况才会发生。

(2)不定时距强化

不定时距强化指在强化之前所必需的时间内,故意在某一平均值上变化。因为个体不确切知道什么时候可以得到所期望的强化,所以反应必须保持一定的速率。零售商聘用的所谓秘密购物者依据的就是这一逻辑。这些秘密购物者会不定期装扮成顾客来测试服务质量,而且店主永远不会确切地知道何时会碰到这种拜访,因此为了"以防万一",必须时刻保持高质量的服务。

(3)固定比率强化

固定比率强化指个体只有完成一定数量的反应后,强化才会发生。这个程序激励人们不断地重复同一种行为。例如,一个消费者为了收集到获奖所需的50张赠券而不停地在同一商店购物。

(4)不定比率强化

不定比率强化指个体在完成一定量的反应后会获得强化,但他并不知道需要反应多少次。在这种情况下,人们反应的速率非常高且稳定,并且这种类型的行为难以消退。

【小案例 3.3】

Yogurt 快递利用固定比率表提高顾客忠诚度

在威斯康星州的麦迪逊，Yogurt 快递公司试图用一个固定比率表来建立消费者对其店铺与产品的忠诚。如图 3.5 所示的"幸运 13 卡片"，凡是顾客进行了 12 次光顾和购买后都可以免费得到一个 13 盎司的酸奶杯。每次光顾的个人或家庭都可能进行多种购买，而且对 Yogurt 公司而言，一个免费杯子的成本要比顾客的购买价低得多。这样，对相当一部分对非经常性小回报感兴趣的消费者，公司就可以影响其消费行为。

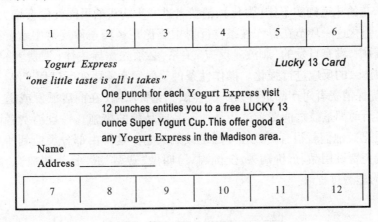

图 3.5 "幸运 13 卡片"

消费者每光顾一次都要由商店打一个孔以作记录，所以消费者必须将卡片随身携带。于是，这张卡片可以随时提醒公司为顾客提供优良的服务，并且提高顾客回头率和销售出更多产品的可能性。

（资料来源：［美］J 保罗 彼得，杰里 C 奥尔森. 消费者行为与营销策略［M］. 韩德昌，译. 沈阳：东北财经大学出版社，2000.）

（三）经典条件反射与操作性条件反射的区别

经典条件反射中，反应是简单而自然的；而在操作性条件反射中，反应是为了达到某一目标而刻意发生的，并且比较复杂。因为中间步骤需要一个具有奖赏的塑造过程，因此理想的行为需要一个过程才能学会。例如，新开张的小店店主可能会因为购物者的光临而给予奖励，期望他们继续光临并最终进行购物。

同样，经典条件反射包括两个紧密联系的刺激的配对，而操作性条件反射发生的条件是，在所需要的行为发生之后给予奖励。这种操作性条件反射学习需要一段时间，因为在这个过程中,个体会尝试一些由于没有获得强化而被放弃的其他行为。记住区分经典条件反射和操作性条件反射的一个好办法是:操作性条件反射学习中,反应的发生是为了获得奖赏或者避免受到惩罚。随着时间的推移,消费者会逐渐与那些给予他们奖赏的人交往,并选择那些能够满足某些需要或者让他们感觉良好的产品。

另外,操作性条件反射在强化物的功能和强化时间上与经典条件反射相区别。假设你是太平洋斯耐克斯爆米花小食品公司的产品经理。你深信你的产品口味清淡、松脆,消费者会喜欢。那么,你怎样影响他们,使他们"学习"并购买你的产品呢? 有一个办法就是通过邮寄或在商业大街、商店里大量派发免费的试用品。许多消费者会尝试这些免费试用品(期望的反应)。如果爆米花的味道确实不错(强化),消费者进一步购买的可能性便会增大。

应当指出,强化这一环节在操作性条件反射中要比在经典条件反射中重要得多。因为在操作性条件反射中,没有自发的"刺激-反应"关系,必须先诱导主体(消费者)作出所期望的反应,再对这种诱致的反应进行强化。操作性条件反射经常需要实际试用产品。因此,营销策略的重点在于确保消费者对产品进行第一次尝试。免费试用(在商店派发或送上门)、新产品特别折价、有奖活动都是鼓励消费者试用某种产品或品牌的措施。一旦消费者试用了你的产品并喜爱它(强化),他们就很有可能在今后继续购买它。这种由部分反应到所期望的最终反应的过程(消费免费试用品、折价购买、全价购买)叫做"塑型"或"行为塑造"。图 3.6 显示了消费者购买行为塑造过程。

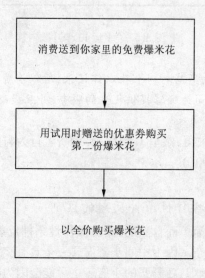

图 3.6 消费者购买行为塑造过程

二、认知学习理论

并不是所有的学习都是重复尝试的结果。相当一部分学习的发生是由于消费者的思考和问题的解决。突然间的学习是可能的,当我们遇到问题的时候,马上就想到解决方案了。然而,更通常的情况是,我们很可能搜寻信息为决策提供帮助。我们会思考应该学习什么以帮助我们为了达到目的而进行最好的决策。

认知学习包括人们为解决问题或适应环境所进行的一切脑力活动。它涉及诸如观念、概念、态度、事实等方面的学习,这类学习有助于我们在没有直接经历和强化的条件下形成推理、解决问题和理解事物之间的各种关系。认知学习的范围从很简单的信息获取到创造性地解决问题。有三种认知学习形态对于营销者很重要。

(一)映象式机械学习

在没有条件作用的情况下学习在两个或多个概念之间建立联想,叫做"映象式机械学习"。例如,一个人看到一则信息写着"蜂王浆能够提高人体免疫力",并把"蜂王浆"这个概念与"免疫力"联系起来。在这个过程中,既没有无条件刺激,也没有直接的强化作为回报。许多低介入主体的学习是映象式机械学习。一个简单信息的无数次重复可以导致消费者一瞥见某种环境就联想到该信息。通过映象式机械学习,消费者可以形成关于产品特征和属性的信念,一旦有了需要,消费者便会基于这些信念购买产品。

(二)替代式学习与模仿

消费者并不一定通过体验直接奖赏或惩罚来学习,而可以通过观察他人的行为和后果来调整自己的行为,另外还可以运用想象预期行为的不同后果,这种类型的学习被称为"替代式学习或模仿"。替代式学习是由美国心理学家班杜拉确立的一种学习理论,又称为社会学习理论或观察学习。替代式学习与模仿在低介入和高介入状态下都经常发生。在诸如获得工作后购买新衣这类高介入状态下,消费者可能特意观察其他员工上班时的穿着,或观察其他环境下包括广告中的"榜样角色"的穿着。在低介入状态下,模仿也大量发生。在整个生活过程中,我们都在观察别人如何使用产品、在各种具体情境下进行何种行为。多数情况下我们对这些行为不太在意。然而,随着时间的推移,我们会了解在特定情境下哪些行为和产品是合适的,哪些是不合适的。

【资料卡3.5】

班杜拉的实验

班杜拉在实验中分别通过让孩子观察现实中、电影中和卡通片中的成人榜样行为,来观察成人榜样对儿童行为有没有影响。他要了解两个主要问题:①儿童是否不管榜样是受到奖励还是惩罚,总是会从榜样那里习得攻击性行为?②儿童看到榜样受到奖励是否比看到榜样受到惩罚会更多地自发模仿所看到的攻击性行为？在实验中，把4~6岁的儿童分成两组。儿童在电影中看到一个成年男子演示四种不同攻击性行为，但在影片快结束时，一组儿童看到的是这个成人榜样受到另一个成人的奖励（那个人说："你是一个强壮冠军。"），而另一组儿童看到的是这个成人榜样受到惩罚（另一个成人说："喂，住手！我以后再看到你这样欺负弱者就给你一巴掌！"）。接下来，就让儿童进入一间游戏室，里面放有一个同样的充气人以及这个成人榜样使用过的其他物体。结果发现，电影里榜样的攻击性行为所导致的结果（奖励或惩罚），是儿童是否自发地模仿这种行为的决定因素。也就是说，看到榜样受奖励的那一组儿童，比看到榜样受惩罚的另一组儿童表现出更多的攻击性行为。

（资料来源：张雁白，张建香，赵晓玲. 消费者行为学[M]. 北京：机械工业出版社，2011. ）

（三）推理

认知学习最复杂的形式是推理。在推理中，个体对已有的信息和新信息进行重新构造和组合从而形成新的概念和联想。从可信的来源获得的与某人已有的信念相矛盾或抵触的信息往往会触发推理。使用类比是分析性推理的一种形式。类推就是消费者基于现有的知识去理解环境和事物。也就是说，类推可以让消费者运用所熟悉的事物的知识来帮助理解他们所不熟悉的事物。

例如，假设你第一次听说"离线网页浏览器"软件是用来把网页下载到自己的计算机里，你可能通过如下的类推方式来学习这种新的软件。将它与某种你比较了解的东西如录像机联系起来。你发现这种浏览器和录像机一样都是用来回放媒体内容的，在这种用途相似的前提下，你自然希望它们具有一些相似的特征。由于录像机是把电视内容记录在一盘录像带上以便在任何需要的时候可以用其他的录像机播放，你就总结出离线网页浏览器也会把网页内容记录在硬盘上以便在需要的时候可以用其他的计算机来浏览。你也许觉得录像机很不容易操作，并由此推断该浏览器使用起来也会很麻烦。在这个认知过程的最后，虽然你还没有见过或使用过这种软件，甚至没有阅读过任何相关的信息，但已经有了一个对这种新的网页浏览器的相当完整的看法。

三、对学习理论的总结

学习理论有助于理解消费者在各种情境下是如何学习的。我们已经介绍了两大类具体的学习理论，其中包括：经典条件反射、操作性条件反射、机械学习、替代式学习与模仿和推理。尽管这些学习方式无论在高介入还是低介入状态下均能进行，但某些学习方式在某种情况下比其他情况下更经常发生。具体如图3.7所示。

第三章 消费者的学习与记忆

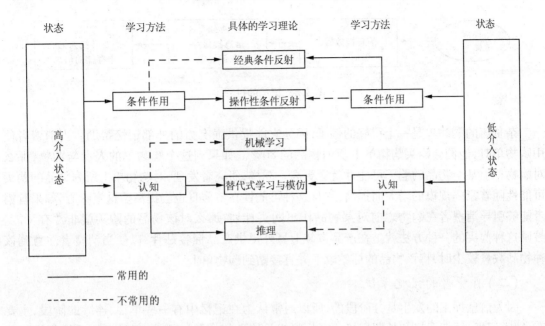

图 3.7 高介入和低介入状态下的学习理论

（资料来源：[美]霍金斯，等.消费者行为学[M].10 版.符国群，等，译.北京：机械工业出版社，2007.）

第三节 消费者的记忆与遗忘

一、消费者的记忆

（一）消费者记忆的概念

记忆包括信息获取和储存以便在需要的时候能够提取。现在对记忆的研究主要采用信息加工的方法。假设大脑在某种程度上像一台计算机：数据输入，数据加工，以修正的方式输出。在编码阶段，以一种可以被系统识别的方式输入信息。在存储阶段，这些知识与已经存储在大脑记忆中的其他知识综合到一起，然后"存入仓库"，直到需要时再用。在提取阶段，个体提取所需要的信息。图 3.8 归纳了记忆的过程。

许多经历都深深地印在我们的脑海中，多年之后，如果我们受到适当的暗示，这些经历就会再次浮现出来。消费者能否记住有关产品和服务的信息，并在日后的购买决策中运用，对营销者来说是至关重要的。消费者在购买决策过程中，将内部记忆与外部记忆相结合。这些外部记忆包括产品包装的所有细节信息和能够识别与评价各种品牌的营销刺激。

73

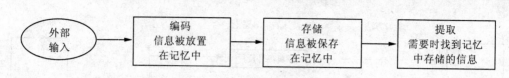

图3.8 记忆的过程

杂货店的购物单是一个很好的例子,因为它能提供强有力的外部记忆帮助。当消费者使用购物单时,他们会购买购物单上所列物品的80%。如果列这个购物单的人参与购物,那么对购物单上某个物品的购买可能性就会更高。同样,研究者发现,对购物单上所列物品的购买可能性随着家庭规模的增大而提高,并且这种可能性在节假日也会提高。这意味着,如果营销者能够引导消费者在购物之前对某物品作出购买计划,那么对该物品的购买就非常有可能。鼓励这种购买的一种方法就是在产品包装上另外提供产品标签贴片,以便当消费者注意到该种物品数量较少时,将该物品的标签取下并直接贴到购物单上。

(二)消费者的记忆系统

因为信息加工的发生是分阶段的,所以通常认为在记忆中有一些单独、连续的阶段,主要有:感觉记忆、短期记忆和长期记忆。在品牌相关信息的加工过程中,每种记忆系统都扮演着不同的角色。这几种记忆系统之间的关系如图3.9所示。

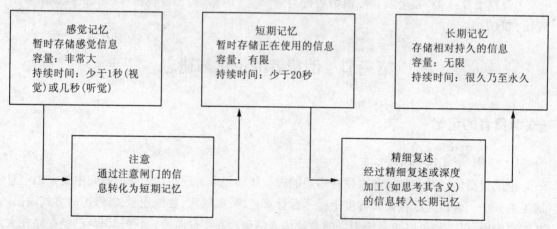

图3.9 记忆系统图示

1. 感觉记忆

感觉记忆存储了我们从感官获得的信息。这种记忆是非常短暂的,最多持续两秒钟。例如,一个人走过一家油炸圈饼店时,会闻到店里烘烤食物的香味。虽然这种感觉只持续几秒钟,但足以让这个人决定是否需要到店里去看看。为了进一步加工这个信息,这种信息就会通过一个注意闸门,从而转化为短期记忆。

2. 短期记忆

短期记忆存储信息的时间也是有限的,并且存储容量同样有限。与计算机相似,可以把短期记忆系统看做一个工作内存,它存储的是当前使用和加工的信息。语言输入可以根据其发音按听觉方式存储,也可以根据其含义按语义方式存储。

我们在存储信息时,小片段信息会结合成较大的信息片段,这个过程被称为组块。组块是将信息组合成个体熟悉的模式,并作为一个整体来操作。例如,一个品牌名称,如佳丽,就可以作为归纳了大量有关该产品的信息所形成的组块。

最初,研究者相信,我们的短期记忆可以同时加工 5~9 个信息组块——他们把这个基本特性描述为"神奇的数字 7+/−2"。这就是电话号码设计成七位数(至少在美国)的原因。但是现在看来,信息有效提取组块的最佳容量是 3~4 个(我们之所以记住七位数的电话号码,是因为我们把单独的每个数字结合在一起,构成了组块,从而可以把三位数字的电话号码作为一个信息单位来记忆)。除了电话号码,对营销者来说,组块是非常重要的,因为它有助于确定消费者在比较购物时,如何在短期记忆里存储价格。

3. 长期记忆

长期记忆是我们得以长时间保留信息的记忆系统。在我们称为思考预演的过程中,信息从短期记忆转变为长期记忆。这个过程包括思考刺激的含义,并将之与记忆中已有的信息联系起来。营销者有时会设计出简单易记的广告语或广告歌来帮助消费者完成这一过程。

与长时记忆相关的有三个主要原理:组织原理、编码特征原理和联想原理。

(1)组织原理

组织是根据单个信息间的关系,将单个信息组织成或划分成大单位的过程。如果单个信息在某种程度上是相关的,他们就可以组织在一起,这样,对这些单个信息的记忆就会有很大的提高;另一方面,如果单个信息不相关,不可能组织在一起,单个信息的记忆就会表现很差。Bower、Clark、Lesgold 和 Wlnzenz 在 1969 年做过一个经典的实验,实验中将很多矿物的名称(如黄金、板岩、铜、蓝宝石、铅、石灰岩等)列表让被试者看。之后,让被试者尽可能多地回忆表中的矿物质。一组被试者看到的列表信息是随机排列的,这一组的大多数被试者只能回忆起很少的矿物名称(平均为 15%),另一组被试者看到的矿物名称虽然和上述被试者一样,但列表信息却是有组织排列的:贵重金属组织在一起(如黄金、白银、白金),普通金属组织在一起(如铝、钼、铅),宝石组织在一起(如钻石、红宝石、蓝宝石),石料组织在一起(如石灰石、板岩、大理石),等。被试者在看了组织化的矿物名称后,能回忆起其中的大部分(平均为 70%)。而且,列表信息在看了 4 遍后,随机排列组的被试者能回忆起大约一半的矿物质,而有组织排列组的被试者几乎能回忆起所有的矿物质(图 3.10)。

因为这两组的被试者都是随机选取的,实验结果的差异不可能归因于被试者之间的个体差异(即某一组被试者的记忆力不可能比另一组的强),而且,所有的被试者都要求回忆完全

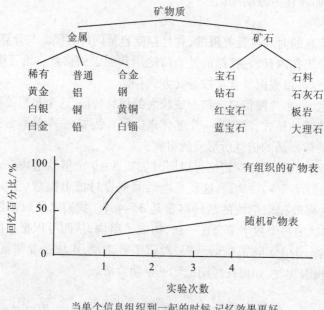

当单个信息组织到一起的时候,记忆效果更好

图3.10 长时记忆的组织原则

相同的信息(即表中的矿物名称相同,只是排列方式不同,实验结果的差异也不能归因于单个矿物名称之间可记忆性的差异)。

总之,这些研究向我们展示了信息组织的重要性,如果单个信息(如句子中的每个单词或表中的每个项目)能被联系起来并以某种方式组织起来,记忆效果就能大大提高。相反,随机组合、杂乱无章的单词、项目和概念缺乏理解性,因此也就很难记忆。

在市场营销方面,如果你想让消费者记住广告中的信息,就必须以一种组织化的方式提供。如果你是一个零售商,就应当把相同的商品组织在一起。例如,麦片等所有的早餐用谷类食品应当摆放在同一货道的货架上,橙汁等所有的软饮料摆放在同一货道的货架上。同时,不相同的商品不能摆放在一起。举个极端的例子,厕所清洁剂之类的产品不能和食品摆放在一起。而且,零售商不要轻易改动商品的摆放位置。因为,当消费者记住某一商品摆放在某一货架时,改动位置会使消费者感到麻烦,也会从动态上使消费者感到商店经营无序。有组织的商品展示可以使消费者既快又容易地购买到自己需要的商品。

【小案例3.4】

Subaru 公司的 Outback 形象

最近,Subaru 公司的事业可谓蒸蒸日上。Outback(具有实用型跑车特点的旅行车)的投放市场,受到汽车评论家和消费者两方面的热烈欢迎。他们都认为 Outback 的驾驶就像小轿车一样,而不像头重脚轻的实用型跑车——评论家戏称动辄翻跟头的车。他们喜欢 Outback 还因为它拥有 Subaru 的声誉,卓越的质量,全齿轮驱动以及与传统的旅行车或轿车相比,它的底盘离地面要高出几英寸。

Outback 在市场上如此受欢迎,以至于不到两年之后,Subaru 公司的新款 Forester 车闪亮上路。Forester 的车身更像实用型跑车,但它的重心低(底盘到地面的纯高度只有7.5英寸),驾驶起来仍然像一辆小轿车。和福特的 Explorer 甚至尼桑的 Pathfinder 相比,它的车身还要小巧一些。但是车的轮胎更有弹性,耐颠簸,即使在最差的路上驾驶仍很平稳。价格呢? 不管是 Outback 还是 Forester,根据不同配置,车价均在2 000美元至10 000美元之间浮动,比大型的运动实用型跑车的平均价格要低许多。

Subaru 公司是如何让消费者记住它的新车——并让消费者购买它们呢? Subaru 为它的新车塑造了一个始终如一的整体形象——粗犷的、适合野外的、运动健将般的、富于青春活力、式样新颖的组合形象。不论是印刷广告还是电视广告都完美地将这些概念组织在一起。电视广告中,驾驶自如的两款新车奔驰在溪流飞溅的河床、尘土四扬的山路、崎岖陡峭山坡等野外路面上。印刷广告中,两款车停在让人迷恋的野外,如停在岩石为背景的海滩上。有时,一辆山地自行车绑在车后;有时,一对年轻伴侣穿着滑雪服或自行车服,站在车外,眺望远处的风景。广告同时向消费者展示出适合野外生活的特点,如车的后备箱大小适中,可以放下钓鱼竿和软饮料。就是这两辆车时髦的名字——Outback 和 Forester——也能唤起人们对野外的想象。广告中司机的形象总是粗犷强健的、喜欢野外运动的。因此对于自己极力效仿的偶像式人物,消费者是能够记住的。就这样,消费者把车和冒险、性感所包含的全部内容联系在一起。

当然,购买 Outback 和 Forester 的消费者根本没有必要是野外运动的那种类型——他们只需要在脑海中想象他们是,或者至少他们是被这种形象所吸引。和从其他汽车制造商处购买汽车相比,消费者能以更少的钱从 Subaru 那里买来一种形象,这一事实增加了车的认同价值。Subaru 公司正指望着它来占领汽车市场。

(资料来源:[美]卡迪斯. 消费者行为与管理决策[M]. 马龙龙,译. 北京:清华大学出版社,2003.)

(2) 编码特征原理

当人们对信息进行编码或学习的时候,不相关的背景信息会随着相关信息一起被编码输入大脑。长时记忆的特征编码原理认为,当编码时呈现的背景提示与检索时呈现的背景提示相同,记忆效果会更好。Godden & Baddeley 让潜水员在湿的环境中(20英尺水下)和干的环境中(水上)各学习一列单词,然后对他们在水下和水上的记忆效果进行测试,发现编码环境和检索环境相同时的记忆效果比编码环境和检索环境不相同时的记忆效果要好得多。

根据编码特征原理,可以解释为什么当学习和考试环境相同的时候,记忆效果可以提高。

同样,在商业领域,编码特征原理也有广泛的应用。例如,很多商家在电视或户外广告中都有卡通或影视明星作为产品代言人,而且在购物现场推销该产品时都用硬纸板做一个真人大小的产品代言人。这种重复,提高了人们对先前已编码信息的记忆。编码特征原理的这种有效运用,有助于把电视广告和到商店购物之间的时间间隔联系起来。

(3)联想原理

联想原理认为,储存在记忆里的每个概念、观点和单则信息是一个节点,每个节点都通过链路和其他节点相连接,这种连接就被称为联想。所有节点和节点之间的连接就形成了一个复杂的联想网络,有的研究者也称之为图示记忆。这种记忆形式关注的是各种信息之间的联系和结合。

在联想网络中,当网络中某一条路径中的节点数量增加时,激活在扩展过程就要花费较长的时间。激活扩展的时间延长还有另一种情况,就是扩展通过某节点所花费的时间要比通过其他节点的时间长。原因是,某些节点直接连接其他相关节点或概念的数量很少,而某些节点直接连接的其他相关节点或概念的量很多。当某一节点连接的相关节点数量增加时,激活扩展通过这一节点的速度就会放慢。这种现象被称为联想干扰。一般来说,复杂的,有很多细节的联想网络能使激活在扩展时,在某个节点立刻向很多方向散去,这样激活就会消耗殆尽。而在另一方面,简单的、细节不多的联想网络,由于每个节点和其他节点连接的数目很少,所以激活扩展时通过的联想路径也很少,这样由一个节点联想到目标节点所用的时间就会很少。在一个节点众多的复杂的联想网络中,发现(或激活)某个具体节点是很费时间的。联想网络越大,发现某个具体节点的时间就越长。在处理复杂而棘手的商务问题如市场谣言和媒体杂乱时,理解联想干扰是很有意义的。

【小案例3.5】

从游游(Yo-Yo)到Zippo,记忆在起作用

还记得游游拉线盘吗?它沿着细绳一路转下去,又反弹回来,几个来回之后,便停下来。你再次把绳子缠到它的身上,再试,结果还是一样。你不停地练,终于成了一个玩游游的高手。你把手腕一抛一拉,游游飞转着奔向地面;又把手腕一收,游游又飞转着返回你的手中。你不停一拉一收,游游便会旋转着沿着细绳来回穿梭。

岁月流逝,游游成了过时的玩具。和游游一样退出历史舞台的还有其他商品,包括Zippo打火机。这些产品使我们想起过去的时光。现在,一些上了年纪的老人仍然记得昔日对这些产品的迷恋,还有一些人带着好奇开始重新尝试这些产品。市场营销经理想抓住这两类人的注意,不仅在美国,而且在国外。通过对他们的新、旧产品创造不同类型的联想,营销经理们是能说到做到的。游游可以很容易地和童年、健身娱乐、简单的玩具联系起来;对远在海外如在日本和澳大利亚的消费者来说,美国造的游游能够使游子们联想到自己的祖国——美国,这是一种正联想。游游产业的领头羊Duncan玩具公司提供的报告说,现在它每年的游游销量平均

比以前增长30%;在旧金山,因缺货而提前预购的订单现已达到200件;在日本,两个月销售的游游超过100万个。

Zippo打火机是我们要讨论的另一个案例。有65年历史的Zippo制造公司几乎是自己"烧"掉自己的,主要是因为人们把它和吸烟联系在一起,这是一种负联想。但在20世纪90年代,公司开始建立一种全新的联想。两个以前与公司产品不相关联的概念Zippo打火机与收藏突然映入人们的眼帘。在专卖便宜货的跳蚤市场,Zippo打火机被人抢购一空,抢购的速度简直比"啪嗒"一声(打火)还快。为什么?"它们是历史的见证,是历史的一部分。"On the lighter side俱乐部的共同创始人解释说,该俱乐部是目前全球范围内经营的7个收藏者俱乐部之一。自Zippo制造公司创立之日起制造的每一个打火机,都印有一个属于自己的编码,这增加了打火机的收藏价值。而且超过100万种设计使Zippo打火机备受崇拜。Zippo同样也有伪装和雕刻的形式。各式各样的打火机给Zippo收藏者足够的选择。Zippo的收藏者也是痴迷的:1933年制造的镀铬合金的第一版的Zippo能轻易地卖到5 000美元(新打火机卖12.95美元)。Zippo的市场营销经理并不满足于收藏市场,他们正努力工作,在Zippo和除了吸烟之外的其他活动之间创造新的联想。他们称之为"其他用途的运动"。营销经理们推出了新的广告。广告中,Zippo打火机用来点亮生日蜡烛,点燃野营篝火。"我们想在人们的心目中树立这样的形象,就是你拥有一个打火机,但你完全不必是个吸烟者。"公司副总裁说:"你在家里有火柴但你并不吸烟。火柴为什么不能是Zippo打火机呢?"

游游和Zippo的热销浪潮会持续下去吗?"历史表明那是一种狂热——狂热是不能持续的。"Duncan Toys的市场营销协调人Mike Burke是这样认为的。对于游游来说,这种观点可能是正确的。因为游游的狂热爱好者会很容易迷上呼啦圈或3-D眼镜。而Zippo打火机的收藏者会转向收藏芭比娃娃或Beanie Babies。但如果Zippo的市场营销经理能成功地在消费者的脑海中种下Zippo打火机和正面活动的联想种子,在未来的岁月里,公司会每年用自己的打火机点燃自己的生日蜡烛。

(资料来源:[美]卡迪斯.消费者行为与管理决策[M].马龙龙,译.北京:清华大学出版社,2003.)

二、消费者的遗忘

(一)遗忘的概念

消费者接受任何外界的信息都必须通过感觉和短时记忆,最后存储在长时记忆中。在记忆过程的每一个阶段,信息也都可能有遗忘。遗忘是人们对经历过的事物不能或错误地回忆或认知。它的生理基础是由于经历过或识记了的事物保留在大脑中的暂时神经联系的痕迹受到部分抑制或全部抑制,以致消退而造成的。因此,遗忘也是正常的心理现象。许多心理学家曾对人的记忆与遗忘做过专门研究,较有影响的是德国心理学家艾宾浩斯的遗忘曲线,也称保留曲线,如图 3.11 所示。艾宾浩斯通过对时间与遗忘内容关系的研究,得出了记忆与遗忘的规律。

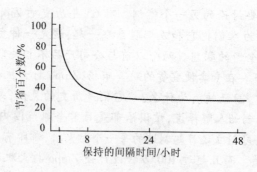

图 3.11 艾宾浩斯遗忘曲线

艾宾浩斯曲线表明,遗忘的过程是不均衡的。在识记后的短时间内遗忘比较迅速,9 小时以后记忆的内容仅剩 30%,但随着时间的推移,遗忘则逐渐缓慢下来,一般在一个月之内往往可以保持在 20% 以上,这就是遗忘先快后慢的规律。对于广告效果的保持,一般有两种方法:再认测验和回忆测验。再认和回忆测验用来判断消费者是否记住了所看的广告、能回忆其内容的程度、最终对这个产品或品牌的态度、购买意向等。再认测验是建立在辅助性记忆基础上的,而回忆测验则使用非辅助性记忆。

图 3.12 表明,两种方法的测量所得到的遗忘曲线都保留了遗忘曲线的典型特点,即最快的遗忘出现在学习后的最初的时间间隔里,随着学习后时间间隔的延长,遗忘速率逐渐变慢。一个颇有说服力的研究,从《美国机械师》杂志选取 4 则广告,测量消费者在有辅助和无辅助情况下对这些广告的回忆情况,发现在 5 天内回忆率迅速下降,5 天后大致维持在稳定状态,在 50% 左右。

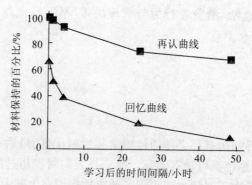

图 3.12 用再认和回忆方法测得的遗忘曲线

(二)遗忘与记忆的关系

遗忘和记忆是相对立的,人们记忆得越多,遗忘得就越少;相反,遗忘得越多,记忆得就越少。我们主要从以下几方面分析遗忘与记忆的关系:

第一,遗忘的程度取决于消费者学习的程度。一般来说,学习的程度越深,理解的部分越多,反复的次数越多,则保持的时间越久。在营销活动中,企业产品广告的研究很说明问题。R.贝斯特的研究表明,企业刊登广告的次数与消费者识记的内容有直接的联系。

如图3.13所示,关于这家商店的广告词第一次刊登以后,有37%的读者能回忆起这则广告;在第2天刊登后,有52%的读者能回忆起广告的内容,在以后的3天里,每一次的广告之后读者回忆的百分比仍在增长,但增长的比率减慢,最后一次刊登后,有67%的读者能回忆起这则广告。

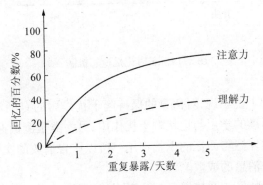

图3.13 回忆与展露时间的关系

第二,理解有助于记忆。有人曾对诗、散文和无意义的缀字等记忆的内容进行研究,发现记忆保持时间最长的是诗,其次是散文,至于无意义的缀字,在学完的20分钟以后,遗忘42%,1个月后遗忘79%。诗和散文为什么能相对保持长久些,是因为它有一定的内容。特别是诗,不仅有内容,而且合辙押韵,读起来朗朗上口,更便于记忆。另外,学习有画面的内容比学习语言信息速度要快,当然,如果把两者结合在一起,效果会更好。实验证明,印刷广告中既有图示又有文字说明的比只有概括大意的形式更易于编码和储存。

第三,消费者的兴趣与注意力影响记忆保持的程度。如果消费者积极主动地认识事物,则会积极地调动身体各部分的器官积极地参与活动,就会更好地感知事物,记忆效果会明显提高;否则,遗忘相当迅速。在商品售卖活动中,如果能通过对商品的使用等活动引起消费者的注意和兴趣,则会明显地调动他们活动的积极性,从而加深对商品的记忆,由于知名度提高,销售量自然扩大。例如,小食品当场品尝;服装让消费者试穿;家用电器当场操作;玩具现场表演。吃、穿、用、玩商品都可用活动提高消费者对商品的记忆。

第四,不同系列位置对记忆的影响。消费者对来自外界的刺激,并不是全部接受或全部遗忘的。但就一般规律而言,材料的首尾容易记住,中间部分容易遗忘。据美国加利福尼亚大学波斯特曼的实验,在一般情况下,中间项目遗忘的次数相当于两端的 3 倍。人们学英语背单词表,重复读写次数相同,容易记住的是单词表中头几个和末尾几个单词。同样道理,在电视节目中插播一系列广告,观众往往对最先和最后播出的广告印象最为深刻。研究者也证实了广告信息的次序与回忆效果的这种关系,如图 3.14 所示。

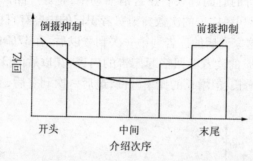

图 3.14　长时记忆遗忘机制

　　根据长时记忆遗忘的干扰学说,对信息的保持起干扰作用的有两类:一类是前摄抑制,是指先前的学习与记忆对后续的学习与记忆的干扰作用;另一类是倒摄抑制,是指后续的学习和记忆对先前的学习材料的保持与回忆的干扰作用。所以广告播放的次序以及广告上所提供信息的次序直接关系到广告消息的成败。

　　营销者使用干扰策略的另一个依据是部分列表提示效应,它是指如果把一个类别中的部分项目呈现给消费者,省略的项目就不容易被回忆起来。那种只提及部分竞争者的货比货广告就利用了这个原理,通过提及少量的某个竞争品牌的信息来抑制对该品牌其他信息的回忆。

　　第五,相关环境的影响。记忆的保持还会受到所接触的事物相关环境的影响。在一个研究中,让一则广告与同一类别的另外 12 个品牌的广告一起出现,或者让它与不同类别的另外 12 个广告一起出现,在前一种条件下,对这则广告的品牌评价降低得更快。提高一个品牌的突出性,就可以削弱消费者对其他品牌的回忆。因而,一则广告如果被一个电视节目所包围的话,其效果要比受到其他商业广告包围要好。如果前后的广告令人厌倦或反感,那么对于处于中间的广告的学习兴趣就会增强,遗忘就会显著减少。长时记忆的联想原理认为存在负联想,如果在一组广告宣传中,提及竞争产品的名称会影响自己的品牌。

【小案例 3.6】

了解和记住

　　假如你被问及某种经常购买的产品,如 6 瓶装的可乐最近一次的购买价格,你能记得吗?你能记得你通常为此支付的准确价格吗?很多消费者恐怕记不住这类信息。但是这些人会对广告价格或实际价格得出"太贵了""差得太多"或者"差不多"的结论。如果你问他如何得出这样的结论,他们会告诉你在看到该信息时,他们知道了行情。虽然不能记住实际数字,但我们往往能够知道大体情况。

传统上,我们将回忆特定事物或事件称为记忆。在阅读了本章后,如果你不翻阅前面的内容就开始做后面的复习题,你就是在运用传统的回忆方法,或称显性记忆法,显性记忆是指对展露过的事件有意识地回想。而了解所运用的则是隐性记忆,隐性记忆是对以前遇到的刺激的无意识回忆。它是一种熟悉的感觉,一种感受,或者一系列我们不清楚何时以及怎样得来的信念。显性记忆(记住)与隐性记忆(了解)之间的差别对市场营销研究、定价和广告策略的制定非常重要。例如,对旨在建立某种品牌形象的广告来说,用消费者对广告的回忆(显性记忆)情况测量广告的有效性并不一定合适,品牌形象往往是以隐性记忆的方式存在于消费者脑中的。一个消费者可能知道山露是酷的,李维牛仔裤是老式的,大众汽车是有趣的,但是并不知道自己是如何获得这些知识的。因此,对广告或者广告某些特征的回忆,并不能反映广告在消费者心中产生的长期影响,即不能反映消费者究竟对于品牌"了解"些什么。

对于营销者来说,掌握和监控目标消费者对于公司和品牌"了解"些什么也是很重要的,因为消费者关于某个产品、品牌或过程的知识常常与现实不一致。例如,一个消费者可能"了解"拜尔(Bayer)阿司匹林比便宜的其他品牌阿司匹林有更好的消炎疗效。但如果这不是事实,拜尔得利了,其他品牌和消费者就遭殃了。

(资料来源:[美]霍金斯.消费者行为学[M]. 10版.符国群,等,译.北京:机械工业出版社, 2007.)

思考题
1. 显性记忆和隐性记忆二者的关系是怎样的?
2. 为什么营销者如此依赖对广告回忆的测量?

第四节　营销中消费者学习与记忆的测量

对许多商家来说,市场份额和品牌忠诚消费者的增加是进行消费者学习的双重目标,这两个目标是相互依存的:品牌忠诚的顾客为一个稳定和不断壮大的市场份额提供基础,占有较大市场份额的品牌相应地拥有较大的忠诚购买群。商家将促销预算投入的重点放在努力让消费者知道它们的品牌是最好的,它们的产品能最好地解决消费者的问题,满足消费者的需求。因此,对商家来说,测量消费者在多大程度上了解了其所传达的信息是很重要的。以下部分将讨论营销中如何对消费者学习与记忆进行测量,主要包括:识别和回忆测量、认知测量和对品牌忠诚的态度和行为测量。

一、识别和回忆测量

识别和回忆测量被用来判断消费者是否记住了所看到的广告,他们所能读懂或者看懂以及回忆起内容的程度,他们对这个产品或品牌的最终态度,他们的购买意向等。识别测量是建立在辅助性记忆基础上的,而回忆测量则建立在非辅助性记忆基础上。在识别测量时,向消费者呈现一个广告,问他是否看过或记得其中的突出部分。在回忆测量中,消费者则被问及是否看过某本特定的杂志或看过某个特定的电视节目,如果是的话,是否能回忆起所看到的任何一个广告、销售的商品、被广告的产品、品牌以及关于产品的任何突出方面。总地来说,能体现出产品特色所提供利益的品牌名称,比一个非启发性的品牌名称更容易引起回忆。

许多研究服务机构开展识别和回忆测量,比如 Starch 读者友谊服务中心评价杂志广告的效果。在读完给定的关于杂志的问题后,再让读者读这本杂志,并请他们指出哪个广告是他们所注意的,哪个广告让他们与广告客户联系,哪个广告他们看的次数最多,以及广告的哪个部分他们最为注意并看得最多。当与同类型商品的广告、竞争对手的广告和商家自己先前做的广告相比较时,客户就能测量出广告的效果。

二、认知测量

消费者学习的另一种测量是评价消费者准确理解广告信息内容的程度。理解是信息特征、消费者加工信息的机会和能力以及消费者动机(或介入水平)的函数。为保证高水平的理解程度,许多商家在广告正式播放前(称为前测)或者在它播放以后(称为后测)进行复本测试。在花费主要宣传媒体开支之前,广告信息中如果有要修改的因素,前测就可被用来解决哪些因素需要修正;后测则用来评价已播出广告的效果,以及确定应该修改哪些因素——如果有的话——以提高将来广告的冲击力和易记忆程度。

三、品牌忠诚的态度和行为测量

品牌忠诚是指消费者对某一品牌的满意态度导致对该品牌长期一贯地购买,它是消费者学习的结果。品牌忠诚是由对某个品牌的态度和实际行为两方面组成的,并且二者都应该进行测量。态度测量着重于消费者对产品、品牌和其购买意向的总体感觉(也就是评价)。行为测量则是以可观测的对于促销诱因的反应为基础——重复购买行为而非针对产品或品牌的态度。

【资料卡 3.6】
品牌忠诚度测量的两种不同方法
测量描述
对购买该品牌行为的态度
使用 1—5 的量表,请告诉我对于广告名录上的品牌,您热衷于购买它们的程度。

X_1 不热衷		1	2	3	4	5	热衷

在名录上,我所喜爱品牌的销售广告在下列描述中将会是:

X_2 差的		1	2	3	4	5	好的
X_3 不令人高兴的		1	2	3	4	5	令人高兴的
X_4 不利的		1	2	3	4	5	有利的
X_5 消极的		1	2	3	4	5	积极的
X_6 不合需要的		1	2	3	4	5	符合需要的
X_7 不聪明的		1	2	3	4	5	聪明的
X_8 不可能		1	2	3	4	5	可能

我会向其他人推荐我热衷的品牌:

X_9 不可能		1	2	3	4	5	可能

倾向于品牌忠诚的表现

X_1 我总是买我经常选择的品牌,而不会尝试我不太了解的东西。

X_2 如果我喜欢一个品牌,就不会因为要尝试不同的商品而改变选择。

X_3 我很少向我的同伴介绍新的品牌或产品。

X_4 我很少购买不熟悉的品牌,即使这样可能意味着损失选择的多样性。

X_5 我总是购买相同的品牌,虽然它可能只处于市场的中庸地位。

X_6 我倾向于让他人尝试新品牌,而不是我自己。

X_7 在购买广告名录中的商品时,我总是选择众所周知的品牌。

行为忠诚包括偏好和忠诚两个维度。用随着时间增长(忠诚),消费者在所喜爱品牌(偏好)上花费的钱的数量进行评价。

(资料来源:利昂 G 希夫曼,莱斯利 L 卡纽克.消费者行为学[M].8 版.江林,译.北京:中国人民大学出版社,2007.)

信奉操作性条件作用理论的行为学家相信,品牌忠诚产生于通过满意强化的首次产品试用,这种强化导致重复购买。然而,认知科学家则强调在形成品牌忠诚过程中的心理机制。他们相信消费者会进行广泛的问题处理,包括品牌和产品属性的比较,从而牢固品牌偏好和重复购买行为。最近,一项只通过消费者满意来评价顾客忠诚度的研究——就如大部分商家做的一样——是如此短视;该理论说道,品牌忠诚是对消费者所熟悉产品的优点、个人毅力、产品以及生产企业等态度因素的融合。然而,我们却不能忽视消费者满意的价值。一个联合研究公司报告说74%的被访人一旦找到使其满意的品牌,就会排斥竞争性品牌的促销行动。

行为的定义(例如购买的频度或总消费中所占的比例)缺乏准确性,因为它们没有在"真正"的品牌忠诚顾客和伪品牌忠诚顾客之间做出区分,前者愿意坚守对某一个品牌的忠诚,而后者对某一个品牌进行重复购买,因为它是在商店中唯一可买的。在一个详细的产品目录中,可接受的品牌越多,消费者对某一品牌忠诚的可能性越小。相反,产品面临的竞争对手很少,而且被频繁地购买,则更可能建立起品牌忠诚。结果,相对于那些潜在的变化,消费者对品牌、服务或商店建立起更好的态度。最近的一份报告说明了品牌忠诚和采购方面与市场份额和品牌的相对价格方面的关系。这份报告表明,品牌忠诚和品牌影响、联合,决定购买忠诚度和态度忠诚度。购买忠诚度导致更高的市场份额,而态度忠诚度常常允许营销者相对竞争品牌索取更高的价格。

与品牌忠诚密切相关的一个术语是品牌资产,指的是一个知名品牌的固有价值。该价值来自于消费者对这个品牌优越性的认知和使用它的社会尊重和顾客的信任与认可。对许多公司来说,它们最有价值的资产是它们的品牌名称。知名产品被称做大品牌,可口可乐、麦当劳、海尔、联想都是其中的知名品牌。它们的名称已经变成了"文化象征"并在竞争中占有强大的优势。

由于新产品成本的逐渐上升和新产品的高失败率,许多公司更喜欢通过品牌延伸来使它们的品牌资产发挥优势,而不是冒险开发一个新品牌,品牌资产使新产品更加容易被接受。品牌资产反映了品牌忠诚,品牌忠诚和品牌资产导致市场份额的增加和更多的利润。对营销者来说,学习理论的主要功能是使消费者知道,他们的产品是最好的,鼓励重复购买,最后是为公司的品牌名称和品牌资产建立忠诚度。

本 章 小 结

消费者通过学习了解所有信息,根据消费者的介入程度,学习可分为高介入状态下的学习和低介入状态下的学习。消费者学习的特点包括学习的强度、刺激泛化和刺激辨别。关于个体怎样学习的理论有两种——行为理论和认知理论。两者都阐述了对消费者行为的理解。行为理论者把学习看做对刺激作出的可观察反应,认知理论者认为学习是精神过程的一种功能。行为学习理论包括经典条件反射和操作性条件反射,认知学习理论包括机械学习、替代式学习或模仿和推理。消费者的记忆分为感觉记忆、短期记忆和长期记忆。与长时记忆相关的有三个主要的原理,组织原理、编码特征原理和联想原理。遗忘和记忆是相对立的,人们记忆得越多,遗忘得就越少;相反,遗忘得越多,记忆得就越少。营销中对消费者学习与记忆进行测量,主要包括识别和回忆测量、认知测量和对品牌忠诚的态度和行为测量。

思 考 练 习

1. 关于学习的两种理论指的是什么?
2. 什么是经典条件反射? 试举例说明。
3. 什么是操作性条件反射? 试举例说明。
4. 分析经典性条件反射与操作性条件反射的区别。
5. 学习、记忆和遗忘的含义是什么?

【案例分析】

星巴克公司案例

1971年4月,位于美国西雅图的星巴克创始店开业。1987年3月,星巴克的主人鲍德温和波克决定卖掉星巴克咖啡公司在西雅图的店面及烘焙厂,霍华德·舒尔茨则决定买下星巴克,同自己创立于1985年的每日咖啡公司合并改造为"星巴克企业"。15年后,星巴克已经成为全球最大的咖啡零售商、咖啡加工厂及著名咖啡品牌。到2006年2月,星巴克在全球范围内已经有超过9 000家连锁店,分布在北美洲、拉丁美洲、欧洲、中东和环太平洋地区。

1998年3月,星巴克进入中国台湾,1999年1月进入北京,2000年5月进入上海,目前星巴克已成为国内咖啡行业的第一品牌。星巴克靠什么从一间小咖啡屋发展成为国际著名的咖啡连锁店品牌?

1. 模式:根据世界各地不同的市场情况采取灵活的投资与合作模式

同麦当劳的全球扩张一样,星巴克很早就开始了跨国经营,在全球普遍推行三种商业组织结构:合资公司、许可协议、独资自营。星巴克的策略比较灵活,它会根据各国各地的市场情况而采取相应的合作模式。星巴克在世界各地的合作伙伴不同,但是经营的品牌都是一样的。另外,星巴克制定了严格的选择合作者的标准,如合作者的声誉、质量控制能力和是否以星巴克的标准来培训员工。美国星巴克集团很看好中国市场,逐步加大投资,将持股比例增加到50%。

2. 直营:多以直营经营为主

近40年来,星巴克对外宣称其整个政策都是:坚持发展公司直营店,在全世界都不要加盟店。业内人士分析说,如果星巴克像国内多数盟主那样采用"贩卖加盟权"的方式来扩张,它的发展速度肯定会比现在要快得多。当然,也不一定比现在好得多。星巴克对自己的直营路子给出的理由是:品牌背后是人在经营,星巴克严格要求自己的经营者认同公司的理念,认同品牌,强调动作、纪律、品质的一致性;而加盟者都是投资客,他们只把加盟品牌看做赚钱的途径,可以说,他们唯一的目的就是为了赚钱而非经营品牌。星巴克之所以不开放加盟,是因为星巴克要在品质上做最好的控制。

3. 广告:不花一分钱做广告

星巴克给品牌市场营销的传统理念带来的冲击同星巴克的高速扩张一样引人注目。在各种产品与服务风起云涌的时代,星巴克公司却把一种世界上最古老的商品发展成为与众不同、持久的、高附加值的品牌。然而,星巴克并没有使用其他品牌市场战略中的传统手段,如铺天盖地的广告宣传和巨额的促销预算。但是,他们仍然非常善于营销。"我们的店就是最好的广告"。据了解,星巴克从未在大众媒体上花过一分钱的广告费。因为根据在美国和中国台湾的经验,大众媒体泛滥后,其广告也逐渐失去公信力,为了避免资源的浪费,星巴克故意不做广告。这种启发也是来自于欧洲那些名店名品的推广策略,它们并不依靠在大众媒体上做广

告,而每一家好的门店就是最好的广告。星巴克认为,在服务业,最重要的营销渠道是分店本身,而不是广告。如果店里的产品与服务不够好,做再多的广告吸引客人来,只是让他们看到负面的形象。只有通过一对一的方式,才能赢得信任与口碑。另外,星巴克的创始人霍华德·舒尔茨意识到员工在品牌传播中的重要性,他另辟蹊径,开创了自己的品牌管理方法,将本来用于广告的支出用于员工的福利和培训,使员工流动性很小。这对星巴克"口口相传"的品牌经营起到了重要作用。

4. 风格:充分运用"体验"

星巴克认为他们的产品不单是咖啡,而且包括咖啡店的体验。研究表明,2/3 成功企业的首要目标就是满足客户的需求和保持长久的客户关系。相比之下,那些业绩较差的公司,这方面做得就很不够,他们把更多的精力放在了降低成本和剥离不良资产上。

(1) 重视同客户之间的沟通

每一个服务员都要接受一系列培训,如基本销售技巧、咖啡基本知识、咖啡的制作技巧等。要求每一位服务员都能够预感客户的需求,为顾客提供"咖啡"体验。

(2) 星巴克更擅长咖啡之外的"体验"

如气氛管理、个性化的店内设计、暖色灯光、柔和音乐等。就像麦当劳一直倡导售卖欢乐一样,星巴克把美式文化逐步分解成可以体验的东西。"认真对待每一位顾客,一次只烹调顾客那一杯咖啡。"这个取材自意大利老咖啡馆工艺精神的企业理念,道出了星巴克快速崛起的秘诀。注重当下体验的观念,强调在每天工作、生活及休闲娱乐中,用心经营"当下"这一次的生活体验。星巴克还极力强调美国式的消费文化,顾客可以随意谈笑,甚至挪动桌椅,随意组合。这样的体验也是星巴克营销风格的一部分。

5. 推广教育消费者

在一个习惯于喝茶的国度里推广和普及喝咖啡,首先遇到的是消费者情绪上的抵触。星巴克为此首先着力推广"教育消费"。通过自己的店面,以及到一些公司去开"咖啡教室",然后通过自己的网络,星巴克成立了一个咖啡俱乐部。顾客在星巴克消费的时候,收银员除了键入品名、价格以外,还要在收银机键入顾客的性别和年龄段,否则收银机就打不开。所以公司可以很快知道消费的时间、消费了什么、金额多少、顾客的性别和年龄段等。除此之外,公司每年还会请专业公司作市场调查。星巴克的"熟客俱乐部",除了固定通过电子邮件发信息,还可以通过手机传简讯,或是在网络上下载游戏。一旦过关可以获得优惠券,很多消费者就将这样的信息,转寄给其他朋友,造成一传十、十传百的效应。

6. 差异化的店内设计

星巴克在上海的每一家店面的设计都是由美国方面完成的。据了解,在星巴克的美国总部,有一个专门的设计室,拥有一批专业的设计师和艺术家,专门为全世界星巴克店铺进行设计。他们在设计每个门市的时候,都会依据当地的那个商圈的特色,然后去思考如何把星巴克融入其中。所以,星巴克的每一家店,在品牌统一的基础上,又尽量发挥了个性特色。这与麦当劳等连锁品牌强调所有门店形象统一截然不同。在设计上,星巴克强调每栋建筑物都有自己的风格,让星巴克融合到原来的建筑物中去,而不去破坏建筑物原来的设计。每增加一家新店,他们就用数码相机把店址内景和周围环境拍下来,照片传到美国总部,请他们帮助设计,再发回去找施工队。这样下来,星巴克才能做到原汁原味。只用了短短几年时间,星巴克在中国就成了一个时尚的代名词。它所标志的已经不只是一杯咖啡,而是一个品牌和一种文化。

(资料来源:张雁白,张建香,赵晓玲.消费者行为学[M].北京:机械工业出版社,2011.)

思考题

1. 运用所学相关理论分析星巴克公司是如何研究消费者的。
2. 分析星巴克的扩张策略有什么问题和风险。
3. 分析星巴克靠什么从一间小咖啡屋发展成国际著名咖啡连锁店品牌。

第四章 Chapter 4

消费者的动机、个性与情绪

【学习目标】

(1) 知识目标

掌握动机的概念、类型；掌握三种动机冲突；掌握马斯洛需要层次理论；了解麦圭尔心理动机理论；掌握个性的概念、特点；了解个性的两种理论；掌握情绪的概念；了解情绪的分类。

(2) 技能目标

能够将消费者动机、个性及情绪与营销相联系，制定有效的营销策略。

【引导案例】

林先生的购车动机

林先生是广州某大报负责股票版的编辑，1998年，在私家车还不是很普遍的时候，林先生就成了为数不多的"有车族"。一般人都认为，私家车是一种奢侈性消费，只有在满足了基本的衣食住行，并且拥有较丰裕的存款时，才有可能成为私家车主。

通常的看法是，用于奢侈性消费的开支应不超过个人现金资产的1/3。但当时年仅25岁的林先生实际每年收入仅5万元左右，工作5~6年后的储蓄也不过7~8万元，即便一辆10万左右的中档车，对于他来说也是个可望不可即的梦想。

林先生买车前半年，在一次同事聚会后，林先生搭乘同事胡先生的顺风车。胡是当时报社买车第一人。尽管胡的收入并不比林先生高多少，但胡先生已有10多年的工作经历。林先生对胡的"壮举"颇为羡慕，但考虑到与胡先生在收入上差距较大，他也只能望车兴叹。但是，这次与私人汽车的亲密接触深深拨动了林先生的心弦。一路上，胡先生向林先生展示自己坐驾的音响系统，这使得平素喜欢音乐的林先生十分羡慕。在此后的日子里，购买私家车的想法开始在林先生的心中萌生，而且日渐强烈。3个月后，报社忽然一下子多出好几个"有车族"，他们都是刚参加工作不过5年,年龄不超过25岁的年轻人。他们有着这个年轻人群的共同特征:收入不高,积蓄甚少,但超前消费意识强烈。林先生打听了一下,这几个与他年龄、资历相仿的年轻人都是倾囊而出,并且都是向家里"借贷"部分资金。

同伴的超前消费意识和先"富"起来的生活方式让林先生受到震撼。他原来打算在5年后实现其心中梦想,但这批伙伴们的示范作用很大。他盘算了一下,自己手头已有8万元左右存款,每个月的收入虽不高,但应付生活还是有余,父母是退休知识分子,手上有20来万的存款,向他们"借贷"10万元应该没有问题。这两笔钱加起来,正好可以支付当时一辆中档车的车款和其他税费款。虽不容易,但他最终说服了父母借钱给他买车。当时的中档轿车主要有富康、捷达几款。同事中有人买了富康,也有人买了捷达。他比较了富康和捷达后,发现两者各有特色,富康外形较时尚,内饰较好,而且省油,而捷达最大的优点是动力强劲,这一点符合他对于好车的认同。最后,他选择了一辆电喷型捷达王。当然,在他拿到车的第一周内,他就将车内的音响进行了改装。

正如他买车前所预计的那样,虽然买车一下子使他的存款变成了零,但林先生并没有感觉到因此而带来的压力,因为他吃住都在父母家里,暂时没有买房和结婚的打算,每月的工资足以支付交友和日常的支出。当他开着自己的新车出入报社或者探亲访友时,惬意之感油然而生。他提前5年实现了自己的梦想,而且比大多数的同事和国人更早享受到了拥有私家车的乐趣。事后他想,这个决定只不过来自于同事购车行为的鼓励,没有他们的示范,他也许还下不了这个决心呢。

攀比消费的重要前提是消费者购买某商品并非出于物质需要,而更多是源于攀比而形成的心理落差。在中国文化的背景下,中国人的攀比消费普遍性地发生。林先生的购车故事就为这一结论做了注脚。

(资料来源:卢泰宏,杨晓燕,张红明.消费者行为学——中国消费者透视[M].北京:高等教育出版社,2005.)

第一节 消费者的动机

一、动机的概念、类型与冲突

(一)动机的概念

动机就是行为的原因,是刺激和促发行为反应并为这种反应指明具体方向的内在力量,是个体做某事的原因。需要和动机经常可以互换使用,这是由于当一个消费者的理想状态和现实状态有差异的时候,就产生了需要,这种需要以动机的形式被消费者体验到。例如,一个感到饥饿的消费者会把食品和食品广告视为与己有关,会在饭前体验到负面情绪,并在饭后体验

到正面情绪。当消费者希望满足的需要被激活时,动机就产生了。一旦一种需要被激活,就有一种紧张的状态驱使消费者试图减轻或消除这种需要。营销者们试图创造出能够提供消费者想要的利益并且减轻其紧张程度的产品和服务。图4.1表示了需要、动机和行为之间的关系。

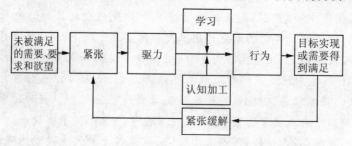

图4.1　动机处理模型

（二）动机的类型

想象一下,如果一个市场调研员询问一位消费者为什么购买某品牌牛仔服（汽车或香水）,他通常会回答"它们很流行""我的朋友都穿它""它们看起来适合我"。然而,也许还有其他不愿承认或没有意识到的原因:"它们使我显得性感""它们使我显得年轻"。以上原因的全部或部分都会影响对商品的购买。

上面提到的第一种动机是消费者意识到并承认的动机,称为显性动机。我们所讨论的任何动机都可能是很明显的,但是,与社会占统治地位的价值观相一致的动机比与其相冲突的动机更易被人们承认。

上面所提到的第二种也就是消费者未意识到或是不愿承认的动机,称为隐性动机。图4.2说明这两类动机是怎样影响购买行为的。

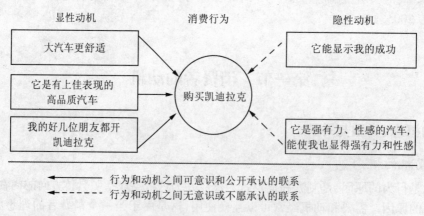

图4.2　购买情境中的显性动机与隐性动机

【资料卡 4.1】
欧内斯特·迪士特所识别的主要消费动机

动机	相关产品
力量-男性-男子气	力量:含糖的产品和丰盛的早餐(为自己补充能量)、保龄球、电车、电动工具 男性-男子气:咖啡、红肉、笨重的靴子、玩具枪、为女性买毛皮大衣、用剃刀刮胡子
安全	冰激凌(再次感觉像个受宠爱的小孩)、满满一抽屉熨烫平整的衬衣、真正的石灰墙(感觉受到庇护)、家庭烘焙的食物、医疗看护
道德纯洁-清洁	白面包、棉织物(意味着纯洁)、强力家庭清洁剂(让家庭主妇在使用后感觉有道德心)
社会认可	爱情与感情:玩具(表达对孩子的爱)、糖与蜂蜜(表达感情的用语) 认可:肥皂、美容用品
个人特性	美食、外国汽车、烟斗、伏特加、香水、钢笔
地位	苏格兰威士忌、溃疡、心脏病、消化不良(显示一个人有高度压力和重要工作)
女人味	蛋糕和小甜饼、洋娃娃、丝绸、茶、古玩
奖赏	香烟、糖果、酒、冰激凌、小甜饼
对环境的掌控	厨具、船、运动用品、打火机
亲近(一种与事物保持联结的愿望)	家庭装饰、滑雪运动、早晨无线电广播(感觉与世界"保持联系")
魔力-神秘	汤(有治病的能力)、油漆(改变房间的情调)、碳酸饮料(不可思议的兴奋性)、伏特加(传奇式历史)、未打开的礼物

(资料来源:迈克尔 R 所罗门.消费者行为学[M]. 8 版.卢泰宏,杨晓燕,译.北京:中国人民大学出版社,2009.)

(三)动机冲突

目标可以有正的价值,也可以有负的价值。我们的行为趋向积极的目标,我们受趋向这个目标的途径的驱使,寻找那些可以帮助我们达到目标的产品。由于一项购买决策可能包括超过一种来源的动机,因此消费者常会发现自己处于正负动机相冲突的状况。营销者试图通过克服这种两难处境的方法满足消费者的需要。如图4.3所示,我们需要理解通常发生的三类冲突。

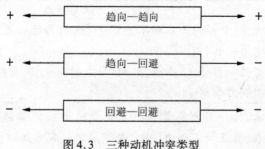

图4.3 三种动机冲突类型

1. 双趋冲突

当一个人必须在两个合意的选择中取舍时,他就面临着双趋冲突。一个学生可能会为是回家度假还是和朋友去旅行滑雪而烦恼不已,或者是他不得不在商店里的两张CD中选其一。在这个过程中,我们寻找一种方法来缓解这种不一致(或失调),从而消除不愉悦的紧张。当一位消费者必须在两个各有优缺点的产品中取舍时,失调就会发生。选择一个而放弃另一个,消费者就会得到所选择产品的不良品质,而失去所放弃产品的优良品质。这种损失产生了消费者寻求缓解的不愉快的失调状态。在既成事实后,我们往往会寻找额外的理由支持自己的选择——也许会"发掘"未选择的产品的缺点,使自己确信所作选择是精明的。营销者可以通过组合多种利益来解决这种双趋冲突。

2. 趋避冲突

许多我们所渴望的产品和服务也带有消极的后果。我们在购买毛皮大衣这种含有浓重地位象征意义的产品时会有负罪感或夸耀感,或者在盯着面包的诱人包装时感觉自己像个暴饮暴食者。当我们既渴望达成一个目标,同时又希望回避它时,趋避冲突就产生了。解决这类冲突的一些方法包括制造仿毛皮以消除为追求时尚而伤害动物的负罪感,还包括成功的减肥食品。许多营销者试图通过使消费者确信自己值得享用奢侈品来克服负罪感。

3. 双避冲突

选择所产生的各种结果均是消费者所不希望看到的,双避型动机冲突就出现了。有时消费者会发现自己"进退维谷",面临两种不情愿的选择。比如,某人的汽车坏了,在旧车上花更多的钱,还是买辆新车,这两种做法都是消费者所不喜欢的。为处理这种双避冲突,营销人员常常强调作出选择所带来的不可预见的利益,如在上述情况中,强调汽车日常维护保养的重要性。

【资料卡 4.2】

动机研究技术

I. 联想技术

词语联想:给消费者看一张文字表,然后要求他把反应过程中最初涌现在头脑中的那个词语记录下来。

连续词语联想:给出一张文字表,每念出表上的一词,要求消费者将所联想到的词语记录下来,如此直到将表上的每个词语念完。

分析与运用:消费者作出的反应被用来分析,看是否存在负面联想。对反应的延迟时间进行测量,以此估计某个词语的情感性。这些技巧能挖掘出比动机研究更丰富的语意学含义,并被运用于品牌命名和广告文案测试中。

II. 完形填空

语句完成:消费者完成一个诸如"买卡迪拉克的人____"的语句。

故事完成:消费者完成一个未叙述完的故事。

分析和运用:分析回答的内容以确定所表达的主题。另外,还可分析对不同主题和关键概念的反应。

III. 人造技术

卡通技巧:让消费者看一幅卡通画,然后要求填上人物对白或描绘某一卡通人物的想法。

第三人称技术:让消费者说出为什么"一个正常的女人""大多数医生"或"大多数人"购买或使用某种产品。购物单方法(描述一个会购买这些东西的人具有哪些特点)、"丢失的钱包"方法(描述丢失这个钱包的人可能会具有什么特点)都属于第三人称技术。

看图说话:给消费者一张画着购买或使用某种产品的人物的图片,让他以此编一个故事。

分析和运用:与完形填空时相同。

(资料来源:[美]霍金斯.消费者行为学[M].10版.符国群,等,译.北京:机械工业出版社,2007.)

二、两种动机理论

(一)马斯洛的需要层次理论

心理学家亚伯拉罕·马斯洛(Abraham Maslow)提出了一种颇具影响力的动机研究方法"马斯洛需要层次理论"(如图 4.4 所示)。该理论建立在以下四个前提之上:每个人通过先天遗传和社会交往获得一系列相似的动机;某些动机比其他动机更基本、更重要;只有当基本的动机得到最低限度的满足之后,其他动机才会被激活;基本的动机得到满足后,更高级的动机才出现。

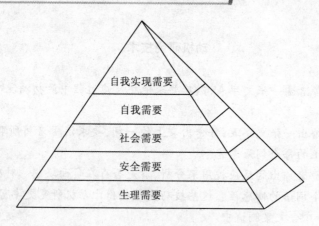

图4.4 马斯洛需要层次理论的各级需要

1. 需要的基本层次

(1) 生理需要

在需要层次理论中,生理需要是人类第一的和最基本的需要。这些维持生物生命必须的需要包括食物、水、空气、遮蔽、衣服、性——所有这些源于生物的需要实际上在以前被并列为最初的需要。

根据马斯洛的研究,当生理需要长期未满足时,它们占统治地位,"对一个极其饥饿的人来说,除了食物没有其他利益存在。他梦想食物,他记得食物,他渴望食物,他只对食物动感情,他只能察觉到食物,他只想要食物"。对这个国家的许多人来说,源于生理的需要大致已被满足,因此更高层次的需要占统治地位。但不幸的是,许多生活在大城市的无家可归的人的生活几乎全部关注在他们源于生理的需要,例如对食物、衣服和遮蔽的需要。许多为促进身体健康的产品和服务所做的广告对这个需要阶层很有吸引力。

(2) 安全需要

在第一层次的需要被满足后,安全需要便成为个体行为背后的驱使力。这些需要不只有生理安全,也包括顺序、稳定、规则、熟悉和对一个人生活和环境的控制。健康和健康护理的获得对安全考虑来说十分重要。存钱、保险单、教育和职业训练都是个体满足安全需要的方式。

(3) 社会需要

马斯洛层次的第三层包括的需要有爱情、喜爱、归属和被接受。人们寻求温暖和与其他人的令人满意的关系,并且被他们对家庭的爱所激发。正因为社会中社会动机的重要性,许多产品范畴的广告人员在他们的广告中强调这种诉求。

(4) 自我需要

当社会需要或多或少地被满足后,马斯洛层次的第四层开始起作用了。这层涉及自我需要。这些需要既可以采取内向的导向,也可以采取外向的导向,或者两者都有。内向的自我需要反映了个体对自我接受、自尊、成功、独立和个人对工作的满意的需要。外向的自我需要包括对威望、声誉、地位和别人的认同的需要。

(5) 自我实现需要

根据马斯洛所说,多数人没有充分地满足他们的自我需要,以至于没有到第五层次——自我实现(自我成就)的需要。这种需要涉及个体实现他的潜力的欲望——成为任何他能够成为的。在马斯洛的话中,"一个男人能成为什么,他就必须成为什么"。不同的人对这种需要有不同的表现方式。一个年轻男人可能希望成为一个奥运明星并且几年来一心一意地努力工作想在运动领域做到最好;一个艺术家可能需要在画布上表现自己;一个研究学者可能努力想找到能根除癌症的新药。马斯洛注意到自我实现需要并不是一个必须的创造性的激励,但是却很有可能从有创造力的人的身上获得。

2. 需要层次理论在营销中的应用

马斯洛的需要理论假设五个层次的人类优势需要。当低层次需要被满足时,高层次的需要就成为人类行为后面的驱动力。理论说明,从结果看,那种不满意,而不是满意,激发了行为。

需要层次理论在许多社会原则中都得到了广泛的接受,因为她看起来反映了社会中许多人所具有的或被推断的需要。它的适应性表现在两个方面:第一,它使营销人员将广告诉求关注在这样的需要层次,即能被目标受众的大部分所分享的需要。第二,它使产品定位或者重新定位变得容易。

(1) 在细分和促销中应用

马斯洛的需要层次理论适合用于市场细分和广告诉求的开发,因为有满足每个层次需要的消费品,还因为大部分消费者分享着多数的需要。例如,个体买健康食品、药物和低脂的产品来满足生理需要。几乎所有个人护理和修饰性产品(如化妆品、口腔清洁物、刮胡泡沫),还有多数衣服,都是买来满足社会需要的。高科技的产品例如电脑或者声讯系统,以及奢侈品例如皮毛大衣、轿车或者昂贵的家具经常用来满足自我或自尊的需要。研究生教育、与兴趣相关的产品、异国情调和富有挑战冒险性的旅途是用来实现自我成就的。需要层次经常被用做市场细分的基础,这种细分还伴随着这样的广告,即具体地直接诉求一个或更多细分层次的需要。

【小案例4.1】

中国读者爱《读者》

1981年,中国知识分子兼企业家胡亚权创办了一个杂志,取名为《读者文摘》。《读者文摘》最初主要是外国记者写的文章以及翻译的"经典名著"。杂志同样有幽默栏目,著名科学家简介,甚至还有卡通画选。但是和美国的同名杂志相比,中国的《读者文摘》明显具有高度的文化气息。"那时,在高中和大学的前几年,每个人都读它。"在中国西部长大的苏辉霞说:

"我们争相传阅,确实眼界大开。"在这本杂志发行后,第一年就销售10万册。

但是,在20世纪90年代初期,美国的《读者文摘》开始对它的模仿者感到厌烦,并说要起诉胡先生。因此,胡亚权把《读者文摘》改名为《读者》,并转移重点,使之更具中等文化气息,反映中国的日常生活,以吸引普通的中国市民,而不仅仅是学生和知识分子。

现在的《读者》强调中国人自己的创作,并更加关注时事问题,尽管它在处理潜藏的敏感问题方面态度温和。作者确实关心报道现实事件。例如,一篇文章报道的是一家电影院起火,烧死近100名儿童。文章突出了老师的崇高行为,强调在公共场合应进一步加强消防安全的法规建设。《读者》的每一期栏目大致相同——人物,幽默轶事,两代人,随笔和写给编辑的信。

改版带来了巨大的成功。每月400万份的销量,使《读者》成为中国无可争议的销量最大的杂志之一。"我每月都要顺便买一份。"在内蒙古工作的交通警察王洪说:"它上面有我喜欢读的描写外国的文章,短小而有生气。"北京某家具女推销员解释说:"我没有时间读书,因此《读者》就世界上所发生的事情给我做了介绍。我想提高我的知识水平。"

第一代读者,代表着杂志市场上与其他读者截然不同的细分片,已经离开了新的《读者》。北京艺术家安卫东评论说:"它是个很健康的杂志,有很多快乐的结局。"现在中国杂志市场的竞争正在升温。当产品设法为市场上数量最多的消费者提供服务时,必然要出现激烈的竞争。一个竞争者是《家庭》,比《读者》的订阅者只少10万人。但是《读者》已经抓住并拥有了中国中等收入阶层中忠诚的后来者,这倒和它美国的伙伴很像。

(资料来源:卡迪斯.消费者行为与管理决策[M].马龙龙,译.北京:清华大学出版社,2003.)

(2)在产品定位中的应用

广告人应用需要层次理论来定位产品——即如何让产品被预期的消费者感知。定位的关键是找到一个位置———一种未满足的需要——没有被竞争产品或品牌所占领的。需要层次对发展定位战略来说是多样化的,因为对相同产品的不同诉求是以框架中包括的不同需要为基础的。例如,许多软饮料的广告通过展示一群年轻人享受广告的产品来强调社会诉求。其他营养饮料的广告强调精神振奋(一种生理需要);而其他的广告可能关注的是低卡路里的饮料成分(因此间接地满足自我需要)。

【小案例4.2】
Squirrel Nut Zipper 乐队的名字

几年前,一群来自北卡罗来纳州的音乐人打算给他们新成立的乐队起一个名字。在一次头脑风暴会议中,乐队的主唱想起了这种糖的名字。在他还是孩子时候就开始吃 Squirrel 牌糖,并把吃糖和音乐联系在一起,因此他与位于马萨诸塞州 Squirrel 品牌公司的副总裁通了电话,问他的乐队能否使用这一名字。起初该副总还有些警觉。"你们是在那边组队的,并且曲目是抒情的,所以你们最好不要把你的名字和 Squirrel 联系起来"。副总回忆当时的回话说:"但是我们听了他们的磁带,认为和当今所有的乐队相比,他们的音乐还是很不错、很健康的。"因此,他们的请求得到了批准。

在出道后四年的时间内,Squirrel Nut Zipper 乐队的唱片已经销售了将近 100 万张。他们的唱片"Hot"几乎成了最受欢迎的白金唱片。一些非常著名的广播电台已开始经常播他们的音乐。随着 Squirrel Nut Zipper 乐队名列前 40 名排行榜榜首,Squirrel 品牌公司 1926 年就开始制造的 Nut Zipper 糖果开始重新受到大众欢迎。"乐队使我们的收入稳定增长,原因是我们获得了我们原本失去的新一代。"糖果营销部经理评论说:"跟我说对 Squirrel 品牌公司的糖感兴趣的人大多数都比我的年龄大得多。现在最酷的是当乐队走向城市街头的时候,我遇到的与我年龄相仿以及比我年轻的人,也都开始喜欢 Squirrel 品牌系列,这就是我们的新一代消费者。我回到 Squirrel 品牌公司后马上意识到,我们原来的顾客基本上正从老龄退出。"的确,不断有老客户打电话给公司,说对 Squirrel 品牌糖果现在仍受欢迎感到奇怪。

喜欢乐队的人们同样喜欢糖,反之亦然。也许这是因为两者能够很好配合的缘故"Squirrel品牌公司的文化和乐队的文化完全可以相互兼容。"营销部经理评论说:"他们喜欢带沙音的令人心动的 20 世纪七八十年代的老歌,那么他们肯定就能够听到这种令人心动的老歌。"不论是年轻的还是年长的人,当人们听到乐队的歌曲时,他们就想起糖;而当他吃糖的时候,他们就想起乐队。这种结合给人带来甜蜜的感觉,也促成了二者的成功。

(资料来源:张雁白,张建香,赵晓玲.消费者行为学[M].北京:机械工业出版社,2011.)

(二) 麦奎尔(McGuire)的心理动机理论

麦圭尔发展出一个详细的动机分类系统,并将这些具体的动机划分为 16 大类,帮助营销者从纷繁复杂的消费情境中分离出具体的动机。

1. 追求一致性的需要

人的一个基本渴望便是希望自己与其他人在各个方面保持一致,包括态度、行为、观点、自我形象、对他人的看法等。认知失调就是源于这一类动机。通常,重要的购买行为往往与节省金钱、购买其他物品或购买具备所喜爱的产品属性的其他品牌等需要不一致,个体会有意识地减少这种不一致。

理解追求一致性的需要对于设计广告信息以及改变态度非常重要。由于消费者有追求内在一致性的需要,往往不愿意接受那些与其现有信念不一致的信息。那么,试图改变消费者态度的营销者必须使用高度可信的来源或者其他一些技术。

【小案例4.3】

<h3 style="text-align:center">谁想买便宜的梅赛德斯汽车?</h3>

梅塞德斯公司想推出一款梅塞德斯车的廉价车型,名叫Smart Car。这款车的样子如此小而笨拙,以至于它使大众汽车公司的VW Beetle也看起来像一辆梅赛德斯车。Smart Car这一合资项目最初开始于大众汽车公司(Volkswagen)与SMN公司的一项交易。SMN是瑞士的一家钟表制造商,以制造时髦而廉价的Swatch牌系列钟表而闻名。但是当大众汽车公司管理层改革之后,公司走马上任的董事会主席却退出了这一项目。他不认为廉价的时髦车和廉价的时髦手表有相似之处。

因此梅赛德斯公司在其母公司戴姆勒——奔驰(Daimler Benz)的大力帮助下开始了它的计划。目前梅赛德斯公司正在努力将自己变成一个全系列的汽车制造商(而不仅仅是豪华车制造商)。它兼并了微型汽车公司,它的Smart Car将从这个被兼并的业务单位里开出来。现在,这款车将从设在法国的新工厂下线。梅赛德斯公司正计划租赁融资并建立专门的经销商网络,把车先租后卖给消费者。工厂自称,它计划一年销售200 000辆汽车,在5年或6年内盈利。

这是一个雄心勃勃的目标。但有一件事:就是这款车太小了,以至于梅赛德斯公司不得不决定当假日期间消费者需要装行李拉乘客的空间时,它将把它的中型车免费租给消费者使用。还有一件事,就是Smart Car不得不和它的主要竞争对手——大众汽车进行竞争。同样花8 800美元,消费者为什么要买两门的Smart Car而不买四门的大众?

这里存在着一个很多消费者相信的价格——质量关系:如果车不贵,那么它就不可能很好。或许这种想法会被梅赛德斯这个名字弱化,因为梅赛德斯一直是高质量的同义词。但是,Smart Car也许是梅赛德斯公司推出的新车型中,第一款沦为梅赛德斯自身豪华声誉的牺牲品的车型——即使梅赛德斯公司发誓,廉价的梅赛德斯车系列和它的豪华车质量一样,但消费者还会购买它的廉价车吗?如果所有的车质量都一样,那么梅赛德斯公司一直对它的高端系列车收取高价又作何解释? 因此,Smart Car的成功——尽管有好听的名字和低价位的标签——绝不会成为真事。消费者也许只会说:"谁会买便宜的梅塞德斯车?"然后一走了之。

(资料来源:卡迪斯.消费者行为与管理决策[M].马龙龙,译.北京:清华大学出版社,2003.)

2. 归因的需要

这一类动机是寻找发生的事情的原因;是谁或是什么导致了这一事件的发生?我们是否把所希望(或不希望)的结果归因于自己或外界?消费者寻找原因导致了归因理论研究的产生。试图理解消费者是怎样为其行为赋予特殊意义的归因理论,现在已被运用于分析消费者对促销信息的反应(即消费者是否相信促销信息)。当消费者把销售建议归因于销售商或广告时,他们往往不相信这类建议;而当类似的建议来自于朋友时,他们会将其归结为朋友好心的帮助,因而更易被接受。

事实上,消费者并不是被动地接受促销信息,而是自觉地将其归因于销售商的促销意图,由此使得企业传递的信息受怀疑或打折扣。营销者想尽办法应付这一问题,策略之一便是利用可信的广告代言人。

3. 归类的需要

我们需要将信息和经历分类、整理成有用的、易理解和易驾驭的形式,建立目录或在大脑中进行分类,以便处理大量的信息。价格通常被归为不同的类别,每类价格表示不同档次或类别的产品。高于20万元的汽车与低于20万元的汽车被认为是两类不同的汽车。许多公司将产品标价为9.9、99、999元等,原因之一便是想避免消费者将这些产品归入"10、100或1 000元以上"的类别。

4. 客观化的需要

我们需要可观察的线索、符号来推断感觉和想法。通过观察自己和他人的行为,加以推断,得以建立起某种印象、感觉和态度。很多情况下,衣着暗示了一个人所渴望的形象和生活方式。

5. 自主的需要

对独立和个体自主的追求是美国文化的一个特色。其实,任何文化中的任何个人或多或少都有这种需要。美国人从小就被灌输独立的观念,认为表达和满足独立需要是适当而且重要的;而在像日本这样的国家,归附于团体或团队更能被社会所鼓励和接受。

使用或者拥有独特的产品或服务是消费者表达他们独立或自主的一种方式。日益增多的手工工艺品、原创艺术、古董和其他一些独特的产品也说明了这种需要。营销者为了适应这种动机制造各种限量销售的产品,提供多样化和定制化的产品。另外,很多产品都以独立、独一无二和个性化的主题来做广告和定位,以吸引消费者。

6. 求新猎奇的需要

我们经常仅仅是出于对新奇的需要而寻求变化。营销者将其称为"求变行为",这也许是形成品牌转换和所谓的冲动消费的一个主要原因。消费者对新奇的需要是随时间变化而起伏变化的,也就是说,经历频繁改变的消费者会厌倦改变而渴望稳定,而处于稳定环境下的消费者会感到腻味而渴望变化。

7. 目的论的需要

消费者是形式的匹配者,他们将所期望的产出或结果的形象,与现有的状况进行对比,并改变自己的行为使得结果朝着理想的状态靠拢。具有这种动机的消费者,更喜欢那些与"世界应该如此"相一致的电影、电视和书籍(好人最终胜利,男女英雄最终在一起等)。这种需要对广告有重要的意义。

8. 功利主义的需要

该理论认为消费者是问题解决者,他们向那些能获取有用的信息或新的技能的事物和情境趋近。因此,一个观看情景喜剧的消费者不仅在娱乐,也是在学习服装潮流、行为礼仪乃至选择生活方式。类似地,消费者可能将广告、人员以及其他营销刺激视为对现在或未来的决策进行学习的来源。

9. 缓解紧张的需要

人们在日常生活中会遇到各种引发压力和不适的情境。为了有效地缓解紧张和压力,人们试图寻找减小这些反应的方式。娱乐产品及活动能缓解紧张,因此广告中的一些产品常常以此为诉求。

10. 表达的需要

我们需要向他人表达自身的存在,想让别人通过我们的行为(包括购物和展示所拥有物品的行为)了解我们是谁、是什么样的人。服装、汽车之类的购买就能让消费者表现他们的身份,因为其具有某种象征意义。比如,时尚导向的Swatch手表满足的不仅是"告知时间"这一功能的需要,而且使消费者能够展示他们是什么样的人。

11. 自我防御的需要

对身份和自我的保护是一种重要需要。当身份受到威胁时,我们会采取保护措施和防御行为,许多产品提供这种自我防卫。比如,一个有不安全感的消费者在购买产品时,可能会依赖名牌,以避免或减少作出错误决策的可能性。

12. 强化的需要

我们经常被鼓励以某种固有的方式去行动,因为这样会给我们带来好处,这是操作性学习的基础。在公共场合使用的产品(服装、家具、美术品)通常以数量和类型作为强化基础。某品牌珠宝在其广告中利用了人们的这一需要:"无论走到哪儿,你将立刻被朋友所包围、关注。"

13. 果断的需要

很多人是竞争导向的,他们追求成功、受人仰慕和支配他人。权力、成就和名誉对于他们很重要,对果断的需要是无数广告背后的诉求。

14. 亲密和谐的人际关系的需要

我们需要与别人交往、互相帮助并发展令人满意的关系,这与利他主义和寻求人际关系中的接纳和感情有关。成为群体中的一员是大多数人生活的重要部分,而且,许多消费的决定是基于保持与他人良好关系的需要。营销者常使用诸如"你的孩子会喜欢你送他的这件礼物的"这样的广告。

15. 身份认同的需要

对身份认同的需要导致消费者扮演各种不同的角色。一个人可能要扮演大学生、女学生联谊会成员、书店雇员、未婚妻等角色。增加新的令人满意的角色以及增加已有角色的重要性都能给人带来快乐。营销者鼓励消费者承担新的角色(成为滑板运动者),并且将产品定位为对某种角色至关重要("没有哪位走路的妈妈不需要它")。

16. 模仿的需要

人有模仿别人的方式行动的倾向,模仿倾向能部分地解释营销试验中出现的从众现象。营销者利用这一需要,让大众偶像使用他们所推销的品牌。例如劳力士把它的产品赠送给一些成功人士,然后声称这些人使用劳力士。

【小案例4.4】

培养消费者的惠顾动机

一位归国访问学者讲述了他在美期间经历的一件事情。一天,他推着采购车在美国一家超级商场挑选货物时,不小心将货架上的四瓶酒碰落,酒洒了满地。他主动找到售货小姐道歉,并表示愿意赔偿损失。售货小姐一边安慰他,一边用电话向经理通报事故,且检讨了因自己照顾不善而让顾客受惊。更出乎他意料的是,经理出来满脸赔笑,说已经从闭路电视里看到了。经理不仅毫无责怪之意,反而向他赔不是,还拿手帕为他拭去酒污。当他再次提到赔款时,经理谦恭地说:"是我的职员没把货架放稳,让您受惊,责任在我。"并再度致歉,然后一直陪他将货物采购完,亲自送他走出商场。据这位学者说,他那次是倾其囊中所有,装了满满一车回家,并且以后每周一次的购物都要到该商场去。他粗估了一下,他花在该商场的钱较他弄翻酒瓶所造成的损失多出不止百倍。

(资料来源:荣晓华.消费者行为学[M].2版.大连:东北财经大学出版社,2006.)

第二节 消费者的个性

一、个性的概念与特点

(一)个性的概念

个性是个体在面临相似情况时作出特殊反应的倾向。我们能轻易(也许不总是那么准确)地描述自己或朋友的个性。例如,你也许会说某个朋友"很有进取心、很固执、好斗、善交际、机智"。你所描述的正是你朋友在各种情况下多次展现出来的行为倾向。对于个性的理论研究是非常广泛的。有些学者强调基因和早期童年经历的双重影响;有些学者强调广泛的社会和环境影响,以及个性是随时间改变的;还有些学者倾向于将个性看成一个整体;另外一些学者则关注具体特性。两个消费者可能有相同的缓解紧张的需要,但个性不同,则他们会为了满足自己的需要而表现出不同的行为。个性会影响消费者对营销者促销的反应,以及何时、何地和如何购买和消费产品服务。因此,识别与消费者行为相关的个性特征对一个公司市场细分战略的开发是很有用的。

【小案例 4.5】

　　隔壁的钱燕又到孙鹏家找李丽聊天来了。"孙鹏,李丽在家吗?"正坐在客厅沙发上看书的孙鹏稍稍抬了一下头,算是跟钱燕打了个招呼,然后又埋头看他的书。钱燕习惯了,笑笑就往里走。倒是在书房里的李丽应了一句:"我在书房,请进来吧。"话音未落,钱燕已笑吟吟地站在书房门前了。钱燕、李丽和孙鹏三人同届大学毕业,而且钱燕和李丽既是同一所大学的同学,又是邻居。钱燕还没结婚,经常会到孙鹏家来找李丽玩。她们两人在一起,一聊就是老半天,钱燕嗓门又大,还会时不时发出震耳欲聋的大笑。孙鹏有些不习惯,好奇她们为什么有这么多话题可聊。孙鹏会因为自己与她们的巨大差异而感到惊讶,他愿意把休息时间用来看老电影或读书。

　　书房里,"这个'十一'黄金周我计划去香港购物。"这是钱燕的声音。李丽却有不同的想法:"我喜欢山水,这次我想去张家界看看。""山水有啥好看的?女人要多去有好东西卖的地方,买些物美价廉的东西来打扮一下自己,使自己有魅力。"李丽淡淡一笑:"我跟你不一样。我来自太行山下,从小就与大山结了不解之缘。我喜欢山的雄伟、山的厚实,甚至于山的沉默不语。"钱燕哈哈笑道:"难怪你喜欢孙鹏,他真是够沉默不语的。""他这次会不会跟你一起去张家界呢?"钱燕好奇地问。"他很忙,最近又接了个国家自然科学基金的课题。不过,我喜欢他和我一起去玩。他这个人很细心、很体贴,有他在,我会玩得更开心。"孙鹏听了李丽这话,心里泛起了一阵甜蜜。"但是,我也不能太自私了,我要和他商量一下,看他能否抽出空来。"李丽用若有所思的口吻补了一句。钱燕脱口而出:"你们真是互补呀! 怪不得这么恩爱!"她总算说了句好话! 孙鹏忍不住夸了一下。这姑娘除了太活跃,还真没有别的什么毛病。

　　钱燕是那种可以玩得很疯的女孩。这种人喜欢寻求惊险刺激的活动。李丽是持重但不乏活力的人,喜欢游山玩水,但又能周全考量。孙鹏是一个很内向的人,除了看书还是看书。他们的取向怎么会有这么大的不同呢? 也许答案之一就在于不同的个性。

　　(资料来源:迈克尔 R 所罗门.消费者行为学[M]. 8 版.卢泰宏,杨晓燕,译.北京:中国人民大学出版社,2009.)

(二)个性的特点

1. 个性反映了个体差异

　　因为构成人个性的内在因素是各种因素的组合,两个人的个性是不可能完全一样的。然而,许多人可能在某一个个性特征上相似,尽管别的不同。例如,有些人可以划为喜欢冒险类(如跳伞或攀岩),有的人则属于冒险规避类(如害怕购买新产品)。个性的有用性正是在此,我们可以根据一个或多个个性特征将消费者分类。如果每个人的每个个性特征都不一样,便不可能细分消费者,市场营销者针对特定细分市场开发产品或促销也就成了无稽之谈。

2. 个性具有稳定性和一致性

一个人的个性总是趋向稳定和一致的。事实上,现实生活中母亲对孩子诸如从生下来就冲动的评价便是个性稳定性和一致性的最好证明。个性的这两个特征是市场营销者解释或预测消费者行为所反映个性的基础。

虽然市场营销者不能改变消费者的个性来适应产品,但是,如果他们知道影响消费者反应的个性特征,便可以吸引目标顾客群的本质特征。即使消费者的个性具有一致性,但是他们的消费行为会因各种心理、社会文化、环境和情景的影响而剧烈改变。举例来说,虽然个人的个性是相当稳定的,但具体需要或动机、态度、对群体压力的反应和对新品牌的反应都会导致消费行为的不同。个性是影响消费者行为的各种因素的综合体。

3. 个性是可以改变的

在某种情况下,个性是可以改变的。例如,一个人的个性可能因一些事件而改变,如孩子的出生、爱人的去世、离婚或升职。一个人的个性不仅会因突变事件而改变,改变本身就是一个渐进的成熟过程——"他长大了,他更冷静了",几年不见的阿姨如是说。

还有证据表明个性的类型也会随时间改变。更详细地说就是虽然男人的个性在过去50年里几乎没有什么改变,但是女人在这50年里变得更男性化而且在未来50年里还有加强的趋势。这预示了男人和女人个性特征的融合。这种转变的原因可以这样解释,随着女人进入传统上由男人控制的职业领域,她们受到男性个性特征的感染。

【资料卡4.3】
爱德华个人偏好测量表中的个性特征

(1) 成就感(Achievement)
尽力做到最好,完成具有巨大意义的任务,比别人做得更好,成功,成为受到认可的权威人士。

(2) 顺从(Deference)
接受建议,遵循指示,按他人的期望来做事,接受他人的领导,遵守惯例,让别人做决策。

(3) 条理(Order)
工作工整有序,执行之前先做计划,保有档案,使事情运转顺畅,让事情有组织。

(4) 爱表现(Exhibition)
说一些聪睿的事,讲一些愉人的笑话和故事,谈论个人的成就,使其他人注意与评论自己的外表,成为注意的焦点。

(5) 自主性(Autonomy)
能够按自己意思做事,自由地说出心中的想法,独立制定决策,自由地做自己想要做的事,避免顺从,回避责任与义务。

(6) 亲和(Affiliation)
忠于朋友,为朋友做事,展开新友谊,结交很多朋友,形成强大的联结,参与友善群体。

(7) 内省(Intraception)

分析一个人的动机与感受,观察与了解其他人,分析其他人的动机,预测他们的行为,让自己设身处地站在别人的角度。

(8) 救助(Succorance)

受他人帮助,寻求鼓励,生病时希望别人也为自己感到难过,希望别人同情自己的个人问题。

(9) 支配(Dominance)

成为领袖,为自己的观点辩护,进行群体决策,摆平争论,说服与影响他人,监督他人。

(10) 屈尊(Abasement)

当有错时感到罪恶,接纳责备,感觉需要被惩罚,在主管面前显得胆小,感到低人一等,对于没有办法处理状况感到挫折。

(11) 培育(Nurturance)

在朋友有难时帮助他,很仁慈地对待他人,原谅他人,施予小惠,慷慨,表达感情,受到信赖。

(12) 变革(Change)

进行新颖和不同的事情,结交新朋友,尝试新事物,在新的餐厅用餐,在不同地方居住,尝试新的时尚与流行。

(13) 耐久(Endurance)

执著于一项工作一直到其完成为止,努力进行一项工作,执著于一项问题一直到其解决为止,在开始其他工作之间必先完成某项工作,深夜挑灯完成一项工作直到完成为止。

(14) 异性恋(Heterosexuality)

和异性约会,恋爱,亲吻,讨论性问题,性兴奋,阅读有关性的书籍。

(15) 侵略(Aggression)

告诉其他人自己是如何看待他们,公开地批评其他人,从他人处取乐,分派他人工作,复仇,责难他人。

(资料来源:林建煌. 消费者行为学[M]. 北京:北京大学出版社,2004.)

【小案例4.6】
豪迈粗犷的"万宝路"

美国烟草生产商菲利普·莫里斯公司的"万宝路"于1924年诞生时是专门针对妇女市场推出的,当时许多抽烟的妇女抱怨香烟的白色烟嘴部分常常沾染了她们的唇膏,变成不雅观的斑斑红点。菲利普·莫里斯公司听到这种抱怨,决定生产一种专门针对妇女口味的并且保证不损坏爱美女士唇膏的香烟,这就是"万宝路"。烟嘴被染成红色,广告口号是"像五月的天气一样温和",以适应女性性格温和的特点。但是,期待中的销售热潮始终没有出现,直到20世纪50年代还是默默无闻。它所树立的温柔形象虽然突出了品牌形象,也有明确的目标市场,但消费者少,市场难以扩大,并且也未给女烟民们留下什么深刻印象。这种形象定位看来是失败的。菲利普·莫里斯公司考虑重塑"万宝路"形象,请来了利奥·伯内特广告公司。该公司的形象策划人员说:"让我们忘记那个脂粉香艳的女子香烟,重新塑造一个男子汉气概的举世闻名的万宝路吧。"在产品品质不变的情况下,菲利普·莫里斯公司对万宝路的形象进行了彻底的改造。包装采用了当时首创的平开盒技术,将名称的标准字尖角化,使之更富有男性的刚强,用红色作为外盒的主要色彩,广告主角不再以妇女为对象,而是选择硬铮铮的男子汉,先后采用过马车夫、潜水员、农夫等,最后集中到美国牛仔这个形象上:目光深沉、皮肤粗糙、袖管高高卷起,露出多毛的手臂,浑身散发着粗犷豪迈的英雄男子汉气概,手指间夹着一支冉冉冒烟的万宝路香烟。这种涤尽脂粉味的广告于1954年一问世就给万宝路带来了巨大的财富,1954年至1955年间,仅销售量就提高了3倍。

(资料来源:龚振.现代市场营销学[M].沈阳:辽宁大学出版社,2000.)

二、个性理论

个性理论分为个体理论和社会学习理论两大类,了解它们将有助于我们理解个性在市场决策中的潜在作用。

(一)个体个性理论

所有的个体个性理论有两个基本假设:①所有的个体都有内在的特点或特性;②个体之间存在可以衡量的、一贯的特性差异。这类理论不考虑外界环境的影响,而且大多认为人的个性特质或特征是在其早年形成的,随着时间的推移变得相对稳定。各种不同的个体个性理论的主要区别在于对"什么是个性中最重要的内容"有不同认定。

卡特尔的理论是个性理论的典型代表。该理论认为个性是人在早年通过学习或遗传而获得的。其独特之处在于它对构成个性的特性进行了分类描述:一类是相似的、聚集在一起出现的,称为表征性特质或可观察特质;另一类是可观察特质的原因,称为源特质。卡特尔认为,如果一个人能观察到一些高度相关的表征特质,其背后的源特质就可以被辨识出来。例如,源特质"武断"能解释"有进取心、好斗、顽固"这样一些表征特质。

卡特尔理论是多特质个性理论(有多种特性影响人的行为)的代表,此外还有单特质个性理论。这些理论强调一种与营销最有关的特质,如独断主义、外向性、神经质、趋同消费、虚荣心、认知需要等。浪漫主义/正统主义是对营销者有潜在作用的个体个性因素。浪漫就是"有激情、富于想象力和创造力、凭直觉行事、被感觉而不是事实所支配"。正统就是"诚实、朴素、冷静、节俭、恰如其分"。现在已经发展出一种方法用来衡量以上这些个性成分。一项以工商管理硕士学生为对象的调查表明,被视为"浪漫"类的人比视为"正统"类的人更喜欢到气候宜人的地方度假并参加"蹦极"之类的冒险活动。

（二）社会学习理论

这类理论强调环境是人的行为的决定性因素,因而关注外在而不是在内因素对人的影响。它们主要关注环境、刺激、社会背景这些系统差异,而不是个体特性、需要或其他属性上的差异。持这一理论的学者重视对环境而不是对个体进行分类。社会学习理论研究人怎样对环境作出反应以及他们所逐渐习得的反应模式。当环境发生变化时,个体也改变他们的反应。在极端的情况下,甚至可以说每一次人际交往都是一个不同的环境,而人在其中以一种不同的模式作出反应。有些人会认为你很外向,而另一些人会认为你很内向。他们对于你的个性的评价都可能是准确的,因为个体在不同的人面前会展现出他个性中不同的方面。

三、个性对消费者行为的影响

市场营销者的兴趣在于理解消费者的个性如何影响了他们的消费行为,下面我们主要讨论个性特征在消费者的品牌选择、商店选择、创新产品的使用等方面的影响。

（一）个性与品牌的选择

品牌形象是人们在听到或看到某个品牌名称时所想到和感受到的东西。某些品牌所具有的独特的形象就是品牌个性。消费者在选择产品时,为了满足一致性的需要可能会选择与自我个性相一致的品牌;也有为了满足自尊的需要,可能会去购买一些能弥补自我个性中弱点的产品。因而个性还是在很大程度上影响了消费者对产品品牌的选择。例如在广告的反复宣扬下,消费者会认为沃尔沃汽车代表着安全;耐克是所有人都可以拥有的专业运动象征;以及宝马汽车追求完美的象征。这些品牌个性形象地反映了消费者对许多优秀品牌内在核心要素的看法。品牌个性可以是功能性的(提供安全保障)也可以是抽象的(如所有人都可以拥有的专业运动)。常识及实验表明,只要是正面的且固定的品牌个性都有提升品牌的作用。消费者从5个维度感知品牌个性,如图4.5所示。

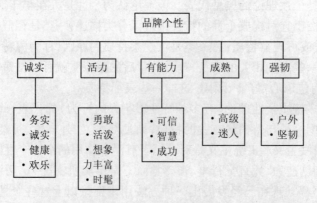

图4.5　品牌个性维度

【资料卡4.4】
一些成功品牌的品牌个性

品　　牌	品牌个性	个性来源
Lee(牛仔裤)	体贴的,贴身的	广告语:最贴身的牛仔 "贴身无间的平面表现"
Lee's(牛仔裤)	结实的,耐用的,强壮的	使用者形象,强劲有活力的继承性以及颇有吸引力的广告
柯达(相机)	简单的,温馨的	布朗尼男孩和柯达女孩的人物造型 美好回忆,柯达一刻 即可拍相机
哈雷(机车)	爱国的,粗野的,自由的	文身的车主,老鹰商标 对抗日本竞争者 聚会时星条旗飘扬
五十铃(汽车)	冒险的	穿灰色法兰绒衣服的强壮男士
海尔(家电)	真诚的,负责任的,创新的	品牌口号:真诚到永远 五星级售后服务 砸冰箱事件 不断推陈出新的产品阵容

(资料来源:李付庆.消费者行为学[M].北京:清华大学出版社,2011.)

【小案例4.7】
美特斯·邦威:不走寻常路

美特斯·邦威的目标受众是20~25岁的年轻人,他们已经开始具有自己的思想,有积极独立的生活主张、生态活度。他们不愿随波逐流,被人云亦云的社会所淹没,渴望真实自我,希望能证明自己,美特斯·邦威"不走寻常路"、"每个人都有自己的舞台"独特的品牌形象、品牌个性把目标消费者的这种心理特征描绘得淋漓尽致,这样的品牌他们能不认同吗?同时,其形象代言人郭富城与周杰伦巨大的个人影响力与"美特斯·邦威"品牌名称本身的独特性,使美特斯·邦威品牌形象在"真维斯"、"佐丹奴"、"班尼路"等品牌林立的休闲服中脱颖而出、个性鲜明。随着品牌的不断推广,品牌知名度、认知度不断上升,销售连创新高,一举打造了"美特斯·邦威"国内休闲服知名品牌的地位。美特斯·邦威目前的广告语是"每个人都有自己的舞台",延续了上一次"不走寻常路"的个性化特点,再次体现当代年轻人充满自信、追求自然、渴望个性独立的时代气息。

美特斯·邦威的例子说明,品牌的个性塑造不能离开目标人群的消费心理,消费者是有个性的,他喜欢的也是跟他个性相符合的品牌。人们总喜欢符合自己观念的品牌,他们往往喜欢那些与自身相似或与自己崇拜的、认可的人或事或东西相似的个性。因此,于某一消费群体而言,创建具有与之相近个性的品牌将是一种有效的战略,品牌的个性跟消费者的个性越接近(或者跟随他们所崇尚或追求的个性越接近),他们就越愿意购买这种品牌的产品,品牌忠诚度也就越高。另外,品牌个性一定不能太复杂。虽然人的个性极其复杂、难以捉摸,但是如果让品牌个性太复杂,那是徒劳的。公司常常会碰上这样的问题,即一个品牌应该有多少个性特点。这并没有标准答案,但是一般不应该超过七条或八条,再多的话,公司就很难面面俱到地表达那么多的个性而不把消费者搞糊涂。最好重点建立三到四项个性特点,并使之深入人心,而不要试图通过复杂的宣传活动来推广十条或更多的个性。

(资料来源:李付庆.消费者行为学[M].北京:清华大学出版社,2011.)

(二) 个性与商店的选择

在消费者决定购物时,个性也影响他们对商店的选择。研究人员发现,消费者的自信与购买商品的商店的类型有关。例如,在自信方面得分高的妇女喜欢把廉价的折扣商店作为购买衣着的场所,而自信心低的购买者往往喜欢更为传统的零售店。有一个研究报告说,从音响设备专卖店购买昂贵设备的消费者与从传统的百货店购买这些东西的消费者相比,前者更自信。这两个研究都表明,较新的零售形式与较传统的零售形式相比,往往能吸引较自信的消费者。所以新形式的零售商店应该借助于消费者认识和正确评价特殊货物的能力,来影响市场中较自信的那部分消费者。较为传统的零售商店,应该使不太自信的消费者理解它们是为他们的利益服务的,在购物时能提供帮助,使之更放心。

有证据表明,消费者的个性会影响他们喜欢哪种类型的售货员替他们服务。"依赖性"较强的顾客喜欢能提出建议和采取主动攻击型的售货员,而"独立性"强的消费者则喜欢在购物时不被人打扰,在必要的时候才需要售货员的服务,因而他们不大喜欢主动出击的售货员。

(三) 个性与创新产品

营销人员发现,在新产品推向市场后,不同的消费者会出现不同的反应。有的消费者愿意尝试新产品,而有的消费者要等到产品在市场中得到好评之后再购买,因而需要区分创新消费者和非创新消费者。

创新消费者是指喜欢尝试新的产品、服务或活动的人。创新消费者对新产品的反应,常常是一个新产品成功的关键。守旧是用来描述消费者对于所持观点相反的不熟悉的新产品或新信息所表现出来的保守(相对于开放)程度。高守旧者对于不熟悉事物持排斥态度,并感觉不舒服和不确定。相反,低守旧者会比较乐意接受不熟悉或相反的观点。低守旧者(头脑开放的人)会喜欢用创新产品来代替原有的或传统的选择。比较之下可以看出,高守旧者(头脑闭塞的人)倾向于选择已有的而非创新产品。高守旧者比较能接受权威人物所做的新产品或新服务广告。鉴于此,市场营销者使用名人和专家来为新产品做广告,以使潜在的排斥心理消费者(非创新型消费者)接受创新。而低守旧者(常常是高创新者)很能接受强调事实上有什么不同,产品能带来的好处,以及别的产品使用的信息。

【小案例4.8】

E-Trade 适合每个人吗?

电子交易集团(E-Trade Group)是一个公司,拥有一家从事快速增长的在线经纪业务的企业。E-Trade 想成为你的经纪人,更确切地说,想让你成为你自己的经纪人。该公司想让你以及成百万已经上网的其他消费者相信,在很小的帮助下——当然来自E-Trade,你能自己进行投资。"有一天,我们都将以这种方式投资。"E-Trade 的一则广告预测说,E-Trade 希望这样。

E-Trade 通过两个重要的方面定位自己。首先是通过用户。E-Trade 说,用户应当是一般的市民,而且知道如何使用电脑(当然,至少还需要有一点能够自由支配的收入来进行投资)。新的 E-Trade 电视广告出现在面对中高收入阶层的电视节目之间。"我们期待着达到预想效果。"也就是说,他们想抓住从大学生到新一代事业有成的人直到高级市民的所有人。

E-Trade 同样通过价格定位自己。由于 E-Trade 的客户是自己参与在线交易,佣金比传统的交易佣金要低。5 000 股以内的交易,E-Trade 的佣金一般为 14.95~19.95 美元,超出 5 000 股,每股为 1 便士。"低佣金。留给你孩子更多的钱去奋斗。"一则报纸广告这样说。在一则电视广告里,一对穿着体面的夫妇走进一座豪华住宅内。"有你投资相助,才能买得起这梦寐以求的房子。"电视画外音道:"遗憾的是,它属于你的经纪人。"

E-Trade 不希望被人看做是一个不讲信用的运营商,而是希望被人看做可靠的首创者。"我们既是这类服务的杀手,又是这类服务的奠基人,我们处在独一无二的位置上。"E-Trade 董事长兼首席执行官自夸道:"人们不想把他们的金融交易委托给设在廉价地下室的机构。"

E-Trade 适合每个人吗? E-Trade 认为是,并说平均每天吸引 700 个新账户,平均每天的储蓄额总计达到 1 300 万美元。E-Trade 的交易额超过其他折扣经纪商。由于这些组织的业务范围很广,所以,迄今为止 E-Trade 还没有真正对这些组织造成"伤害"。但是,分析家预言:"随着它们开始损害这些市场'老大'的名声,市场将出现一场异常激烈的战争。"

但我们仍然要面对这样一个事实,即应当教育那些使用像 E-Trade 这类服务的人,让他们知道他们在做什么——毕竟,他们是在拿着自己的钱赌博。容易交易的诱惑不应当成为哄骗消费者的诱饵,诱导他们相信自己就像在杂货店里顺手买东西一样,随便进行着无关紧要的买卖。只要 E-Trade 能够教育消费者,也许它能够代表每个人。

(资料来源:卡迪斯.消费者行为与管理决策[M].马龙龙,译.北京:清华大学出版社,2003.)

第三节　消费者的情绪

(一)情绪的概念

情绪是一种相对难以控制且影响行为的强烈情感。情绪与需要、动机和个性紧密相关,没有被满足的需要会产生激发某种情绪成分的动机,往往会激发负面的情绪,而被满足的需要则激发正面的情绪。因此,能产生正面消费情绪的产品或品牌能增强消费者满意度和忠诚度。个性在其中也起着重要作用,例如,有些消费者比其他消费者更加情绪化,我们每个人都体验过一系列情绪,如愤怒、愉快和悲伤。所有的情绪体验都有一些共同的特点。

第一,情绪通常是由环境中的事件引发的(例如观看一则广告或者购买某产品以满足某种需要)。不过,诸如意象这样的内在过程也能引发我们的情绪反应,广告设计者经常使用意象去唤起特定的情绪反应。

第二,情绪还伴随有生理变化,这些变化通常包括:瞳孔扩大;流汗增加;呼吸加速;心率和血压增高;血糖增高。

第三,情绪往往伴随着认知性思考。思考的类型以及我们理智地进行思考的能力,会随着我们情绪类型和程度的变化而变化。

第四,情绪也与某些相关行为相伴随或相联系。尽管这些行为在不同个体之间或同一个体的不同时间和情境下均存在差异,某些情绪仍然与一定的行为形影相随:恐惧引发颤抖反应,愤怒导致奋起,悲伤引起哭泣,等等。

第五,情绪包含主观情感。事实上,当我们提到情绪时,往往指的就是这种情感成分。悲痛、喜悦、愤怒、恐惧给我们的感觉很不相同,这些主观确定的感觉正是情绪的核心,这些感觉有某种特定的成分,被我们标记为喜或悲等情绪。此外,情绪还带有评价的成分——喜欢还是厌恶。

我们通常用情绪指某种可辨认的、特定的感觉,用感情指某种特定感觉的使人喜欢或不喜欢的方面。尽管情绪通常被人以一致或一贯的方式来评价(人们通常喜欢某种情绪,不喜欢某种情绪),但也会有文化、个体或情境的差异。例如,通常很少有人喜欢悲哀或恐惧,但我们偶尔也会喜欢一部让我们害怕或悲伤的电影。

【资料卡 4.5】

情绪是怎样产生的?

美国心理学家沙赫特和辛格于 1962 年设计了一个后来被多次引用过的实验,用来证明环境事件、生理状态和认知过程三种因素在情绪产生中的作用。

实验的目的试图证明:①当人们处于生理唤醒状态时,被受试者本人体验是否处于情绪状态;假设对生理唤醒状态给予另外的解释,这种生理唤醒状态就不一定被体验为情绪;②环境事件的直接影响是否决定受试者的情绪体验;假设对环境事件有不同的解释,也可以产生不同的情绪体验。

实验设计:要求两组受试者处于同样生理唤醒状态,两组受试者均被告知实验的目的是为了研究一种新的维生素化合物对视觉灵敏度的效果。在受试者同意的前提下,在实验前给受试者进行这种药物的注射。但是实际上注射的药物是肾上腺素。这是一种在正常情况下释放到血液里去的对情绪状态有广泛影响的激素,用这个方法使受试者处于一种典型的生理唤醒状态。

药物注射以后,对两组受试者分别给以不同的指示语。对甲组告知,由于药物的作用你会感到两手发抖,心率加速,脸上发热;对乙组告知,药物是温和的、无害的、不会有副作用。人为地安排两个实验环境:一个是"欣快"的环境,一个是"愤怒"的环境。欣快环境是由一个人处于歌唱、欢跃、玩耍而越来越快乐的状态所构成;愤怒环境是由一个人处于发怒、咒骂、撕碎调查表、跺脚等越来越愤怒的状态所构成。

实验开始后,受试者进入欣快的环境,那个已被激起欣快状态的人表演他的欣快行为,并一再地邀请受试者同他一起玩耍、歌舞。当受试者进入愤怒的环境时,主试要求他填写一张调查表,调查表上所要回答的题目会激起人的极大愤怒;先在实验室里的人也在续写调查表,并且不断地爆发咒骂、斥责,继续他的愤怒行为。

对实验结果可作如下设想:①如果某种情绪状态仅仅是由于生理唤醒所引起,那么两组受试者的行为反应应当是相同的;②如果环境因素有强大的影响,那么两组受试者就应当同样地反映实验室同伴的行为。也就是说,如果情绪是由于生理唤醒和环境因素混合作用的结果,两组受试者的行为和情绪反应就应当没有什么不同。

实验结果:甲组受试者由于被告知生理唤醒状态是药物的正常反应,他们在实验室里安静地等待并镇静地进行他们的工作,毫不理会实验室同伴的古怪行为;乙组受试者则倾向于追随实验室同伴的行为——变得欣快或愤怒。

以上结果说明,无论内部唤醒状态还是环境因素,都不能单独地决定人的情绪,而对环境事件的解释与生理唤醒的结合才成为支配情绪的主要原因。甲组受试者由于对生理唤醒另外的解释而未被这种激活状态和环境诱因所影响;乙组受试者由于对生理唤醒状态没得到解释,他的情绪就被这种唤醒状态和环境因素所操纵。这个实验的结果有力地证明,尽管人的情绪的产生与生理激活状态紧密地联系在一起,但是人的认知过程是可以对情绪进行控制和调节的。

(资料来源:荣晓华.消费者行为学[M].2版.大连:东北财经大学出版社,2006.)

（二）情绪的类型

心理学家 Robert Plutchik 总结出 8 个基本情绪类型(图 4.6)，各种类型都有不同的强度。

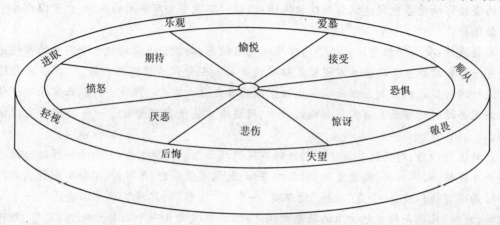

图 4.6　Plutchik 饼图

（1）恐惧——强度由胆怯到惊骇不等

当个人消费者驾车行驶在高速公路上突然发现汽车的刹车功能失灵了的时候，他就可能体验到这种情绪；企业消费者在听说高层管理者正在调查由他负责购买的低成本电脑网络引起的问题的时候，会体验到恐惧的情绪。

（2）愤怒——从烦躁到大怒

对于家庭消费者来说，当租车公司的员工告诉他预订的汽车已经被租出去了的时候，他可能会体验到愤怒的情绪；企业消费者在得知保险代理为其作了一些不必要的保险项目时，可能会体验到愤怒的情绪。

（3）愉悦——从安详到狂喜

当个人消费者在汽车经销商那里找到了他一直想找的一款不太常见的汽车时，他可能会感到愉悦；而企业消费者在听说其广告代理商做了一个很棒的电视广告时，也可能感到愉悦。

（4）悲伤——从忧郁到悲痛

当一位家庭消费者给航空公司打电话，想抓住最后几分钟的机会订票，却得知最后一张票已经被订出去了的时候，他就可能体验到悲伤的情绪；而企业消费者可能在得知其最喜欢的供应商已经停业的时候感到悲伤。

（5）接受——从容忍到敬慕

对于家庭消费者来说，接受的情绪可能会涉及他最喜欢的饭店；对于企业者，他对他偏爱的某个销售员的情绪可能就是接受。

(6)厌恶——从厌烦到憎恶

家庭消费者可能在他的饮料里发现虫子的时候会感到厌恶;企业消费者在发现没有保险公司愿意承保由于战争所引起的风险时,可能会体验到厌恶的情绪。

(7)期待——从留意到敏感

对于家庭消费者来说,期待的情绪可能在他等待公布彩票中奖号码时发生;企业消费者在等待营销调查项目结果时也会体验到期待的情绪。

(8)惊讶——从不确定到诧异

家庭消费者听到服务员说甜品能被送到家里时可能会惊讶;企业消费者在得知媒体中介可以买到消费者向往已久的某一比赛决赛广告时段时,他们可能会感到惊讶。

另外一些学者提出用"愉快、激发、支配"这三个基本层面来说明所有的情绪,认为特定的情绪是这三个方面不同组合和不同水平的反映。表4.1列举了这三个基本层面和与其相联系的一系列情绪,以及用来表示这些情绪的感觉或指示器。

表4.1 情绪层面、情绪和情绪指示器

情绪层面	情绪	对情绪的描绘
愉悦	责任	有道德的,善良的,有责任感的
	信仰	虔诚的,崇拜的,神圣的
	骄傲	自豪的,优异的,可尊敬的
	爱	爱的,慈爱的,友好的
	天真	天真的,纯洁的,无可指责的
	感激	感恩的,感谢的,备受欣赏的
	宁静	平静的,安宁的,舒服的,镇定的
	渴望	想往的,渴望的,恳求的,希望的
	喜悦	欢乐的,高兴的,欣喜的,满意的
	能力	自信的,可控的,能干的
激发	兴趣	关注的,好奇的
	萎靡不振	厌倦的,瞌睡的,懒惰的
	激活	激起的,活泼的,兴奋的
	惊奇	惊奇的,烦扰的,震惊的
	似曾相识	不引人注目的,未被告知的,不激动的
	介入	参与的,见识广的,开朗的,受裨益的
	烦乱	心烦意乱的,盘踞心头的,粗心大意的

续表 4.1

情绪层面	情绪	对情绪的描绘
激发	轻松	嬉戏的,娱乐的,无忧无虑的
	轻蔑	嘲笑的,蔑视的,不屑一顾的
支配	冲突	紧张的,受挫的,冲突的
	内疚	心虚的,懊悔的,遗憾的
	无助	无助的,被支配的
	悲哀	悲哀的,痛苦的,悲伤的,沮丧的
	恐惧	害怕的,担心的,忧虑不安的
	耻辱	羞耻的,尴尬的,卑贱的
	愤怒	生气的,激动的,疯狂的
	过分活跃	恐慌的,混乱的,过度刺激的
	厌恶	厌恶的,憎恶的,强烈憎恶
	怀疑	多疑的,可疑的,不信任的

【资料卡 4.6】

情绪与生理状态

有两位英国心理学家设计了一个实验,他们设计了三个温度不等的房间:一个是"热室",室温为33℃,使人感到很热,浑身不舒服;第二个房间为"正常气温室",室温为20℃左右;第三个房间为"冷室",室温为7℃左右。将自愿受试者分别安置在三个房间中,然后对他们提出一系列问题,并要求他们以书面形式回答。当受试者回答完问题后,由一个十分"挑剔"的主考人,通过一扇大窗对他们的答案作出带有侮辱性的、讽刺性的评价。每个房间还装有一个按动电钮。受试者被告之:按电钮"主考人"就会尝到电击的痛苦,以此可惩罚"主考人"。实际上电钮只连接一架录有人的惨叫声的录音机。结果,第一个房间"热室"的人不停地按电钮,甚至不管"主考人"的话是好话还是坏话,一律不听,只是按电钮;第三个房间"冷室"的人,只对"主考人"评语中说到他认为"不公正"或"使人愤怒"的话才按电钮;第二个房间"正常气温室"的人,却没有进行任何报复行为。由此,两位心理学家认为,人的情绪与所处环境的气温有关。这个实验表明,人的情绪受其生理状态的影响,如果人生理上不舒服、痛苦,更容易产生消极情绪,生理状况的正常是情绪正常的一个前提条件。

(资料来源:荣晓华.消费者行为学[M].2 版.大连:东北财经大学出版社,2006.)

二、情绪与市场营销策略

深入、系统地研究各种情绪与市场营销策略的相关性则是一个重要的领域。下文将讨论三个方面的策略问题,这三个问题分别是情绪的激发、情绪的降低,以及广告中情绪的运用。

【资料卡4.7】

情绪与消费

美国科学家最近进行的一项心理研究证实,负面情绪确实会影响人们的消费行为。美国梅隆大学的科学家们介绍说,他们在研究中首先让约200名受试者观看不同类型的电影片段,唤起他们"厌恶烦躁"或者"悲伤忧愁"的情绪,而后对他们购买某一特定需要的物品的消费行为进行研究。研究人员介绍说,所有受试者在心理上当然都愿意以更低廉的价格买到物品,但在实际研究中他们却发现,那些厌恶烦躁者掏钱"很小气",总试图以更低廉的价格获得物品,而那些悲伤忧愁者,他们却表现出更加急于得到物品,在价格上就不那么计较,即便是在价格略高的情况下也会购买。研究人员说,这显示与经济利益毫无联系的感情却能够影响到人们的消费行为。

(资料来源:李付庆.消费者行为学[M].北京:清华大学出版社,2011.)

(一)情绪激发作为产品利益

情绪以伴随正面或负面的评价为特征,消费者积极寻找那些主要利益或次要利益在于激发其情绪的产品。虽然在大多数情况下,人们希望获得正面、积极的情绪,但也有例外的情况。例如,悲剧性的电影使观众伤心落泪,然而人们仍喜欢这样的电影。很多产品把激发消费者的某种情绪作为主要的产品利益。最明显的例子莫过于电影、书籍和音乐。与各种类型的惊险旅游项目一样,拉斯维加斯赌城、迪斯尼乐园作为旅游胜地,无不旨在激发游客的情绪。长期以来,长途电话被定位于"激发情绪"的产品。一些软饮料品牌也以"妙趣横生"和"激动人心"作为其主要利益诉求点。甚至某些汽车有时也被定位为情绪激起型产品。例如,丰田汽车的广告是:"啊,多么美妙!"

【小案例4.6】

亲 情 服 务

美国塞夫威是世界著名的超级零售集团,年营业额超过150亿美元,它的成功与其树立卓有成效的顾客需求中心策略密不可分。例如,为了适应女性工作时间长、烹饪时间减少的需要,塞夫威在超市里新设了沙拉专柜、半成品专柜;为了满足顾客一次购足的需要,增设了酒、药品、花卉等专柜和洗衣房等;在出口交款处,为了缓解人们排队的焦急心情,塞夫威有意陈列杂志、口香糖、香烟、刮胡刀等商品,甚至提供上网服务,让顾客随手可及、轻松地完成排队过程。塞夫威实行会员制，但不是以会员制来赚取会费，会员凭卡可享受各种特价食品的优惠价，生日时还可以收到超级市场赠送的生日蛋糕，重大节假日还能得到生活提示卡、趣味小画片等，让顾客深感超市大家庭的温馨。亲情服务使塞夫威赢得美国大众的良好口碑，自然门庭若市、宾客蜂拥而来。

（资料来源：[美]亨利 阿塞尔. 消费者行为和营销策略[M]. 韩德昌，等，译. 北京：机械工业出版社，2000.）

（二）情绪降低作为产品利益

许多情绪状况是令我们大多数人感到不快的。很少有人喜欢感受悲哀、无助、羞辱或恶心。面对这一境况，营销者们设计出许多防止或缓解不愉快情绪的产品。这类产品中最典型的就是各种各样用于抑制忧郁或焦躁症状的非处方药品。人们常常光顾百货商店和零售店以消除疲倦、感受刺激、引发渴望。鲜花被宣传为能够消除悲哀；减肥产品和其他有助自我完善的产品常常根据其缓解内疚感、无助感、耻辱感或厌恶感等利益来定位。个人清洁护理产品也常以缓解焦躁和忧虑作为其主要利益。

（三）广告中的情绪

即使是在情绪激发或情绪缓解并不是产品的一项利益的时候，广告中也经常使用情绪激发。广告中的情绪性内容增强了广告的吸引力和持续力。比起中性的广告，那些能激发欢乐温馨甚至厌恶的情感反应的广告更能引起人们的注意。情绪以一种高度激活的心理状态为特征。当个体被激活时，他变得更警觉和活跃。由于有了这种高度激活的心理状态，情绪性信息较中性的信息可能会得到更全面的"加工"。同时，在这样一种情绪状态下，人们可能会花更多的精力进行信息处理和更可能注意到信息的各个细节。能激发积极和正面情绪的情感性广告使广告本身更受人喜爱。例如，"温馨"是由对爱、家庭、友谊的直接或间接体验所激发的一种有积极价值的情感。突出温馨情调的广告，诸如麦当劳展现父女或父子亲情的广告，就能激发某些心理变化。同时，温馨类广告也比一般的中性广告更受人喜爱，而喜欢一个广告会对产品好感的形成发挥积极影响。情绪性广告可能比一般中性广告更容易被人记住。经由经典性条件刺激，重复置身于能引发积极情感的广告下可以增加受众对品牌的喜爱。刺激（品牌名称）与无条件反射（积极的情感）的配对和重复出现，可以导致一旦品牌名称被提起，积极的情感就会产生。对品牌的喜爱也可能以一种直接和高度介入的方式出现。一个与情绪性广告只有一次或少数几次接触的人可能很简单地"决定"该产品是他所喜欢的产品。这是一种比条件反射更有意识的过程。

【小案例 4.9】
可参照顾客心情推销商品的新型电子商店

近日,一个颇具特色的电子商店在日本诞生,这就是能够参照顾客的心情向顾客推荐商品的网上商店——"心情市场"。该电子商店除了备有各类商品的目录以外,还能够让顾客按照自己的心情、情绪去检索商品。比如,顾客进入欲购买商品的目录后,商店会询问顾客的年龄、性别以及顾客的性格与心情,当顾客输入了诸如"想逍遥自得""想安安静静地休息""想狂欢一番"等信息后,商店就会向顾客提出类似于"换个牌子的香水改变一下心情如何""来瓶葡萄酒怎么样"的建议并提示一系列商品。该网站一改现行单纯罗列商品目录的网上形象,让顾客在网上宛如和一个可以提出各种建议的好友悠然自得地逛商场一样,给人以耳目一新的感觉。

据商店的主人介绍,该网站主要以 20~30 岁的年轻女性为顾客,主要经营其所喜爱的商品,如鲜花、香水、珠宝、酒类、美食以及观光旅行等商品。为此网站系统中存储了大量有关顾客心理、心情与商品的统计数据,并以此为依据准备了 1 000 多种分类来对应各种商品。

人们在现实生活中所接触到的一切,无论是外部对象还是人体的内部刺激,都会引起情绪和情感的变化。"可参照顾客心情推销商品的新型电子商店"正是利用了人们的情绪对消费心理的影响,从而取得了比较好的效果。

(资料来源:李付庆.消费者行为学[M].北京:清华大学出版社,2011.)

本 章 小 结

消费者动机是促进消费行为发生并为消费行为提供目的和方向的动力。马斯洛的需要层次理论包括 5 个层次:生理需要、安全需要、归属需要、尊重需要和自我实现需要,且必须是基本的动机获得最低限度的满足之后,更高的动机才会被激活。麦圭尔的动机理论更为详细具体:一致性、归因、分类、客观化、自主、新奇、目的论、功利主义、缓解紧张、自我防卫、强化、果断、亲密和谐的人际关系、身份认同和模仿的需要。消费者通常能意识到并且愿意承认导致他们行为的一些动机,被称为显性动机;消费者不能或不愿意承认影响他们行为的动机,被称为隐性动机。由于存在各种各样的动机,而且消费者面临许多不同的情境,动机冲突可能在所难免。在双驱型动机冲突中,消费者面临在两个吸引人的事物中挑选一个;在趋避型动机冲突中,消费者面临同一个产品所带来的正面和负面双重结果;在双避型动机冲突中,消费者面临两种都不希望的可选结果。消费者的个性指引其作出行为选择,以在不同的情况下达到其相应目标。品牌像人一样具有个性。消费者喜欢那些具备他们所喜欢的品牌个性的产品,也喜欢那些描绘他们自己的个性或他们所期望的个性的广告信息。情绪是相对不可控且影响行为的强烈情感。当环境事件或精神过程引发生理变化(流汗增加、瞳孔放大、心率变快、呼吸加速、血糖增高)时,各种情绪就会表现出来。前述生理变化可以解释为基于某种情境的特定情绪反应,影响消费者的想法和行为。营销者既可通过激发某些情绪也可通过减缓某些情绪来设计产品和对产品进行定位。

思 考 练 习

1. 什么是动机?
2. 动机的两种理论是什么?
3. 个性的概念是什么?
4. 个性与营销策略之间有什么关系?
5. 什么是情绪?
6. 怎样对情绪进行分类?
7. 广告中的情感性内容扮演着什么样的角色?

【案例分析】
目标消费者为什么不买账

某合资糖果公司进入中国市场很多年,经过营销人员的不懈努力,该公司的品牌已经占有了一定的市场份额。但是,就在达到一定市场份额后,增长却明显减速。是市场已经饱和还是产品不能争取更多的消费者?是营销策略要进一步调整还是公司要进一步加大市场投入?如果加大了投入,是否就有相应的回报呢?于是就委托某调查公司对它的品牌进行了一次全面评估,看看它的品牌究竟还能走多远。

针对其问题,某调查公司在全国范围内选择10个城市作了一次品牌评估。发现对该类产品而言,中国市场还远没有达到饱和,同时,他们的产品是过关的,也就是基本受消费者欢迎。品牌定位、消费者沟通,都做得相对较好,不必做大的改变。而造成总体增长缓慢的原因,就在于营销重点市场的把握。由于其产品价位相对于中国市场的其他糖果而言较高,公司领导认为,重点市场应确定在北京、上海和广州等一线城市,故将大部分的营销力量投入到这些城市。而对于成都等二线城市,只做了很少的投入。

研究发现,由于市场投入的不同,造成一线城市同二线城市消费者品牌知名度有很大差距,当然这是合理的。该品牌在一线城市的知名度很高,如在北京的总体知名度达到92%,而在二线城市则相对较低,如在成都的总体知名度只有41%。然而,同实际销售有关的参数却与知名度有明显的反差。例如,在成都这样的城市有很高的转化率:知道该品牌的消费者有70%尝试过该品牌,尝试过该品牌的消费者有80%成为忠诚消费者;在北京的知名度很高,但是只有40%的人尝试过,在尝试的人中,只有30%成为忠诚消费者。

根据进一步深入的消费者行为学与心理学研究有了更有意思的发现。这个产品的价格较高,品牌定位也比较高,传递给消费者的核心概念是"好的糖果,心情好的时候吃",有一点对自己奖励的意思。而研究的结果显示,一线城市的消费者,由于相对收入比较高,并不会把糖果这类相对低价值的产品拿来当做对自己的奖励,他们在心理上,会把拿到音响、名表,甚至汽车等这些高价值的产品看做对自己的褒奖;同时,由于一线城市的消费者受教育程度较高,对新的事物接触多,相对比较成熟理性,对健康的关注相对较高,对糖果的消费比较理性有度。而二线城市的广大消费者,收入相对较低,负担高价值的产品有一定难度,反而会将价格相对高一点的低价值产品作为对自己的奖励;同时,价格较高的、有好的品牌形象的进口或合资品牌,使他们觉得有面子,可以提升自身的社会认同感。

根据研究的结果,调查公司建议企业调整市场策略,将重点市场由原来的一线城市转为二线城市。可以减少在一线城市的市场投入,大大加强对二线城市的市场投入。企业根据研究结果,考虑了这个建议,但仍有疑虑,因此没有减少一线城市的投入,而选择成都这个二线城市作为试点,作了一定的市场投入。半年后,上海和成都对比发现,在成都投放的广告费用是上海的1/3,但是,该品牌在两地的销售额基本持平。

很多国际性企业在投入中国市场时,会像上述案例中的企业一样,选择上海、北京、广州这样的一线城市作为抢滩登陆地点,抑或把这些城市作为主要的目标市场,倾力投入。理由也很实际,有着进口或者合资帽子的产品,价位都比同类国产产品要高,价格高的产品应该在收入高、消费力强的城市才能有它的市场,才能有好的销售。

但是并不是所有的产品都适用这个原则。从心理学的角度看购买行为,商品本身可以说是一种刺激,购买商品是消费者对商品刺激所作出的一种动机反应。对于糖果这类非生活必需品的低价值商品来说,消费者购买或不购买,同实际收入并没有正比的关系,反而是消费者的心理行为,即情感型动机是相对大的因素。尤其是一些合资或独资的企业,他们的产品价格往往在同类产品中相对较高,品牌形象相对较好,由此而导致的对消费者购买心理的影响会相对更大。

(资料来源:张昕.目标消费者为什么不买账[N].世界商业评论,2005-08-17.)

思考题

1.试从动机的角度,分析目标消费者不买账的原因。

第五章
Chapter 5

消费者的态度与态度改变

【学习目标】

(1) 知识目标

了解态度的概念与特点;掌握态度的功能与构成;掌握消费者态度形成和影响因素;了解两种测量态度的方法;掌握消费者态度改变的方式。

(2) 技能目标

能够运用李克特量表或语义差别量表测量消费者对某商品的态度。

【引导案例】

可口可乐的失误

自从1886年亚特兰大药剂师约翰·潘伯顿发明了神奇的可口可乐配方以来,该品牌饮料在全球的市场上可谓无往而不胜,直到1975年百事可乐从达拉斯开始发起"口味挑战"。

在随后的几年中,百事在越来越多的美国消费者中参加未标明品牌的可乐饮料口味测试,并不断传播人们更喜欢口味偏甜的百事可乐的结论。在一浪高过一浪的攻势中,百事宣扬青春、激情、冒险的品牌精神,声称其产品口味足以担当起挑战经典与传统的重任,并引发了美国年轻一代的共鸣。口味挑战导致可口可乐的国内占有率稳中微降,而百事却在缓慢而顽强地增长。于是,可口可乐的第一位外国人首席执行官——古巴人罗伯托·郭思达在1981年上任伊始便宣称:可口可乐已没有任何值得沾沾自喜的东西了,公司必须全面进入变革时代,其突破口便是数十年来神圣不可侵犯、但如今已不适应时代要求的饮料配方。为此,1982年可口可乐开始实施代号为"堪萨斯计划"的划时代营销行动。2 000名调查员在10大城市调查顾客是否愿意接受一种全新的可乐。其问题包括:如果可口可乐增加一种新成分,使它喝起来更柔和,你愿意吗?如果可口可乐将与百事可乐口味相仿,你会感到不安吗?你想试一试新饮料吗？调查结果显示，只有10%~12%的顾客对新口味可口可乐表示不安，而且其中一半人认为以后会适应新可口可乐。在这一结论的鼓舞下，可口可乐技术部门在1984年终于拿出了全新口感的样品，新饮料采用了含糖量更高的谷物糖浆，更甜、气泡更少，柔和且略带咬粘感。在接下来的第一次口味测试中，品尝者对新可乐的满意度超过了百事可乐，调查员认为，新配方可乐至少可以将市场占有率提升一个百分点，即增加2亿美元的销售额。

但更换百年配方毕竟是天大的事，为了万无一失，可口可乐又掏出400万美元进行了一次由13个城市的19.1万名消费者参加的口味大测试，在众多未标明品牌的饮料中，品尝者仍对新配方"感冒"，新可乐以61%比39%的压倒性多数战胜旧可乐。

正是这次耗资巨大的口味测试，促使可口可乐下决心推陈出新，应对百事挑战。1985年4月20日，行销了99年的可口可乐在纽约市林肯中心举行了盛大的新闻发布会，主题为"公司百年历史中最有意义的饮料营销新动向"。郭思达当众宣布，"最好的饮料可口可乐，将要变得更好"，新可乐取代传统可乐上市。共有700余位媒介记者出席了新闻发布会，通讯卫星还将现场图像传送到洛杉矶、亚特兰大和休斯顿等地。在24小时之内，81%的美国人知道了可口可乐改变配方的消息，这个比例甚至高于16年前阿波罗登月时的24小时内公众获悉率；据说更有70%以上的美国人在"新可乐"问世的几天内品尝了它，超过任何一种新产品面市时的尝试群体。

但对于可口可乐公司而言，一场营销战争恰恰是从4月20日上午的那个新闻发布会开始的。仅以电话热线的统计为例：在"新可乐"上市4小时之内，接到抗议更改可乐口味电话650个；4月末，抗议电话的数量是每天上千个；到5月中旬，批评电话多达每天5 000个，6月这个数字上升为8 000多个，相伴电话而来的，是数万封抗议信，大多数的美国人表达了同样的意见：可口可乐背叛了他们。"重写《宪法》合理吗？重写《圣经》呢？在我看来改变可口可乐配方，其性质与此一样严重。"为此，可口可乐公司不得不新开通数十条免费热线，雇用了更多的公关人员来处理这些抱怨与批评。

似乎任何劝说也无法阻止人们因可口可乐的改变而引发的震惊与愤怒，《新闻周刊》标题宣称"可口可乐乱弹琴"。人们表示，作为美国的象征、美国人的老朋友，可口可乐突然被抛弃了。在西雅图，57岁的马斯林建立了美国老可口可乐饮用者协会，身着印有文字的T恤衫的人公然将新可乐倒在大街上；在休斯顿棒球场，人们面对大屏幕上新广告嘘声四起；在更多的地方，人们开始囤积已停产的老可口可乐，导致这一"紧俏饮料"的价格一涨再涨；而歌词作者皮卡德因其《老可口可乐最好喝》的唱片畅销，迅速暴富。作为老对头的百事可乐，更是幸灾乐祸地宣布4月20日为公司假日，并称既然新可乐的口味像百事了，那么可口可乐的消费者不如直接改喝百事算了。大惑不解的可口可乐市场调查部紧急出击，新的市场调查结果使他们发现，在5月30日前还有53%的顾客声称喜欢"新可乐"，可到了6月，一半以上的人说他们不喜欢了。到7月，只剩下30%的人说"新可乐"的好话了。

1985年6月底，"新可乐"的销量仍不见起色，愤怒的情绪却继续在美国蔓延，还不停地煽风点火。焦头烂额的可口可乐决定恢复传统配方的生产,定名为古典可口可乐;同时继续生产"新可乐",7月11日,郭思达率领公司高层管理群站在可口可乐标志下宣布了这一消息,并使美国上下一片沸腾,当天即有18 000个感激电话打入公司免费热线,ABC电视网中断了周三下午正在播出的热点节目插播了这条新闻。古典可口可乐的复出几乎成了第二天全美各大报的头版头条新闻,"老可乐"的归来甚至被民主党参议员大卫·普核尔在议院演讲时称为"美国历史上一个非常有意义的时刻,它表明有些民族精神是不可更改的"。当月,可口可乐的销量同比增长了8%,股票攀升到有史以来的最高点,每股达2.37美元,而新可乐的市场占有率降至0.6%,同时下降的还有百事可乐的股票,跌了0.75美元。可以看到,消费者对可口可乐积极的品牌态度影响了消费者的行为。可口可乐调查部门的错误,在于只计算了产品的口感成分,却忽略了万万不该忽略的品牌情感部分。可见,让老可口可乐配方"退休",是可口可乐公司没有对消费者的态度进行深入研究造成的。

(资料来源:李付庆.消费者行为学[M].北京:清华大学出版社,2011.)

第一节 消费者态度概述

一、消费者态度的概念与特点

(一)态度的概念

态度是人们后天习得的对所处环境的某些方面的动机、情感、知觉和认知过程的持久体系,是对给定事物喜欢或不喜欢的反映倾向。这一概念有几层含义:

(1)态度是后天习得的

也就是说,态度是在对某一事物的体验或信息基础上形成的。

(2)态度是一种反映倾向

因此,它应该存在于人们的头脑当中。

(3)态度会导致持久性的反映

它们发生在行动之前,并导致行动。

因此,态度可以用来预测行为,是我们对所处环境的某些方面,如一个零售店,一个电视节目,或一个产品的想法、感觉或行为倾向。

消费者行为研究者通过提问或从行为中作出推断来界定态度。例如,如果一个研究者从询问中确定一个消费者经常购买某品牌的护肤品,甚至把它推荐给自己的朋友,那么这个研究者就有可能推断这个消费者对该品牌产品的态度是积极的。这个例子说明我们不能通过直接观察知道人们的态度,而是要从人们所说的话和所做的事中推断出来。此外,这个例子还说明所有的消费者行为——经常性购买、推荐给其他人、顶级排序、信任、评价和关注,这些都与态度有关。

【资料卡 5.1】

态度研究简史

态度被称做"美国当代社会心理学中的必不可少的最有特色的概念"。它也是营销人员用来研究消费者的最重要的概念之一。多年来,研究人员尝试用多种方法研究态度,以便对行为有一个更全面完整的理解。

最早的态度概念之一由 Thurstone 在 1931 年提出。他给态度下了一个最简单的定义:一个人对事物喜欢或厌恶的程度。几年后,Allport 提出一个更宽泛的定义:态度是一种精神的和神经的待反应状态,通过经验得以建立,对行为产生直接的或动态的影响。

Triandis 和其他学者将三种反应类型(思想、感觉和行动)组织到态度的三分模型中。在这个模型中,态度被看做由三个相关的部分组成:认知(有关对象的知识)、感知(对对象的积极或消极评价)和意动(对对象的实际行为和倾向)。后来,Fishbein 像 Thurstone 一样认为将态度视为一个简单的、无结构的概念是最有用的——即态度是人们对一个对象的感知的程度。

今天,大多数研究者认为 Thurstone 和 Fishbein 提出的态度的简单定义是最有用的,即态度是人们对对象的好的或不好的感觉。信念(认知)和对行为的倾向(意动)被看做与态度有关,但却是独立的认知概念,不是态度的一部分。

(资料来源:[美]J 保罗 彼得,杰里 C 奥尔森.消费者行为与营销策略[M].韩德昌,译.沈阳:东北财经大学出版社,2000.)

(二)态度的特点

1. 对象性

态度是针对某一对象而产生的,具有主体和客体的相对关系。对象一词在顾客导向型的态度定义中应该包含与消费或市场营销有关的每一个概念,例如产品、产品分类、品牌、服务、财产、产品使用、原因或问题、人群、广告、互联网定位、价格、媒介和零售商。在进行消费者态度研究时,应注意使对象有代表性。例如,如果研究消费者对 DVD 播放机三种主要品牌的态度,我们的"对象"就应该包括索尼、东芝和松下;如果研究消费者对移动电话主要品牌的态度,我们的"对象"就应该包括 HTC、苹果、诺基亚、三星和摩托罗拉等。

2. 习得性

态度的概念中已经提及,态度是通过经验习得的,不是与生俱来的,也不是本能行为。与购买行为相关的态度是作为一种直接经验的结果而形成的,这种直接经验包括产品、从他人那里获得的口头信息、受到大众传媒广告的影响、互联网和各式各样的直接营销形式(如一份零售商店的目录)。有一点是值得注意的,虽然态度有可能是行为的结果,但它并不是行为的同义词。它反映了对态度对象的一种喜欢或者不喜欢的评价。作为通过学习或经验习得的倾向,态度有一种动机性质,那就是它们可以驱使消费者形成一种特殊的行为,也可以使消费者抵制某一种行为。

3. 稳定性

消费者的态度是在长期的消费实践中逐渐形成的,态度一旦形成,便保持相对稳定不会轻易改变,如对某种品牌的偏爱、对某家老字号商品的信任等;态度的相对稳定性含义上还包括态度也是可以改变的,但是需要创造较充分的条件和较长的过程。成人的态度稳定性高,儿童的态度稳定性低。态度的相对稳定性使消费者的购买行为具有一定的规律性和习惯性,从消费者的态度入手研究消费者行为是很有意义的。

4. 情境性

从定义中并不能明显地看出态度在一定的情境中产生或受一定情境的影响。关于态度的情境性,指的是在某一特定时刻,事件或环境会影响态度和行为之间的关系。一个特定的情境可以使消费者的行为方式和他们的态度不一致。举一个例子,我们假设某人在每一次现有的空气清新剂快用完的时候都购买其他不同品牌的产品。虽然我们可以把他更换品牌的行为看做消极态度或对用过的品牌不满意的反应,但真实的原因可能是他受到特定情境的影响,比如他希望节约费用,每一次他都会购买最便宜的品牌。反之,如果某人每次出差办公都住在同一家酒店,我们也许会错误地推测他对某酒店持一种特别偏爱的态度。而实际情况却是,他也许认为该酒店只是"还可以"。再假如,此人就是公司的老板,每次出差都花自己的钱,那么他也许认为该酒店已经"足够好",因为住宿费用比住在其他条件更好的酒店便宜。毫无疑问,在我们确定态度时,必须考虑行为发生时的情境,否则就会曲解态度与行为之间的关系。

【资料卡 5.2】

情境对态度的影响

产品/服务	情 境	态 度
Advil 头痛药	偏头痛	"我应该尽快去除这种头痛,因为我将有一个持续三个小时的期中考试。"
奥马哈保险公司	金融计划	"如果我的伴侣发生什么意外,我必须有足够的钱供我的孩子们读完大学。"
宝马汽车	买一辆新车	"我想驾驶皮尔斯·布鲁斯南在邦德电影中开的那辆车。"
多芬香皂	粗糙的皮肤	"我的皮肤在冬天很干,所以我想买一块可以滋润皮肤的香皂。"
Invisalign 牙套	不整齐的牙齿	"我需要戴一副牙套,但是我不希望其他人知道我戴它。"

(资料来源:利昂 G 希夫曼,莱斯利 L 卡纽克. 消费者行为学[M]. 8 版. 江林,译. 北京:中国人民大学出版社,2007.)

二、消费者态度的构成

根据三元态度模型,态度主要由认知、情感和意动组成,如图 5.1 所示。

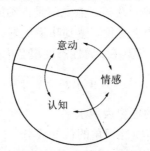

图 5.1　三元态度模型的简单形式

(一)认知成分

三元态度模型的第一部分由人们的认知组成,这就是说,对态度对象的直接体验和各种资源的相关信息的联合需要人们的知识和洞察力。这种知识和洞察力一般形成信任,换言之,消费者相信态度对象拥有不同的特质并且特定的行为将会导致特定的结果。

认知成分由消费者关于某个事物的信念所构成。对于大多数事物,我们都有一些信念。例如,我们也许相信并认为某品牌饮料:①在年轻消费者中很流行;②含有咖啡因;③相对来说贵一些;④是一家大公司生产的。

所有信念构成了对该品牌的态度的认知成分。重要的是,我们必须记住,信念不必是正确的或真实的,只要存在即可。许多关于产品属性的信念本身具有评价性质。汽油行驶里程长、吸引人的式样、可靠的表现,这些通常被视为正面信念。一个品牌与越多的正面信念相联系,每种信念的正面程度越高,则整个认识成分就越正面积极。而且,由于某一态度的三个组成成分总体来说具有内在一致性,因而整个态度也会越正面积极。这一逻辑便是多属性态度模型的基础。多属性态度模型有很多种不同的表达方式,以下是最简单的一种:

$$A_b = \sum_{i=1}^{n} x_{ib}$$

式中　A_b——消费者对于某特定品牌 b 的态度;
　　　x_{ib}——消费者对于品牌 b 的属性 i 表现的信念;
　　　n——所考虑的属性数目。

该式假定所有属性在决定整体评价中具有同等重要性。但是,稍微考虑一下便可以发现,对于某些产品和个人来说,诸如价格、质量、款式等少数属性比其他属性更重要。于是,为每一种属性加上权重往往是必要的:

$$A_b = \sum_{i=1}^{n} W_i X_{ib}$$

式中　W_i——消费者赋予属性 i 的权重。

对于某些属性,"越多或越少越好"在某一点之前是正确的,过了这点,继续增加(或减少)就不再好。例如,向无盐饼干上撒盐会使我们感到味道更好,但是,添撒的盐一旦超过某个限度,味道就难以忍受。此时,我们需要在多属性态度模型中引入"理想点":

$$A_b = \sum_{i=1}^{n} W_i |I_i - X_{ib}|$$

式中　I_i——消费者所认为的属性的理想表现水平。

到目前为止,我们一直在讨论多属性视角的认知成分,并且假定消费者会明晰地、有意识地完成一系列精确的评价和加总工作以形成对产品的总体认识。但是,这种精细的处理在高度介入的购买情境下才可能发生。在大多数情况下,多属性态度模型只是对我们不十分精确和缺乏条理化、无意识认识过程的抽象模拟。

(二)情感成分

我们对于某个事物的感情或情绪性反应就是态度的情感成分。宣称"我喜欢××"或"××是一种糟糕的饮料"的消费者所表达的就是关于产品的情感性评价。这种整体评价也许是在缺乏关于产品的认知信息或没有形成关于产品的信念条件下发展起来的一种模糊的、大致的感觉,也可能是对产品各属性表现进行一番评价后的结果。例如,"××口味不好",和"××对健康没有好处"的评价,隐含着对产品某些方面的负面情感反映,这种负面情感与关于产品其他属性的情感相结合,将决定消费者对于该产品的整体反应。

消费者对某一产品或品牌的感情或印象构成了态度的情感部分。这种感情和印象被消费者行为研究者看成本质上最初的评价,也就是说,他们是一个人对态度对象直接的或总体的评价(如消费者对态度对象作出的"喜欢"或"不喜欢"、"好"或"不好"的评价的范围)。

满载感情的经历也可以说是充满感情的状态(如快乐、悲伤、害羞、厌恶、生气、悲痛、内疚和惊喜)。研究者指出这种情感状态会增强或扩大积极或消极的体验,而且回忆这种体验会影响人们的所思所想和人们的行动。比如,一个人在购物中心也许就是受到他此刻情感的影响。如果购物者在这个购物中心感到特别开心,那么他对这里的积极反应就会被放大。对这个购物中心的情感反应放大就会使购物者回想起在这里度过的美好时光。进而,这种反应也会影响购物者劝说他的朋友和熟人来这个购物中心并且他自己也会再来。

【资料卡5.3】

测量情感反应的五级调查表

在过去的30天中您得到了一个试用 Lubriderm 的机会,我们希望您能确定在经过30天的试用之后皮肤得到了什么样的改变。

对于下面这些词,我们希望您在与皮肤的感觉相符的地方画"√"。

	完全的				根本不是
放松	[ ]	[ ]	[ ]	[ ]	[ ]
美丽	[ ]	[ ]	[ ]	[ ]	[ ]
紧绷	[ ]	[ ]	[ ]	[ ]	[ ]
平滑	[ ]	[ ]	[ ]	[ ]	[ ]
柔软	[ ]	[ ]	[ ]	[ ]	[ ]
干净	[ ]	[ ]	[ ]	[ ]	[ ]
光彩	[ ]	[ ]	[ ]	[ ]	[ ]
更年轻	[ ]	[ ]	[ ]	[ ]	[ ]
恢复活力	[ ]	[ ]	[ ]	[ ]	[ ]
更新	[ ]	[ ]	[ ]	[ ]	[ ]

(资料来源:利昂 G 希夫曼,莱斯利 L 卡纽克.消费者行为学[M]. 8 版.江林,译.北京:中国人民大学出版社, 2007.)

(三)意动成分

三元态度模型的最后一部分是意动,它是关于可能性或趋势的,也就是因个人对态度对象可能采取的特定行动。根据一些阐释,意动部分包括行为自身。在市场营销和消费者研究中,意动部分常常被看做对消费者购买意图的解释。购买者购买意图量表被用来评估消费者购买一件产品或采取某种行为的可能性(如表5.1所示)。

表 5.1 购买意图量表

下面哪句话能够准确地描述下一次您购买护肤产品时会买 Lubriderm 洗面奶的可能性?
——我肯定会买
——我可能会买
——我不确定是否会买
——我可能不会买
——我肯定不会买

比起那些没有被问到购买意图问题的消费者,被问到过购买意图问题的消费者更有可能购买他们给出肯定评价(如"我将会买这个")的品牌的产品。这个结论给我们的启示是,以对购买意图问题给出肯定答案的方式得到的肯定的品牌承诺是一种影响品牌实际购买的积极方

式。

（四）各成分间的一致性

态度的三种成分之间一般是协调一致的,如图5.2所示。例如,某消费者在选购商品过程中,如果他认为大型商场服务优,物美价廉,所处位置方便,他就会对大型商场比较满意,产生喜欢、愉快的情感,从而经常到大型商场购物。因此,态度的三种成分之间的相互一致性,对我们研究消费者的态度与行为的关系是非常重要的。某个成分变化将导致其他成分的相应变化,这一特征构成了很多市场营销策略的基础。营销人员可以通过提供信息和产品形象塑造等活动影响消费者的认知过程和情感过程,进而影响消费者的购买行为。

态度的一致性主要和两个因素有关:态度的价值性与强度。态度的价值性是指认知、情感与行为成分的正面性或负面性,为了维持一致性原则,正面的认知会伴随正面的情感,而负面的认知则会伴随负面的情感。高强度的认知必须伴随着高强度的情感,而低强度的认知则会伴随着低强度的情感。

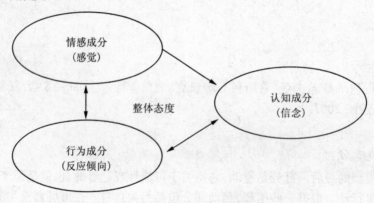

图5.2　态度组成成分的一致性

【资料卡5.4】

态度和行为有时候会出现不一致

早在20世纪30年代初,美国学者R.T.拉皮尔就在一项著名的研究中对态度与行为相一致的看法提出了疑义。在这项研究中,拉皮尔与一对年轻的中国留学生夫妇作了一次环美旅行。由于当时美国人对东方人普遍持有歧视态度,拉皮尔和同伴们行前预料很难得到旅馆和饭店的良好接待。但是,在万余英里的行程中,他们光顾的184家饭店和66家汽车旅馆,只有一家拒绝接待。6个月以后,拉皮尔给他们光顾过的旅馆、饭店和一些他们没有光顾过的旅馆和饭店寄去了调查问卷。问卷共有两种,一种是只就中国人提问,一种是分别就中国人、德国人、法国人、日本人等提出类似的问题。因为拉皮尔担心只就中国人的提问会引起怀疑,而得不到确切结果。两种问卷都包括这样的问题:"你愿意在你那里接待中国人吗?"结果如表5.2

所示。

表5.2 对"你愿意在你那里接待中国人吗"的回答

分 类	光顾的旅馆		未光顾的旅馆		光顾的饭店		未光顾的饭店	
回答总数	47		32		81		96	
具体分类①	1	2	1	2	1	2	1	2
回答数	22	25	20	12	43	38	51	45
否定的回答	20	23	19	11	40	35	47	41
回答看情况	1	2	1	1	3	3	4	3
肯定的回答	1	0	0	0	0	0	0	1

①1表示只就中国人提问;2表示分别就中国人、德国人、法国人和日本人提问。

(资料来源:李付庆.消费者行为学[M].北京:清华大学出版社,2011.)

也就是说,尽管上面那对中国夫妇在实际旅行中受到了很好的接待,但开饭店或旅馆的美国人对中国人依然怀有极大的偏见和歧视。拉皮尔和其他一些研究者依此得出了态度和行为之间有时存在着很大的不一致性的结论。

三、消费者态度的功能

态度有用吗?态度起着什么样的心理作用?心理学家丹尼尔·凯兹认为,人们之所以会持有某种态度,是因为这种态度具备一定的功能。例如,有些态度总结了大量信息并使事情简单化,从而使人们能更快、更容易地作出决策;有些态度表达人们的品质、性格和对其他人的偏爱情况,因此别人会以此知道如何更加有效地同他们交往;有些态度支撑着人们的自信,有助于他们对自己感觉更好;还有些态度有助于人们获得即时回报,受到惩罚。根据上述分析,他提出了态度的四种功能:实用功能、自我防御功能、价值观表达功能和知识功能。

(一)实用功能

我们对品牌持有一定的态度,主要因为这个品牌的实用性。当一个产品是有用的或曾经帮助过我们,我们对它的态度就会倾向于喜爱。一个改变对产品偏爱态度的方法就是向人们展示他们以前没有注意到的产品实用性。比如,某产品的广告指出这个产品可以工作24个小时,而它们的竞争者就不能。

(二)自我防御功能

大多数人都想隐藏内心深处的怀疑——他们想用安全感和自信取代内心的不确定。在了解这个需求之后,化妆品和个人护理产品的广告可以通过向消费者作出保证的方式增强它们与消费者的联系和改变偏爱的态度的可能性。比如,某止汗露的广告标语就是:"在一个不停运动的世界中,你的止汗露不会过早地失效。"

(三)价值观表达功能

态度是消费者总体价值观、生活方式和观点的表现和反应。如果一个细分顾客对拥有最新的个人通讯装置(如拥有最小的移动电话)总体上持肯定的态度,那么他们对新型电器的态度可能反映这种倾向性。类似的,如果一个细分顾客群对"时尚"持肯定态度,那么他们对时装的态度就表达了这种观点。因此,通过获得目标顾客的态度,市场营销者就可以更好地判断他们的价值观、生活方式和观点,并且在广告和营销方式中反映这些特性。

(四)知识功能

通常,人们都非常知道并了解他们遇到的人和事。消费者的"认知需求",也就是认知需求对营销者给产品进行定位很重要。许多产品和品牌的定位都是为了满足消费者的认识需求,并且通过强调产品好于竞争者的优势来改善消费者对品牌的态度。比如,一条关于先进的牙刷的广告就会指出,它比别的牙刷高级的地方就是它可以通过去除更多的牙菌斑来抑制牙龈疾病,而这一点在牙齿健康中是最重要的。这个广告甚至会使用条形图来说明它比其他牙刷能更有效地去除牙菌斑。

(五)几项功能的结合

因为不同的消费者会因为不同的原因喜欢或不喜欢同一个产品或服务,所以一个测量态度的功能构架是非常有用的。比如,三个消费者可能都对某品牌洗发用品持肯定态度。然而,第一个人也许仅仅是因为这个产品很好用而对它有好感——实用功能;第二个人对产品广告的观点"美丽的秀发不需要令你花费很多"在心里很赞同——自我防御功能;第三个消费者的喜爱态度也许是源于这个品牌有多年的价值(相同或更好的产品很少)——知识功能。

【资料卡5.5】
是什么使孩子们觉得吸烟者很酷

有没有可能通过提供某种产品或某类人的负面信息来使消费者改变对这一产品或这类人的态度呢?例如,有没有可能通过在广告中传达一些反对吸烟的信息而使青少年改变他们对吸烟和吸烟者的态度呢?加利福尼亚大学的Cornelia Pechman和佛罗里达大学的S. Ratneshwar作了两项研究,他们对这个问题进行了探讨。

在第一项研究里,Pechmam和Ratneshwar向七年级的学生分别展示了反对吸烟的广告、支持吸烟的广告及与吸烟无关的广告。每一个七年级学生通过随机分配的方式只看到一种类型的广告。这些广告都是出现在一本模拟杂志上的,这一研究是作为对这种杂志的评估而出现的。

在评估完杂志后,被调查者参加了第二项研究。一个不知名的人(学生A)的资料出现在电脑上。研究者向所有的被调查者描述他的三个习惯:看电视、骑自行车、逛商场。这一调查的一个有趣之处就是,在第一项调查的三个小组的每个小组中,有一半被调查者只被告知上述三个习惯;而另一半人在知道他有这三个习惯之外,还被告知他有吸烟的习惯。所有参与调查的人都被告知这个学生A的一些特点,这些特点有好有坏。每个七年级学生所被告知的特点都是相同的。在看了第一项调查中的反对吸烟的广告后,它会不会影响到被调查者对学生A的看法呢?当学生A被描述为吸烟者和非吸烟者时,那则广告分别会产生什么影响呢?为了解答这个问题,Pechman和Ratneshwar让被调查者给学生A的下列特点打分:聪明、有才智、健康、成熟、谨慎、漂亮、有魅力、令人兴奋、爱冒险、受人欢迎、有朋友、酷。被调查者还被问及是否喜欢学生A。结果呢?在看过反对吸烟的广告的七年级学生当中,知道学生A吸烟的人的评分远远低于不知道学生A吸烟的人。如果拿看到反对吸烟的广告的小组和看到支持吸烟的广告及与吸烟无关的广告的小组相比,这种评价的恶化情况则更加明显。每个学生只看到过一种类型的广告,也只对学生A的一种情况作出评价,因此他们完全不知道调查者对实验的设计(学生A被描述为两种情况)。所有七年级的学生也都不知道两项研究是相关的(两项研究的调查者是不同的)。研究者所测量的不是消费者对广告或吸烟这件事情的反应,而是消费者对一个吸烟者或非吸烟者的反应。这种聪明的研究程序直接触及反对吸烟广告问题的核心:反对吸烟的广告会不会塑造青少年对吸烟者的长期态度,以使他们不会按照支持吸烟所期望的那样将吸烟者看做很有魅力的人。这项调查所提出的回答是很肯定的。

(资料来源:[美]谢斯 米托.消费者行为学管理视角[M].2版.罗立彬,译.北京:机械工业出版社,2004.)

第二节 消费者态度的形成与测量

人们尤其是年轻人如何形成他们对"事物"的最初总体看法?比如,想一想他们对衣服的看法,包括内衣、休闲服和正装。他们的家人、朋友、崇拜的名人、大众传媒广告,甚至所处的文化圈会对他们购买或不购买每一件衣服产生什么样的影响?为什么当别人的态度经常改变时他们却模糊地坚持自己的一些态度?这些问题的答案对营销者是至关重要的。如果不知道态度的形成过程,并无法测量消费者的态度,营销人员就不可能指导或影响消费者的态度和行为。

一、消费者态度的习得

当我们谈论态度的形成时,指的是对给定的对象从没有态度(如一部数码照相机)到有一些态度(当你想给朋友发送照片电子邮件时,有一部数码照相机就太棒了)的转变过程。从没有态度到有态度的转变(也就是态度的形成)是学习的结果。

消费者购买新产品的行为常常与他喜欢这个产品的品牌名称有关。消费者对品牌名称的喜爱态度一般源于他对同一公司的其他产品感到满意。已经建立的品牌是对增强喜爱品牌的态度的绝对促进因素。但是已经建立的品牌的新产品就不是绝对的促进因素。举例来说，一个众所周知并且受到尊重的品牌推出新的保湿浴液，该品牌指望消费者的喜爱态度扩展到新产品上来，他们希望这种刺激从品牌名称转到新产品上去。研究认为两个因素使母品牌和延伸品牌之间的"适合度"起作用：

①以母品牌命名的先前存在的产品系列（也就是护发产品）与新产品之间有相似之处。

②关于母品牌的联想要与延伸品牌相适合或匹配。

很多时候，态度是随着购买或消费产品产生的。比如，消费者可能会购买之前他没有态度的品牌的产品，因为没有其他的选择（例如，在加油站的小超市中只剩下最后一瓶阿司匹林）。消费者也会试着购买以前从没买过的新品牌产品。如果他们对所购买的产品感到满意，他们就有可能把这种满意发展成喜爱的态度。

在消费者试图解决某个问题或者满足某种需要的情境中，他们有可能基于信息的展露和他们自己的认知（知识和信任度）而形成对产品的态度（肯定的或否定的）。总体而言，消费者获得有关一件产品或服务的信息越多，他就越有可能形成对这个产品或服务的态度，无论是肯定的还是否定的。然而，因为忽视有用的信息，消费者经常没有准备好或没有意愿去获得与产品相关的信息。进而，消费者一般使用有限的有用信息。研究者指出只有两到三个重要的产品特质决定态度的形成，而不太重要的特质在态度行程中并没有什么作用。这个重要的发现说明营销者应该尽力避免在广告中展示出产品或服务的所有特质，相反，他们应该集中介绍产品或服务有别于竞争者的关键特质。

二、消费者态度形成的影响因素

态度的形成受到经验深远的影响，也受到家人、朋友和大众传媒的影响。对产品和服务态度形成的最初来源就是消费者试用和评价产品的直接经验。认知到直接经验的重要性，营销就可以通过提供优惠券或免费试用装的方式刺激消费者尝试新产品。在某品牌隐形眼镜广告中就包含了一张第一次购买眼镜时可以使用的50美元代金券。在这种案例中，营销者的目的就是让消费者试用产品进而评价产品。如果消费者喜欢这件产品，那么他就会对这件产品形成肯定的态度并且可能会再次购买。此外，利用从优惠券中得到的信息（如名字、地址），营销者就可以建立对产品感兴趣的消费者的数据库。

因为我们与他人保持联系，特别是家人、好朋友和自己崇拜的人（如一名受人尊敬的教师），所以形成影响我们生活的态度。在态度形成过程中家人是一个极其重要的影响力来源，因为家人让我们拥有了最基本的价值观和大部分的中心特质。例如，如果一个孩子在做了好事之后会得到甜食或糖果作为奖励，那么在他长大以后也会保留对甜食的喜爱（和肯定态度）。

在人们容易看到报纸、各种分类杂志和电视的地方，消费者常常面对各种新创意、新产品、新观点和新广告。这种大众营销沟通为消费者态度的形成提供了重要的信息来源。另一项研究指出,比起那些对产品有直接经验的消费者,向对产品缺乏直接经验的消费者展示情感诉求型广告更有可能使他们形成对产品的态度。这一发现暗示我们,向对产品缺乏经验的消费者进行情感诉求型营销更有效。

评价影响态度形成的广告信息的另一种观点就是看广告提供了多少真实性。研究表明,比起那些通过间接体验(如阅读广告宣传单)获得的态度,通过直接体验(如使用产品)获得的态度趋向于使人更安心、更持久,在受到攻击时更有抵抗力。而且比起广播广告和广告宣传单,电视广告更具有真实性,互联网对提供可以促进直接经验形成的电子广告也具有很强的能力。万维网也有能力提供"流动的经验",它是在个人热衷于参与一个活动以至于其他的事情都不重要时所产生的认知性的观点。对电子广告的研究指出,"随着互联网互动性和生动性(也就是环境介绍信息向感官传递的方法)的增强,对电子广告的理解会变得更强"。

【资料卡5.6】

费斯汀格与认知失调论

莱昂·费斯汀格1939年从纽约市立学院毕业后,到依阿华大学,成了著名心理学家勒温的研究生。1942年,获得文学硕士和哲学博士学位。1945年,加入勒温领导的马萨诸塞技术研究所团体动力学研究中心,开始从事社会心理学的研究。由于长期跟随勒温从事团体动力学的研究,费斯汀格深受勒温的影响。勒温认为心理环境是相对独立于物理环境的心理场,人的行为是人与物理环境交互作用的产物,人的心理环境构成特定的力场,场中力的分布受人的需求的制约。勒温的上述思想实际已蕴含了认知矛盾的思想,因为心理环境依赖于特定的个人、特定的时间和空间、特定的主观状态,这必然使认知矛盾难以避免。费斯汀格在继承勒温思想的同时,将理论的参照点转移到了认知水平上,以主体内部认知要素之间的不一致来解释行为的动因,创立了认知失调论。

尽管费斯汀格的理论是作为强化理论的对立面出现的,理论观点具有独创性,但是他的观点的萌芽却深植于勒温的思想土壤中。

在费斯汀格的著名实验中,费斯汀格发现在导致态度改变方面,较小的报酬比较大的报酬更有效果。由此,他得出结论:"如果某个人被诱惑去做或去说某件同他自己观点相矛盾的事,则个体会产生一种改变自己原来观点的倾向,以便于达到自己言行的一致……用于引发个体的这种行为的压力越小,态度改变的可能性越大;压力越大,态度改变的可能性越小。"

实验需要被试者执行一件极其枯燥乏味的工作。实验分3个组进行,每组20人:①控制组;②1美元报酬组;③20美元报酬组。实验者告诉被试者,他们正在从事的工作事实上是非常有趣的,并要求被试者告诉后面的被试者(实际上是实验者的同伙)这项工作的确令人高兴和愉悦。上述过程完毕后,实验者要求被试者以5~15之间的任一数值表示工作令人欢欣的程度。结果不出所料,所有的实验组都比控制组对工作有更高程度的估价。这一现象用传统的强化理论是不能解释的。更少的报酬能导致更大的态度改变,而更多的报酬成了坚持原有态度的理由,因而不会导致失调的体验,更无法导致观点或态度的改变。

（资料来源：李付庆.消费者行为学[M].北京：清华大学出版社,2011.）

三、消费者个体对态度的影响

个体在态度的形成过程中扮演了一个关键的角色。个体因素包括性别、认知需求、消费者知识和种族划分,以及个体所处的情境。彼特等人提出的精细加工可能性模型(Elaboration Likelihood Model, ELM)聚焦于消费者介入程度,考虑个体因素来理解态度,有助于说明不同的广告内容在消费者态度形成过程中的作用。这一理论模型假定消费者一旦接收到信息,就开始其加工过程。根据这条信息与个人的相关程度,接收者会遵循两条劝导路线中的一条。在高度介入的情况下,消费者会选择劝导的中心路线。而在低度介入的情况下,消费者会选择外围路线,图5.3展示了这一模型。

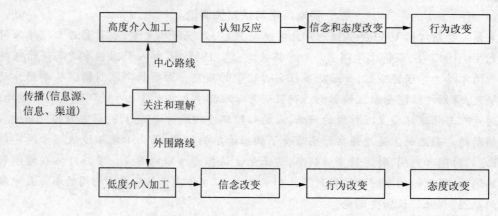

图5.3　精细加工可能性模型

当消费者发现说服性广告中所包含的信息与自身相关或者很有趣时,他会认真地关注这条广告的内容。在这种情况下,他很可能会积极地思考广告呈现的观点,并对这些观点产生认知反应。当听到广播警告孕妇不宜饮酒时,一位预产妈妈可能会对自己说："她说得没错,既然我怀孕了,我真的应该戒酒。"或者,她可能会有相反的观点,例如："我妈妈怀我的时候每晚喝一杯鸡尾酒,而我现在不是身体很好吗？"如果一个人对广告的论述持相反的观点,就不太可能会依从这条广告,但是当消费者支持广告的观点时,顺从广告的可能性就大大增加了。

劝导的中心路线大多包括了传统的影响层次,消费者小心谨慎地形成信念并对它进行认真的评价,而由此导致的强烈态度很可能会引导他们的行为。这就暗示信息的各个因素,例如,论述所表现出来的质量对于决定消费者的态度改变具有重要作用。对一个主题的先验知识会导致对信息作更多的思考,同时反对意见的可能性也增加了。

与中心路线相反,外围路线是在人们没有动机去认真思考所提供的论述时采取的路线。消费者很可能会使用广告中的外围因素来决定这条信息的适宜性。这些外围因素可能包括产品的包装、信息源的吸引力或者呈现信息的背景。这些与真实的信息内容无直接关联的信息被称做外围因素,因为它们源自真实信息的外围。

劝导的外围路线突出了低度介入矛盾,当消费者不关心产品本身时,与产品相联结的激励就更重要了。也就是说,人们可能主要是因为营销者设计的"迷人"包装、选择受欢迎的代言人,或者可能仅仅创造了一个令人舒适的购物环境,而购买低度介入的产品。

ELM 理论提醒我们,要进行有效的传播,对高介入度和低介入度的消费者应采取完全不同的传播策略。一般而言,在高介入情境下,传播应提供更具体、更具有逻辑性和事实性的信息;而对于低介入状态的个体,需要先予以有限的信息,如图片广告,以使消费者迅速地知悉该产品的关键属性,也可以采用某些技术或措施来增加消费者的介入程度和信息处理水平。

【资料卡 5.7】
中央通道与外围通道在态度形成过程中的作用

为了测试中央通道与外围通道在态度形成过程中的发生率,心理学家 Richard E. Petty、John T. Cacioppo 和 David Schumann 做了一项实验。他们准备了一个包含 10 个广告的小册子,这 10 个广告中有的是人们比较熟悉的,有的是新广告。其中第 6 则是一个假想的剃须刀片品牌的广告(Edge 品牌)。广告小册子有两个版本,其中的第 6 则广告是不相同的。在其中一个小册子的第 6 则广告中,有一个认同这一品牌的名人(如"专业运动员们都同意……"),还有 5 条有说服力的与产品相关的信息:最新的先进研磨技术使其无比锋利;特殊化学配方制成的表面涂层使划伤现象消失;锥形把手防止滑落;实验证明 Edge 刀片刮下胡须量是普通刀片的两倍;刀片独特的角度设计使剃须过程更加顺滑。另一本小册子中的第 6 则广告只有一些普通市民,广告词的说服力也不强:遇水不生锈;颜色、大小和形状都多种多样;设计考虑浴室需要;在直接比较测试中,Edge 刮下胡须量不比竞争品牌少;只可以用一次,但令你印象深刻。有一半的被调查者拿到其中一种版本的小册子,另一半拿到的是另一个版本。

每种小册子都有一个封面故事,它将被调查者分别置于高度介入和低度介入的思维状态之下(被调查者对此并不知情)。有一半的被调查者被告知这种产品很快就会在当地上市,而另一半得到的消息正好相反。另外,第一组被调查者被免费赠予一个一次性的刀片作为礼品,而另一组收到的赠品与这一产品无关。第一组被称为高度介入的小组,而另一组被称为低度介入小组。被调查者看完了小册子之后,填写了关于广告品牌评估的调查问卷。很自然,比较有说服力的广告词使被调查者形成了较为正面的品牌态度,不过这种广告词的绝对说服力和质量都没有经过研究。关键问题是低度介入小组和高度介入小组在态度上有什么分别。调查结果很有趣:有说服力的广告词在低度介入小组和高度介入小组中都产生了很正面的态度,而没有说服力的广告词在低度介入小组中产生的态度比高度介入小组中产生的态度更积极。

Petty 和 Cacoppo 认为原因在于只有高度介入小组才会发现没有说服力的广告词的脆弱性,因为他们在处理广告时使用了中央通道。

(资料来源:[美]谢斯 米托.消费者行为学管理视角[M].2 版.罗立彬,译.北京:机械工业出版社,2004.)

四、消费者态度的测量

确切判断消费者态度不是一件容易的事,了解消费者态度不仅要花较长的时间,而且需要一定的方法与技巧。研究态度的学者们一直致力于发展、完善态度测量的方法与技术,以便较好地把握人们态度的指向与强度。下面介绍两种常用的态度测量方法:李克特量表法和语义差别量表法。

1. 李克特量表法

李克特量表法,又叫总和等级评定法,是由李克特(R. Likert)于 1932 年提出来的。李克特量表只采用肯定或否定两种陈述,并要求参加态度测试的被试者对各项陈述意见表明赞同或不赞同的程度。实际上,李克特量表由应答者在一个 1~5 或 1~7 的等级量表上自我报告他对陈述意见的赞同程度。

对于陈述意见"长虹电视机清晰度很高",被试者可以在一个 5 点量表或 7 点量表上表明他赞同的程度。图 5.4 就是在态度调查中采用的 5 级和 7 级李克特态度量表。量表上取的分值越低,表明对陈述意见赞同的程度越高;反之,则越低。当然,也可以规定量表值越低,赞同程度越低,这种规定完全是人为的。由于每一态度范畴可以从多个层面来予以度量,即可以由被试者对多个陈述意见的赞同或反对程度予以刻画,所以,在实际测量中,应对被试者在各陈述意见上的量值加以汇总,以获得该被试者在此态度范畴上的综合得分,并以此反映他的总体态度。

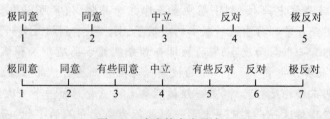

图 5.4 李克特态度量表

在运用李克特量表测量消费者态度时,经常遇到的一个问题是如何确定所使用的陈述语句的合适性,即确定这些语句是否确实具有刻画或反映消费者的某一方面态度的潜力或能力。对于这一问题,迄今没有找到十全十美的解决办法。但在实际中,可以通过计算在某一项目或陈述意见上得分居前的25%的被试者的平均得分和在该项目上得分居末的25%的被试者的平均得分,并对这两部分被试者的平均得分进行比较,以平均得分的差异作为决定该陈述意见是否合适、是否应保留或删掉的判别指标。前述两部分被试者在某一项目上平均得分的差异越大,表明该项目越能深刻刻画人们在某一方面的态度,因而适合于作为量表项目;否则,表明对消费者态度的刻画能力较低,不宜选作量表项目。

李克特量表操作简便,是目前应用最广泛的态度测量方法之一。李克特量表也不是没有局限性。由于采用态度等级的自我报告法,再加上它自身存在一种将问题简化处理的倾向,运用李氏量表测量较复杂的态度问题时,效果并不十分理想。此外,李克特量表依据直接询问被试者对态度客体的评价来赋予分值,在一些敏感问题上,被试者可能会存在顾虑而加以掩饰,由此可能影响最终的测试效果。

2. 语义差别量表

语意差别量表,又叫语意分析量表,是由奥斯古德等人于1957年提出来的一种态度测量方法。该量表的基本思想是,对态度的测量应从多个角度并采用间接的方法进行,直截了当地询问人们对某一主题或邻近问题的看法与态度,结果不一定可靠;人们对某一主题的态度,可以通过分析主题概念的语意,确定一些相应的关联词,然后再根据被试者对这些关联词的反应加以确定。例如,你想了解一个人对他父亲的态度,不必直接询问他对自己父亲的感觉,因为这样询问不一定能了解他的真实态度。你可以提出"父亲"这个词,要求被试按语意差别量表中的各个评定项目划圈,由此即可推断出他对自己父亲的态度。语意差别量表包括三个不同的态度测量维度,即情感或评价维度、力度维度和活动维度。每一维度都由几对反义形容词或两极形容词予以刻画。表5.3是奥斯古德等人提出的语意差别测量项目表。在对不同事物或主题进行态度测量时,用以刻画表中各维度的具体项目可以做相应调整,以使量表能更贴切地反映所测主题的要求。具体测定消费者态度时,先给被试者提出一个关于态度对象的关键词,然后要求被试者按自己的想法在两极形容词间的7个数字上圈选一个数字,各系列分值的总和即代表他对所测事物的总的态度。得分越高,表示被试者对所测事物越具有积极和肯定的态度,否则,表明被试者对所测事物持有消极和否定的态度。

表5.3 语义差别测量项目表

评价量表	好	7	6	5	4	3	2	1	坏
	美	7	6	5	4	3	2	1	丑
	聪明	7	6	5	4	3	2	1	愚蠢
力度量表	大	7	6	5	4	3	2	1	小
	强	7	6	5	4	3	2	1	弱
	重	7	6	5	4	3	2	1	轻
活动量表	快	7	6	5	4	3	2	1	慢
	积极	7	6	5	4	3	2	1	消极
	敏锐	7	6	5	4	3	2	1	迟钝

下面以消费者对A、B两个花店的评价来进一步说明语意差别量表的具体运用。图5.5绘出了100位消费者对A、B两家花店评价结果的平均值。从图中可以看出,花店A位置较好,布置较新潮,选择余地较大,但价格较昂贵,服务态度不是太好。而花店B态度较好,价格也适中,但所处位置不是十分理想,选择余地偏小,并有较为保守的形象。

语义差别量表构造比较简单,适用范围广泛,几乎可以用来测量消费者对任何事物的态度。其局限性是,这种态度测量方法并未摆脱被试者自我报告程序,而且量表中各评价项目的确定仍带有一定的主观性。

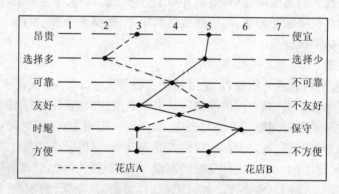

图5.5 消费者对花店态度的语义差别量度

第三节 消费者态度的改变

一、改变消费者态度的方式

(一)改变认知成分

改变态度的一个常用和有效的方法是改变态度中的认知成分。有4种基本的营销策略可以用来改变消费者态度中的认知成分。

1. 改变信念

该策略是改变对于品牌或产品一个或多个属性的信念。例如,许多消费者认为美国制造的汽车不如日本制造的汽车好,大量广告设计出来以改变这种信念。要想改变信念通常要提供关于产品表现的事实或描述。这种策略往往需要产品有新的形态,如标识、包装、颜色、功能等。例如,我国的机绣产品在这方面有所作为。内行的人都知道,我国的机绣产品做工精细,针法千变万化,且能表现复杂的图案及色彩,具有其独特的工艺,在中东地区已有了较大的地位和市场,市场占有率很高。但在20世纪70年代末期,已习惯于使用我国产品的中东地区和国家、东南亚地区、韩国等成为我们在中东地区机绣产品的有力竞争对手。这个市场有被其他各国逐步瓜分的危险。在进行大量市场调查的基础上,辽宁省工艺品进出口公司对客户们普遍提出的我国产品多年来始终是老面孔,包装陈旧、无吸引力、上不了超级市场货架等问题进行了分析。为了改变这一局面,有关部门及时地设计了符合当地风俗习惯的新包装,其式样、款式、花色都比较新颖独特,能摆在超级市场的货架上。产品一推出,就得到了这个地区进口商们的一致赞赏,纷纷提出了大量的供货要求,一下子恢复了我国机绣产品一枝独秀的局面。

2. 转变权重

消费者认为产品的某些属性比其他一些属性更重要。营销者常常告诉消费者品相对较强的属性是该类产品最重要的属性。例如,某麦片强调含有降低心脏病危险的成分,现在的广告主题是"考虑一下这种有利于心脏健康的早餐吧",以此使消费者认识到这种属性的重要性。

营销人员也可以通过改变消费者已存在的积极信念的强度,来影响消费者的态度。在欧洲,20 世纪 20 年代中期,牛肉的消费下降了 50%以上,这严重打击了牛肉供应商。研究表明,消费者受鸡肉广告的吸引,认为鸡肉含有更低的胆固醇和卡路里,而原来对牛肉具有健康性的信念被遗忘了。为此,牛肉行业委员会花费数千万元广告费,将牛肉和鸡肉作比较,从而重新唤起并加强了消费者认为牛肉是健康食品的信念,并在短期内使牛肉的消费量有了很大的提高。

3. 增加新信念

另一种改变态度中认知成分的方法是在消费者的认知结构中添加新的信念。某品牌啤酒在促销中强调新鲜是好啤酒的一个重要方面,在此之前几乎没有消费者会认为啤酒的生产时间会是啤酒的一项相关属性。

4. 改变理想点

最后一种改变认知成分的策略是改变消费者对于理想品牌的概念。基于此,许多环保组织努力改变人们关于理想产品的概念,如最低限度的包装、制造过程无污染、可回收材料的再利用以及使用寿命结束后的无污染处置等。

(二)改变情感成分

企业越来越多地试图在不直接影响消费者信念或行为的条件下影响他们对于品牌或产品的好感。如果企业成功了,消费者会增加其对产品的正面信念。一旦对该类产品产生需要,这些正面信念会引起消费者的购买行为。或者,喜爱直接促使购买,通过产品的使用,消费者增加关于该产品或品牌的正面信念。营销者通常使用三种基本方法直接增强消费者的好感:经典性条件反射、对广告本身的情感和更多接触。

1. 经典性条件反射

关于经典性条件反射,第三章已做了详细介绍。运用这种方法时,企业选择受众所喜欢的某种刺激,如一段音乐,不断与品牌名称同时播放。过了一般时间后,与音乐相联系的正面情感就会转移到品牌上。其他刺激,如喜爱的图画,也经常被使用。

2. 对广告本身的情感

喜欢一则广告能导致对产品的喜爱倾向。经由经典条件反射,消费者对广告的正面情感有助于增加其对品牌的喜爱。对广告的这种正面情感也可能提高购买介入程度或激发有意识的决策过程。使用幽默、名人或情绪诉求也可以增加受众对广告的喜爱。那些引起负面情感如害怕、负罪或者悲伤的广告也可以强化态度的改变。例如,一则为捐助难民所做的慈善广告,就包含了许多令人不忍目睹和令人震惊的画面,但它达到了理想的效果。

3. 更多接触

尽管存在争议,但有证据表明,更多的接触也能导致情感的产生。也就是说,向某人不断地、大量地展示某种品牌也能使他对该品牌产生积极的态度。因此,对于那些介入程度低的产品,可以通过广告的反复播放增加消费者对品牌的喜爱,而不必去改变消费者最初的认知结构。

经典性条件反射、激发对广告本身的情感和更多接触可以直接地改变消费者对产品的情绪进而影响或间接改变他们的购买行为,而不必先改变他们的信念,其有以下重要的意义:

①设计被用来改变消费者情感的广告不一定要包括认知信息(无论是事实还是属性上的)。

②经典性条件反射原理被用来指导上面所讲的这类营销活动。

③消费者对于广告本身的态度,即喜欢还是不喜欢,是这类营销活动成败的关键(除非能使消费者更多地接触广告)。

④重复是以情感为基础的营销活动的关键所在。

⑤对广告效果的传统测量注重认知成分,而这些测量对于以情感为基础的营销是不适用的。

(三)改变意动成分

购买或消费行为能够先于认知和情感的发展,也能够以与认知和情感相对立的形式发生。例如,一个消费者可能不喜欢某饮料的口味,并认为人工甜品不利于健康,但是,当一位朋友向他递过一杯该饮料时,为了不显得无礼,他还是接受了。喝了饮料后,他感到口味还不错,从而改变了以前的认知。

试用产品后所形成的态度会更强烈和持久。行为能直接导致情感或认知的形成。消费者经常在事先没有认知和情感的情况下尝试和使用一些便宜的新品牌或新型号的产品。这种购买行为不仅是为了满足对诸如饥饿的需要,也是为了获得"我是否喜欢这个品牌"的信息。

在改变情感或认知之前改变行为,主要是以操作性条件反射理论为基础。因此,营销的关键任务便是促使消费者试用或购买产品,并同时确保消费者的购买价值获得。优惠券、免费试用、购物现场展示、搭售以及降价都是引导消费者试用产品的常用技巧。由于试用行为常常导致对于所试产品或品牌的积极态度,因此一个健全的必要的库存对于防止现有顾客再去尝试竞争品牌是很重要的。

【小案例 5.1】
改变消费者态度的三个小案例

1. 加州葡萄干

加州葡萄干的种植者发现他们已大量积压了葡萄干,他们面临的重要障碍是消费者对这种皱皱巴巴的零食的态度。通过市场调研发现,消费者认识到葡萄干是有营养的,但它的形象"令人生厌"。加州葡萄干顾问理事会设计出了葡萄干跳舞的广告,葡萄干从这一地跳到那一地,它唤起人们情感上的诉求,加州剩余的葡萄干就这样卖完了。

2. 美国猪肉生产商理事会

1985 年,美国人的猪肉消费从 1980 年的平均每人 68 磅下降到 59 磅。全美都在抵制牛肉和猪肉,喜欢瘦型、少热量的家禽肉。虽然养猪工艺实际上因采用了新饲料和新饲养法而得到改进,但公众继续认为吃猪肉是不健康的选择。美国猪肉生产商理事会委托波士尔广告公司改变猪肉的形象,并在全国市场上年投放广告费 1 200 万美元。新广告语是"猪肉,另一种白色的肉"。1986 年开始做广告,到 1988 年,猪肉销售上升了 11%——相当于鸡肉的增加数量,同期比牛肉增加了 2%。

3. 对敞篷车和吉普车的态度

在 20 世纪 90 年代的美国,人们开始喜欢敞篷车和运动型车。许多消费者对豪华轿车不再感兴趣,取而代之的是一些四轮驱动型车和敞篷小车。在 1994 年,运动型车的销售量是 140 万辆,而豪华车的销售量是 110 万辆。一些分析家预测,到 1996 年运动型车的市场将扩大 40%,而豪华型车仅为 13%。

尽管对高价轿车征收高税是导致其销售量下降的一个原因,但最主要的原因是消费者对轿车的态度发生了改变。福特汽车的一个销售商就说:"运动型车也像豪华车那样得到了大众的普遍接受。对某些人来说,其甚至更受青睐。"

这类车很受欢迎。Once Spartan 这种装有各种豪华设施如地毯、CD 唱机的流行运动型车是这类车中最受欢迎的。尽管其售价在 25 000 美元甚至更高一些,但与日本和欧洲一些豪华轿车相比其售价还是便宜的。

运动型车对年轻的购买者(40 岁左右)的吸引力比豪华型车对年老的购买者(55 岁左右)的吸引力更大。汽车制造商认为,富裕起来的新一代在购买运动型车之后,最终的选择还是豪华轿车,这种态度将最终重振豪华轿车市场。制造商应密切注意消费者态度的变化,以便随时作出应变,在竞争中处于不败之地。

(资料来源:彼德·奥尔森. 消费者行为与营销策略[M]. 韩德昌,译. 大连:东北财经大学出版社,2000.)

二、影响消费者态度改变的营销传播特点

当某种品牌具有独特的优点,而且这种独特的优点是该种商品核心优点所在时,消费者最容易被打动。下面介绍几种加速态度改变的技术,这些技术不仅对那些确实具有核心优势的品牌和产品是适用的,而且对于那些不具备独特优势的品牌和产品也同样适用。

(一)信息源特征

1. 信息源的可靠性

信息源的可信性指沟通者的专业性、客观性或可靠性。这与消费者对这个人能力的信念有关,也与这个人提供必要的信息来适当评价竞争性产品的意愿有关。当一家公司希望宣扬其公司社会责任感方面的活动时,信息源的诚实问题特别重要,这些活动对公司有许多益处。当消费者相信公司在真诚做好事时,公司的形象可以得到极大的提升。

2. 名人信息源

许多名人都担心兜售产品的广告会影响他们的形象。有时他们拍摄外国广告(特别是在日本)并且约定这些广告不会在自己的国家播放,但是,现在互联网的兴起使许多名人所做的广告都可以在网上找到。正如我们讨论的一致性原则所指出的,当名人与产品之间存在一种符合逻辑的关联时,这些广告更加有效。

为什么名人要挣这样的钱呢?一项研究表明,与"普通的"相貌相比,我们的大脑会注意著名的相貌,并且更加高效地加工有关这些形象的信息。名人提高了一家公司的广告认知度,也强化了公司形象和品牌态度。名人代言策略是一种区别类似产品的有效策略。当消费者不了解竞争品牌之间的差别时,这种策略尤其有效,因为这种策略往往用于产品成熟期的品牌。

明星的力量得以发挥是因为名人体现了文化含义——他们象征了重要的社会分类,如地位和社会阶层、性别、年龄,甚至是性格类型。理想状态下,广告人决定产品该传递什么样的含义(即它在市场上该如何定位,然后选择一个能体现相似含义的名人)。这样一来,通过明星这个工具,产品的意义就从制造商传递给了消费者。

有那么多名人,公司是如何决定选择谁来担任营销信息的来源的呢?要想使名人广告活动有效,代言人必须有一个清晰而受欢迎的形象。另外,名人的形象与其所代言产品的形象必须是相似的。许多雇佣明星促销策略之所以失败,是因为没有认真挑选代言人——一些营销者仅凭一个人有名就认为他可以成功代言。预先调查名人的形象可以提高消费者对产品认同的可能性。

一家市场调研公司提出了一种广泛使用的 Q-Score(Q 代表质量)评估方法。这种方法可以确定一位名人是否可以成为代言人。它考虑两个方面的因素:消费者对一个名字的熟悉程度和喜欢这个名字的人的数量,即这些人指出某个人、某个计划或某种属性是自己喜爱的。这家公司每年评估近 1 500 位名人(运动员超过 400 人)。

(二)传播的诉求特征

1. 恐惧诉求

恐惧诉求强调可能发生的负面后果,除非消费者改变他们的行为或态度。恐惧诉求策略被广泛地运用于营销传播中,但在社会营销环境中应用得更为普遍,某些组织和团体以这种方式鼓励人们戒烟、使用避孕套、安全驾驶等向更健康的生活方式转变。

恐惧诉求真的有效吗?关于这个主题的大多数研究显示,只有恐惧适中并且给出解决问题的方案时,这些消极的诉求才是非常有效的。否则,消费者会因为他们无法解决问题而不再关注广告。当信息源的可信度很高时,这种方法会更有效。

例如,大众汽车推销捷达车的安全性广告从乘客的角度用图解方式描述了汽车的碰撞。撞车时他们正在聊天。没有任何警告,不知道从什么地方驶来的车突然猛地撞在他们的车上。观众可以看到一个乘客的头碰到安全气袋上。广告结尾是安然无恙的乘客、被损坏的捷达,以及广告语:"安全地发生了。"广告看起来很真实,甚至有消费者打电话给公司询问是否有任何演员受伤了。

如果一个较弱的威胁没有效果,可能是因为对有害后果的细节描述得不够充分。如果一个较强的威胁没有效果,可能是因为详尽的细节太多,以致干扰了所建议的改变行为的信息,接收者忙于思考这个信息不适用于他的原因,而没有注意到提供的解决方案。

例如,一项测试国民对艾滋病紧张程度的研究发现,在使用适度的威胁时,避孕套广告最受肯定。在这个广告中,因为"性是件冒险的事"(适度威胁)所以提倡使用避孕套,这比过轻的威胁(强调产品的合理性)或过重的威胁(谈论艾滋病导致死亡的可能性)能产生更大的态度改变。同样,威吓策略在让青少年减少饮酒和吸毒上也不如期望的那样有效。青少年根本不去想广告中的后果,或者否定广告对他们的中肯性。另一方面,一项研究表明,在劝告青少年远离毒品的宣传中,强调社会危害比强调健康危害更有效。

关于恐惧诉求的一些研究可能混淆了威胁(如广告语"选择安全性行为还是选择死亡")与恐惧(对广告的情绪反应)。据此,越强烈的恐惧不一定会产生越大的说服力,最大的威胁也不一定是最有效的。因为不同的人对于同样的威胁会有不同的反应,所以并非所有的威胁都同样有效。威胁可能没有对感知者产生期望的影响。例如,艾滋病可能是人们对性开放的孩子们所能告知的最大威胁,但是只有在这些孩子相信他们会得这种病时,这个策略才会有效。因为很多年轻人(尤其是那些生活在郊外或乡村的人)不相信"像他们这样的人"会接触到艾滋病,所以这种强大的威胁实际上可能不会带来强烈的恐惧。在总结恐惧诉求对消费决策的影响前,其底线是需要更准确地测量实际的恐惧反应。

2. 幽默诉求

幽默诉求真的有效吗?使用幽默可能会十分棘手,因为对于这个人有趣的东西对于另一个人可能是讨厌的或者是不能理解的。不同的文化可能对幽默有不同的理解,并以不同的方式来使用幽默素材。总体上,幽默广告的确能吸引观众的注意力。一项研究发现,幽默的酒精饮料广告的认知分数高于平均值。然而,关于幽默是否能显著地影响回忆或对产品的忠诚度,其结论却是双面的。

幽默的一个作用是提供了一个娱乐的来源。有趣的广告会抑制消费者的思辨(不同意这个广告的原因),因此增加了广告被接受的可能性。当品牌被清晰地识别,并且幽默元素没有"淹没"产品信息时,幽默可能是有效的。幽默的风险即转移了消费者对广告要点的注意力。消费者过分关注幽默本身,而忘却了广告中的产品信息。另外,幽默应该符合产品的形象,殡仪事务承办者或银行可能会回避幽默,但是某些产品,如糖果,就十分适合幽默。

3. 情感诉求

情感性广告使用率正在增长。情感性广告的设计主要是为了建立积极的情感反应,而不是为了提供产品信息或购买理由。那些能激起温馨感的广告能引起一种生理反应,它们比中性广告更受喜爱,并使得消费者对产品产生更积极的态度。情感广告能通过增加以下内容而促进态度的形成和改变。

①广告吸引和保持受众注意力的能力。
②大脑对广告信息的处理水平。
③消费者对广告的记忆。
④对广告本身的喜爱。
⑤经由经典性条件反射形成对产品的喜爱。
⑥经高介入状态处理而形成对产品的喜爱。

(三)信息的结构特征

1. 单面信息和双面信息

在广告和销售展示中,营销者往往只展现产品好的一面,却一点不涉及产品可能具有的负面特征或某个竞争产品可能具有的优势。这类信息就是单面信息,因为它们只表现了一个方面的看法。而提供双面信息同时展现出产品好的和不好的方面,是一种反直觉的做法,大多数营销者都不愿意尝试这种做法。但是,对于改变那些已有的强烈态度,双面信息往往比单面信息更加有效。而且,双面信息对于受过较高教育的消费者特别有效。单面信息则在巩固已有态度方面较有效。不过,产品的类型、环境因素和广告形式都会影响这两种信息的相对有效性。

2. 非语言成分

除了影响感情,广告的非语言成分也能影响消费者对产品的认识。例如,显示一个在运动后饮用饮料的广告能够提供关于该产品的恰当使用场合的信息,而且远比"适于运动后饮用"之类文字语言所传递的信息更准确。尽管人们还没有完全弄清广告的非语言成分的影响机制,但非语言成分的巨大影响力却是不争的事实。因此,广告信息中的非语言成分应该像语言成分一样被精心设计和测试。

【小案例 5.2】

需要满足与态度改变

美国推销专家戈德更在他所著的《推销技巧》中指出:"所谓推销,就是要使顾客深信,他购买你的产品是会得到某种好处的。""买卖一种产品,目的在于满足人们的某种需要,买只不过是达到这一目的的一种方式。推销员不应该单纯向顾客推销产品,而应借助其产品,想方设法唤起并刺激顾客,使他们为满足其现在或将来的需要产生购买欲望,推销本身处于次要地位。"下边有几则广告措辞,它们虽然都是为同一件事或商品所做的广告,但由于广告措辞的不同,带给人们的心理感受就有很大的差异,因而在影响消费者态度的效果上也会有所不同。

①在同一时间,两位旅游代理商持有基本相同的旅游计划和旅游标准。就去意大利度假事宜刊登广告,招揽顾客。这两张广告的共同特点是:设计美观、新颖,文字简单明了,场地合宜。其中一张广告上写的是:"为您包办去意大利的假日旅游事宜。"另一张的是:"请您今春去意大利度假。"

②在一次展销会上,展示了各种不同的洗碟机。一家公司的洗碟机上有这样一条广告:"本洗碟机用电子计算机控制,为厨房必备电器。"竞争对手的洗碟机上的广告是:"有了本洗碟机,您再也不用亲自动手洗涤餐具了。"

③两家公司分别就电动剃须刀刊登广告。一条是:"您为何不用电动剃须刀?"另一条是:"您想每天早晨节省四分钟的剃须时间吗?"

(资料来源:李付庆.消费者行为学[M].北京:清华大学出版社,2011.)

本 章 小 结

态度是我们对环境的某些方面的想法、感觉和行动倾向。态度有三个组成成分:认知、感情和行为。认知成分包括个体关于态度对象的信念或知识,通常可以用多属性态度模型来测量。情感成分是对态度对象的感觉或情感反应。行为成分是对态度对象具体属性或整体的明显行为倾向或行为意向。总体来说,态度的三个组成成分倾向于彼此保持一致。改变态度的策略可以侧重于情感、行为、认知或其组合。改变情感往往要依赖于经典条件反射,改变行为则更多地依赖于操作性条件反射。改变认知则涉及信息处理和认知学习。信息源的可靠性由两个基本层面构成:可信度和专业性。当目标市场的消费者认为信息来源高度可靠时,信息就容易对他们的态度施加影响。用于影响态度的广告诉求很重要,形式也很多。恐惧广告强调态度或行为不作改变将产生的负面后果。幽默广告对态度的影响十分有效,不过,幽默内容必须切合品牌或产品卖点或诉求点。比较广告不时被运用,这类广告对于具有强烈功能优势的不知名品牌最有效。单面信息和双面信息的有效性很大程度上取决于目标消费者的特征和他们所处的环境,广告的非语言成分,诸如图片、超现实主义作品和音乐也能影响态度。

思 考 练 习

1. 什么是态度？态度由哪些成分构成？
2. 消费者的态度有哪些特征？
3. 消费者态度有哪些基本功能？
4. 举例说明改变消费者态度的营销策略。

【案例分析】

强生公司与泰诺——淬击之下的反应

强生公司是全球驰名的保健品制造商。在1992年《幸福》杂志评选出的全美500强中，强生公司位居第68位，其销售额高达59亿美元。自创立之日起，强生公司一直致力于创立和保持对用户负责、让顾客信任的企业形象。经过百年的发展，强生公司的产品对所有消费者——从婴儿到老人来说，都是亲切与安全的化身。

泰诺(Tylenol)是强生公司20世纪70年代末80年代初的明星产品。1955年，麦克尼尔实验室为克服阿司匹林的副作用，开始研制用于替代阿司匹林的新型止疼药物，并将这种止疼药物命名为泰诺。1959年，强生公司收购兼并了麦克尼尔实验室，泰诺自然而然归属到强生产品序列中。

为全力推广这种没有副作用的止疼药物，强生公司大做广告。第一阶段的广告攻势是针对内科医生的。到1974年，在各医院、诊所的内科医生的积极响应下，泰诺的销售额破5 000万美元。从1976年开始，强生又展开了面向普通消费者的第二阶段广告攻势，使人们树立泰诺是家庭必备药品的概念。经过3年的强大的广告攻势，泰诺一举成为美国日常保健用品中销量最大的品牌。而以前占据这一市场18年之久的产品，是PG公司的宝洁冠牌牙膏。一种药品的销售量竟然超过人们天天不离的牙膏的销量，这足以说明泰诺的市场多么巨大。到1982年，泰诺已占据了止疼药零售市场35.5%的份额，其销售额达到3.5亿美元。在竞争激烈的止疼药物市场，泰诺独领风骚！

但1982年9月，灾难降临了。9月底的一天上午，芝加哥居民詹努特感到胸口疼痛，于是他到附近的超市买回一瓶泰诺胶囊，他服用了一粒，很快死了。同一天的晚上，斯坦里夫妇服用泰诺胶囊后双双毙命。周末又有4名芝加哥地区的居民死亡。经化验，杀手是泰诺胶囊里的氰化物。

强生公司的主管人员是在接到各媒体记者要求他们就这一事件加以评论的电话后，才知道这一悲剧的。很快，各超市、药店、医院以及惊慌失措的消费者的咨询电话铺天盖地而来。

淬击之下的强生迅速采取行动，收集相关资料来核查事实，他们很快搞清了受害者情况、死因、有毒胶囊的药瓶标签号码、出售时间和地点等详细资料。强生公司同时警告所有用户在事情原因没有搞清楚之前不要服用泰诺胶囊。全美所有药店和超市都把泰诺胶囊从货架上取下来，对泰诺胶囊的恐慌情绪弥漫在整个美国。

在 100 名联邦调查局和伊利诺伊州警察局侦察人员的追查下，强生公司最终洗清了嫌疑，证实了自己与中毒事件无关。但在中毒事件发生一个月后强生公司举行的一次民意调查中，依然有 94% 的消费者认为泰诺胶囊与中毒事件有关。虽然他们中有 87% 的人认为泰诺的制造商对致死事件没有责任，但 61% 的受访者表示以后再也不会购买泰诺胶囊。更糟糕的是，50% 的消费者甚至连强生公司提供的更加安全的泰诺药片也不愿购买了！

强生公司面对进退两难的境地，是否应该保留泰诺这一摇摇欲坠的品牌呢？答案是挽救！为此，公司在弄清氰化物不是在生产过程中被投入的事实后，公司进入了挽救的第二阶段。它对媒体采取了全面合作的态度，向媒体提供最准确、最及时的信息，以阻止对泰诺胶囊的恐慌情绪蔓延。与此同时，公司在全国范围内回收所有进入市场的胶囊，还向各医院、诊所和药店拍发了 50 万份电报，并通过各种传媒发表声明，称暂时将泰诺胶囊改变为药片。

与此同时，强生公司的决策层决定重建泰诺这一品牌形象。他们将首要的工作放在以前经常服用泰诺胶囊的老顾客身上，希望老顾客会接受泰诺胶囊和药片两种形式。为了重新赢得老顾客，强生公司通过电视广告声称将不惜一切代价捍卫泰诺的荣誉。麦克尼尔实验室的医务主任马斯·盖茨在电视上说："20 多年来，泰诺赢得了医务人员和一亿美国人民的信任，我们对此无比珍惜，决不让它受到玷污。我们期盼您继续信任它！"

与此同时，强生公司还设计了一种防污染破坏的三层新包装，以防芝加哥悲剧的重演。并且对老顾客采取了大量的优惠措施，在周日的报纸上印发了 7 600 万份每份价值 2.5 美元的优惠券。对原来的分销商也采取了 25% 的折扣优惠。除了大做广告和促销外，强生还发动了其国内各经销处 2 000 多名推销人员游说医生和药剂师，请他们继续推荐泰诺胶囊和药片。7 个月后，《今日心理学》杂志组织了一次读者调查，发现 94% 的消费者对泰诺品牌持肯定态度。其中一位 23 岁的姑娘表示，她会继续使用泰诺胶囊，因为它可靠、真实！一位老妇人写道，强生公司非常"诚实和真诚"！

（资料来源：江林．消费者行为学习题与案例[M]．3 版．北京：首都经济贸易大学出版社，2009．）

思考题

1．淬击伊始，强生公司为什么会处于困难的境地？
2．强生公司是如何让消费者改变态度的？

第六章
Chapter 6

文化与消费者行为

【学习目标】

(1) 知识目标

通过本章的学习掌握文化的概念及特征;了解文化内容的构成要素;掌握亚文化的研究内容;了解中国传统文化与消费者行为之间的关系。

(2) 技能目标

掌握文化内容的衡量方法。

【引导案例】

功夫熊猫:中国文化的完美植入

2008年6月,一部以熊猫、功夫等中国元素为主要卖点的好莱坞动画片——《功夫熊猫》在国内院线上映首日票房便直逼千万,在中国电影市场大获成功。2011年5月,《功夫熊猫2》再度来袭,在中国首映当天便收获近6 000万人民币票房,两日内便轻松突破亿元票房。这部好莱坞动画片运用了典型的中国文化元素"功夫"和"熊猫",通过影片景观和元素的中国化、中国的道家精神、儒家的因材施教思想和中国功夫的表现手法,将美国的个人英雄主义以及强调个人奋斗与努力的美国梦想向世人进行传达。《功夫熊猫》向我们演绎了中国文化的形式是怎样作为外包装被植入了西方文化的内核,从而成为一种文化产品在全球流行和卖座的。

《功夫熊猫》让我们看到中国文化独特的吸引力,也让我们意识到中国传统文化的传承应具有新的时代性。经济全球化的到来引起了文化资源的全球化,任何一个民族文化除适应社会发展需要而做的自身调节外,还要靠外来文化的补充与丰富才能不断增强自身的活力,还要靠对外宣传和传播本民族优秀的文化精华。

(资料来源：http://cn.mag.cnyes.com/Content/20110812/418e04e47b83414aa712a854d5cd94fe_9.shtml.)

第一节 文化的含义及特征

一、文化的含义

文化一词有多种定义，将文化概念进行科学归纳的泰勒解释为，文化是作为社会成员的人类所取得的知识、信念、艺术、道德、法律、惯例及习惯的复合总体。这个定义用"复合总体"的表现来强调文化是"一个社会总体的生活方式"。另外，人类学家 Linton 将文化定义为"作为学习的行为和行为结果的结合体，它们的构成要素由特定社会成员共同拥有并流传"。因此，文化是特定社会的成员为适应周围环境而设计自己人生时所产生的独特的生活方式及一种社会性遗产。即若社会是器皿，那么文化就是器皿里的内容。

总体来说，广义的文化是指人类创造的一切物质财富和精神财富的总和，狭义的文化是指人类精神活动所创造的成果，它是除了政治、经济、军事以外的一种观念形态和精神生活的产物，表现为一定时期内人们的知识、艺术、宗教、信仰、道德、心理等传统。文化概念的广义与狭义，应该根据课题、学科确定，不能一概而论。在消费者行为学中，研究者主要关心文化对消费者的行为所产生的影响，因此将文化定义为个人在过去经过学习所获得的价值、规范、态度及其他有意义的符号构成的综合体，用以指导消费者行为。

二、文化的特征

（一）文化具有习得性

一般自然天生的本能行为和存在于人体基因中遗传下来的并不是文化，文化是经由后天学习而来的。人一出生就开始接触和适应所在社会的文化，即进入学习文化的历程。学习不外乎三种类型：一是父母长辈的言传身教；二是对特定他人（比如朋友、所崇拜的名人）的模仿；三是学校里的正规训练。由于人类的大多数行为都是后天学来的，所以文化确实广泛影响着人们的行为。例如中华民族由于受到几千年传统儒家文化的影响，形成了强烈的民族风格与个性，仁义、忍让、中庸、谦恭的文化内涵构成了重要的民族文化心态，这是文化习得性的典型例子，即学习传统文化。这种文化心态表现在人们的消费行为中就是随大流、重规范、讲传统，这同西方人重视个人价值、追求个性独立的生活方式正好形成了鲜明的对比。

（二）文化具有共享性

构成文化的东西，必须能为社会中的绝大多数人所共享。同一文化下的人们会具有相同的价值观、信念与生活方式，因此文化能够使人们的生活更有效率。例如，美国人的时间观和金钱是联系在一起的,时间就是金钱的观念根深蒂固,所以他们非常珍惜时间,对于一些无端浪费他人时间的人和事就显得尤为气愤。来自对时间不那么看重的国家和地区的人可能会发现,美国人这种快节奏的生活习惯往往令他们很难适应。例如,许多初到美国的人会对美国人打电话开头缺少礼貌性话语而感到很不愉快;到某单位办事时,也看不到有招待茶,招待咖啡之类的事情,也许这在他们国家是万万免不了的;也很少能看到在咖啡馆里悠闲地进行公务聊天的现象。因此通过学习某一文化,在与该文化下生活的人们交往时可以省去很多不必要的麻烦和尴尬,而且能够在该文化下更好地生活。

(三)文化具有无形性

由于文化的无形性,它对人的影响也是潜移默化、悄无声息的,所以在大多数情况下人们根本意识不到文化的影响。文化萦绕在我们的周围,充斥于我们的生活,就像一张巨大而无形的网络,无时不有,无处不在。在文化无形性的影响下,很多事情被认为是理所当然或者是"可以接受的"。例如,中国人注重谦虚,在与人交往时,讲究"卑己尊人",把这看做一种美德,这是一种富有中国文化特色的礼貌现象。当别人赞扬中国人时,中国人往往会先自贬一番,以表谦虚有礼。而西方国家却没有这样的文化习惯,当他们受到赞扬时,总会很高兴地说一声Thank you 表示接受。由于中西方文化的差异,中国人认为西方人过于自信,毫不谦虚;而当西方人听到中国人这样否定别人对自己的赞扬或者听到中国人自己否定自己的成就,甚至把自己贬得一文不值时,会感到非常惊讶,认为中国人不诚实,这就是文化无形性的影响。

(四)文化具有规范性

这里的规范性是指文化能够为某一社会群体提供一整套公共规则、乡规民约、公共舆论、道德规范和行为准则,从而使社会富有规范秩序。文化对个人行为设置的"疆域"就是人们通常所说的规范。规范就是关于特定情境下人们应当或不应当做出某种行为的规则。现代社会越来越复杂,文化不可能规定人的一举一动,只能为大多数人提供思想和行为的疆域。这种疆域的设置有时比较宽松,通过影响诸如家庭、大众媒体的功能而发挥作用。规范源于文化价值观,就是大家普遍持有的信仰。违背文化规范将受到其他社会成员的制裁或者是惩罚,这种惩罚可能是轻微的不认同,也可能被整个社会群体抛弃。

(五)文化具有发展性

人类文化是由低级向高级、由简单到复杂不断进化的。从早期的茹毛饮血,到今天的时尚生活,从早期的刀耕火种,到今天的自动化、信息化,这些都是文化发展的结果。没有文化的发展,也就没有现代社会和现代文明。文化过程就是文化变迁。文化变迁是现存的社会秩序,包括组织、信仰、知识以及工具和消费者的目的,或多或少地发生改变的过程。总地来说,文化稳定是相对的,变化发展是绝对的。文化的变迁,最明显的表现为风尚演变,这是营销者应当密切关注的。比如在我国,随着生活水平的提高,人们的健康意识不断增强,并且成为一种时尚。一些商家看准时机,迅速推出各种健身房、瑜伽会馆、现代舞学校等,结果大获全胜。

三、文化内容的衡量

营销人员用很多方法来衡量文化的内容，如内容分析、人类学研究、价值观的衡量。这些方法指出了人们享有的文化含义，使消费者研究更为广泛和深入。

（一）内容分析

内容分析（Content Analysis）主要是针对沟通的言辞、书面文字，以及图像的内容等来进行分析。虽然内容分析属于一种定性分析，但是研究者只要依循科学的方法与步骤，内容分析的结果还是可以达到相当程度的严谨与客观。内容分析的第一步是建立一套周密而定义严谨的分类架构，然后请对研究目的并不了解（以避免存在预设立场）的第三者针对所要分析的内容，依据分类的标准和架构，进行客观判断，并加以归类。例如，我们可以针对广告的内容进行分析，以判断广告所要传达的意义，这就是一种内容分析。以文化衡量而言，我们可以请目标消费者说明其所持有的信念与价值，然后针对其自述内容来进行分析和归类，便可以衡量消费者所处文化的内涵。

文化的内容通常可以从由社会群体所生产的物质产品中得到反映。例如，研究人员从畅销书中寻找文化的主要价值观。

（二）人类学研究

研究人员还可以运用人类学的方法来研究文化。这些方法包括对消费者日常生活的情感、行为和认知长期的细致的观察。运用大量翔实的资料，研究人员对价值观和文化方式做出解释。一般的人类学研究，研究人员通常要住在所研究的社会群体里几个月甚至几年，而消费者研究的时间则短得多。通过直接的观察、访问、电话采访、在露天市场对消费者行为进行观察，研究人员可以了解并推测消费者的价值观、信念与习俗。人类学研究最大的特色是观察到的是真实的消费行为，加上有些观察是在消费者未经察觉的状态下进行的，因此更接近真实状况。这种方法比较适合用来观察零售商店中的选购行为。虽然也有一些观察是针对消费者在家中的消费行为，但因为牵涉到消费者隐私且处于消费者察知的状态下，所以可行性与真实性皆偏低，因此比较少见。

（三）价值观的衡量

与人类学的研究方法相比较，营销人员也经常运用程序来衡量一个社会中的主要价值观。一种常用的方法是 Rokeach 价值调查，将消费者的价值观按照重要性分成 36 种。营销人员根据这些数据来区分消费者的价值取向。

各种商用技术也被越来越多地用到有关消费者价值观的调查中。例如，研究人员用 Yankelovich Monitor 方法跟踪了 50 多种社会趋势（和价值变化），并报道了它们在消费者行为中的重要地位。一种称作 VALS 的商用方法运用不同价值观对消费者加以区分。广告商也采用了 VALS 方法，以便于更好地理解其目标顾客。

第二节 文化内容的构成因素

文化可以说是社会群体共有的观念或观点,它包括使个人和社会群体表现自我、观察世界的象征性文化(文化价值),给个人和社会提供目标、理想的价值和能使社会群体共享情感的评价性文化(文化信念)以及判断正确与否的规范性文化(文化规范)。

一、文化价值观

价值观是指并非为了眼前的目的,而是为了达到终极性存在的最终状态而提供的各种具体行为或判断的指南或观念。即在自己的消费生活中所要获取的精神上的表象。这种价值观根据经验特性可分为个人价值观和文化价值观。个人价值观主要取决于个人的社会经验,并反映思维的结构特点。关于个人价值观我们已经阐述过。文化价值观主要受周围环境结构的影响,是特定社会成员共有的价值观,因此又被称为核心价值观。文化价值观有利于理解消费者行为。第一,文化价值观与产品利益一起被用于广告诉求;第二,文化价值观规定产品在特定社会的使用范围;第三,文化价值观对品牌或传播提供肯定或否定的评价标准;第四,文化价值观规定可接受的市场关系。

影响消费者行为的文化价值观可分为他人导向价值观、环境导向价值观和自我导向价值观。这些价值观都是一些极端的情况,在两个极端价值观之间,还存在无数的中间状态。

(一)他人导向价值观

这些价值观反映的是一个社会关于该社会中个体与群体、个体之间以及群体之间适当关系的看法。这些关系对于营销实践有着重要影响。

1. 个人与集体

不同的社会文化在对待个人与集体的关系上会有不同的价值取向。有的社会强调的是团队协作和集体行动,并且往往把成功的荣誉和奖励归于集体而非个人;相反,有的社会强调的是个人成就和个人价值,荣誉和奖励常常被授予个人而非集体。霍夫斯特德(Hofstede)研究发现,美国、澳大利亚、英国、加拿大、荷兰的文化强调个人主义,而中国、韩国、日本和印度的文化则更多地带有集体主义色彩。但是,最新研究表明,无论是哪个国家,年轻的消费者越来越具有个性化和个人主义色彩。因此不仅要注意不同文化之间的差异,还要注意同一文化内部之间的差异。

2. 青年人与老年人

不同的社会文化,在对待青年人与老年人的价值取向上也可能存在差异。有的社会,荣誉、地位、重要的社会职务都属于老年人;另一些社会,则可能是属于青年人的。有的社会,老年人的行为、衣着和生活方式受到社会其他成员的模仿,而有的社会却是青年人被模仿。

3. 扩展家庭与核心家庭

无论是哪个国家,家庭是一个社会的基本单位。然而,在不同的文化背景下,对家庭的界定以及家庭成员之间彼此的权利、义务都存在很大差异。家庭一般分为配偶家庭、核心家庭和扩展家庭。传统上,我国家庭的基本类型是扩展家庭,即老少三代同居的家庭。现在我国由于推行计划生育政策,再加上代际之间的生活方式和价值观念的差异扩大,核心家庭越来越多。但是,赡养父母等家庭观念仍然是我国的传统美德,所以我们经常看到子女孝顺父母的情景。

4. 男人与女人

在具有不同文化的社会,男人与妇女的社会地位可能存在很大差异。在我国,男女的社会地位是平等的,都有机会担任重要的社会职务;在重要的家庭购买中,通常由夫妻共同做出决定。但在有些国家,目前可能仍然存在严重的性别歧视,妇女在社会和家庭中的地位不受重视。

5. 竞争与协作

不同的社会文化对于竞争与协作的态度会有所不同。在有的文化价值观中,人们崇尚竞争,信奉"优胜劣汰"的自然法则;在另一些文化价值观中,人们则倾向于通过协作而取得成功。

(二) 环境导向价值观

这些价值观反映的是一个社会关于该社会与其经济、技术以及自然等环境之间关系的看法。这些价值观对于消费者行为也具有重要影响,并最终影响着企业营销策略的选择及其成败得失。

1. 清洁

不同社会文化对清洁的看法和重视程度不同。在重视清洁和环境保护的社会,人们需要更多地获取清洁的产品或环保产品,如空气清新剂、除臭剂、工业污染处理设备、汽车尾气检测仪器及其控制产品等。

2. 成就与身份

一个社会强调个人成就或社会身份方面的文化差异,将导致这个社会把经济、政治和社会机会平等或不平等地给予不同的个人或集体。个人成就和身份与"权力距离"(power distance)密切相关。"权力距离"是人们接受权力、权威、地位以及财富差异的程度。印度、巴西、法国、日本是"权力距离"指标高的国家,而澳大利亚、丹麦、新西兰、瑞典、美国是"权力距离"指标较低的国家。在"权力距离"指标较低的社会里,机会、报酬和具有较高荣誉的社会地位会被更多地提供给那些个人表现和成就突出的人。另一方面,在"权力距离"指标较高的社会里,重视社会身份或社会地位,个人的机会往往取决于他的社会身份以及他所处的社会地位及其所属的社会阶层。在这样的社会里,人们更加偏爱价高质优、品牌声誉高的产品,而不是功能、效用相同却不知名或低价的产品。

3. 传统与变化

社会文化不同,人们对待传统和文化变化的态度也会不同。有的社会非常重视传统,只因为是祖宗遗留下来的习惯,任何人便不得触犯;有的社会则能够比较容易地接受变化,允许人们打破传统,建立新的模式。在重视和维护传统的保守社会里,产品变化常常受到人们的抗拒和抵制。

4. 风险与安全

有的社会文化具有很强的冒险精神,勇于冒险的人会受到社会的普遍尊敬;另一些文化则可能具有很强的逃避风险倾向,把从事冒险事业的人看做是十分愚蠢的。这方面的价值观对企业家的培养和社会经济的发展具有重要的影响。不崇尚冒险的社会是难以发展出足够的企业以推动社会经济发展的。新产品引进、新的分销渠道建设、新广告主题的选择以及其他营销创新,都受到这种价值观的影响。

5. 乐观与悲观

当人们遇到困难时是有信心去克服,还是听天由命、采取宿命论的态度,会集中反映一个社会所具有的是乐观还是悲观的价值观。在加勒比海地区,人们常会在遇到困难时说声"没有问题"或"没有关系"以宽慰自己。在他们观念中,难题既然已经存在,担心也没用!墨西哥人则相反,他们大多是一些宿命论者。因此,当墨西哥人购买到不满意的商品或服务时,通常都不会提出正式的抱怨。

6. 自然界

不同文化背景下的人们在对待自然以及人与自然的关系上,可能会具有不同的观念和态度。一些人觉得他们受到了自然的奴役,另一些人认为他们与自然之间是和谐的,还有一些人认为他们能够征服和左右自然。中西文化的一个重要区别就是在对待人与自然关系的价值观念和态度上。中国文化比较重视人与自然的和谐统一,强调"天人合一",而西方文化则强调人要征服自然、改造自然,才能求得自己的生存和发展。

(三)自我导向价值观

这些价值观反映的是社会各成员的理想生活目标及其实现途径,对消费者以及对企业的市场营销具有重要的影响。

1. 动与静

不同的社会文化会导致人们对待各种活动的不同态度,并且形成不同的"好动"或"好静"倾向。一项关于比较美国妇女和法国妇女社会活动的调查发现,法国妇女一般认为"同朋友一起在炉边闲聊消磨夜晚是我喜欢的方式";美国妇女则一般认为自己"喜欢有音乐和谈话的聚会"。这种活动上的差异会带来不同的产品或服务需求。由于人们的观念不同,广告的诉求主题也应有所不同。

2. 物质与非物质主义

在不同的社会文化中,人们对物质财富与精神财富的相对重视程度会存在差异。尽管物质财富是一切社会存在和发展的基础和前提,但人们对待物质财富的态度却是不一样的。有的社会奉行极端的物质主义,认为"金钱万能";有的社会更加强调非物质的内容,如在一些国家,宗教地位至高无上,当物质利益与宗教发生冲突时,人们会选择宗教信仰。

3. 工作与休闲

不同的社会文化在对待工作与休闲的关系问题上会有不同的观念和态度。一般说来,人们是为了获取经济报酬而工作。但是,有的文化使人们较倾向于从工作中获得自我满足,有的文化则使人们在基本的经济需求满足后较倾向于更多地选择休闲。在企业营销中,如果忽视这方面的文化差异,付出的代价可能是巨大的。

4. 现在与未来

人们是为今天而活还是为明天而活,是更多地为今天着想还是更多地为明天打算,可以集中体现一个社会在这方面的价值观。这类价值观对于企业的促销和分销策略、鼓励消费者储蓄或使用消费信贷等都具有重要的意义。

5. 欲望与节制

这一类价值观体现在人们的生活态度上是倾向于自我放纵、无节制,还是倾向于克制自己、节制欲望等方面。有些文化在此类价值观上是非常保守的。产品、包装、品牌和广告等都必须谨慎处理,以保证符合它们的价值标准。快速成像照相机在阿拉伯国家获得成功的主要原因之一,是阿拉伯人在给自己的妻子和女儿照相时不必担心她们的相貌会被照相馆里的陌生人看见。

6. 幽默与严肃

社会文化的差异也体现在幽默在多大程度上被接受和欣赏,以及什么才算是幽默等方面。一个社会文化中被看做是幽默的东西,在另一个社会文化中可能不会给人以任何幽默感;男人认为是幽默的东西,女人不一定欣赏;成人与儿童在幽默感上也会存在差异。

二、文化信念

文化信念体系包括由大部分社会成员所共有的知识、神话、宗教信仰、传说等有形认知。文化信念从不同侧面影响消费者在何时以何种方式购买何种产品的具体行为。

在这里我们将以宗教信仰为例解释文化信念对消费者行为的影响。

宗教信仰是人们对世界的一种特殊看法,不同的宗教信仰表现出人们具有不同的信念以及相应的行为方式,他们的消费行为,也要受到宗教信仰的影响。尤其是当这个地区的消费者对宗教的信仰程度非常强烈时,这种影响就显得尤为重要。

世界上宗教种类繁多,比较大的有基督教、伊斯兰教和佛教。在我国,信仰佛教和伊斯兰教的较多,近些年来,信仰基督教的也在增多。各种宗教对于教徒的婚丧、嫁娶、饮食和衣着等方面都有规定。宗教的规定对于教徒有着很大的约束力,具有宗教信仰的人是不能触犯的。

三、文化规范

文化规范反映特定社会的文化价值,它给社会成员规范应该做和不该做的标准。这种规范不仅影响产品和品牌的选择,而且影响购买方式、购买场所以及产品的使用方式。根据行为的约束力和重要性可将文化规范分为风俗、社会习俗(folkways)以及法律规范。风俗一般与传统习惯相关,是指支配人们的饮食、着装、礼仪、礼节等日常行为类型的规范。我国是多民族国家,每个民族都有自己独特的民族文化风俗。社会习俗与"社会所属"这一社会根本价值相关,是社会道德价值的具体表现,如对父母的孝顺、对长辈的尊重等。这些社会风俗是"应该做"的积极规范,但是有些习俗是"不应该做"的消极规范,这种消极规范叫做社会禁忌(taboo)。最后,法律(laws)规范也是一种明确而正式化的规范。

第三节 亚文化与消费者行为

亚文化是一个不同于文化类型的概念。所谓亚文化,就是将一种文化根据人口特征、地理位置、政治信仰、宗教信仰等因素进行划分而形成的独特文化,又称为副文化,也就是指不占主流的或者局部的文化现象。处于同一种亚文化影响下的人们会拥有相似的个人态度、价值观念,同时也表现出相类似的消费行为和决策方式,而处于不同亚文化影响下的人们则在产品需求与购买行为上表现出很大的差异。

某一亚文化的成员所具有的独特的行为模式是建立在该群体的历史及现状基础上的。亚文化的成员又是他们生活在其中的主流文化的一部分,因此,其行为、信念等无不打上主流文化的烙印。个体在多大程度上拥有某一亚文化的独特行为取决于他认同亚文化的程度。

尽管有些亚文化群与主流社会或其他亚文化群的某些文化含义会有所相同,但是该亚文化群的文化含义肯定是独特的,有代表性的。因此,营销人员可以通过辨别亚文化的不同来制定独特的营销组合以满足该文化下消费者的需求。

亚文化有许多不同的分类方法,一种比较有代表性的分类方法是由美国学者T.S.罗伯特提出的按照人种、年龄、生态学、宗教划分亚文化。目前国内外营销学者普遍接受的是按照性别、年龄、职业、地理、宗教、民族、种族划分亚文化的分类方法。这里主要介绍性别、年龄、地理、宗教亚文化等几个方面对消费者行为的影响。

一、性别亚文化

(一)男性消费者的购买行为

与女性消费者相比,男性消费者的购买行为在绝对数量上要少得多。当然,对于男性自身使用的商品(如剃须刀)或家庭用的大件商品(如汽车),男性消费者或者自己购买,或者在购买决策上有很大的发言权。总体来说,男性消费者的购买行为具有以下几个方面的特点:

1. 购买行为的目的性与理智性

与女性相比,男性很少去"逛"商店,他们常常是在感觉缺了什么的情况下才产生购买动机,所以他们购买的目的性很强,往往是为了补充缺货,到了目的地后买完就走,很少在不同商店之间反复比较和选择。另外,男性比女性更善于控制自己的情绪,在购买活动中心境变化比女性小,因而更具有理智性。特别是在买一些高档或大型商品方面,男性消费者的决策过程不易受感情支配,他们更注重商品的性能、质量、品牌以及维修等。

2. 购买动机形成的迅速性与被动性

从个性的角度来说,男性比女性更果断。因而男性消费者一旦认识到了某种需要,就很快能转化为购买动机,并进而产生购买行为。而且即使处在比较复杂的情况下,比如几种购买动机发生矛盾的时候,也能比较果断地处理并迅速地作出决策。男性购买动机的被动性主要体现在购买动机的形成往往是由于外界因素的作用,如家人的嘱咐,同事、朋友的委托等。男性消费者的这种被动性购买主要与他们缺乏购买经验以及承担的家务活动较少有关。

3. 购买过程的独立性与缺乏耐性

对熟悉的商品或已经决定了要购买的商品,男性消费者在购买时表现出更多的自信,不易受外界的影响。与此同时,他们在购买过程中缺乏耐性,表现为对商品挑选不仔细,不愿意讨价还价,不愿意在商店或柜台之间进行比较和衡量等。

(二)女性消费者的消费行为

在我国,绝大部分女性都有自己的工作收入,而且由于她们承担了大部分家务(也包括购买活动),所以已婚女性在家庭中有很高的消费地位,有很强的购买力。女性消费者购买行为的特点主要表现在以下几个方面:

1. 购买行为的主动性与购买目标的模糊性

与男性消费者购买动机的被动性相比,女性消费者的购买行为具有较大的主动性。由于大多数女性都要料理家务,她们更能及时地知道和预测是否应该补充缺货或添加新的用品,所以她们的购买行为更有主动性。另外,一般说来逛商店是女性的专利(大多数男性对此是"避之唯恐不及"的)。女性的许多消费行为就是在逛商店的时候发生的。在这种情况下,女性在逛商店之前不一定有什么具体的购买目标,主要是看看有什么合适的商品,即使事先打算要购买的商品都不合适,她们也会顺便买回一些其他的日常用品或打折商品。她们常常为自己的"满载而归"而产生一定成就感。当然,这种购买目标的模糊性是相对于男性消费者购买行为的目的性而言的。

2. 购买行为受环境因素的影响较大

由于女性消费者具有较强的自我意识与敏感性,她们在选购商品时,比较容易受购物环境因素的影响。这里的购物环境主要指的是商店环境、购物现场气氛、营业员的言行以及其他消费者的意见等。在这些环境因素的影响下,女性消费者在购买中容易出现从众行为,即所谓的"随大溜"现象。例如,有时并没打算买某种商品,可是看到现场有很多人在抢购,有的人就会不由自主地加入到购买的行列中,即使排着长队也不畏惧。从这个意义上说,女性消费者比男性消费者更容易出现冲动购买。

3. 注重商品的具体利益与实用价值

女性消费者更重视所买的商品能给她带来什么享受,商品的具体利益越能看得见越好。职业妇女最喜欢操作简单而又功能齐全的高科技产品,因为这样的商品既能减轻家务劳动,又显示出了一定的档次与品位,同时还不用仔细研究产品说明书(大多数女性对机器构造与工作原理以及说明书都不感兴趣)。另外,在我国,一般家庭的生活消费都由女性操持,她们掌管家庭收支,因而更能深刻体会到"不当家不知柴米贵",所以更注重商品本身的实用价值。这表现为女性在购买过程中更谨慎、仔细,认真比较利害得失,追求商品的物美价廉。

4. 具有浓厚的情绪、情感色彩

女性消费者的心理特征之一就是感情丰富、细腻,富于联想甚至幻想,因此,女性消费者的购买行为具有较强的感情色彩。特别是在逛商店的时候,如果一些商品的品名、款式、环境气氛等符合她们的心理需要,就能激发起她们的购买动机。有的女性在特别开心或特别苦恼的时候都容易产生购买行为,而且这种情况下的购买常常具有冲动性。特别开心的时候她觉得一切都那么美好,对预期的收入比较乐观,因而购买时出手比较大方。同样,也有的女性在非常苦恼的时候,由于无法排遣自己受压抑的情绪,她们就会通过逛商店来调节自己。在这种情况下,有的人为了赌气,也有的人是为了在购买中享受到快乐而产生购买行为。另外,与男性相比,大部分女性的攀比心理比较强,爱面子,"别人有的我也要有",所以有时女性消费者的购买纯粹是为了满足自己的自尊心。

5. 消费倾向的多样化和个性化

当今中国的女性,在经济收入和在家庭中的地位提高的同时,自我意识也不断提高。越来越多的女性开始关注自己的社会形象,希望自己与众不同。特别是在穿着打扮方面,既希望跟上社会潮流,又不愿意与别人雷同,年轻的职业女性更是如此。最常见的就是本来在商店里看好了一套衣服,在决定购买之前突然想到本单位的某人也有一套这样的衣服,这时大多数女性都会放弃购买。当然反过来也是一样,如果看到本单位的某人穿着和自己一样的衣服,她很可能把这套衣服"打入冷宫"。特别是对于休闲装,女性更愿意穿出自己的独特品味,以表现自己独特的风格与气质。

鉴于女性消费者在购买行为中的上述特点(当然不止这些),以及当今女性在家庭和社会中消费能力的提高,企业在制定营销策略时,就应该采取适当的符合女性消费者心理需求的各种措施。例如,橱窗的设计与布置,商品的包装装潢以及色彩、款式等,都要考虑女性消费者的心理特点与购买行为特征。

以上对不同性别消费行为的分析是以传统的性别角色为基础的。所谓性别角色,是指在特定社会中对男性或女性来说比较合适的行为。例如,在传统观念中,"男主外、女主内"是天经地义的。这种观念在消费活动中的表现,就是家庭中的大件商品如房子、汽车等的购买要由男人说了算,而对于家居用品、食品、服饰等大多由女人说了算。可是,随着时代的发展,社会中的性别角色发生了很大的变化,这种变化的基本特征就是,以前被认为是男性才合适的行为现在对女性来说也可以接受了,反过来也是同样。这就是如今越来越受到商家关注的"反性别消费"。

【小案例6.1】
反性别消费

如今,在一些大商场的男用香水专柜前,却挤满了为自己选香水的女孩子;精致的皮夹克上,点点流苏随风舞动,很"女性"的款式,却成了时髦男士的新宠……反性别消费成了新世纪一幕独特的消费风景。

在京城的大小市场,专为女士设计的服装、化妆品远远多于男士,但女士们却还是把目光投向了男性商品,在中友百货等大商场的香水柜台前,不时有来选购博柏利、Polo等男用香水的女性顾客。一位白领小姐说,女用香水太香太浓,而男用香水的皮草味、烟草味、清淡花香味似乎更适合于职业女性。无独有偶,在秀水街、木樨园的一些服装市场上,男式女装非常俏销。一家专卖服装的店主介绍说,他今年进的一款浅灰色的衬衫和男式女西装,平均每天要卖掉七八套。

相比之下,男士们的"反性别消费"也毫不逊色。在新街口的一家美容院,每天前来焗油、做皮肤保养洁净的男士不在少数;再看街上,一些男士的打扮,也糅合了很多女性的元素:配饰、花围巾、厚底鞋等。

(资料来源:http//www.sxcm.net/mode/2006 - 3/17/content_83991.html.)

如今都市女性的身上充满了自强、自立的气质,在商品的选择上表现出对一些男性风格的商品青睐有加;相反,对一些都市男性来说,他们身上的压力太大、太重了,需要有意无意地借助外物来减轻压力,因此,他们在一些服装的颜色、款式选择上便倾向于轻柔女性化的元素。不管怎样,反性别消费为商家带来了新的商机、新的选择。

二、年龄亚文化

消费者年龄上的差异,导致其购买行为也表现出不同的特点。"世代"一词原本是生态学或遗传学的概念。从生态学的角度来讲,世代是指具有共同祖先并在系谱上处于同一等级水平的一群生物个体。从遗传学的角度来看,人们将有世代交替的生物体从一个生殖期到下一个生殖期称为一个世代。在本书中,我们将出生于同一历史时期并具有相似行为特点的群体称为一个世代。由于出生于同一历史时期的人会经历共同的社会、政治、经济和历史环境,从而会产生相似的观念和行为。正因如此,世代划分也才具有了基本理论假设的基础。

"世代"的划分研究,与我们通常所说的人口自然传宗接代的生理"世代"有所区别。生理世代20~50年为一代,但随着现代社会的飞速发展,人们的价值观乃至兴趣爱好与生活方式的转变周期要比自然出生代的周期来得短,为13~28年。按照世代来划分消费者不看重消费者生理年龄的差异,而是主要考虑消费者出生的年代以及成长环境和经历的不同。每代人成长期的不同环境和社会经历,不仅塑造着同龄人之中每个人的性格,也造就了整个一代人的群体性格和共同的价值观,而这些共同特征就成为专家们划分世代的依据和标准。如果营销者等待新的消费群体去模仿和复制上一代人的行为,那就大错特错了。

关于消费者的世代研究起源于美国。20世纪60年代,研究人员根据美国社会历史文化的变迁将美国内战后的世代进行了划分。当时的一种主流的划分方法是三分法:包括沉默的一代、"婴儿潮"一代和"X"一代。而后又有学者将世代的划分进行了扩展和细化,将美国内战后到21世纪初的世代分为七种(或八种)类型。

中国消费者的世代类型划分最开始是由西方学者肖特首先提出的,他把中国消费者划分为三个世代:1945年以前出生的人口归为"社会主义信仰者"的一代;1945~1960年出生的人口为"失落"的一代;1960年以后出生的归为"关注生活方式"的一代。在肖特研究的基础上,我国学者把中国消费者的文化价值观的形成与影响中国社会政治、经济变革的重大社会事件结合起来,进行了进一步的消费者世代类型划分和分析。其中,有两种主流的观点,即将中国消费者世代分为五种类型的五分法观点和三种类型的三分法观点。本书主要介绍五分法。

"偏爱传统"的一代经历了抗日战争、解放战争、"大跃进"和人们公社运动、"文革"以及改革开放等历史大事件。他们中有很多人在青少年时期就接受了马克思主义的熏陶,参加了中国革命,具有坚定的共产主义信念。目前这代人已经全部退休,偏好平静的生活方式。

"失落"的一代在幼年时期经历了"大跃进"和"人民公社运动"所带来的物质匮乏的生活时期,青年时期又经历了"知青运动"和"文化大革命",丧失了学习机会,壮年时期又有很多人被卷入下岗浪潮。这使得这代人对社会感到"迷惘"而"失落"。他们自我约束比较强,懂得珍惜生活,注重节俭。

"幸运"的一代最为幸运。他们在青少年时期刚好赶上高考恢复、国家公费大学而且提供伙食补助。大学毕业后正值国家缺乏人才之际,就业时国家全部包分配,甚至公费出国进修。而后他们又赶上了改革开放、发展经济的大好时机,获得了空前的发展机遇。目前,这一代人已过不惑之年,许多人获得了事业上的极大成功,成为各行各业的领军人物。这一代人追求个人价值的实现,注重效率,行事稳健踏实,自信心强,往往也具有较强的优越感。

"转型"的一代成长于我国从计划经济向市场经济转轨的时期。他们当中的绝大部分经历了大学招生与分配制度的改革,大学由公费转变为自费,并且学费越来越高;高校扩招使大学生从"精英"转变成了"大众";毕业由包分配转变为"双向选择"的自主就业,并且随着毕业人数的增加就业越来越困难、竞争越来越激烈。这代人的人生经历让他们具有了务实和奋斗的特点,具有通过个人努力追求个人的成功以及追求财富的价值取向。

"E"一代多数为"幸运"的一代的独生子女,他们成长于物质生活条件优越、社会经济大发展的时期。"计划生育"政策的实施使他们成为家庭中的"小公主"、"小皇帝",极具优越感。他们是伴随着中国经济的蓬勃发展、社会物质的极大丰富,互联网和电子商务的产生和流行而成长的,对现代高科技化的生活适应性很强。受经济、外来文化、科技发展、家庭等因素的影响,他们的消费与行为和先辈们有很大的差异,喜欢上网聊天、打电子游戏、玩时尚手机、听流行音乐、看VCD、吃快餐、穿新潮服饰等。

由于消费者的世代与消费者的个性、态度、价值观、消费行为和生活方式等诸多方面存在关联性,因而研究消费者的世代,了解不同世代的价值观和消费行为特点对企业营销实践具有重要的指导意义。针对不同的消费者世代,企业的营销活动应该有所侧重。

对于"偏爱传统"的一代,企业在开展营销活动时应该注意,为"偏爱传统"的一代开发的新产品与老产品的反差不宜太大。营销传播上也应采取平实、可靠的宣传手法,凡是富有挑逗性、攻击性或深奥复杂的广告都被认为是对他们的一种骚扰和不尊重。在购物渠道上,他们更偏爱传统的零售店铺类型,长期以来的买卖关系使他们对这些店铺具有极高的顾客忠诚度。他们对商家和产品的忠诚度一旦建立起来就很难改变,因此,顾客关系管理是面向这一代消费者开展营销工作的重点。

对于"失落"的一代,对产品或服务的宣传重点应是产品(或服务)本身的效用,科学、符合逻辑的广告说明往往能得到他们的认同。物美价廉是他们购物的主要标准,他们把廉价超市作为购物的主要场所。因此,对于面向"失落"的一代的产品,可以把超市作为其主要的销售渠道。

"幸运"的一代偏爱能展示其成功的产品或服务,高档手机、小轿车、别墅、名牌西服、名贵的化妆品等外显性强的产品都是他们的钟爱之物。所以,对"幸运"的一代的宣传主要应强调产品的象征性价值和体验性价值,突出产品使用者形象对促进产品销售意义重大,这也是商务通等高档消费品广告频频以成功人士形象展现的原因。此外,由于销售终端形象也极大地影响着产品的形象,所以偏爱凸显自己身份和地位的这一代人喜欢选择的购物渠道是高档商店或专卖店,购物环境的好坏在很大程度上影响着他们的购买决策。

"转型"的一代对于公共性(社会性)使用品如西服、皮带等,比较强调产品品牌和形象,对这类产品价格不太敏感。但对包括私人用品在内的普通消费品如袜子、牙膏等,他们并不过分苛求品质,一般水平即可接受,对价格比较关注。在营销传播和渠道规划上,对于这一代消费者,普通产品应采用理性诉求方式,强调产品的功能性价值,以普通超市和商店为销售渠道;而公共性产品则应多采用感性诉求方式,强调象征性价值和体验性价值,以专卖店和大型商场为销售渠道。

针对"E"一代的广告宣传须创意独到,时代感和渲染力强。百事可乐近年在国内宣传时总与流行音乐、影视明星及网络游戏联系在一起就是这个原因。由于"E"一代对新品牌很快会因感到厌倦而转向其他品牌,所以必须不断变换包装和广告以保持品牌的活力。在营销渠道方面,"E"一代乐于接受新兴的渠道和新的购物模式,如网上购物。从网上购物过程中,他们购买的不仅仅是商品,还获得了乐趣。因此,许多企业为了迎合他们都开通了网上销售渠道。

【小案例6.2】

KAPPA 运动休闲的差异化品牌定位

在20世纪80年代初期,ROBE DI KAPPA 带有前瞻性地开发了运动服装市场,于是诞生了Kappa品牌,如今Kappa因其运动、时尚、性感、品位的品牌理念早已深入人心。Kappa在中国市场的成功取决于几个方面:第一,品牌的重新定位。Kappa开创了一个新的消费群体,其核心客户是18~30岁的年轻人,品牌诉求为运动、时尚、性感、品位四个主题。第二,精准的产品设计与研发。Kappa发现年轻人既喜欢运动,更希望运动时也感到时尚,针对这个需求Kappa展开了准确的产品设计和开发。第三,坚持时尚的品牌文化理念。Kappa全球性的时尚演绎引领了年轻人了解更尖端和前卫的运动潮流趋向。第四,走"运动娱乐化,娱乐运动化"的品牌推广路线。Kappa品牌在推广上,采用了在体育营销和娱乐营销的结合点上做文章,而没有走类似耐克等品牌的专业体育赞助路线。

Kappa品牌在中国的成功不是偶然的,而是非文化产品在中国市场通过文化营销策略而取得巨大成功的结果。随着生活水平的提高,中国消费者的消费观念也发生了很大的变化,他们在消费的过程中所注重的已经不再是单纯的物质使用价值,而更注重在物质的使用价值的基础上带来更多精神需求的满足。特别是,随着追求时尚个性的80后逐渐成长为当前消费军团的主力,90后潮炫一族也蓄势待发,全民娱乐时代已悄然而至。而此时,Kappa运动品牌也越来越多地凸显出时尚的元素。为了改变重塑公司的创新文化方向,中国动向公司请来了很多运动时尚设计师来给经理人描述产品方向,在产品设计上不再照搬意大利风格,而是更多地增加中国文化及本土流行要素,推出适合亚洲消费特征的产品,并采用娱乐化品牌推广路线。

(资料来源:http://cn.mag.cnyes.com/Content/20110812/418e04e47b83414aa712a854d5cd94fe_9.shtml.)

三、地理亚文化

人类文化从孕育开始就表现为一定的区域性,区域内自然地理等要素的组合决定了人类的生产方式。在同一个国家内部,不同的自然地理环境、人文因素及历史发展进程形成了各具特色的区域文化,并进而形成了整个国家民族的文化。地理环境的巨大差异,各地政治经济发展的不平衡,政治、经济、文化中心的不断演变,各个文化群体流派的交流碰撞的深度、广度、频度的不同,以及各地长期以来独特的不对称的文化心理积淀,都直接或间接地造成不同区域内人们各有千秋而又相对稳定的传统习俗、风土人情、性格特色和心理特征,也创造了丰富多彩、千差万别的文化成果。经过长期的历史积淀,某些地理区域出现了相似或相同的文化特质。

其居民的语言、宗教信仰、艺术形式、生活习惯、道德观念及心理、性格、行为等方面具有一致性,区域文化就这样产生了。区域文化是区域内形成的思想意识的总和,是在历史发展的过程中逐渐形成的,既反映了一个地区特定的人文历史境遇,也构成了这个地区基本的人文特色与其他区域的文化区别。

四、宗教亚文化

宗教是人类社会发展进程中特殊的文化现象,是人类传统文化的重要组成部分,它影响人们的思想意识、生活习俗、购买习惯和行为等方面。宗教对消费者消费行为的影响一方面取决于宗教教义、戒律等内容的差异;另一方面也取决于宗教信徒个体的文化背景、生活环境、虔信程度、信仰侧重点等情况。在不同的宗教和不同的信徒中间,这种影响便会以不同的方式、在不同程度上表现出来。

首先,宗教催生或加强了宗教类产品的消费。宗教信徒的产品选择会包括宗教产品的类别,并且其消费水平与信仰者对宗教的虔诚程度有关。以佛教为例,此类消费主要包括佛教圣地或寺院的门票,给佛的香、蜡、花、果等各种供品,对师父的各种衣食日用供养,请购经书、木鱼、念珠等各种法器,佛的各类画像、塑像、雕像,请购各种经咒神像的佩戴物、装饰物等。该类消费支出还包括各种名目的布施(如救济、建庙、开光),用于印经、放生等积福行善活动的开支,用于请法师们做各种道场的费用等。

其次,宗教限制了宗教信徒的消费项目和内容。由于某些生活内容和生活方式与宗教教义背道而驰、不相符合或不被提倡,宗教信仰者用于这方面的消费支出也会相应地受到一定的限制或禁止。例如,种种污浊社会风气下的不道德活动及不健康的生活内容,各宗教均予以禁止;葱、蒜及各种荤腥食品受到佛教的禁止;除分蹄并反刍类动物之外的猪、驴还有各类凶禽猛兽及一切动物的血等受到伊斯兰教和基督教的禁止;各种烟、酒受到几乎各个宗教的禁止或限制;歌舞厅及其他一些娱乐活动和文娱项目受到佛教、道教及伊斯兰教教义与戒律的限制;裸露的服装受到伊斯兰教义的限制等。

再次,宗教会影响某些商品的购买时间。伊斯兰教规定,每年教历9月,每个成年男女穆斯林都应斋戒一个月,即每日从天将破晓至日落时,禁饮食、房事,戒除一切邪念,纯洁思想,一心向主。在斋戒期间,应严守食物禁忌并禁止一切与教义或戒律不符合或相违背的活动,用于这方面的消费支出便会在这些特殊的日期内中断或下降,而用于宗教生活的消费支出却会在这些日子里大幅度上升。对于基督教徒而言,每年的12月25日是最盛大的节日,这一天是全世界基督教徒纪念耶稣诞生的日子。在普遍信仰基督的西方国家,圣诞节会增加人们对于圣诞树、圣诞装饰物、圣诞贺卡以及圣诞礼物等圣诞消费品的消费,这也是一年中商品总消费最旺盛的时期。

最后对宗教信徒的消费方向形成影响。大部分宗教的虔诚信仰者往往不注重现世的荣华、舒适与安逸,不追求高档的物质享受,反对一切奢侈的生活方式,用于各类物质享受或娱乐活动的消费支出较少。而且,虔诚的宗教信仰者用于宗教生活方面的支出相对较高,用于间接宗教生活的消费支出也比一般人高,如购买各种文化用品、各种图书特别是宗教文化书籍等。另外,由于各大宗教教派普遍提倡乐善好施、救助弱者的道德观念,有些宗教更把这种行为作为其修道体系中的一个重要组成部分,所以,用于救济帮助他人的社会慈善性消费支出也成为广大信徒消费支出中不可忽视的部分。

宗教文化也会对非宗教信仰者消费行为产生影响,任何宗教都有各种延伸到世俗社会之中的宗教性或民俗性文化活动,特别是大型宗教节日和大型宗教活动期间,往往会在宗教活动场所周围或宗教信徒聚集地区,形成各种形式的商业活动和与宗教内容有关或无关的文化娱乐活动,许多非宗教信仰者会因出于好奇、娱乐、经济、文化等各种不同的目的而加入其中,促使其实施或多或少的宗教性消费,致使其消费行为烙上宗教的印记。而且,在经济发达、生活水平不断提高的现代社会,文化消费和旅游消费日益受到人们的青睐。充满宗教文化色彩的名山胜迹、寺观教堂等自古以来就不仅仅是宗教信仰者的朝圣之所,也是大量非宗教信仰者的向往之地,它们对非宗教信仰者也有着非同寻常的诱惑。另外,近年来大量宗教用品突破了传统的宗教性用途,以工艺品、文化品甚至日常生活用品的形式进入千家万户,这也可以看做是宗教信仰对非宗教信仰者消费行为的一种间接影响。

【小案例6.3】

宗教影响印度人行为

一条山脉或一条河流可以是一种文化的坐标,也可以是两种文化的界标。喜马拉雅山脉就是这样一个文化界标,它隔开了中国文化和印度文化。在印度文化中,到处可以看到宗教的影响。

重精神轻享受。历史悠久的国度都拥有众多的节日,中国人过节特别讲究吃,喜欢用美味佳肴烘托节日气氛。印度人却从来不讲究口福,节日庆典更与美食无缘。有时甚至还要减少餐桌上的食物。印度节日的主要目的是让神灵高兴,自己再从中得到精神上的满足。

印度教相信生命轮回,只有当肉体死后,肉体包裹的灵魂才会投胎转世。肉体是灵魂的载体,也是灵魂最后解脱的障碍,所以印度教徒不会用美食娇纵自己的身体。

重内在秩序,轻外部环境。印度人对精神较为执著,而对现实较为冷漠。印度街道和公共场所显得散漫而无序,路上,车辆和动物并行,很多汽车都有碰撞过的痕迹。仅仅把这种混乱归结为管理不善并不全面。根据印度教圣典《奥义书》的解释,人生活在物质世界都是幻觉。既然是幻觉,何必在意眼前的混乱呢?同时,印度教的轮回观念使印度人不重视时间,反正这辈子不行还有下辈子,印度人的性格似乎有些散漫。

印度并非没有秩序,这种秩序是建立在内心之上的。印度教的社会分工把人分为四个等级,这种种姓制度构筑起了印度钢铁般的社会结构。

重个人,轻集体。印度教的修行是一种个人行为,任何人都无法取代。《吠陀》里有一句话:"就算在群飞的鸟儿中,每一只鸟都是自己飞。"印度教没有固定的礼仪和聚会,一个人每天的行动和想法,决定了他来世的命运。这种自我意识在印度妇女纱丽的丰富色彩中得到了体现。正如一棵树上没有完全相同的两片叶子一样,在一群妇女的纱丽中,很难看到一模一样的颜色和图案搭配。

这种注重自我表现也与印度历史有关。印度历史分裂时间长、统一时间短,这就削弱了印度人的集体意识。在宗教文化的熏陶下,人们只想着自己头顶的那一片天空。

(资料来源:张讴.宗教影响印度人行为[N].环球时报,2007-05-20.)

第四节 中国传统文化对消费者行为的影响

我国的文化是以几千年来的小商品经济为基础,以儒家伦理道德为核心的中国传统文化。它的基本精神可以概括为"尊祖宗、重人伦、崇道德、尚礼仪"。中华民族是具有五千年悠久历史的民族,经过几千年的发展所积淀下来的传统文化对国人的影响根深蒂固。

一、中国文化的基本特征

(一)中庸之道

宋朝大理学家朱熹认为,中庸就是"不偏之谓中,不易之谓庸"。意思是说,在事物的发展过程中,对于实现一定的目的来说,都有一个一定的标准,达到这个标准就可以实现这个目的,否则就不可能实现这个目的。没有达到这个标准叫"不及",超过这个标准叫"过"。所谓"中庸之为德"就是要经常遵守一定的标准,既不"过",也不"不及",做到不偏不倚。中庸是中国人的一个重要的价值观,几千年来一直深刻地影响着我们中国人的思想和行为。它一方面保证了民族文化发展的稳定性,同时它也反对根本性的变革,鼓励墨守成规。

(二)注重人伦

中国文化以重人伦为其特色,即强调伦理关系。我国传统文化的核心,就是以伦理道德为核心的儒家文化,而儒家文化的伦理观念就是从最基本的血缘关系发展而来的。所以,中国传统社会的人际关系都是从夫妇、父子这些核心关系派生出来的。正所谓"一人得道,鸡犬升天",中国人非常看重家庭成员的依存关系,以及在此基础上的家族关系、亲戚关系。

【小案例6.4】

"喜洋洋"的成功之道

统计数据显示,《喜羊羊与灰太狼》各地的收视率达到10%以上,播出集数超过500集,电影《喜羊羊与灰太狼之牛气冲天》首轮票房就达到8 000万元。随着电影、电视剧的热播,该剧获得了巨大的经济效益和品牌效益,剧中的动漫形象衍生产品迅速铺开,充斥着大街小巷,品种达数十种之多。该动画片市场价值已超过10亿元,创造了中国动漫史上的商业神话。《喜羊羊与灰太狼》也是从人们的生活方式和价值观念中寻找与消费者的共鸣,所不同的是,《喜羊羊与灰太狼》更多地从中国的传统文化和中国人的价值观念与思维方式去创造这种共鸣。

为什么这部定位在6岁以下的动漫会同时吸引成年人的目光,因为该片通过借用中国文化的智慧以及当前社会生活来源,具有浓厚的中国特色,让观众总觉得似曾相识,从而引起观众内心的共鸣。例如,贯穿影片的整个故事主调——中国传统的"和而不同,贵和尚中",弱者有了智慧与勇气,强者有了责任与道义,青青草原充满了和平。这并不仅仅是因为剧情的需要,它更反映了我们中国人的世界观与人生观。此外,狼族与羊族之间的故事始终贯穿着家族的观念,源远流长的家族文化是中华文明的重要组成部分。灰太狼与红太狼稳固的婚姻关系就是在吵吵闹闹中居家过日子,也是中国现在最为普遍的婚姻特点。这些都通过文化的方式为"喜羊羊"实现了与消费者的生活体验,进而获得消费者的价值认同。

(资料来源:http://cn.mag.cnyes.com/Content/20110812/418e04e47b83414aa712a854d5cd94fe_9.shtml.)

(三)看重面子

外国人学习汉语时,对"面子"一词肯定很费解。的确,与外国人比起来,中国人对自己的形象和"脸面"特别关注,尤其重视通过印象整饰和角色扮演而在他人心目中留下一个好的印象,以期获得一个"好名声"。因此,中国人一般比较注重给别人、给自己"留面子",而最怕的大概就是"丢人现眼"。

(四)重义轻利

中国传统文化的特点之一,就是与金钱或物质利益相比,人们更注重情义。特别是在二者发生冲突的时候,追求的是舍利而取义。因而中国人最痛恨的是"见利忘义""忘恩负义"的人,而讲究"滴水之恩当涌泉相报"。中国文化的这种重义轻利的特点,使得在正常的人际交往和工作中容易感情用事、注重"哥们儿义气",并且热衷于相互之间赠送礼品,讲究"礼尚往来"。

二、中国人消费行为的主要特点

因为中国文化具有上述几个基本特点,相应地,中国人的消费心理和消费行为主要表现在以下几方面:

(一)消费行为上的大众化

儒家文化的核心就是中庸、忍让、谦和,认为"出头的椽子先烂""枪打出头鸟"。其反映在消费行为中就是,大众化的商品有一定的市场,消费行为具有明显的"社会取向"和"他人取向",以社会上大多数人的一般消费观念来规范自己的消费行为,喜欢"随大溜",赶潮流。比较明显的例子就是中国人在婚丧嫁娶方面的消费相互攀比、送礼成风。很简单的一个理由就是,别人在这方面都大操大办,如果我不这样做的话,既没面子又吃亏。

(二)"人情"消费比重大

中国人比较注重人情,强调良好的人际关系的重要性。这种特点对消费行为的最直接的影响,就是比较重视人情消费。比如上面提到的婚丧嫁娶时的相互攀比和送礼,有的人为了面子,甚至不惜举债也要操办或"随礼"。因此,常常听到这样的抱怨:这个月光"随礼"就花了我半个月的工资。这种人情消费不管在城市还是在农村,都大有愈演愈烈之势。虽然很多人都觉得苦不堪言,但到头来还得"死要面子活受罪",因为如果不这样的话,那多没面子呀!

(三)消费支出中的重积累和计划性

几千年来,中国人一直崇尚勤俭持家的消费观念,而鄙视奢侈和挥霍,对超前消费也是抱着观望和小心谨慎的态度。因此,中国消费者花钱时较为谨慎,对西方人的贷款买东西更不太感兴趣。在购买商品的种类和功能方面,注重商品的实用性和使用价值,而较少购买用于享受方面的奢侈品。而且,一般都是按计划购买,特别是对于中老年人来说,更少发生冲动购买和计划外购买。中国人消费行为中的这种重积累和计划性的特点,固然和中国人的消费水平有关(很多中国人还在为"奔小康"而努力),但更重要的还是传统文化的影响,这就是为什么有些人已经很富了,可是他们还是维持在较低的消费水平上。需要指出的是,在青少年消费者中,他们的消费观念已经有了很大的变化,比如,他们敢于超前消费,敢于标新立异,等等。这也是我国消费心理和行为的一个新动向。

(四)以家庭为主的购买准则

中国人的家庭观念比较强,因而在消费行为中往往以家庭为单位来购买商品。无论在购买决策上,还是在购买商品的内容与种类上,都与整个家庭息息相关。一般来说,特别是在大件商品的购买上,都要与家人一起讨论来进行决策并实施购买行为。而且所买的商品,都要尽可能地满足大家的需要(儿童用品除外)。这种以家庭为主的购买准则,一方面说明家庭在中国人心目中的地位,以及中国人比较重视自己在家庭中的责任和义务;另一方面,很多人长期以来生活在比较贫困的状态中,如果只以自我为中心来消费的话,就会影响到其他家人的生活质量。

(五)品牌意识比较强

中国人买商品时比较注重商品的品牌,尤其对于服装或高档消费品更是如此。这一方面是因为中国人爱面子,名牌商品代表一定的质量和价格,可以满足人们的炫耀心理;另一方面,中国人一般对商品的知识了解得比较少或者根本不愿意去了解,只注重对商品的总体印象,所以购买名牌商品既减少了购买时认知商品性能时的麻烦,又减少了购买风险。中国市场上假冒商品的盛行,和很多因素有关,其中也许和人们对名牌的偏爱甚至崇拜而又缺乏商品知识有关。

本章小结

　　文化有广义和狭义之分。狭义文化是指人类精神活动所创造的成果,如哲学、宗教、科学、艺术、道德等。广义文化是指人类创造的一切物质财富和精神财富的总和。基于消费者行为研究的目的,我们可以把文化定义为一定社会经过学习获得的、用以指导消费者行为的信念、价值观和习惯的总和。文化具有习得性、动态性、群体性、社会性和无形性等特征。每一种文化中都存在着多种亚文化。同一文化下的人们会具有某些共同的信念、价值观以及类似的偏好和行为。

　　对消费者行为影响最深刻的是文化价值观。文化价值观可分为有关社会成员间关系的价值观、有关环境的价值观以及有关自我的价值观三种类型。在不同的文化价值观的指导下,人们会有迥异的行为。中国文化有其自身的一系列特点和孕育这些特点的核心价值观,如贵中尚和、求是务实、先义后利等。这些价值观以及与之相伴随的文化特点,在消费者购买的各个阶段都会有所体现。

　　在不同的文化氛围下,有不同的礼俗、象征,有不同的关于时间、空间、友谊、契约方面的理解和看法。这些均会极大地影响消费者行为。企业只有了解各文化下上述因素的差异,才可能更有效地制订广告、促销等方面的营销策略,才可能在跨文化的营销活动中游刃有余。

思 考 练 习

1. 什么是文化？文化有哪些特征？
2. 影响消费者行为的文化价值观包括哪些内容？
3. 中国人消费行为有哪些特点？

【案例分析】

宝洁的跨文化营销

　　为深入了解中国消费者,宝洁公司在中国建立了完善的市场调研系统。开展消费者追踪并尝试与消费者建立持久的沟通关系。宝洁公司在中国市场研究部建立了庞大的数据库,把消费者意见及时分析、反馈给生产部门,以生产出更适合中国消费者使用的产品。广州宝洁创造性地应用其原有的营销经验和世界一流技术,完善本地产品和地区性产品,通过了解消费者的需求,生产适合中国市场的产品以及制定适合中国市场的营销策略。

　　宝洁依据中国人的特点及其他因素对产品进行改良,以适应中国的消费者。宝洁公司开始进入其他国家时采用的是美国化的产品,结果在日本推销其帮宝适纸尿布时,由于不适合日本婴儿的体型而遭到了失败。宝洁在挫折与失败中总结经验,终于成为研究和了解每一个国家和地区消费者的专家。广州宝洁的洗发用品依据中国水质和消费者发质的不同,将产品的成分作了调整,标签说明也有所变动。产品的本土化为其他方面的本土化提供了基础。

1997年,宝洁公司在中国酝酿的新产品:推出一种全新的展示现代东方女性黑发美的润发产品,取名为"润妍",意指"滋润"与"美丽"。产品目标市场面向成熟女性。产品从策划到上市,将近3年。最终推向市场的"润妍"倍黑中草药润发露强调专门为东方人设计,在润发露中加入了独创的水润中草药精华,融合了国际先进技术和中国传统中草药成分,特别适合东方人的发质和发色。广告把水墨画、神秘女性、头发芭蕾等画面进行组合,营造东方气息。同时从中国杭州起步,城市特征与产品着力营造的既现代又传统的东方美一拍即合。在产品推出时,公司举行一系列公关宣传,如赞助中国美院,共同举办"创造黑白之美"水墨画展。由此,宝洁人一丝不苟准备了三年的"润妍"才款款上路。由此,我们可以看出宝洁为跨文化营销做出了多少努力和耐心。

为产品取中国名称。这个问题看似简单,其实在我们的身边,很多国外产品在进入中国后依然使用他们原来的名称,如m&m巧克力。这样对于保持产品的国际性固然有一定的作用,但实际上对于产品的中国消费者来说,如果连产品的名称都说不清楚,又怎么能让他们记住这个品牌并成为其长期的使用者呢?宝洁在这方面做得比较好,为其每一个产品都结合产品特点取了相对应的中文名称,如飘柔(rejoice)、潘婷(pantene)、海飞丝(head & shoulders)、沙宣(Sassoon)、舒肤佳(safeguard)、玉兰油(olay)、激爽(zest)等,产品在中国进行宣传的时候就采用其中文名称,为消费者对产品的记忆提供了方便。

在广告中采用中国模特。很多中国的产品在国内进行销售的时候喜欢请外国的模特进行宣传以给人一种产品国际化的印象。与此相反,我们在中国看到的宝洁广告中不存在这一现象。大部分产品的广告就是通过一名中国家庭主妇,直接把自己使用宝洁产品的体会陈述出来。

(资料来源:http://mkt.icxo.com/htmlnews/2006/08/18/903114_1.htm.)

思考题
1. 宝洁在中国采取了哪些策略来开展跨文化营销?
2. 宝洁的营销策略对国内相关企业具有哪些参考价值?

第七章
Chapter 7

社会群体与消费者行为

【学习目标】

(1) 知识目标

通过本章的学习,理解社会群体的概念及类型;掌握参照群体对消费者心理与行为的影响;掌握口传过程与意见领袖的研究内容;了解消费习俗与消费流行的发展过程。

(2) 技能目标

掌握参照群体对消费者行为影响的分析方法。

【引导案例】

安踏的明星策略

广告宣传中若能选择目标消费者心中所崇拜的名人或偶像作为品牌的形象代言人,这将会大大增强广告宣传的感召力。这就是所谓的"明星效应"。名人和明星代言的主要目的,就是希望能够将这种魅力转移到品牌上,以吸引大众消费群体的注意度与兴趣度,进而提升品牌的知名度与接受度,赋予品牌更多的附加价值。

我们来看一个例子,国内运动品牌安踏的"明星代言"品牌推广策略。1999 年,安踏邀请世界乒乓球冠军孔令辉作为品牌形象代言人,并将"我选择,我喜欢"作为安踏的广告语,开始了安踏品牌大规模的广告宣传活动。在 2000 年悉尼奥运会,安踏又赞助了中国代表团,在奥运会期间进行强势品牌传播。中国代表团的优异成绩和孔令辉赢得冠军后亲吻胸前运动衣上面的国旗的精彩一刻,使安踏品牌几乎是在一夜之间迅速走红。

"安踏·孔令辉"明星效应在中国体育用品行业里面产生了巨大的影响,成为体育明星作为企业品牌形象代言人最为成功的典型案例之一。

> 而从1999年的世界冠军孔令辉再到NBA著名球星巴特尔、休斯敦火箭队的弗朗西斯,世界女排冠军的中国队队长冯坤、世界乒乓球冠军王皓、CBA的潜力球员王博等。安踏品牌形象代言人的选择领域可谓是越走越宽,这种品牌代言人选择领域的拓宽策略,不仅扩大了安踏品牌的影响力,更重要的是降低了品牌代言人的风险。
> （资料来源:http://www.tobaccochina.com/management/Industry/marketing.shtml.）

在日常生活中,周围的人影响着我们的购买行为。从家庭、学校到工作单位,在社会生活中,人们每时每刻都不能离开社会群体。人是群体的成员,群体提供给人们安全感、责任感、亲情和友谊、关心和支持。群体是个体的价值、态度及生活方式的主要来源,个体在群体中互动,维持了群体的活力,发展了群体的规范,巩固了群体的结构。因此,消费者作为一个群体的成员,不得不受到群体的影响。

第一节 社会群体概述

一、社会群体的定义

社会群体(group)是指那些成员间相互依赖、彼此间存在互动的集合体。从社会心理学的角度来看,简单的统计集合体、在路边看热闹的人群、喜欢看电视新闻的观众等不能归为群体之列,因为其成员之间不存在依附关系,不发生互动,在所述情况下,彼此间无丝毫影响。而学校的球队、家庭、同班同学等,则可视为群体,因为其成员是为了共同目标而组合在一起的,彼此间不但有面对面的接触,而且有频繁的互动,多方的影响。

一般来看,要构成一个社会群体必须具备以下条件:第一,成员之间具有共同的目标和利益;第二,成员之间相互依赖、彼此协作配合;第三,成员之间分享一些共同的价值观念;第四,成员在心理上有群体意识;第五,成员之间具有生活、学习和工作上的交往以及信息、思想、感情上的交流。

所有密切结合在一起的家庭是一个群体,有时由于特殊原因短暂结合在一起的几个陌生人也可以形成一个群体。如几个人同乘一辆缆车上山,由于意外事故,车被困在半山腰,在这突如其来的情况下,本来素不相识的人组成暂时性的群体,有的人出主意,有的人修机器,有的人向外呼喊求救。这些本无任何关联的人,为了共同目的,彼此互动起来。他们平安脱险后互动即告结束,在一个十分短暂的时间内,几位陌生人形成了一个临时群体。群体可以有不同的持续时间,可以像家庭那样数代延续下去,也可以在数天或数小时内解体。

大多数人都属于或希望加入趣旨各异的各种群体。群体既为人的社会化提供了场所和手段,又为个体的各种社会需要的满足提供了条件和保障。离开了家庭、邻里、朋友和其他各种类型的群体,人的很多需要无法得到满足,人的社会化也无从谈起。

从消费者行为分析角度,研究群体影响至关重要。首先,群体成员在接触和互动过程中,通过心理和行为的相互影响与学习,会产生一些共同的信念、态度和规范,它们对消费者的行为将产生潜移默化的影响。其次,群体规范和压力会促使消费者自觉或不自觉地与群体的期待保持一致,即使是那些个人主义色彩很重、独立性很强的人,也无法摆脱群体的影响。再次,很多产品的购买和消费是与群体的存在和发展密不可分的。比如,加入某一球迷俱乐部,不仅要参加该俱乐部的活动,而且要购买与该俱乐部的形象相一致的产品,如印有某种标志或某个球星头像的球衣、球帽、旗帜等。

二、社会群体的分类

社会群体的类型较多,可以按照不同标准进行分类。

(一)根据群体规模分类

根据群体规模分为大群体和小群体。规模是群体的一个主要方面。夫妻两人组成的家是最小规模的群体,数百人、数千人甚至更多的人集合在一起而形成群体。社会学家根据群体规模把群体分为小群体(small group)和大群体(large group)。当然划分的规模没有明确的标准。大群体的成员不可能熟悉每一个成员,不可能发生充分的互动,也很难产生群体归属感。而小群体则与之相反。消费者行为学所关心的是规模不大、能产生互动作用的小群体。

(二)根据群体成员接触方式分类

根据群体成员之间的接触方式可分为主要群体与次要群体。主要群体(primary group)是指成员之间经常进行面对面直接互动的群体,如家庭、邻居、工作同事、朋友圈子、兴趣小组等;次要群体(secondary group)是指成员之间偶尔或没有面对面直接互动的群体。次要群体规模一般比较大,人数比较多,群体成员不能完全接触或接触比较少。

主要群体对于市场营销者来说非常重要,因为成员之间的日常对话,很多都同消费行为有关。对于许多消费者来说,家庭是最为重要的主要群体,很多消费行为是由家庭成员共同引起的。朋友圈子也是一种相当重要的主要群体,不少有关饮料的广告,就是试图以亲密朋友相聚的场面来博得消费者认同的。工作同事也构成一个主要群体,在广告中我们也经常可以看到同事之间分享美味的快速食品或在下班后一起放松或庆贺某项成就的情景。其他一些需要成员经常会面的群体,诸如俱乐部、协会、兴趣小组等,也构成主要群体。

次要群体通常规模较大,群体对于成员的影响大都通过大众传播、公共关系或消息发布等方式来实现。这类群体是由那些同消费者有着一段距离,但又为他们所敬重的希望仿效的人所组成,其中的典型代表是消费者心目中的重要他人,像一些显赫的名人,把许多人所崇尚和向往的特质给符号化了。

(三)根据人们在社会活动中发挥的作用分类

人的社会活动主要通过两种途径进行,一个是正式的,一个是非正式的。正式的社会活动是指人们在群体中按照计划完成公开的、特定的、有目标的活动。非正式的活动主要指人与人自发的思想感情交流活动。与此相应,群体按照自身在人们社会活动中所发挥的作用,也可以划分为正式的和非正式的两种。

正式群体(formal group)是指有明确的组织目标、正式的组织结构并且成员有着具体的角色规定的群体。如学校的班级、企业的新产品开发小组等均属于正式群体。非正式群体(informal group)是指人们在交往过程中,由于共同的兴趣、爱好和看法而自发形成的群体。如集邮爱好者协会、绘画小组、球迷协会等属于非正式群体。

人们加入正式群体的意图是多种多样的,有的为了追求特定的利益,有的为了从事某种事业,有的为了扩展视野,有的为了能够会见有利于自己职业生涯的重要人物,有的可能只是为了觅得新友、获得归属而已。但是,一旦进入正式群体之中,就得遵从群体的准则和期望。又因为正式群体的成员总会在一起消费特定的产品,所以,市场营销者对于正式群体一向很有兴趣,并在针对他们的促销宣传中诉诸强制性的因素,即突出为迎合群体期望而维持成员资格所必须做出的行动。

非正式群体可以是在正式群体之内,也可以是在正式群体之外,或是跨几个群体,其成员的联系和交往比较松散、自由。人们除了完成工作和学习任务,还有交友、娱乐、消遣等各种各样的期望与需要,非正式群体往往借助于同乡会、同学会、球迷协会等形式,帮助其成员获得各种需要。非正式群体往往以共同的利益、观点为基础,以感情为纽带,有较强的内聚力和较高的行为一致性。所以,从市场营销的角度来看,非正式群体是非常重要的,尤其是非正式群体结构松散,为成员交流有关消费信息和相互影响,提供了一种极富诱导性的环境。他们以消费品为话题,不带任何功利动机,也无强制性,很有说服力。

【小案例7.1】

朋友多了路好走——今世缘酒业的友缘营销

寻求友谊已经成了生活与工作的基本动力。友谊满足了多层次的需求:带来了温暖、安全以及和朋友分享、研究的机会。有些问题是不愿意与家人讲的,只好对朋友倾诉。友谊也是成熟与独立的标志,预示着一个人与外面的世界结成了社会关系,这种关系与消费紧密相联。

于是,营销专家将友缘(友谊与缘分)作为营销的关键课题进行研究,并不断导入营销体系。余世维多次指出:朋友的观点和偏好对于消费者在最终决定选择某种产品、品牌时起着巨大作用。在诸如品牌服装、精致珠宝等奢侈品广告中均少不了友谊二字。在白酒行业,随着消费的不断升级,营销者更认识到友谊群体影响力量的巨大,加大产品推广中描绘友谊、缘分的重要性。

在这一点上,江苏今世缘酒业当属行业标杆。周素明董事长说:今世缘酒业对于友谊这个群体、对于友谊中的"缘分",一直在不停地思考、探索、升级。把"缘文化"作为"今世缘"品牌的核心,深挖"缘"字的内涵,从最简单的"友缘"逐步升级为"商缘"、"情缘"、"亲缘"、"姻缘"

等诸多方面。"今世缘"这几年的快速发展,正是得益于对友谊群体的研究,在此基础上对"缘文化"进行了充分而全面的展示,并且在不断将其做深做透。在这种"友缘文化"推动下,"今世缘"在消费者心目中的形象更加深入人心,销量实现了快速攀升。2007年销售突破10亿元,2008年销售与利税分别比上一年增长了百分之五十和百分之六十七,提前两年实现了"跻身行业十强"的目标。今年,销售将突破20亿元,并将销售30亿元目标锁定在2010年。

就在今年10月24日召开的"第六届全国工业重点行业效益十佳企业"信息发布会上,"今世缘"与"茅台"、"五粮液"、"泸州老窖"等传统名酒企业同获2008年度"中国白酒行业效益十佳企业"。这样的业绩值得所有白酒企业学习与推广。

(资料来源:http://blog.sina.com.cn/s/blog_4d5892380100g5f5.html.)

(四)根据群体所属关系分类

根据群体所属关系分为会员群体与象征群体。会员群体(membership group)是指个体已经享有会员资格的群体,如保龄球俱乐部等属于会员群体。象征群体(symbolic group)是那些愿意接受向往组织的价值、态度及行为,并热切希望加入,但实际上无法跻身其中,或者没有得到认同的群体。无论是会员群体还是象征群体,都对个体的消费行为产生着积极的影响。在日常生活中,许多人热衷于模仿他们所倾慕的群体。因此,诉诸消费者的象征动机,是广告宣传中常用的技巧之一。

(五)根据人们对群体的态度分类

根据消费者对不同群体的态度可以分为热望群体和回避群体。热望群体是指热切地希望加入,并追求心理上认同的群体。热望群体根据接触程度可分为预期性的热望群体和象征性的热望群体。预期性的热望群体是指个体期望加入并在大部分情况下经常接触的群体。例如,大部分公司的职员把公司经理层理解为热望群体。因为,在现在这样的市场经济环境下,人们把财富、名誉以及权力看做是重要的社会象征。在高级服装、化妆品广告中强调社会成功感或荣誉感的理由就是利用人们向往热望群体的心理。象征性的热望群体是个体并没有隶属于某一群体的可能性,但是接受向往群体的价值、态度及行为的群体。因此在广告中常用名人模特。

回避群体是人们不愿意与之发生联系,并且没有面对面接触的群体。只要可能,这些人会竭力避开。为做到这一点,人们会在自己身上"点缀"一些能够与之划清界限的标志,比如穿戴某种服饰、驾驶某种汽车、使用某种保健或保洁产品、在某种饭店就餐等。又如,大部分人一般回避吸毒者、黑社会等群体的嗜好、行为。大部分消费者一般在肯定的动机下更容易产生信念或态度,所以企业做广告时就更多地利用肯定的参照群体,回避群体极少单独在广告上出现。

三、与消费者关系密切的社会群体

(一) 逛商店群体

几个人一起逛商店,无论他们是买东西还是仅仅消磨时间,都可以被称为逛商店群体;这样的群体通常是家庭或者朋友群体的旁支,因此他们的功能是购买伙伴。同购买伙伴逛商店动机多种多样,比如将其视为一种社交方式,以此与人建立良好的关系;或者将其视为展示自我的方式,如展示自己的经济地位或表现自己的鉴赏能力、讨价还价的能力等。

(二) 工作群体

由于人们在工作中度过的时间很多,对于上班族来说,每周都在40小时以上。这就使工作群体有充分的机会作为影响成员消费行为的重要力量。正式的工作群体和非正式的工作群体都能影响消费者行为。正式的工作群体能有一个持续不断的机会去影响他人的相关的消费态度和行动。非正式的工作群体包括在同一公司工作并互为朋友的人,他们通常在喝咖啡和午餐的休息时间或者工作后的会面中对人们的消费态度产生影响。

(三) 虚拟群体

由于计算机和互联网的出现和普及,产生了一种新类型的群体——虚拟群体。人们进入网络中访问有特殊兴趣的网址,或者进入聊天室。在互联网上,人们可以自由阐述自己的思想,以匿名的方式与他人交往。通过访问网址或与人聊天,人们可以得到各种相关信息,当然包括有关商品或消费的各种信息。

【小案例7.2】

白酒的虚拟社区营销

"虚拟社区"的交流有助于优质产品卖得更快,伪劣产品衰败得更快。"虚拟社区"中确实有大量的知识交流,可以让消费者分辨优劣,还可以为厂家提供向特定消费群推广产品的平台。如STARTEC全球通讯公司已经启动了阿拉伯、伊朗、印度和中国消费者的虚拟社区。

"虚拟社区"的匿名使用,有一个很大的特点就是随意,不管你是谁都可以自由地表达自己的思想情感,发表自己的观点评论,甚至可以逃避不喜欢者,或批判他。同时也可以从优秀的观点中获益,还可以转换角色,比如从消费者转换为商家,并且通过交流了解更多的产品知识,进一步达成销售,还可以培养起消费者的忠诚度。

对于虚拟社区的关注与使用,白酒行业并不落后。日前,"泸州老窖"公司总经理张良明确表示,"泸州老窖"将加强"虚拟社区"的建立,利用网络的不断发展促进白酒行业的发展。据了解,"茅台"、"五粮液"等知名白酒近年来也加强了"虚拟社区"的建设,强化网络营销。

"相对于传统营销方式,网络营销以投入低、见效快、不受时间和地域限制等一系列的优势,赢得了全球范围内绝大多数企业的青睐"。知名实战营销专家张学辉认为,网络营销使广告主的投资回报率有史以来出现了革命性的提升。国外一份权威调查显示,企业在获得同等收益的情况下,对网络营销的投入是传统营销投入的1/10,而信息到达速度却是传统营销工具的5~8倍。

不少白酒企业负责人谈到,"虚拟社区"改变着亿万中国人的生活形态和生存方式。尤其是"80后"的年轻人,在学习、工作、娱乐、消费等方面已经与网络水乳交融。因此,要想抓住年轻人群的消费需求,"虚拟社区"无疑是一个绝佳的解决方案。而且,这一成长人群在未来几年将成为社会的主流消费人群,他们对白酒的购买需求和购买能力将保持持续、强劲的增长势头。无论是从现实还是长远来考虑,白酒都必须借助"虚拟社区"来加强与新生代消费人群的对话。

业内专家认为,在白酒品牌竞争异常激烈和互联网普及的情况下,白酒企业单靠传统的渠道进行营销已不能顺应时代的发展,必须开发新的渠道,那么"虚拟社区"便是一片"蓝海",谁先进入,周密策划,执行到位,就会在白酒行业竞争中赢得优势,赢得机遇,赢得市场。

(资料来源:http://blog.sina.com.cn/s/blog_4d5892380100g5f5.html.)

第二节 参照群体对消费者行为的影响

通过一般社会群体成员的分析可以解释消费者行为,但是在现实生活中,常常有人抛弃自己所属群体的观念,而向往其他群体的观念。对于这种现象,参照群体给予了较好的解释。

一、参照群体的定义

参照群体(reference group)是一个社会群体的类型,但有必要与一般的社会群体区别开。参照群体实际上是个体在形成购买或消费决策时,用以作为参照、比较的个人或群体。所以,参照群体又叫寄托群体(anchorage group)。对参照群体,有三种外延:①在进行对比时作参照点的群体;②行动者希望在其中获得或保持承认的群体;③其观点为行动者所接受的群体。

如同从行为科学里借用的其他概念一样,参照群体的含义也在随着时代的变化而变化。参照群体这一概念是美国社会学家海曼(Hyman)于1942年最先使用的。海曼所指的参照群体是指,用以表示在确定自己的地位时与之进行对比的人类群体。所以他的定义强调了能为与他人比较而且能为解决问题而使用的参照点(point of reference)。后来凯利(Kelly)把参照群体划分为:为自我评价而利用比较标准的群体和以个体的价值和规范以及态度源泉来使用的群体,提出了参照群体的规范性影响的特点。谢里夫(Sherif)把参照群体划分为个体之间有实际所属关系的群体和在心理上热望所属关系的群体,并且也把这些实际上没有所属关系但是热望所属的群体称之为参照群体。希望向上迁移的群体往往仿效上层群体的态度和行为,所以对他们来说,上层群体就是一种热望群体。从社会距离(socially distant)角度分析参照群体的一些研究表明,个体越知觉有社会距离的参照群体成员以及群体活动,就越受到此参照群体的影响。

【小案例 7.3】
兰蔻——整合搜索精准锁定目标群体

作为全球知名的高端化妆品品牌,兰蔻涉足护肤、彩妆、香水等多个产品领域,主要面向教育程度、收入水平较高,年龄为 25~40 岁的成熟女性。针对这一特征鲜明的目标人群,兰蔻为其量身定做了适合的营销模式——以聚集中国 95% 以上网民的百度搜索平台为基础,将关键字投放、品牌专区、关联广告、精准广告等不同营销形式有机地整合在一起,精准锁定了兰蔻的目标受众。在提升品牌形象的同时,也提高了广告投放转化率,拉动了实质销售。

配合新产品上市,兰蔻选择了与品牌产品相关的关键字进行投放,如青春优氧、感光滋润粉底液等,迎合受众搜索需求,确保目标受众第一时间了解兰蔻新产品信息。当你在百度网页搜索"安妮·海瑟薇"(兰蔻璀璨香水代言人)、寻找圣诞礼物、在百度知道询问化妆品信息时,兰蔻的广告就会相应呈现。这就是百度关联广告的魔力——全面"围捕",覆盖更多的潜在受众。除网页搜索外,兰蔻还充分应用百度"知道"平台,当受众检索化妆品相关问题进入问答页面后,即可看到兰蔻的关联广告信息。

品牌专区为兰蔻打造了品牌体验官网,只要在百度网页中搜索"兰蔻",即会出现一块占首屏多达 1/2 的兰蔻专属区域,通过"主标题及描述+品牌 logo+可编辑栏目+右侧擎天柱"的形式展现品牌迷你官网,以图文并茂的形式展现最新品牌及产品核心信息,提升兰蔻大品牌形象,同时向兰蔻网上商城导入流量,提高广告转化率,促进产品销售。借助搜索引擎和关键词技术,品牌专区打破传统的、单一的搜索结果展示形式,以兼具"大面积"和"图文并茂"的形式展现用户在百度中搜索的结果页面,为消费者展现更加详尽的产品信息,带给目标客户全方位的品牌体验。

凡走过必留下痕迹,凡寻找必有精准广告。百度精准广告最大的特点在于,能够精准锁定相关受众,按照广告主的需求,从上亿的网民中挑选出广告主的目标人群,保障了让广告只出现在广告主想要呈现的人面前,从而解决了媒体投放费用大部分被浪费掉的历史问题。如兰蔻"七夕情人节网上特别献礼活动"的精准广告,根据对网民搜索行为分析,即实现只投放在那些曾搜索过"情人节、情人节礼品"等相关内容的网民面前。据统计显示,通过整合各种广告形式,兰蔻的广告投入产出比达到 1:1.2,点击率提高 15%,每月贡献销售额超过 50 万元。

(资料来源:中国公共关系网. http://www.17pr.com. 有改动。)

二、群体对消费者行为的影响方式

人们总希望自己富有个性和与众不同,然而群体的影响又无处不在。不管是否愿意承认,每个人都有与各种群体保持一致的倾向。看一看班上的同学,你会惊奇地发现,除了男女性别及其在穿着上的差异外,大部分人衣着十分相似。事实上,如果一个同学穿着正规的衣服来上课,大家通常会问他是不是要去应聘工作,因为人们认为这是他穿着正式的原因。尽管我们时常要有意识地决定是否遵从群体,通常情况下,我们是无意识地和群体保持一致的。参照群体对消费者的影响,通常表现为三种形式,即行为规范上的影响、信息方面的影响以及价值表现上的影响。

(一)规范性影响

指由于群体规范的作用而对消费者的行为产生影响。所谓规范,就是群体成员共同接受的一些行为标准。群体的正式规范是写入组织规章的,但组织中大部分规范是非正式的。非正式规范是成员间约定俗成的、默契的。无论何时,只要有群体存在,无须经过任何语言沟通和直接思考,规范就会迅速发挥作用。规范性影响之所以发生和起作用,是由于奖励和惩罚的存在。为了获得赞赏和避免惩罚,成员会按群体的期待行事。企业声称,如果使用某个品牌的商品,就能得到社会的接受和赞许,利用的就是群体对个体的规范性影响。同样,宣称不使用某种产品就得不到群体的认可,也是运用规范性影响。例如,大学老师购买服装的时候一般不适宜过于炫耀的服装,因为太炫耀的着装不符合大学老师这样的知识分子群体的规范或期待。

【小案例7.4】

经典阿什齐实验

将8名被试者带进一个房间,让他们看黑板上画的四条线——其中三条紧挨在一起,另一条离它们有一段距离。然后询问他们,三条放在一起的不等长线段中,哪一条和第四条线段一样长。受试者需要公开宣布他们的判断,其中7个人是实验者安排的,他们都宣布了错误的答案。在一种受控情境下,安排了37名真正的被试者,每位被试者作18次实验即报告18次,每次报告时都没有其他人提供任何信息。结果,37人中只有2人总共犯了3次错误。在另一个实验中,50名真被试者被分别安排在其余成员均是"假被试者"的50个实验组里,在听到假被试者一致但错误的判断后,有37人总共犯了194次错误,而每种错误都与群体所犯的错误相同。

(资料来源:德尔 I 霍金斯,罗格 J 贝斯特.消费者行为学[M].北京:机械工业出版社,2007.)

(二)信息性影响

信息性影响指参照群体成员的观念、意见、行为被个体作为有用的信息予以参考,由此在其行为上做出修正。当消费者对所购商品缺乏专业知识,凭商品外观又难以对商品品质做出判断时,消费者会从各种渠道获取信息,并将那些参照群体的态度与自己的进行比较。虽然群体的影响随着产品种类和品牌而变化,但把群体作为一个信息来源则在所有的产品和品牌上都是一样的,而且,特别需要指出的是,群体成员容易相信参照群体提供的信息。一些研究表明,对于具有象征性的产品,如服装等,主要的信息来源便是人际沟通。群体在这一方面对个体的影响,取决于被影响者与群体成员关系的紧密程度,以及施加影响的群体成员的专业特征。例如,某同学发现好几位朋友都在使用某品牌手机,于是他决定试用一下,因为这么多朋友使用它,意味着该品牌一定有其优点和特色。

【案例7.5】
人员推销中的阿什齐模式

一组潜在的顾客——一些企业的老板和推销人员被带到一个地方参加销售展示。当每种设计被展现时,做演示的推销员迅速浏览群体中每个人的表情,以便发现最赞赏该设计的那个人(如他不断点头)。然后询问点头者的意见。当然,他的意见一定是赞同的。推销员还请他详尽地发表评论意见,同时观察其他人的神情,以发现更多的支持者,并询问下一个最为赞同者的意见。一直问下去,直到那位起先最不赞成的人被问到。这样,鉴于第一个人的榜样作用,以及群体对最后一个人产生的压力,推销员使群体中的全部或大部分人公开对该设计做出了正面的评价。
(资料来源:德尔 I 霍金斯,罗格 J 贝斯特.消费者行为学[M].北京:机械工业出版社,2007.)

(三)价值表观上的影响

消费者为了维持与特定群体的同一性,会经常对照其他成员的偏好和购买行为,这样,群体影响消费者行为的一个途径就是促进价值表现,即通过左右成员的购买来表现自己的价值取向。个体之所以在无须外在奖惩的情况下自觉依群体的规范和信念行事,主要是基于两方面力量的驱动。一方面,个体可能利用参照群体来表现自我,提升自我形象;另一方面,个体可能特别喜欢该参照群体,或对该群体非常忠诚,并希望与之建立和保持长期的关系,从而视群体价值观为自身的价值观。也就是说,消费者自觉遵循或内化参照群体所具有的信念和价值观,从而在行为上与之保持一致。比如,某些公司白领看到一些成功的企业家都穿休闲服饰,于是他们便改变了长期穿西装的习惯,也穿休闲服,以反映他们所理解的那种企业家的形象,希望社会认定他们属于这个群体,这表明消费者在价值表现上受到参照群体的影响。

三、决定参照群体影响强度的因素

(一)个体对群体的忠诚程度

个人对群体越忠诚,他就越可能遵守群体规范。当参加一个渴望群体的晚宴时,在衣服选择上,我们可能更多地考虑群体的期望,而参加无关紧要的群体晚宴时,这种考虑可能就少得多。最近的一项研究对此提供了佐证,该研究发现,那些强烈认同西班牙文化的拉美裔美国人,比那些只微弱地认同该文化的消费者,更多地从规范和价值表现两个层面受到来自西班牙文化的影响。

(二) 消费者的个性特征、个人的知识及经验

消费者的个性不同,受参照群体的影响程度也显著不同。一般来说,善于独立思考,具有较强的自信心,做事果敢,具有较强分析判断能力的消费者,受参照群体的影响较小;反之,做事缺乏主见,优柔寡断,对他人依赖性强的消费者,往往受参照群体的影响较深。

消费者具有丰富的产品知识和购买经验时,可以大大增强消费者的购买信心;当缺乏消费经验与购买能力时,因不能确定哪种产品对他们更合适,由此更多地依赖参照群体。

个体在购买中的自信程度,因为所购商品的不同,常常会有不同的表现。研究表明,个人在购买彩电、汽车、家用空调、保险、冰箱、媒体服务、杂志书籍、衣服和家具时,最易受参照群体影响。有些产品,如保险和媒体服务的消费,既非可见又同群体功能没有太大关系,但是它们对于个人很重要,而大多数人对它们又只拥有有限的知识与信息。这样,群体的影响力就由于个人在购买这些产品时信心不足而强大起来。

值得注意的是,消费者的自信程度并不一定与产品知识完全成正比。研究发现,知识丰富的汽车购买者比那些购买新手,更容易在信息层面受到群体的影响,并喜欢和同样有知识的朋友交换信息和意见。新手则对汽车没有太大兴趣,也不喜欢收集产品信息,他们更容易受到广告和推销人员的影响。

(三) 产品与群体的相关性

某种活动与群体功能的实现关系越密切,个体在该活动中遵守群体规范的压力就越大。例如,对于经常出入豪华餐厅和星级宾馆等高级场所的群体成员来说,着装是非常重要的;而对于只是在一般酒吧喝喝啤酒或在一个星期中的某一天打一场篮球的群体成员来说,其重要性就小得多。

(四) 产品的特点和类型

参照群体对不同产品的影响力是不同的。参照群体影响力的大小主要取决于与产品相关的下列因素:

1. 产品使用时的可见性

指当消费者使用这种产品时能否引起别人的识别和重视。一般而言,产品或品牌的使用可见性越高,群体影响力越大,反之则越小。

2. 产品的必需程度

消费者对产品的需求强度是不同的。食品、日常用品等生活必需品,消费者比较熟悉,而且很多情况下已形成了习惯性购买,此时参照群体的影响相对较小。相反,奢侈品或非必需品,如豪宅、高档汽车、游艇等产品,购买时受参照群体的影响较大。

3. 产品的生命周期

当产品处于导入期时,消费者的产品购买决策受群体影响很大,但品牌决策受群体影响较小。在产品成长期,参照群体对产品及品牌选择的影响都很大。在产品成熟期,群体影响在品牌选择上大而在产品选择上小。在产品的衰退期,群体影响在产品和品牌选择上都比较小。

三、参照群体概念在营销中的运用

企业市场营销活动中,运用参照群体概念比较多。在这里介绍较常用的方法。

(一)亲和力营销

在市场营销活动中运用参照群体的一种方法就是亲和力营销方法。亲和力营销是指把群体识别联结到消费者个人生活,从而加深消费者对会员群体(如同学会)或象征性(球迷协会)群体识别感的营销方法。例如,信用卡公司为了扩大新会员,保留原有会员,就会向大学同学会发行信用卡,并且为了提高信用卡的形象,也向电视台主持人发行信用卡,这样可以使信用卡会员(消费者)更加感到群体归属感。

(二)广告

根据不同的消费者群体采取不同效应的广告。

1. 名人效应广告

名人或公众人物如影视明星、歌星、体育明星等,作为参照群体对公众尤其是对崇拜他们的受众具有巨大的影响力和感召力。对很多人来说,名人代表了一种理想化的生活模式。正因为如此,企业花巨额费用聘请名人来促销其产品。研究发现,用名人做支持的广告较不用名人的广告评价更正面和积极,这一点在青少年群体上体现得更为明显。

一般来讲,在营销或广告上利用名人的方式大概有以下四种:一是证言,主要是基于强调人自身对该产品的实际使用,而由名人来证实该产品的品质与功效。二是名誉担保,即名人用他的名誉来保证产品的质量与功效。三是演员,即名人纯粹以广告演员的身份出现在产品的广告中。在这种情况下,名人单纯只是扮演广告片中的一个角色而已,并没有任何推荐或担保的意思。四是代言人,即名人长期担任某一产品或某一公司的代表性人物。

【小案例7.6】

应规范广告代言人的权与责

随着北京某医院"送子"神话的破灭,名人、明星为虚假广告张目的行径引起了广泛关注。北京市消协为此向社会公开发表了《致社会名人、明星的一封公开信》,建议首都社会名人、明星,在为各类报纸、期刊、电视等媒体做广告时,要提高作为社会公众人物对社会应承担责任的意识,拒绝做虚假和可能对消费者进行误导的广告。

但从当前媒体披露的情况来看,名人和明星们对此兴致不高。由此看来,以为对名人好言相劝,虚假广告就能风停雨住,未免有些天真。那么,他们为何对公众的质疑和追问如此漫不经心呢?笔者以为,最根本的原因还在于我们的法律对于广告代言人的权与责有失规范。1995年2月1日起施行的《中华人民共和国广告法》,虽然明确了广告主、广告经营者、广告发布者在广告活动中所应承担的责任,却没有规范广告代言人的权与责。例如,如果名人在广告中以某产品消费体验者的身份向我们推介某种产品,他是否应承担对产品质量进行了解,并如实相告的义务?如果名人在广告中煞有介事地说:我天天用××,而事实上他既没用过该产品,又对其质量一无所知,那么,这算不算是欺骗?要不要承担责任?事实上,由于没有相应的法律规范,使名人做广告成了只收钞票而无须承担任何责任的游戏。名人们当然就不会去管广告内容是真是假了。如此这般,也就难怪名人和明星们如此热衷广告事业了。

因此,只有通过立法规范广告代言人的权与责,对虚假广告代言人处以重罚,并为消费者上当受骗造成的损失承担连带责任,才能真正不让虚假广告借助公众人物祸害公众,进一步纯净广告市场。其实,这也有利于名人和明星公众形象的保护。

(资料来源:阿默.应规范广告代言人的权与责[N].中国经济时报,2007-08-23.)

2. 专家效应广告

专家是指在某一专业领域受过专门训练、具有专门知识、经验和特长的人。医生、律师、营养学家等均是各自领域的专家。专家所具有的丰富知识和经验,使其在介绍、推荐产品与服务时较一般人更具权威性,从而产生专家所特有的公信力和影响力。当然,在运用专家效应时,一方面应注意法律的限制,如有的国家不允许医生为药品作证词广告;另一方面,应避免公众对专家的公正性、客观性产生质疑。

3. "普通人"效应广告

运用满意顾客的证词证言来宣传企业的产品,是广告中常用的方法之一。由于出现在荧屏上或画面上的证人或代言人是和潜在顾客一样的普通消费者,这会使受众感到亲近,从而使广告诉求更容易引起共鸣。像宝洁公司、北京大宝化妆品公司都曾运用过"普通人"证词广告。还有一些公司在电视广告中展示普通消费者或普通家庭如何用广告中的产品解决其遇到的问题,如何从产品的消费中获得乐趣等等。由于这类广告贴近消费者,反映了消费者的现实生活,因此,它们可能更容易获得认可。

第三节 口传过程与意见领袖

一、口头传播的概念

口头传播是指消费者个体之间面对面地以口头方式传递和分享相关的营销信息。与其他信息传播方式相比较,口头传播具有以下特点:

1. 信息来源的可信性

口头传播是在亲戚、朋友、同事、邻居之间进行的,并不具备明显的商业性目的,常常被认为具有比商业广告或者人员推销更高的可信度。

2. 信息内容的两面性

商业广告或推销人员提供的都是关于产品或服务的正面信息,而口头传播的信息却可能包含产品缺陷或服务问题在内的正反两方面内容,不仅容易为消费者所接受,而且提高了信息本身的可信度。

3. 传播功能的多样性

口头传播传递的不仅仅是产品或服务信息,还包括消费者的个人体验;口头传播不仅起到信息提供和经验分享的作用,而且发挥购买决策建议的功能。

4. 信息传递的双向性

这表现在两个方面:一是信息传播者和信息接受者的互动。例如,某位消费者向朋友推荐他所喜欢的饭店,但朋友告诉他这家饭店的服务并非很好,价格也不便宜。双方在这里进行了信息的交流,实现了信息传递的互动。二是信息传递过程中的角色转换,信息传播者变成信息接受者,反之亦然。比如,随着朋友聊天的话题从房屋转向汽车,原来的信息传播者虽对当地的房地产市场非常熟悉,但谈及轿车购买问题,却不得不征求他人的意见,成为信息的接受者。

口头传播对消费者购买决策有着举足轻重的影响。有关学者的研究发现,口头传播对于消费者食品和家用品品牌选择的影响是广播广告的2倍、人员推销的4倍、报纸和杂志广告的7倍。在服务行业,律师、医生等专业服务提供者很少做广告或进行营业推广,主要是依赖顾客的口头传播及其相应的客户网络。

口头传播为什么会发生?为何有些消费者愿意提供和传播购物信息,而其他一些消费者又乐意打听和收集这些信息呢?

从信息传播方的角度来看,消费者之所以传播购物信息,可能出于以下几个方面的考虑:一是给自己带来某种权力与声望的感受。作为一种稀缺资源,购物信息的提供和传播意味着权力的释放和声望的提高。二是减少或消除购后的不协调。通过购物信息的提供和反馈,得到他人的认同与支持,有利于减轻或摆脱对自己购物决策的怀疑或疑虑。三是增加与其他消费者的接触和往来。即以购物信息的提供为契机,扩大自己的社会交往,获得他人的认同或接纳,并期望在将来得到"礼尚往来"的回报。

而站在信息接受方的立场上,消费者乐意向他人打听购物信息,其原因主要有:首先,获取更为可靠的购物信息。广告或推销员提供的商业信息往往被认为不够全面,甚至可能带有虚假成分,消费者常常转向亲戚、朋友或者其他成员打听购物信息。其次,降低可能的购物风险。对于那些性能复杂、规格繁多而又难以客观检测的产品,或者那些社会可视性很高的产品,消费者总是期望在购买之前能够充分听取他人的意见,以降低感知的购物风险。再次,减少信息搜寻的时间和成本。虽然在现代社会中各类营销信息充斥,但要获取有效的购物信息却可能要花费大量的时间和金钱,通过口头传播方式从亲戚、朋友或其他消费者那里获取信息,既方便省时,又成本低廉。

二、意见领袖的特征

在口头传播过程中,有些消费者要比其他消费者更加主动、更加频繁地提供购物信息,这类消费者通常被称为意见领袖(Opinion Leader)。研究发现,意见领袖受到产品类别的限制。例如,家用电器领域的意见领袖在家具或医疗服务的购买决策上可能成为信息接受者。但也有研究显示,某些消费者可能在多个并不相关的产品领域成为意见领袖。

意见领袖一般有以下几个方面的特征。

(1) 人格特征

意见领袖通常是最早出于纯粹的好奇心而试用新产品和服务的人。他们通常是社区的活跃分子,不甘寂寞。而且,意见领袖一般都比较任性,具有公开的、独特的个性,这让他们更可能以与众不同的方式去尝某些未知的而又让人感兴趣的产品和服务。此外,意见领袖通常具有高度的自信心,可能比一般人更健谈与合群,因而他们更具有影响力。

(2) 独特的产品知识

意见领袖最大的也是最明显的特征,就是对某一类产品比群体中其他人有着更为长期和深入的介入。由于某些原因,有的人对某类产品或活动有更多的知识或经验,因而在其他人看来,他在这方面更有权威。因此,意见领袖通常是和特定的产品或活动区域相联系的。

(3) 丰富的市场知识

意见领袖虽然通常是和某种产品或活动相联系的,但也有这样一些人,他们似乎了解许多种产品、购物场所和市场的其他方面信息。他们一般也愿意与人讨论产品购物,主动向他人介绍关于产品的大量信息。

【小案例 7.7】

消费意见领袖在行动

2010年3月28日一早,一辆大巴满载着70多位衣着时尚的男女行驶在去往顺义新国展的路上,其中有来自私营服装店的店主,有服装行业的品牌买手、独立设计师等,也有从热心读者中筛选出来的时尚达人。从精品传媒·消费时尚研究院(CFRI)发布"消费意见领袖"征集令后的短短一个月里,一批"有话要说"的消费者迅速聚拢起来,争取自己在各个消费领域的话语权。

本次"消费意见领袖"的新国展之行,是为完成 CFRI 与京沪(北京)进口品牌管理中心、慧聪邓白氏研究机构共同合作的一次调研活动,他们的任务是在第17届中国国际服装服饰博览会众多的参展国际品牌中,挑选出消费者最认可的品牌。手持统一设计的专业调研问卷,经过一整天严谨的考评,"消费意见领袖"们从意大利、法国、韩国、中国香港、中国台湾五大展团百余个尚未进入中国内地的品牌中,选出了自己最心仪的服装品牌。

2009年9月,CFRI针对国际品牌进行了一系列消费满意度调研,发现消费者对国际品牌的产品质量、款式设计、服务方式等都存在这样或那样的不满与失望。自2004年以来,中国奢侈品消费年增长率始终维持在15%左右的水平,但面对这样一个"超级市场",中国消费者的需求似乎并未得到国际品牌应有的重视。以媒体的力量呼吁国际各方重视"中国消费者的需求",并以此带来品牌和消费者的共赢,这是CFRI建立"消费意见领袖"的初衷,此举也正和京沪(北京)进口品牌管理中心推出的"中国特需"项目不谋而合。在这次国际服装品牌评价之后,CFRI"消费意见领袖"将在更多的主流消费领域发出属于消费者自己的声音。

(资料来源:精品购物指南.2010-04-05.)

三、口头传播、意见领袖与营销信息沟通

(一)通过产品试用引发口头传播

向潜在顾客赠送样品或鼓励试用,往往能够有效地引发产品信息在消费者之间的口头传播。一项向随机选择的女性赠送新品牌速溶咖啡的实验发现,33%的被试者在一周之内与家庭以外的其他消费者谈论过该产品。如果选择意见领袖作为被试对象,通过产品试用引发的口头传播效应则会倍增。克莱斯勒公司在推出LH系列轿车时,曾向6 000名可能的意见领袖提供周末免费试用新车的机会。结果发现,超过32 000人试开了新车,所产生的口头传播效应远远超出预先的估计。

(二)利用广告激发口头传播

许多广告旨在激起消费者对传播产品信息的兴趣。例如,电视画面展示朋友之间对产品的谈论,或者鼓励受众"告诉你的朋友"或"向你的朋友打听"购物信息,等等。这些广告往往以意见领袖为目标,激励意见领袖传播产品或服务信息,或者鼓励消费者向意见领袖了解购物信息。比如,广告描述两位女士偶然相遇,继而谈论起某个产品品牌,其中一位模仿意见领袖向另一位提出建议或忠告。

(三)开展商场促销带动口头传播

通过商场促销或人员推销带动口头传播的两条途径:一是突出产品或服务特色,激发或引导消费者议论或传播,如索尼的随身听、微软的视窗产品、Swatch的时尚手表等。另一是提供优惠条件或奖赏措施,诱导或鼓励消费者传播信息,如汽车经销商通过提供免费洗车或更换机油服务以换取顾客介绍朋友来看车。有些商家将促销目标直接对准意见领袖。例如,时装店聘请时装设计师、时装评论家和时装模特等意见领袖,组成时装顾问团,向消费者传递商店时装信息。又如,餐馆向意见领袖提供免费品尝或餐费打折等优惠条件,吸引意见领袖就餐。

（四）积极寻找和发现意见领袖

由于意见领袖在营销信息的口头传播中具有重要的作用，营销人员一直在积极寻找和努力发现意见领袖。例如，根据意见领袖对特定产品信息异常关注的特点，耐克公司营销人员选择《跑步者天地》杂志的订户作为跑鞋的意见领袖。有些产品因其特殊性质或技术含量而要求意见领袖具有较高的专业水平。比如，药剂师是药品购买的意见领袖，美容师为美容产品的意见领袖，计算机专业学生往往被其他专业学生视为计算机购买的意见领袖。随着社会经济的发展，意见领袖的影响范围和地位作用也在发生变化。例如，医生通常是药品购买的意见领袖，但随着人们对健康和营养的关注，医生在消费者对食品和日用消费品的选择与购买决策方面享有越来越重要的影响力。许多营销人员意识到这一点，纷纷将促销重点转向医生，如宝洁公司向医生促销橙汁和食用油，Nabisco公司的食品广告以医生为目标受众，桂格公司定期向医生赠送产品通讯，等等。

【资料卡7.1】

意见领袖与口碑营销

无论在全球还是在中国，发展最快的同时也是受信任程度最高的媒体是消费者自发形成的媒体，也就是大家所说的"消费者自主媒体"（Consumer-GeneratedMedia），包括博客、维基百科、社区网络、在线媒体……在"消费者自主媒体"上，人人都是传播者。在这个通讯高度发达的时代，了解消费者在谈论些什么至关重要。

市场活动者可以利用这些洞察、甄别假设和事实，获得更加真实和坦诚的消费者资讯，从产品设计、客户细分和市场定位等方面，对市场策略加以指导。这是口碑营销的一个重要方向——先是倾听的艺术，再是诉说的技术。

根据目前尼尔森对全球一亿多家"消费者自主媒体"跟踪调研的结果显示：口碑对于消费者购物决策的影响力正在逐步提升。

应该说，目前中国企业对于口碑营销的认识与应用还有局限。很多企业很大程度上只把口碑营销仅仅作为传统公关的一个组成部分，或者狭义的一个替代部分。而他们普遍还没有将口碑营销或网络口碑作为企业整合营销战略中的一个有效的组成部分。其实，他们更应该关注口碑营销如何与自我品牌推广相结合？如何有效地与电视或平面媒体的广告推广互动？如何与传统渠道或公关公司的活动有效结合？

大多数情况下，中国企业更加关注的是口碑营销在网络及媒体上的一种直接表现，比如说发帖数量，或者有多少网络上的正面评价，竞争对手的传播量是否得到有效的压制等。很多企业委托网络互动营销公司将企业信息不断在消费者社区中传递。这些信息的内容往往只关注厂商的诉求，广告色彩偏浓，在论坛社区这些网民自由交流的地方，很容易受到排斥，也容易被删除，这种让受众反感的传播手段无疑是南辕北辙。

口碑营销真正的价值在于，意见领袖所引领和推动的广大沉默的消费者所有的影响。网络上不发言的网友占据了大多数,但是他们会以周围圈子的意见来对购买行为做出决策。

意见领袖大致可以划分行业专家、时尚引领者、资深产品使用者三类。他们都在相应的领域内有足够的话语权,并且可以影响周围圈子中的一系列"沉默的大多数"。可见,找准意见领袖来进行口碑营销宣传是有的放矢。

不过影响意见领袖的前提是时时不忘监督自己的产品和公司。美国著名的口碑营销专家(查看营销专家博客)马克休斯认为,产品质量对口碑营销来说至关重要,它是口碑的命脉,你必须提供令人们赞叹,且继续赞叹的产品或服务,符合人们的期望,并以优异的服务为支柱,否则其他的那些漂亮的做法只是枉然。

此外,在口碑营销热火朝天的今天,企业更需要科学地评测口碑营销效果,从海量数据中挖掘出对自己有价值的信息,从定量分析过渡到定性分析,避免被大量不真实的数据所误导。

对口碑营销的海量数据的科学分析,不仅可以对现有的营销效果进行评估,还可以帮助企业预测未来市场趋势,从而决定产品策略。有这样一个例子:美国几年前兴起了一股关注人人健康的热潮,其中有一个重要的运动叫做"南海滩节食",这个运动非常关注食品的热量(卡路里)。当时有些企业希望借这个潮流推出自己的低卡路里新产品。但企业在投资之前必须要搞清楚一件事:这个潮流会持续多久? 当时我们经过测试发现,尽管有很多媒体和专家在谈论这个话题,但网上消费者对这个话题的谈论却越来越少,这意味着这个趋势在消费者中的影响并不像媒体宣传的那样,这个潮流也就不会持续很久。企业不适合投巨资开发新产品。我们的建议使得企业避免了投资损失。

可见,口碑营销很重要的一个应用就是对于未来的预测。企业关注论坛里的动态,可以及时发现新问题,这些问题也许在销售当中还没有出现,但可以警示未来。

(资料来源:http://www.hozest.com/Wangluoyingxiao/Wangluoyingxiao-0132.html.)

(五)努力减少或阻止消极的口头传播

口头传播对于营销信息的传递和扩散被认为是非常有效的,但也是难以控制的。负面的评价或批评意见,有时甚至是无稽之谈,通过口头传播在消费者之间扩散会直接损坏企业或品牌的声誉。可口可乐公司曾对消费者的投诉行为以及投诉的扩散效应进行调查,结果发现:对公司答复很满意的顾客,将这些正面信息仅告诉给4~5位其他消费者;认为没有得到满意答复的消费者,对9~10人谈论了自己的不愉快体验。

为此,许多企业非常重视顾客的抱怨或投诉行为,设置专人或者开通免费电话,以方便顾客与企业的沟通。顾客对产品或服务持有疑虑,随时可打电话了解情况、澄清事实;若对企业产品及其服务不满意时,可打电话表达不满、要求答复或补救,这样也就防止或避免顾客将怀疑或不满等负面信息传递给其他消费者。有时,营销人员还会通过其他途径阻止或减少消极的口头传播。比如,在广告中告诫消费者寻医问药应到正规的医院或者找有资质的医生,不要轻易听信他人意见,等等。

第四节 消费习俗与消费流行

一、消费习俗

每个国家和民族都有自己独特的历史相袭固化而形成的风俗习惯。各民族的消费习俗很多是由于自然环境和经济条件以及宗教的影响而形成的。消费习俗一旦形成,不但对日常生活消费产生直接影响,对消费心理也有一定影响,因此认识消费习俗与消费心理的关系对营销人员是十分重要的。

(一)消费习俗的特点

消费习俗是指一个地区或一个民族约定俗成的消费习惯。它是社会风俗的重要组成部分。不同国家、地区、民族的消费者在长期的生活实践中形成了多种多样不同的消费习俗。尽管如此,消费习俗仍具有某些共同特征。

1. 长期性

消费习俗是人们在长期的生活实践中逐渐形成和发展起来的。一种习俗的产生和形成,要经过若干年乃至更长的时间。人们在长期的生活中,消费习俗潜移默化地进入生活的各个方面,不知不觉产生一定的影响。

2. 社会性

消费习俗是人们在共同从事消费生活中互相影响产生的,是社会风俗的组成部分,因而带有浓厚的社会色彩。也就是说,生活消费受社会影响,才能发展成为消费习俗。

3. 区域性

消费习俗通常有强烈的地域色彩,是特定地区的产物。消费习俗的地域性使我国各地区形成了各不相同的地方风情。

4. 非强制性

消费习俗的形成和流行不是强制颁布实行的,而是通过无形的社会约束力量发生作用。约定俗成的消费习俗以潜移默化的方式发生影响,使生活在其中的消费者自觉不自觉地遵守这些习俗,并以此规范自己的消费行为。

【案例7.8】

林小姐的"关系营销"

林小姐是广州某银行市场部的客户经理,每天她要做的工作是如何联络好客户的感情,而逢年过节则是她最忙的时候。由于现代市场竞争激烈,银行揽存的任务很重,新业务的推广也多,虽然她走出校门才3年,对人情世故却已非常在行,并且精通送礼之道。

平日里,她也不敢掉以轻心,没事儿打电话联络感情,把客户请出去吃饭,有时有新上映的电影,就去买几张电影票送去,如果客户喜欢音乐,她会在著名歌手来广州时弄几张票给客户。

她本是一个机灵而又有点粗心大意的人,往往不记得自己家人的生日,也会忘记亲友的生日,但对于客户的生日或其小孩的生日记得很清楚。前不久她为一个与她年龄相仿的客户送了一个特制的生日蛋糕,用雪糕做的,很精致,让客户感动不已。今年她们银行组织去西藏旅游,她特意买了点小纪念品如念珠、唐卡、哈达回来送给一些客户,效果非常好。

这些都是细活,虽然价值不高,但对于与客户建立感情却很重要,她这几年的业绩一直很好,主要得益于她成功的"关系"营销。她说,只要你真心待别人好,心里总惦着别人,别人也会对你好。

(资料来源:http://www.vmarketine.cn.)

(二)消费习俗对消费者心理与行为的影响

消费习俗涉及的内容非常广泛,随着社会的进步,新的消费方式进入人们的日常生活,虽然给消费习俗带来了冲击,但是消费习俗对消费心理的影响仍然存在。

1. 消费习俗给一些消费者心理带来了某种稳定性

消费习俗是经过长期发展形成的,对社会生活、消费习惯的影响是很大的,据此而派生出来的一些消费心理也具有某种稳定性。消费者在购买商品时,由于消费习俗的影响,会产生习惯性购买心理,往往总是去购买符合消费习俗的各种商品。

2. 消费习俗强化了一些消费者的心理行为

由于消费习俗带有地方性,很多人产生了一种对地方消费习惯的偏爱,并有一种自豪感,这种感觉强化了消费者的一些心理活动。如广州人对本地饮食文化的喜爱;一些少数民族对民族服装的兴趣等。

3. 消费习俗使消费心理的变化减慢

在日常生活中,在社会交往中,原有的一些消费习俗有些是符合时代潮流的,有些是落伍的,但是由于消费心理对消费习俗的偏爱,使消费习俗较难发生变化。反过来,适应新消费方式的消费心理也减慢了,变化时间延长了。有时生活方式变化了,但是由于长期消费习俗引起的消费心理仍处于滞后状态,因而迟迟不能跟上生活的变化。

正是由于消费习俗对消费者心理与行为有极大的影响,企业在从事生产经营时必须尊重和适应目标市场消费者的习俗特性。尤其是在进行跨国、跨地区经营时,企业更应深入了解不同国家地区消费者消费习俗的差异,以便使自己的商品符合当地消费者的需要。

【小案例 7.9】
圣诞节——维护客户关系的关键时期

"每年圣诞节我都特别忙。圣诞节是维护客户感情的关键时期,明年收入怎么样就看它了!"李小姐说。每年 11 月份开始,李小姐就忙着列客户清单、买礼物、邮寄礼品、拜访客户。

"我的客户大部分是外企的高层管理人员,他们都过圣诞节。所以,圣诞节是和客户联络感情的最好机会,也是最关键的时机。现在做生意,个人关系很多时候还是非常重要的。"李小姐介绍,现在公司一般都选择在圣诞节互相赠送商务礼品。因为春节是中国的传统节日,家庭味道浓,圣诞节和新年,时尚气氛浓一些,至少表面上有国际化倾向。

2003年圣诞节送给客户什么礼品呢?李小姐说,"重要的客户会送外观时尚的、知名品牌的高科技礼品,没有付出,怎么会有收获呢?一般的客户就送公司统一订购的礼品。"

(资料来源:卢泰宏. 中国消费者行为报告[M]. 北京:中国社会科学出版社,2005.)

二、消费流行

(一)消费流行的含义

消费流行是指在一定时期和范围内,大部分消费者呈现出相似或相同行为的一种消费现象。具体表现为某种商品或时尚的消费者同时产生,而使该商品或时尚在短时间内成为众多消费者狂热追求的对象。此时,这种商品即成为流行商品,这种消费趋势就成为消费。

我国自改革开放以来曾经出现过几次大的消费流行,如"西服热""喇叭裤热""牛仔裤热""呼啦圈热"等。近年来,市场上的流行风潮越来越多,流行变化的节奏也越来越快,加上宣传媒体的推动作用,消费流行已成为经常性的消费现象,并对消费者的心理与行为产生越来越大的影响。

在消费活动中,没有什么现象比消费流行更能引起消费者的兴趣了。当消费流行盛行于世时,到处都有正在流行的商品出售;众多不同年龄阶段的消费者津津乐道正流行着的商品;各种各样的宣传媒体大肆渲染、推波助澜;一些企业由于抓住时机,迎合了流行风潮而大获其利,而另一些企业则由于受流行的冲击或没有赶上流行的冲击或没有赶上流行的节奏而蒙受巨大的经济损失。由此,消费流行成为企业必须予以关注的一种重要的现象。

(二)消费流行的周期

消费流行的形成大多有一个完整的过程,这一过程通常呈周期性发展,其中包括酝酿期、发展期、流行高潮期、流行衰退期四个阶段。酝酿期的时间一般较长,要进行一系列的意识、观念以及舆论上的准备;在发展期消费者中的一些权威人物或创新者开始做出流行行为的示范;进入流行的高潮期,大部分消费者在模仿、从众心理的作用下,自觉或不自觉地卷入到流行当中,把消费流行推向高潮;高潮期过去之后,人们的消费兴趣发生转移,流行进入衰退期。

消费流行的这一周期性现象对企业有重要意义。生产经营企业可以根据消费流行的不同阶段采取相应的策略。在酝酿期阶段,通过预测洞察消费者的需求信息,做好宣传引导工作。在发展期,则大量提供与消费流行相符的上市商品。在高潮期内,购买流行商品的消费者数量会大大增加,商品销售量急剧上升,此时企业应大力加强销售力量。进入衰退期则应迅速转移生产能力,抛售库存,以防遭受损失。

随着科学技术的发展和产品更新换代的加速,消费流行的周期会越来越短。这一现象可以借助心理学家荣格的研究来说明。荣格认为群体的意识和行为可以通过"心理能量"来解释。心理能量不会随发生作用而消耗或丧失,而是从一种作用形式转换为另一种作用形式,或从一个位置转移到另一个位置。就消费者而言,当人们对于一种新产品的兴趣增加时,而对于另一种产品的兴趣便会等量地减少。消费流行也是如此,当一种消费流行开始时,必然伴随着另一种消费流行的衰落。所以新产品开发速度的加快往往会导致消费流行周期的缩短。为此,企业应及时调整营销策略,以适应流行变化节奏越来越快的要求。

【资料卡7.2】

网上购物

电脑的普及加之互联网功能的完善,使越来越多的人开始喜欢网上购物,坐在家里,通过鼠标就可足不出户地购买商品。科技的进步改变了人们的生活方式,越来越多的人开始青睐于网上购物。一般通过网上银行将现金汇到指定账户后没几天商品就会寄来。

在网上购物,现金结算是否安全是许多消费者担心的问题,对此,有电子商务师表示:"网上购物火爆,是基于网上现金支付系统的完善,但只能说比较安全,不排除一定的风险及网上欺诈活动。"

网上购物最吸引人的就是其商品价格低廉。互联网电子商务经营成本低,与卖场比较起来,少了店面租金及大量人工费用的支出,而且电子商务平台为压低商品价格与传统卖场抢市场,对每件完成交易的商品抽取的"油水"比卖场少,这样就节省下来20%的成本。

在网上购物,还能同电子商务平台的管理人员砍价,有时邮费都由对方支付,即使自己支付邮费,商品还是较常规商场中的便宜。

(资料来源:李伟.网上购物[N].卓越理财,2007-10-23.)

(三)消费流行的特点

1. 时期性

商品一般在一定时期内流行,过了这段时间便不再流行。流行时间有长有短。有的产品或行为,如"魔方热""呼啦圈热",表现为人们对这些事物的狂热追求,短时间内即在大多数人中间风行,但它们往往是昙花一现,来得快,消失得也快。另外一些产品或行为,如前面所说的牛仔裤,流行的时间则相当长。也有一些流行现象,如服装的款式具有循环往复的特性。女性的裙装在一个时期内流行长款,但长到极点,变成拖地长裙后就不能再长了,便向短裙方向变化,但当超短裙短到极处时,又向长裙的方向发展。

2. 短暂性

一般来说,人们对某种事物的热情难以持久不衰,因此消费流行也只能是暂时的。其实在某种意义上,流行就意味着短暂,意味着比一般产品更短的生命周期。因为在满足物质需求的外壳下,人们购买流行商品更重要的是获取精神上的愉悦,改变旧方式,感受新事物,获得新体验,表现个性,这注定了当流行商品不再是新事物时,它对人们的吸引力就会消失,从而不得不退出市场。从另一角度看,由于人们对于流行商品进行集中性购买,尤其是当流行商品为一次性购买商品时,也会导致它的短暂性。

3. 回返性

曾经流行过的商品,束之高阁几十年后,在人们怀旧思古的情怀下,也许会重返历史舞台,成为新的流行趋势。有一位英国学者曾经这样描述过产品的流行风潮:在产品流行的 5 年前,人们视该产品为新事物;3 年前,如果有人使用,人们会认为是招摇过市,精神不太正常;1 年前使用,视之为大胆;流行当年,购买该产品是得体的表现;而 1 年后则略显土气;5 年后仍使用就会被认为是老古董;10 年后还继续使用则会招人耻笑。

4. 社会普遍性

流行是在较大范围内为大多数所追求、所仿效的现象,这一点与时髦有所不同。一般认为,时髦流行于社会上层的极少数人中间,而且它通常是以极端新奇的方式出现的,没有广大的追随者。比如,在西方上流社会,一些人以修建室内游泳池、购置豪华游艇和直升机为时髦,而这些行为对于普通民众是可望不可即的事,不可能有大批的追随者,因而也不可能在社会上流行起来。

5. 自发性

人们对流行的追求具有很大的自主性,不参与流行,不去追求流行现象,虽然在某些场合会被另眼相待,但不会受到社会的谴责和惩罚。在这一点上,流行与习俗、习惯和其他带有强制性规范的群体制度是不同的。

6. 差异性

对于流行的追随,在不同性别、不同年龄、不同性格的人群中会表现出较多的差异。从强度上看,女性较男性更热衷于流行,青年人较老年人更甚,虚荣心、好奇心、好胜心强的人也更容易参与流行。从内容上看,不同性别、不同年龄和性格的人也会表现出不同。比如,青年人中间流行穿休闲衫、剃小平头、留小胡子、唱英文歌等,而老年人中间则流行养鸟、种花、打太极拳、散步等。流行还存在社区、文化上的差别。农村流行的服饰、发式在城市可能流行不起来。同样,在城市流行的自行车、皮鞋款式可能在道路条件很差的农村地区也流行不起来。

(四)消费流行与消费行为的关系

流行在一定程度上可以促进消费者在某些商品消费上的共同偏好。不同阶层、不同社会文化和经济背景的人群,在产品和服务的消费上会呈现很大的差异性,流行则可以打破地位、等级和社会分层的界限,使不同层次、不同背景的消费者在流行商品的选择上表现出同一性。这种同一性不仅与现代的社会化大生产条件相适应,而且也有助于增加社会的同质程度和社会的凝聚力。

流行促进了人们在商品购买上的从众行为。从众实际上就是在思想上、行动上与群体大多数成员保持一致。人们之所以产生从众行为,一个主要原因是认为群体的意见值得信赖,群体可以提供自己所缺乏的知识和经验。流行事物的大量传播,朋友、同事和其他相关群体对流行现象的谈论和热衷,都将进一步强化消费者原已存在的从众心理,并促使其采取从众行为。

流行过程不同阶段的采用者,一般具有较大的心理与个性差异。流行过程大体上可以分为介绍、风行、高潮、衰落四个阶段。一些消费者可能在介绍或风行阶段就率先接受流行事物,加入到流行中,而另外一些消费者则可能在这一过程的后期才逐步接受流行事物。流行事物的早期采用者一般会体现"差异性心理",即通过带头消费别人没有使用过的商品与服务,借以显示自己的独特性。流行过程中的晚期采用者则多半会显示协调性、一致性心理,即通过购买流行产品,以跟上时代的潮流和步伐,以表明不甘独立于社会之外的心态。

本章小结

本章从消费者群体的概念出发,介绍了消费者群体的形成及类型,对主要消费者群体及其特征进行了较为详细的分析与介绍。同时,对影响消费者行为的群体规范、内部沟通、暗示、模仿与从众行为,以及消费习俗、消费流行等群体行为表现做了较为全面的介绍,对理解和掌握消费者群体的类型、主要消费者群体的特征及消费行为的基本规律具有一定的帮助。

具有共同消费特征的消费者组成的群体就是消费者群体。同一群体成员之间一般有较经常的接触和互动,从而能够相互影响。消费者之间在生理、心理特性方面存在诸多差异,这些差异促成了不同消费者群体的形成。这些消费群体成员在接触和互动的过程中,通过心理和行为的相互的影响与学习,会形成一些共同的消费观念和行为。

消费者群体内部的规范对于该群体成员都有不同程度的约束力,消费者通过内部沟通传播商品信息,对他人的消费态度和消费行为产生影响。暗示、模仿、从众行为是消费者群体中出现的特殊现象,对它们的研究对营销工作是十分有益的。消费习俗是指一个地区或一个民族约定俗成的消费习惯。它是社会风俗的重要组成部分。消费流行是在一定时期和范围内大部分消费者呈现出相似或相同行为的一种消费现象。了解并掌握这些消费行为的规律性表现对研究消费者行为非常重要。

思 考 练 习

1. 什么是参照群体?
2. 简述参照群体对消费者行为的影响方式。
3. 消费流行的特点是什么?

【案例分析】

中国奢侈品消费现状

2004年中国奢侈品消费额就已经达到60亿美元，消费人群达到总人口的13%。根据安永的研究报告，预计中国奢侈品消费市场从2008年至2015年的年均增长率为10%左右。且根据报告显示，预计到2015年，中国将从目前的全球第三大奢侈品消费国上升到第一位。从各种研究机构的数据来看，都显示中国的奢侈品消费蕴藏着巨大的能量，并呈现持续上升的趋势。总的来说，中国奢侈品消费行为具有以下特点：

消费群体年轻化。相对于国外的奢侈品消费者，中国的消费者大部分为年龄低于40岁的年轻人，而欧美地区的消费者年龄多在40至70岁之间。

消费形态以产品为主。在欧美等成熟市场，消费者注重的更多是一种奢侈的体验，比如一次奢华的假期或是一次昂贵的服务。在中国，消费者更多的则是对名表、服饰、汽车等奢侈的个人物品的追求。

消费理念及消费方式不理性。欧美发达国家消费者比较注重奢侈品的文化内涵，他们对名牌的理解更加深刻。而中国消费者过多的注重奢侈品的货币价值，很少考虑到品牌的文化意义，以及是否和自身所追求的气质相符合，从而在购买的时候缺乏明确的选择性。

消费心态尚不成熟。目前，中国奢侈品消费的人群主要有三种，一种是经济实力位于社会上层的人士。他们希望通过购买奢侈品来彰显自己，提高自己的品位，价格因素考虑得较少。第二种是以高级白领为主的人群，他们有着一定的经济实力，购买奢侈品时更多的考虑时尚性，通常会用几个月的薪水来购买一套衣服或者一个皮包。第三种是更为年轻的群体，追求潮流，他们不具有消费实力，但却有很强的消费欲望。第一种人群中有为数不少人购买奢侈品是一种炫耀性的消费。中国经济在不到40年中迅速发展起来，成就了一大批富裕者，他们急切地希望能够通过各种有形的方式向其他人炫耀自己的成就和财富，而个人奢侈品则成为最佳的对象。后两种消费群体中间有相当一部分购买奢侈品的目的在于效仿经济地位更高的人群，他们希望通过拥有某些奢侈品作为他们进入某些高收入群体的标志，哪怕由于经济实力有限，不能完全达到这些群体的消费标准，也可以通过某些奢侈品的消费获得心理上的满足。

(资料来源：http://www.syue.com/Paper/Economic/Other/26059.html.)

思考题

1. 中国奢侈品消费具有哪些特点？
2. 企业应如何在中国开展奢侈品营销？

第八章
Chapter 8

社会阶层与购买行为

【学习目标】

(1) 知识目标

通过本章的学习,掌握社会阶层的概念及类型;了解社会阶层的决定因素与测量;掌握社会阶层与消费者行为的关系。

(2) 技能目标

掌握社会阶层测量的技术。

【引导案例】

中国新富阶层的奢侈品消费潮

国家博物馆今年5月举办的"路易威登"专题展引起是否该为奢侈品消费文化做推广的争议。眼下,国博又在举办意大利奢侈珠宝品牌宝格丽(BVLGARI)的艺术展。按照世界奢侈品协会与中国贸促会今年夏天联合发布的《世界奢侈品协会2011官方报告蓝皮书》统计,意大利奢侈品牌在全球的销售份额中60%都卖给了中国人,而中国奢侈品市场消费总额目前已占据全球份额的1/4。

中国经济和国民消费实力的增长速度这几年引起了国外奢侈品厂商的重视,而法国、英国、美国等奢侈品主要生产国的媒体也格外关注中国人的奢侈品消费,相关报道隔三差五就会出现。英国《金融时报》前不久称,欧美多个奢侈品牌展开"中国调查",得到的结论是,中国奢侈品消费市场有了新变化——男性更爱买包,而女性青睐名酒和跑车。《经济学家》称,中国消费者在国内外采购奢侈品的增长必须用"爆炸式"来形容。

按照韩国《朝鲜日报》的推算,中国奢侈品的消费金额是韩国的2.5倍。如果考虑到人口数量,韩国人奢侈品的消费能力远在中国人之上。韩国人喜欢名牌的原因与中国人差不多,很多是出于炫耀。但《朝鲜日报》还是评论说,中国消费者之所以对高价名牌趋之若鹜,很大程度上是不考虑自己经济能力的炫耀心理在作怪,部分中国消费者有很强的欲望通过名牌炫耀自己。

新西兰奥克兰理工大学商务学者乔治·海纳曼曾撰文分析中国的消费者购买奢侈品牌的动机。他认为,中国在20世纪大部分时间里,由于闭关锁国、价格难以接受等原因,奢侈品一度消失。现在中国对外开放,中产阶级蓬勃兴起,他们能够买得起奢侈品。消费者怀着极大的热情购买奢华品,成了一种自我表现和对过去所受压抑的充分释放的手段。另外,消费者购买奢侈品并将其炫耀一下成了"爬升到一个社会阶层的符号"。

(资料来源:http://news.sina.com.cn/c/sd/2011-09-13/141523147913.shtml。)

第一节 社会阶层概述

一、社会阶层的含义

社会阶层(social class)指一个社会按照其社会准则将其成员分为相对稳定的不同层次。由于种种社会差异成分以及社会成员多样化取向的存在,一个社会必定会形成一定的社会分层体系,而处在不同状态和社会位置的社会成员就构成了不同的社会阶层,处在相同状态和社会位置的社会成员则组成了同一个社会阶层。同一社会阶层由具有相同或类似社会地位的社会成员组成。社会阶层是一种普遍存在的社会现象,不论是发达国家还是发展中国家,不论是社会主义国家还是资本主义国家,均存在不同的社会阶层。每一个体都会在社会中占据一定的位置,有的人占据非常显赫的位置,有的人则占据一般的或较低的位置。这种社会地位的差别,使社会成员分成高低有序的层次或阶层。

社会阶层产生的原因首先是社会分工和财产的个人所有。社会分工形成了不同的行业和职业,并且在同一行业和职业内形成领导和被领导、管理和被管理的关系。当这类关系与个人的所得、声望和权力联系起来时,就会在社会水平分化的基础上形成垂直分化,从而造成社会分层。另外,个体获取社会资源的能力和机会是不同的,这也是社会阶层形成的重要原因。所谓社会资源,是指人们所能占有的政治权力、经济利益、职业声望、生活质量、知识技能以及各种能够发挥能力的机会和可能性,也就是能够帮助人们满足社会需求、获取社会利益的各种社会条件,这也导致社会阶层的形成和分化。

每个消费者都处于一定的社会阶层。同一阶层的消费者在行为、态度和价值观念等方面具有同质性,不同阶层的消费者在购买、消费、沟通、个人偏好等方面存在较大的差异。因此,研究社会阶层对于深入了解消费者行为具有特别重要的意义。

二、社会阶层的特征

(一)社会阶层的地位性

社会阶层展示一定的社会地位。一个人的社会阶层是和他的特定的社会地位相联系的。处于较高社会阶层的人,必定是拥有较多的社会资源,在社会生活中具有较高社会地位的人。他们通常会通过各种方式,展现其与社会其他成员相异的方面。社会学家凡勃仑提出的炫耀性消费,实际上反映的就是人们显示其较高社会地位的需要与动机。由于决定社会地位的很多因素,如收入、财富不一定是可见的,因此人们需要通过一定的符号将这些不可见的成分有形化。凡勃仑认为,每一社会阶层都会有一些人试图通过炫耀性消费告诉别人他们是谁,处于哪一社会层次。研究发现,即使在今天,物质产品所蕴含、传递的地位意识在很多文化下仍非常普遍。

传统上,人们通过购买珠宝、名牌服装、高档汽车等奢侈品或从事打高尔夫球、滑雪等活动显示自己的财富和地位。今天,这一类显示地位的手段或符号仍然被很多人运用。然而,随着社会的变迁和主流价值观的变化,它们的表现方式、作用都在发生变化。比如,随着收入水平的提高,很多奢侈品已成为众多人的必需品,"旧时王谢堂前燕,飞人寻常百姓家"。那些只有上层社会才消费得起的产品和服务已经或正在开始进入大众消费领域,这些产品作为"地位符号"的基础开始动摇。另一方面,越来越多上层社会的消费者对通过消费显示其财富和地位感到厌倦,他们更向往简单、朴素,过普通人的生活。一项研究发现,那些似乎只有富翁才买得起的产品,其购买者往往都是那些"假富翁"。

(二)社会阶层的多维性

一个人所处的社会阶层是由他的职业、收入、财产、教育和价值取向等多种变量而不是由其中的单一变量决定的。决定社会阶层的因素既有经济层面的因素,也有政治和社会层面的因素。在众多的决定因素中,某些因素比另外一些因素起更大的作用。收入、职业、住所等常被认为是决定个体处于何种社会阶层的重要变量,也有人认为职业是表明一个人所处社会阶层的最重要的指标,原因是从事某些职业的人更受社会的尊重。

(三)社会阶层的层级性

从最低的地位到最高的地位,社会形成一个地位连续体。不管愿意与否,社会中的每一成员,实际上都处于这一连续体的某一位置上。那些处于较高位置上的人被归入较高层级,反之则被归入较低层级,由此形成高低有序的社会层级结构。社会阶层的这种层级性在封闭的社会里表现得更为明显。

层级性使得消费者在社会交往中,要么将他人视为与自己同一层次的人,要么将他人视为比自己更高或更低层次的人。这一点对企业分析市场十分重要。如果消费者认为某种产品主要被同层次或更高层次的人消费,他购买该产品的可能性就会增加;反之,如果消费者认为该产品主要被较低层次的人消费,那么他选择该产品的可能性就会减少。

(四)社会阶层的限定性

社会阶层的限定性主要指对个人行为的限定性。大多数人在和自己处于类似水平和层次的人交往时会感到很自在,而在与自己处于不同层次的人交往时会感到拘谨甚至不安。这样,社会交往较多地发生在同一社会阶层之内,而不是不同阶层之间。同一阶层内社会成员的更多的互动,会强化共有的规范与价值观,从而使阶层内成员间的相互影响增强。另一方面,不同阶层之间较少互动,会限制产品、广告和其他有关信息在不同阶层人员间的流动,使得彼此的行为呈现更多的差异性。

(五)社会阶层的同质性

社会阶层的同质性是指同一阶层的社会成员在价值观和行为模式上具有共同点和类似性。在交往过程中,同一阶层由于相似的经济状况、性格、兴趣而导致共同的消费取向。每一阶层都有类似的价值观、态度和自我意识,对品牌、商店、闲暇活动、大众传播媒体等都有相同的偏好,有类似的消费需要和购买行为。这种同质性很大程度上由他们共同的社会经济地位所决定,同时也和他们彼此之间更频繁的互动有关。对营销者来说,同质性意味着处于同一社会阶层的消费者会订阅相同或类似的报纸,观看类似的电视节目,购买类似的产品,到类似的商店购物,这为企业根据社会阶层进行市场细分提供了依据和基础。

(六)社会阶层的动态性

指个体所处的社会阶层不是固定不变的,人能够在一生中改变自己所处的阶层。个体可以由较低阶层晋升到较高阶层,也可能由较高阶层降至较低阶层。越是开放的社会,社会阶层的动态性表现得就越明显;越是封闭的社会,社会成员从一个阶层进入另一个阶层的机会就越小。社会成员在不同阶层之间的流动,主要有两方面原因。一是个人的原因,如个人通过勤奋学习和努力工作,赢得社会的认可和尊重,从而获得更多的社会资源和实现从较低到较高社会阶层的迈进。二是社会条件的变化。如在我国文化大革命时期,知识分子的社会地位很低,但改革开放以来,随着社会对知识的重视,知识分子的地位不断提高,作为一个群体它从较低的社会阶层跃升到较高的社会阶层。一般而言,社会流动越畅通,社会流动率越高,就越能调动社会各个阶层尤其是中低层社会成员的积极性,使他们对个人的社会地位的前途充满希望,坚信可以通过个人后天的努力奋斗,上升到更高层次的社会地位,体现个人更高的价值。

第二节　社会阶层的决定因素与测量

一、社会阶层的决定因素

社会学家吉尔伯特(Jilbert)和卡尔(Kahl)将决定社会阶层的因素分为三类:经济变量、社会互动变量和政治变量。经济变量包括职业、收入和财富;社会互动变量包括个人声望、社会联系和社会化;政治变量则包括权力、阶层意识和流动性。下面主要介绍其中与消费者行为研究特别相关的几个因素。

（一）职业

在大多数消费者研究中,职业被视为表明一个人所处社会阶层的最重要的单一性指标,是研究一个人所属社会阶层的最基本、最重要的线索。由于职业在一定程度上反映出一个人的知识层次、专业特长、收入水平,因此,根据所从事的职业可以大体确定人们的生活方式和消费倾向。不同的职业,消费差异是很大的。比如,蓝领工人的食物支出占收入的比重较大,而经理、医生、律师等专业人员则将收入的较大部分用于在外用餐、购置衣服和接受各种服务。在大多数国家,医生、企业家、银行家和科学家是备受尊重的职业。近些年,随着信息产业的迅速发展,与信息技术相关的职业如电脑工程师、电脑程序员等职业日益受到社会青睐。

（二）个人业绩

一个人的社会地位与他的个人成就密切相关。同是市场部经理,如果你比别人争得更多客户,拿到更大的订单,在业内产生很大的影响,你就会获得更多的荣誉和尊重。平时我们说"某某教授正在做一项非常重要的研究课题","某某是这个医院里最好的外科医生",就是对个人业绩所做的评价。衡量个人业绩方面可以用收入这一指标。一般来说,在同一职业内,收入居前的人,很可能是该领域内最受尊重和最有能力的人。

个人业绩也涉及非工作方面的活动。也许某人的职业地位并不高,但他或其家庭仍可通过热心社区事务、关心他人、诚实善良等行为品性赢得社会的尊重,从而取得较高的社会地位。

（三）收入

原来,收入几乎是社会阶层(从而是购买行为)的唯一指示器,而且有关收入的数据极易获得,所以学者们凭借收入的不同,便可清楚地区分出阶层。但是随着经济的发展,人们的收入普遍提高,在许多地方收入差距日渐缩小,再加上其他因素(比如累进税制),依据收入就很难来预测消费模式了。学者们发现,价值观念和参照群体的不同,会使收入相近的消费者做出不同的选择。这样,收入必须结合其他变量,方能说明社会阶层的差异。另外,收入可以分成两个方面来看,一是收入总额,一是收入来源,它们之间存在着一定的相关。比如收入来源是公共福利、救济或计时工资的,在收入总额上肯定不及收入来源是利息、分红、继承遗产或年薪的,在我国城市中,属于所谓工薪阶层的,收入差距甚是悬殊。还有,由于种种原因,我们社会中的隐蔽性收入占了不小的比例,所以在进行调研或统计时极难获得准确的资料。这或许也是许多企业在预测市场前景时屡屡失误的原因之一。

【资料卡 8.1】

美国人眼中的中产 6 大标准

①是否拥有住宅,房奴不算

②是否拥有汽车,豪车优先

③子女是否能接受良好的大学教育

④是否有退休保障,保持工作时 80% 的收入

⑤是否有医疗保险,要让大病大灾有保障

⑥家庭是否有度假,每年至少两周的带薪休假

中国中产标准

①收入及财富水平:个人年收入 6 万以上

②学历:具有中等以上国民教育学历水平

③劳动方式:从事以脑力劳动为主的职业

④就业能力:具有专业技术资格,职业具有较高回报

⑤职业权力:有一定的调度权及发言建议权

⑥生活方式:中等以上消费水平,有丰富的精神文化需求

⑦中产阶级至少有一套房子,多数有一辆车子

(资料来源:http://qjwb.zjol.com.cn/html/2010-11/26/content_621086.htm?div=-1.)

(四)教育

在发达国家,职业类型和收入高低,和所受教育的程度密切相关。在我国,由于历史原因,存在脑体倒挂的现象,教育水平与收入水平之间相关度还不是很高。但是随着改革开放的深入和技术的发展以及职业的专门化,这种状况势必有所改变,受过高等教育的一个新精英阶层(由各类专业人才组成)定会异军突起。现在随着网络经济的发展,对知识的需求越来越高。知识阶层形成一个新的生活方式。比如,据中国互联网信息中心(CNNIC)-T2000 年 7 月在网上的调查结果来看,我国上网人数已经达到 1 690 万,其中具有大专学历以上者占 84.47%。他们不仅改变自己的个人生活方式,而且也改变他们在市场中的地位。

(五)财物

财物包括几个方面,一是住房的种类,一是住房所在的地区,一是除了不动产之外的一些具有地位象征的物品。财物是一种社会标记,它向人们传递有关其所有者处于何种社会阶层的信息。拥有财物的多寡以及财物的性质同时也反映了一个人的社会地位。对财物应作广义的理解,它不仅指汽车、土地、住房、股票、银行存款等我们通常所理解的财物,也包括受过何种教育、在何处受教育、在哪里居住等"软性"财物。名牌大学文凭、名车、豪宅、时尚服饰,无疑是显示身份和地位的标志。这些因素都在社会阶层的划分中起到重要作用。但就目前而言,

能够买得起这些象征地位财物的人毕竟还是少数,不过,他们这些人在某些商品市场上的作用却不容低估。在我国现阶段,一些能够代表或象征社会地位的物品,往往是常人所支付不起的高档商品,如私人轿车等。

(六)社会互动

诚如前面所指出的,大多数人习惯与具有类似价值观和行为的人交往。在社会学里,强调社会互动的分析思路被称为"谁邀请谁进餐"学派。这一派的学者认为,群体资格和群体成员的相互作用是决定一个人所处社会阶层的基本力量。

社会互动变量包括声望(Prestige)、联系(Association)和社会化(Socialization):声望表明群体其他成员对某人是否尊重,尊重程度如何。联系涉及个体与其他成员的日常交往,他与哪些人在一起,与哪些人相得好。社会化则是个体习得技能、态度和习惯的过程。家庭、学校、朋友对个体的社会化具有决定性影响。到青春期,一个人与社会阶层相联系的价值观与行为已清晰可见。虽然社会互动是决定一个人所处社会阶层非常有效的变量,但在消费者研究中它们用得比较少,因为这类变量测定起来比较困难,而且费用昂贵。

(七)价值取向

个体的价值观或个体关于应如何处事待人的信念,是表明他属于哪一社会阶层的又一重要指标。由于同一阶层内的成员互动更频繁,他们会发展起类似和共同的价值观。这些共同的或类似的价值观一经形成,反过来成为衡量某一个体是否属于此一阶层的一项标准。不同社会阶层的人对艺术、对抽象事物的理解以及对金钱和生活的看法不同,实际折射的就是价值取向上的差异。

(八)阶层意识

阶层意识是指某一社会阶层的人意识到自己属于一个具有共同的政治和经济利益的独特群体的程度。人们越具有阶层或群体意识,就越可能组织团体等来推进和维护其利益。从某种意义上说,一个人所处的社会阶层由他在多大程度上认为他属于此一阶层所决定。

一般而言,处于较低阶层的个体会意识到社会阶层的现实,但对于具体的阶层差别并不十分敏感。例如,低收入旅游者可能意识到星级宾馆是上层社会成员出入的地方,但如果因五折酬宾而偶然住进这样的宾馆,他或她对出入身边的人在穿着打扮、行为举止等方面与自己存在的差别可能并不特别在意。在他们眼里,星级宾馆不过是设施和服务更好、收费更高的"旅店"而已,地位和阶层的联系在他们的心目中如果有的话也是比较脆弱的。相反,经常出入高级宾馆的游客,由于其较强的地位与阶层意识,对于星级宾馆这种"来者不拒"的政策可能会颇有微词。

二、社会阶层的测定

决定社会阶层的因素较多,并且这些因素的作用也是不一样的。所以,划分社会阶层很不容易。从市场营销的角度来看,划分社会阶层的目的在于更加明确目标市场的购买或消费方式。那么如何测定社会阶层呢?有主观测定法、声望测定法和客观测定法等。

(一)主观测定法

主观测定法就是让研究对象自己来估价自己的社会地位,把自己归入研究者供其选择的一系列社会阶层之一。例如以"在以下阶层中你自己属于哪种阶层?"的内容来让研究对象选择自己所估价的社会阶层:最低阶层、下中阶层、上中阶层、上阶层。这种方法立足于研究对象的自我知觉或自我意象,可以反映出研究对象的归属感或认同感。搞清了研究对象的阶层意识,便可在一定程度上预测他们的消费行为。但是这种方法的缺点是过多的人把自己归入中间阶层,而实际上他们中的一些应属更高或更低的阶层。出现这种倾向的原因,可能是研究对象本身无法精确地估价自己在社会阶梯上的位置,也可能是不少人(尤其是较低阶层)更愿将自己说成是中间阶层。

(二)声望测定法

声望测定法是让消费者评估其他人的社会地位或声望,将之归入某一社会阶层。这种方法常在规模不是很大的社区内实行。研究者首先选出若干消息灵通人士,然后让他们对社区中其他人的社会阶层的成员资格逐一做出判断。这种方法要求研究者具备高超的收集和分析定性材料的技巧,且费用较大。

(三)客观测定法

客观测定法依据特定的社会经济变量来评判消费者所属的社会阶层。客观测定法又分为单一变量指标法(single-variable indexes)和复合变量指标法(composite variable indexes)。单一变量指标法就是仅用一个社会经济变量(比如职业或收入)来评判消费者所属的社会阶层,而复合变量指标法则是同时参照数个社会经济变量(诸如职业、收入、住房、教育、居住地区、社交圈子等)来评价消费者所属的社会阶层。由于复合变量指标能比单一变量指标更好地体现出社会阶层的复杂性,所以研究者还是偏爱前者为多。在具体操作上,他们通过问卷来让消费者回答一些事实性的问题,然后给不同的因素配以不同的加权值,经过计算便可得知消费者应该属于哪一阶层。

在社会阶层测定中,还存在着一些问题。首先,在给家庭所属的阶层定位时,通常是根据一家之主(在西方即是男性)的状况来评估的,而当今在西方不少女性也走上了工作岗位,所以,误差就很显著。类似的测定方法运用到中国社会,误差恐怕也很大。因为,在我国一般城市家庭,夫妻都有工作。因此,在测定我国社会阶层时,不仅在主要因素上要重新考虑,而且在测定对象上要灵活选择,或者兼顾夫妻双方。

其次,有些单项指标并不一定反映所属阶层的特征。比如,收入虽与阶层密切相关,但在同一阶层内,收入的差距有时较大。那些偏离自己所属阶层平均收入较远(过多或过少)的家庭,在消费模式上肯定不能仅凭他们所属的阶层来预测。

再次,研究者所赋予影响社会阶层因素的加权值不同,所以,所划分的社会阶层有较大的出入。也就是说,赋予加权值有较大的主观性。

三、社会阶层的划分

对于社会阶层划分,一直以来存在两个重要的理论传统,即马克思主义传统和韦伯主义传统。马克思强调社会分工、生产资料的占有、财产所有制对社会阶层划分的决定性意义。韦伯虽然与马克思一样强调经济因素但更注重市场能力和市场中的机会对社会阶层划分的意义。但无论哪一种理论传统对现代社会阶层的划分都采用了多元的分类原则或标准。

社会阶层的划分应考虑这样一些原则:首先,职业原则与其他一些原则相比,具有不可替代的可操作性。其次,社会中职业位置也具有资源分配与占有的关系特性。比如,在我国原有的计划经济体制下,社会资源(包括日常消费品、住房、福利)等由单位统一分配,在分配过程中,不仅处于资源分配者位置的职业具有优势,而且那些接近资源分配权力中心的职业位置,也同样居于优势地位。在这些优势位置之外的职业,则按照统一的分配方式,如工龄、年龄、技术职称、行政职务等。因此,职业位置同时也是一种资源分配的位置。

根据中国社会科学院 2002 年对中国社会各阶层的调查,当前中国社会可以划分为十大社会阶层。具体如下:

①国家和社会管理者阶层:指在党政、事业和社会团体机关单位中行使实际的行政管理职权的领导干部,在整个社会阶层结构中约占 2.1%,是当前社会经济发展及市场化改革的主要推动者和组织者。

②经理人员阶层:指大中型企业中非业主身份的高中层管理人员,所占比例约为 1.5%。是市场化改革最积极的推进者和制度创新者。

③私营企业主阶层:指拥有一定数量私人资本或固定资产并进行投资以获取利润的人。按照现行政策规定,即包括所有雇工在 8 人以上的私营企业的业主。这一阶层目前在整个社会结构中约占 0.6%。这一阶层的政治地位无法和其经济地位相匹配,但他们是先进生产力的代表者之一,是社会主义市场经济的主要实践者和重要组织者。

④专业技术人员阶层:指在各种经济成分的机构中专门从事各种专业性工作和科学技术工作的人员,约占 5.1%。是先进生产力和先进文化的代表者之一,还是社会主导价值体系及意识形态的创新者和传播者,是维护社会稳定和激励社会进步的重要力量。

⑤办事人员阶层:指协助部门负责人处理日常行政事务的专职办公人员,所占比例约为4.8%,是社会中间层的重要组成部分,未来十几年仍会增加。

⑥个体工商户阶层:指拥有较少量私人资本(包括不动产)并投入经营活动或金融债券市场而且以此为生的人,如小业主或个体工商户(有足够资本雇用少数他人劳动,但自己也直接参与劳动和生产经营的人),还包括小股民、小股东和出租少量房屋者,这一阶层目前在整个社会结构中所占比例为 4.2%。该阶层的实际人数比登记人数多得多。这一阶层是市场经济

中的活跃力量。

⑦商业服务人员阶层:指在商业和服务行业中从事专业性的、非体力的和体力的工作人员,这一阶层目前在整个社会结构中所占比例约为12%。

⑧产业工人阶层:指在第二产业中从事体力、半体力劳动的生产工人、建筑业工人及相关人员,约占22.6%左右,其中农民工占产业工人的30%左右。经济改革以来,该阶层的社会经济地位明显下降,其人员构成发生了根本性的变化。

⑨农业劳动者阶层:这是目前中国规模最大的一个阶层,是指承包集体所有的耕地,以农(林、牧、渔)业为唯一或主要职业及收入来源的农民,所占比例为44%。这个阶层几乎不拥有组织资源,在整个社会阶层构成中的地位比较低。

⑩城乡无业、失业、半失业者阶层:这是特殊历史过渡阶段的产物,是指无固定职业的劳动年龄人群(排除在校学生),所占比例约为3.1%。目前,这一阶层的数量还在继续增加。

这十大阶层的划分是以职业分类为基础,以组织资源、经济资源和文化资源的占有状况为标准。虽然"职业"本身并不能直接代表社会阶层,但它比较全面地勾画或描述了当代中国社会分化的具体图像,具有重要的现实意义。在构成比例中,农民所占比率最大,达到44%。由于农民的购买力是有限的,因此,在我国,商品的价格仍是很多人考虑是否购买的主要因素。虽然商业人员及个体经营者等中产阶层尚未发展成为主要阶层,但中产阶层的发展将是一种趋势,而中产阶层对商品消费的数量和质量都会有较大的提高,这对很多企业来说,是不容忽视的一个市场。

对于社会阶层的划分,不同国家和社会有不同的标准。比如在美国的消费者研究中,划分的标准包括职业、财富水平、价值观与消费倾向等,这对我国的研究有一定参考意义,具体内容如下:

(1) 上上层(占总人口0.3%)

最上层是继承大量遗产、出身显赫的达官贵人。他们的收入主要是财产继承。强调自我表现,期望致力于慈善和公共服务事业。在消费中,倾向穿保守,但极其讲究,避免夸张的购买,购买高质量商品,具有"高品位消费"的思想。部居住在密封的新式住宅,部分住乡间别墅,还有人住在其他社会聚集区。他们代表珠宝、董、假日旅行市场。由于数量很少,最上层成了其他群体的参考群体。

(2) 上下层(占总人口1.2%)

典型职业是新兴精英、高级专家及公司高级管理人员。他们靠自己的努力获得成功,获得丰厚的收入,一般在社区事务和公共事物上表现活跃。由于在职业和业务方面能力非凡,因而拥有高薪和大量财产。在消费方面趋于摆阔、挥霍、浪费,喜欢奢侈品,如穿顶级品牌的服装。因为这一阶层人们的志向是被纳入最上层,在未实现之前,他们往往借助于高档服装和珠宝首饰来提高自己的地位。

(3)上中层(占总人口 12.5%)

由正宗的大学毕业的管理人员和专业人员构成。上上层、下上层和上中层三个群体控制了美国社会的大部分财富,拥有 2/3 的证券资产和近 2/3 的实际资产。上中层的人没有高贵的家庭出身,但有很强的事业心和很高的成就感。他们关心的是"职业前途",重视教育,善于构思和接触"高级文化",在消费中对可选品牌进行仔细的评估,强调高质量、高价值和良好的品位,而不是地位。

(4)中产阶层(占总人口 32%)

这一阶层主要包括"白领"和高级"蓝领"。能赚到平均水平的收入,并有机会向上流动。他们追求"体面",努力做"比较适合的切合身份的事"。具有认真工作的习惯,并遵守社会规范。也有一部分人崇尚现代价值观念,购买当前流行商品,喜欢追逐中上层的脚步。平常关心全国性的新闻,重视家庭,愿意生活在"条件更好的城镇地区"。在消费中更可能用信用卡、顶尖电子设施和购买著名设计师的服装。由于全球沟通和对美国生活方式的接受,世界各国的中产阶层消费都有趋同的倾向。

(5)工人阶层(占总人口 38%)

这一阶层属于技术工或半技术工的蓝领阶层,他们也谋求一定的地位,主要追求的是安全,依赖于朋友和亲属在感情上的支持,"保护他们的既得利益"。这种阶层的丈夫,有一种强烈的"大男子主义"形象,生活浪荡不羁,往往是各种体育运动的发烧友和参与者,喜欢穿粗犷、简洁、牢固的服装。消费中很少有计划性,有冲动性购买的习惯。关心当地新闻,假期内喜欢与家人在当地名胜玩,领导着"工薪阶层"的生活方式。

(6)下层(占总人口 9%)

这一阶层的消费者受教育程度大都较低,因而属于低薪收入阶层,甚至生活仅在贫困线上一点儿,为了生计,整天忙碌于工作与生活中,很少有精力和兴趣去关心社会时尚的变化,多从事无技能的工作,消费上多是习惯型的购买者,喜欢购买实用价廉的商品。

(7)最下层(占总人口 7%)

最下层人靠社会福利生活,明显贫困,常没有工作,收入处于社会最低层,全靠公共救济或慈善事业,几乎没有受过什么教育。没有固定的购买模式,购买行为常具有冲动性,他们是低档商品的购买者。

【小案例 8.1】

社会阶层的聚变

社会各阶层的流动带来了诸多商机。从 1978 年以来,中国的职业结构趋于高级化,所谓高级化就是白领和专业性职业越来越多于蓝领职业。具体而言,企业管理者、专业技术人员、行政人员、商业人员和服务人员增长迅速。

对于其增长的原因,《当代中国社会流动》的作者认为,市场化是"经",现代化是"纬",这两者的共同作用推动了中国职业结构的增长趋于高级化。这一方面为社会成员的向上流动提供越来越多的空间;另一方面,也改变了消费结构。例如,随着收入增加,非基本消费的比重提高,人们所购买的商品越来越"高级化"。以正在扩大的中产阶层为例,他们将购买商品房、私人汽车,是定期旅游休假和相应文化、社交消费的主体。消费文化也发生了改变:其一是出现消费分层,消费自主性增加,大众实用消费品有了特定的需求;其二是地位分层,随着中产阶层的增多,出现了消费名牌而彰显身份的"地位消费"。据调查,目前"中产"的比例已经达到35%。白领群体在个性化和炫耀性消费方面远远高于普通人均水平。与此同时,一些新的专业化职业也随之出现,如保姆、小时工、家庭服务员、老年护理工、育婴师、插花师、盆景制作员、动物摄影师、色彩搭配师、健身教练、心理医生和胎教员等。这些新兴的职业有很多可以演变为创业的机会,一些大城市就出现了不少心理咨询事务所。另外,城市发展所聚集起来的各类资源还有可能对周边的非城市地区产生辐射,从而带动非城市地区的产业结构升级和职业结构变迁。

(资料来源:http://info.china.alibaba.com/news/detail/v0-d5396984.html.)

第三节 社会阶层与消费者行为

社会阶层是在"属于不同社会阶层的消费者在购买动机上有差异"的假设下被市场营销者所引用的概念。所以,社会阶层就成为细分市场的一个标准。但是影响消费者行为的环境因素比较多,社会阶层并不是影响消费者行为的唯一的环境因素。那么不同的社会阶层在消费者行为上存在哪些区别? 为维持一定的社会地位,有时需要购置一些具有象征意义的产品;因羡慕一定的社会地位,有些消费者会模仿哪个阶层的消费行为,这些又有怎样的具体表现呢? 而且企业根据社会阶层的特点应该采取哪些营销策略呢?

一、不同社会阶层消费者的行为差异

根据一些研究结果来看,不同社会阶层消费者行为在生活方式或购买方式上具有一定的差异。

(一)在产品的选择和使用上有差异

像服装这类具有象征意义的产品,消费者大都根据自我意象或者根据自己所属阶层的知觉来选购;而像家庭的日常用具,则更多地取决于收入。一些研究表明,尽管各个阶层的妇女都对时装怀有兴趣,但上层和中层的妇女比下层的妇女在这方面的卷入度要高,表现为更多地阅读时装杂志、参观时装表演、与朋友和丈夫讨论时装,原因可能在于上层的妇女在时装的品味上也有差别。例如,中下层的消费者更加偏好T恤,当然T恤上印有一些名牌标志或所景仰的个人或群体的名字;而上层消费者则垂青于精致而巧妙的服装,不大在意什么"支持性"

的联系,即靠某种名称来衬托自己。

在住宅、服装和家具等能显示地位与身份的产品购买上,不同阶层的消费者差别比较明显。例如,在美国,上层消费者的住宅区环境幽雅,室内装修豪华,购买的家具和服装档次和品味都很高。中层消费者一般有很多存款,住宅也相当好,但他们中的很大一部分人对内部装修不是特别讲究,服装、家具不少但高档的不多。下层消费者的住宅周围环境较差,在衣服与家具上投资较少。与人们的预料相反,下层消费者中的一些人员对生产食品、日常用品和某些耐用品的企业仍是颇有吸引力的。研究发现,这一阶层的很多家庭是大屏幕彩电、新款汽车、高档炊具的购买者。虽然这一阶层的收入比中等偏下阶层(劳动阶层)平均要低三分之一左右,但他们所拥有的汽车、彩电和基本家庭器具的价值比后者平均高 20%。下层消费者的支出行为从某种意义上带有"补偿"性质。一方面,由于缺乏自信和对未来并不乐观,他们十分看重眼前的消费;另一方面,较低的教育水平使他们容易产生冲动性购买。

(二)休闲活动上的差异

社会阶层从很多方面影响个体的休闲活动。一个人所偏爱的休闲活动通常是同一阶层或临近阶层的其他个体所从事的某类活动,他采用新的休闲活动往往也是受到同一阶层或较高阶层成员的影响。虽然在不同阶层之间,用于休闲的支出占家庭总支出的比重相差无几,但休闲活动的类型却差别颇大。马球、壁球和欣赏歌剧是上层社会的活动;桥牌、网球、羽毛球在中层到上层社会的成员中均颇为流行;玩老虎机、拳击、职业摔跤是下层社会的活动。

上层社会成员所从事的职业,一般很少需要身体活动,作为补偿,多会从事要求臂、腿快速移动的运动如慢跑、游泳、打网球等。同时,这类活动较下层社会成员所喜欢的活动如钓鱼、打猎、划船等较少耗费时间,因此受到上层社会的欢迎。下层社会成员倾向从事团体或团队性体育活动,而上层社会成员多喜欢个人性或双人性活动。中层消费者是商业性休闲和诸如公共游泳池、公园、博物馆等公共设施的主要使用者,因为上层消费者一般自己拥有这一类设施,而低层消费者又没有兴趣或无经济能力来从事这类消费。

【小案例 8.2】

"中产"们的休闲活动

宜昌这座长江中上游交汇处的千年古城,在三峡工程的推动下,成为多种社会发展阶段高度浓缩的代表性地区,同时伴生了大量的中产人群。他们可以粗略分为经济资本较优的新富阶层和文化资本较优的白领阶层。随着这个群体的不断膨胀,他们的消费文化趋于分化和多元。由于其中多数人的品味偏好缺乏继承背景,模仿成为消费文化的流行风格,而西方电影、电视等充当了大众化的启蒙老师。

汽车是他们首选的消费符号。一辆奢侈品牌的汽车是金钱、地位的身份证,一辆大排量的山地越野车是城市里勇士的象征。从小就喜欢汽车的陈某,经过 5 年创业买了第一辆汽车。2004 年 3 月,他和十来位朋友成立了"八路军越野俱乐部",没注册也没有负责人,根据大家心中的形象,他被称为"政委"。第二年正式注册了"鄂狼俱乐部",陈某任总经理。越野车运动不仅能培养勇气和胆量,尤其可以锻炼自控力。喜爱这项运动的有老板,也有上班族,该俱乐部的会员由当初的二十来人增加到二百人。他们不断提升参加车赛的难度,推动驾车水平的提高。2010年获得云南东川泥石流越野拉力赛总成绩第14名、汽车组第4名。他们定期组织长线自驾游,去年到达尼泊尔,受到该国总理马达夫·库马尔·内帕尔的接见。他们还多次举办全省性的越野比赛。

个性化会所是他们公共空间的私人化选择。1986年,15岁的李某随大嫂从湖北监利县汪桥镇毕家村来到宜昌。开始在一家工厂打工,每天工资2元钱。后大哥用积攒的粮票充学费送他学剃头,71岁师傅毕生的本事,双喜用4个月就学到手。他又用半个月向一位浙江师傅学会了烫头。学徒期满的他找二哥借了600元钱开起了自己的"双喜发屋"。2007年,他花60万元在市中心"文化广场"19楼,购了一套157平方米的房子,开办了"双喜发型工作室"。工作室只有一把剪椅,却放了一张台球桌。"当年从乡下来到宜昌,满街都是桌球,我就想什么时候自己能拥有一张台球桌。工作室装修时我要求不要搞成理发的样子,工作室建好后我将其他美发店都交给爱人管理,一心一意追求自己心仪的东西。"

"智"会所是蔡某给自己36岁生日的一个纪念。他中专毕业后,在长阳县劳动保险局工作一年下海,从卖彩电开始,至今拥有了7家公司。这个会所是他自己情趣的显露,有放映厅、摄影棚、录音棚等,他想借此表达赚钱不是自己唯一的追求。

关注健康和追求时尚是他们休闲的理由。享受生活已经成为他们中多数人的准则,只会工作不会休闲,只会节俭不会花费已被逐步放弃。2005年11月,黄某和爱人在丽江旅游,碰到一对从云南骑自行车到西藏的夫妻。从下午到晚上,黄某被他们沿途拍摄的一千多张照片迷恋,深深地爱上了自行车运动。回到宜昌,他立即加入了市里的单车组织"三峡户外",并与人合伙开了当时全市最大的自行车行。第二年5月,他从成都骑自行车,沿川藏线进入西藏,最后到达珠穆朗玛峰大本营,前后花了31天。2009年4月,他从新疆喀什穿越西藏到达尼泊尔,这次花了45天,翻越了海拔5 700米的"冈仁波齐"神山。三十多年前,在部队担任新闻记者的叔叔,送给8岁的宋某一台海鸥120相机。那时相机是一件很稀罕的东西,对生活在乡下的小学生宋某更是一件宝贝。他边学摄影边给乡亲拍照,用照片换回不少鸡蛋。参加工作时,父亲送给他一台珠江135相机。往后十几年创业中的宋某疏远了相机。近年事业成功的他疯狂地购买相机,从135到大画幅相机,各种机器近30套。

(资料来源:中国企业家网.)

(三)信息接收和处理上的差异

信息搜集的类型和数量也随社会阶层的不同而存在差异。处于底层的消费者通常信息来源有限,对误导和欺骗性信息缺乏甄别力。出于补偿的目的,他们在购买决策过程中可能更多地依赖亲戚、朋友提供的信息。中层消费者比较多地从媒体上获得各种信息,而且会更主动地从事外部信息搜集。随着社会阶层的上升,消费者获得信息的渠道会日益增多。不仅如此,特定媒体和信息对不同阶层消费者的吸引力和影响力也有很大的不同。比如,越是高层的消费者,看电视的时间越少,因此电视媒体对他们的影响相对要小。相反,高层消费者订阅的报纸、杂志远较低层消费者多,所以,印刷媒体信息更容易到达高层消费者。

不同社会阶层的消费者所使用的语言也各具特色。Ellis 做的一系列实验表明,人们实际上可以在很大程度上根据一个人的语言判断他所处的社会阶层。一般而言,越是上层消费者,使用的语言越抽象;越是下层消费者,使用的语言越具体,而且更多地伴有俚语和街头用语。西方的很多高档车广告,因为主要面向上层社会,因此使用的语句稍长,语言较抽象,画面或材料充满想象力。相反,那些面向中、下层社会的汽车广告,则更多的是宣传其功能属性,强调图画而不是文字的运用,语言上更加通俗和大众化。

(四) 对商店选择的差异

人们在购物时对商店的选择会因社会阶层而异。不同阶层的消费者喜欢光顾的商店类型大不相同。研究表明,消费者所处社会阶层与他想象的某商店典型惠顾者的社会阶层相去越远,他光顾该商店的可能性就越小。一般而言,人们会形成哪些商店适合哪些阶层消费者的看法,并倾向于到与自己社会地位相一致的商店购物。上层消费者青睐那些购物环境优雅、商品品质和服务上乘的商店,在购物过程中比较自信,不喜欢他人过于热情地讲解、介绍,常常单独购物,他们特别,而且乐于接受新的购物方式。中层消费者对购物环境有较高的要求,认为购物本身就是一种消遣,购买时比较谨慎,但他们也经常在折扣店购物。下层消费者由于受资源限制,对价格特别敏感,多在中、低档商店购物,而且喜欢成群结队逛商店。因此并不是所有消费者都愿到高档、豪华的商店去购物,只有高阶层的消费者才比较喜欢这类购物场所,因为在这种环境里购物会使他们有一种优越感和自信,得到一种心理的满足。而低阶层的消费者在这种环境里则有一种自卑、缺乏自信和不自在的感觉。因此,大部分人喜欢去符合自己社会地位的商店去购物。调查表明,中层消费者去折扣店购物的次数较上层消费者频繁得多,因为他们到这种商店采购既有信心(而下层社会消费者缺乏这种信心),又有积极性(而上层社会消费者缺乏这种积极性)。另一项研究发现,"客观"对"感知"的社会阶层也会导致消费者在店铺惠顾上的差异。客观上属中层而自认为上层的消费者,较实际为上层,但自认为中层的消费者更多地去专卖店和百货店购物。与一直是劳动阶层的消费者相比,从更高层次跌落到劳动阶层的消费者会更多地去百货店购物。另外,人们选择商店类型还与购买商品的类型有关。通常人们在购买风险性高的商品时(如珠宝首饰、时装等),不愿到折扣商店,高阶层的消费者更是如此。

(五) 价格敏感度的差异

低阶层对价格非常敏感,倾向购买低价商品,购买时也会把价格和质量联系到一起。他们认为一定的价格反映一定的商品质量。

中层和中下层的消费者，更多的是追求适中的价格，但这并不排斥他们对打折商品感兴趣，特别是他们熟知的商品，或对质量要求不高的产品。当产品价格过低时，他们会产生怀疑，认为这必然意味着商品质量的低劣。

　　上层的消费者，评价和选择商品时注重商品的象征性，依据自己的喜好，所以价格和质量是可以脱离的。他们认为购买高价格的商品是一种身份地位的体现，价格越高，越会吸引他们的眼光；价格过低，他们甚至会视而不见。

【小案例8.3】

中低阶层消费者对商品打折的反应

　　中层和中下层的消费者，他们对价格过低的产品总会产生怀疑，认为这必然意味着商品质量的低劣，他们更多的是追求适中的价格。但这并不排斥他们对打折商品感兴趣，特别是他们熟知的商品，或对质量要求不高的产品。而一定价格的商品也标志着一定的社会地位，包含成就、炫耀、表象需要。因此他们会选择在平时先选好一定的商品，根据对商场促销活动的预见，等到合适的时间选择购买这些商品。

　　对于打折，这一阶层的消费者是相当欢迎的。因为打折可以让他们买到原本超出消费能力的商品，举例如服装。当一个年轻的女孩，来商场逛的时候，看中一件价值500元的衣服，但是因为消费能力与商品的价格有差距，因此她在当时只能选择放弃。但是当商场促销活动的时候，这件衣服的价格因为打折而降到了300元，这一价格可能会比较符合或者只是稍高于她的消费能力和心理承受力的时候，她就会选择购买这件衣服。但是很明显，如果这件衣服的价格一直不降下来的话，那就会出现两种可能性。一种是女孩对于这种衣服的偏好明显已经超出了一般的喜欢，一心想要得到她，那她就会选择当场购买或者等钱存到一定程度后来购买，这就是调查过程中这一类消费对于特别喜爱的商品的一种选择，在不打折的情况下也会选择购买。第二种可能性就是女孩放弃购买这件服装，转而寻找其替代品，也就是说她会选择到低一个档次的消费场所寻找替代品。

　　但是这里有一个问题就是学生作为消费者群体里面一个特殊的部分，虽然他们的消费能力并不是很高，如果按照收入来看的话，只能算在中低收入阶层，但是他们的消费却是向着高消费方向发展的。特别是在比较适合年轻人消费的场所，学生占的比重相对于其他的消费场所会比较高。

　　另一方面，女性消费者的消费观和男性也有相当的差别。尤其是在对于服装这一产品的选择上，女性消费者很有可能会购买超出自己消费能力的商品，而男性消费者则不会。

　　最后可以得出的一个结论是，中低收入消费者不是商场消费的主力军，他们对于商场的打折行为有一种趋附性，商场打折活动对于他们的影响较大，但是从根本来说，出于对自身消费能力的考虑，他们不会过多地选择在大商场进行消费。

（资料来源：http://wenku.baidu.com/view/a5dc68323968011ca30091e8.html.）

二、社会阶层与市场营销战略

社会阶层为企业提供了一种合适的细分标准和依据。事实上,对于市场上的现有产品和品牌,消费者会自觉或不自觉地将它们归入适合或不适合哪一阶层的人消费。上海通用有四大品牌的汽车,即凯迪拉克、别克、雪佛兰、萨博,每个品牌都以鲜明的品牌文化、品牌个性和定位,形成相互间区隔及与竞争品的不同。豪华品牌凯迪拉克,中高档品牌别克,大众化品牌雪佛兰,以及进口品牌萨博,都面对不同的社会阶层。通用公司以优异和多样化的产品,覆盖不同细分市场,得到国内消费者的普遍认可与赞同。通用公司在每推出一款新车之前,都会进行广泛深入的市场研究,为目标消费者"画像",解读他们的社会阶层、职业分类、生活方式、兴趣爱好等,让产品、品牌与他们更好地"对位",符合其心理和驾乘上的需求,其对细分市场的覆盖之广、进入之深为业界第一。这也揭示出上海通用汽车"多品牌、全系列"的战略思路,这种营销策略的制定就是通过细分,满足不同社会阶层消费者的个性,从而在总体上拥有了最广大的消费人群。依据社会阶层制定市场营销战略的具体步骤,第一步是决定企业的产品及其消费过程在哪些方面受社会身份、地位的影响,然后将相关的地位变量与产品消费联系起来。除了运用相关变量对社会分层以外,还要搜集消费者在产品使用、购买动机、产品的社会含义等方面的数据。第二步是确定应以哪一社会阶层的消费者为目标市场。这既要考虑不同社会阶层作为市场的吸引力,也要考虑企业自身的优势和特点。第三步是根据目标消费者的需要与特点,为产品定位。最后是制定市场营销组合策略,以达成定位目的。

【小案例8.4】
面向新富阶层的家居营销

中国新富阶层的悄然崛起将使中国的社会结构更加稳定和成熟,同时也意味着将释放出更多的消费能量,真正意义的中国式的主流消费文化即新富消费文化正在孕育形成之中,中国新富阶层成长带来的新文化、新商道、新财富、新消费模式必然形成一股不可阻挡的潮流,企业锁定这个群体,就是抓住了中国消费最具现实意义和活力的消费市场。新富市场的营销和我们传统意义上的大众市场的营销要有所区别,需要采取适合新富的营销策略。而这些正是我们地板经销商值得学习的地方。

第一是趋优营销对于新富来说,有附加值的优质产品才是真正好的产品,因此趋优是一个关键,趋优概念的核心是不一定必须是超级名牌,但是必须要有特色,品质一定要保证,简单地说就是新富群体愿意花多一点钱享受比较好的生活品质和产品的体验,比如一些新富提到不会买那种太张扬的东西,但是一定不能差,一定要有特色。

第二是时尚符号营销同化与分化的群体归属是审美时尚的社会功能特征,领潮者的"趋异"和赶潮者的"求同",使时尚在社会历史的共时性状态中对人们起着既分化又同化的复杂作用。生活在社会中的每个人都会寻求一种群体的归属感,而时尚常常扮演着划分社会阶层的角色。领潮者是希望我跟你不一样，赶超者是我一定要跟你一样，所以在这里面就存在很大的时尚营销的空间，包括星巴克也是一样，去星巴克他不去星巴克，去星巴克的人不希望你也去星巴克，不希望街上谁都去，就是像大家能够去，别人就别去，但是别人疯狂地想去，如果你制造了这样的时尚符号，你的产品就会大卖。

第三是风格化的营销风格是基于人们所处的生活环境、生活经历、文化素养、审美意识、兴趣爱好等诸多因素综合作用所展现出来的一种人的整体精神气质。比如新富拍的一些家居照片，一定有非常突出的概念诉求，比如简洁，比如立体，比如舒适，比如温馨，比如传统，在很多的耐用品、IT数码产品，他们也倾向于某种风格，比如对外观的设计，比如对这种材质等等，风格一定是非常重要的，如果我们做出的产品"四不像"，没有很强的风格和诉求，我们的产品是很难销售给新富群体的。

（资料来源：http://0771.teambuy.com.cn/chugui/info.php?infoID=576138.）

本 章 小 结

社会阶层是由具有相同或类似社会地位的社会成员组成的相对持久的群体，在同一个阶层里的消费者在行为、态度和价值观等方面具有同质性，不同阶层的消费者在这些方面存在较大的差异。社会阶层具有多维性、层级性、展示一定社会地位、对行为的限定性、同质性和动态性的特征。如果我们要评价一个消费者的时候，往往通过观察此消费者的外表、服装以判断其经济条件、职业等，通过居住形态或规模判断其生活程度。不同层次的社会阶层表现出不同的生活方式。因此，研究社会阶层对于深入了解消费者行为具有特别重要的意义。

社会阶层受很多因素的影响，如职业、收入、教育程度、购物、个人业绩、社会互动、价值取向、阶层意识等。社会阶层是可以测定的。社会阶层的测定方法主要有主观测定法、声望测定法、客观测定法等。文中对中国的社会阶层划分情况做了简要介绍，并指明不同社会阶层的消费者行为在产品选择和使用上、休闲活动上、信息搜寻和处理上、购物方式上、媒体接触上都有差异。企业应把握不同社会阶层的特点，采取相应的营销策略。

思 考 练 习

1. 什么是社会阶层？社会阶层有哪些特征？
2. 哪些因素影响社会阶层？举例说明。
3. 如何测定社会阶层？如何划分我国社会阶层？
4. 企业如何根据不同社会阶层的消费者行为特点采取相应的营销策略？

第八章 社会阶层与购买行为

【案例分析】

面向不同阶层女性的化妆品销售场所

化妆品几乎是所有女性的必需品,但是,商家不会否认,不同的化妆品销售终端吸引不同的女性消费群。根据市场细分原理,依据一些标准,女性消费者可以分成不同的消费群,每个消费群都有自己独特的消费特征。

不同的销售终端满足女性消费者不同的需要。女性选择化妆品销售终端时,除产品本身的特性外,销售地点所具有个性特征或知觉效果也是满足女性需要的重要元素。随着市场竞争的加剧,以及女性消费心理变化,商家想方设法把自己的产品和品牌送到女性消费者面前。但是,从女性消费者社会阶层认同角度看,目前国内各种化妆品销售地点的特征和知觉效果会吸引不同社会阶层的女性。具体分析如下:

品牌专卖店:这种销售方式通常是比较成熟而又有实力的品牌,例如,广州市场上的"树一派",在北京路设有专卖店。这种专卖店的功能包括产品销售、吸引会员、提供试用服务、提供赠品等。其中,通过免费赠送产品和美容服务,还可以吸引女性消费者到"美容中心俱乐部"享受免费或有偿的美容服务并购买相关产品。这类销售终端服务周到,产品档次高,俱乐部方式更能体现社会身份与地位,因此,较能吸引认同中产阶层的女性消费者。

百货商店专柜:在大型百货商店中通常都有护肤品专区专柜,销售多个品牌的化妆品。这种销售方式的功能比较单一,主要是销售和品牌展示,例如,广州的广百和新大新两家百货商店都把首层开辟成为化妆品专柜区。这类终端满足的是女性一次性购买,女性可以自行使用和搭配产品,加上购买现场的公开性,较适合认同"小资"阶层的女性消费者。

超市专柜销售:在中国大中城市,女性日常用品的购物场所离不开超市,因此,越来越多的化妆品进入超市设立专柜,例如,广州的好又多超市里设有化妆品专区和专柜。但是,超市的大众化性质决定了女性消费者对其中销售的护肤品品牌知觉定位不会太高。这类购买地点较适合普通女性购买化妆品,因为,这类女性对品牌要求不高,而对价格的敏感性又比较大,方便性、价格合理是最吸引认同大众阶层女性消费者的特点。

美容顾问:化妆品具有使用方法特殊,不易见的特点,甚至化妆品的使用方法会影响其效果,因此,一些商家通过专业人员指导目标消费者,例如玫琳凯化妆品公司的销售就采用了这种方法。化妆品美容顾问多数是"现身说法"的女性消费者,她们的个人形象和沟通能力直接影响女性消费者的态度,对购买决策影响很大。此外,这些美容顾问还定期举办培训研讨会来吸引目标消费者。这类销售终端突出人性化的服务方式,更能适应生活品位高而生活压力又不太大的女性消费者,因此,认同"小资"的女性更喜欢这种方式。

美容院:随着女性生活节奏的加快,女性压力不断增加,特别是18~35岁之间的女性,美容院是她们放松心情,恢复精力的理想场所之一。在广州比较知名的美容院之一是娇雪贝儿美容中心。美容院的品牌和档次也是体现女性社会地位的符号。调查表明,中国女性消费者中开始去美容院做护理的年龄分层如下:从18~35岁开始做护理的人为35%;从35~45岁开

215

始做护理的人为8%;从45岁开始做护理的人2%。

可见,美容院可以吸引各个阶层的消费者,只不过是对价格的敏感性不同。美容院可以有多个档次的服务,满足不同阶层女性消费者的需要。

化妆品专卖店:市场上还存在大量的化妆品专卖店,专门销售各类、各种品牌的化妆品,销售人员形象和推销技巧是吸引女性消费者的重要因素。这类专卖店分布较广,规模不大。这类专卖店一般会包括各个档次的产品,表现出"大杂烩"的形象,一般只能吸引认同大众阶层的女性消费者。

其他销售地点:电视、互联网、药店或医院销售也是销售化妆品的终端。随着互联网的普及,网上销售方式潜力巨大。在药店或医院销售的护肤品一般是具有特殊治疗作用的产品。目前,已有一些医院设计了美容专科。由于多数电视直销方式所展示的画面粗糙低劣,并且具有价格低廉的特点,一般会吸引认同大众阶层的女性;互联网销售方式比较时尚,一般可以吸引"小资"阶层的女性。"中产阶层"和大众阶层都会因其时尚性而避而远之。

(资料来源:杨晓燕.面向不同阶层女性的化妆品销售场所[J].营销谋略,2008(15).)

思考题
1. 不同阶层女性对化妆品销售场所的需求有何不同?
2. 如何针对不同需求女性开展化妆品的品牌宣传?

第九章
Chapter 9

家庭与消费者行为

【学习目标】
(1)知识目标
通过本章的学习,掌握家庭的概念及类型;掌握家庭购买决策方式;了解孩子对家庭购买行为的影响。
(2)技能目标
掌握家庭购买决策方式的分析方法。

【引导案例】

任天堂:家庭营销

2006年,日本电脑游戏软件制造商任天堂(Nintendo)在推出家用游戏机Wii时采用了新的策略,它改变了这款游戏产品的形象,将它从传统的男性玩家形象转变为现代家庭生活的一种娱乐方式,有意识地扩大目标群,将消费目标对象锁定为家庭。

为此,任天堂开展了一系列运动,从2007年的品牌宣传运动——寻找"智商最高的英国家庭"(Britain's Brainiest Family),到通过电子平台振兴自己的棋盘游戏。可以说,凭借这些活动造势,Wii及其子品牌实现了品牌增长。

2007年,任天堂推出新产品Wii Fit——一款游戏和健身相结合的软件,让游戏者待在家里就能健身,而且其乐无穷。任天堂英国营销经理罗伯·洛伊(Rob Lowe)解释说:"这款游戏就是鼓励用户更多地参与社交活动,更活跃,而不是整天躺在沙发上玩电子游戏。"

"大约5年前,我们在游戏平台市场上遭受到对手沉重的打击——这个游戏平台市场主要针对16~34岁的男性群体。从那时起,我们便离开了游戏平台市场,转向小型游戏机市场,但针对的是同一群男性群体。因为我们认为采用这种游戏机策略,吸引这个年龄群的机会更大。而'家庭'是吸引各个年龄群体的切入口,也是核心所在,它包括父母、祖父母和不同年龄的孩子。"洛伊说,推广社交性健身游戏的目的,是为了推翻压在游戏机头上的"反社交"标签。

"我们观察到,许多孩子总是很快地躲进自己的卧室玩电子游戏,而现在许多家庭的凝聚力大不如前。而我们的家庭游戏可以拉近家庭成员的距离。"洛伊说,"现在每3个英国家庭中就有1台Wii游戏机。"

便携式的任天堂游戏机(Nintendo DS)同时吸引了许多非传统的玩家,这主要是因为它聘请了更为成熟的名人出任品牌大使,譬如知名电视主持人泰里·沃根(Terry Wogan)、奥斯卡影后海伦·米伦(Hellen Mirren)、知名男演员帕特里克·斯图尔特(Patrick Stewart)。

注意到家庭市场魅力的不只是任天堂。2009年,《计算机世界》(PC World)推出了"家庭世界"(Family World)广告,讲述的是女儿要上大学了,父亲要为女儿寻找一款笔记本电脑好让女儿带到学校。而微软的Windows 7宣传运动同样采用了家庭主题,一位母亲正在用"云技术"制作家庭相片。

(资料来源:http://finance.ifeng.com/news/industry/20110610/4134680.shtml.)

家庭是社会的细胞。在消费者购买行为中,家庭不仅对个体消费者具有重要影响,同时作为一个独立的购买主体,也表现出自身的特点。本章在讨论家庭基本概念、生命周期及其发展趋势的基础上,分析家庭购买决策的模式和家庭成员的购买角色,分析儿童作为消费者的社会化过程,及其对家庭购买决策的影响。

第一节 家庭的概念

一、家庭的含义

家庭(family)是指以婚姻、血缘或收养关系为纽带而组成的一种社会生活组织或群体。常见的家庭类型可分为核心家庭、扩展家庭和其他类型家庭三类。核心家庭是指由父母双方或者其中的一方与未婚子女组成的家庭,或者未有子女夫妇构成的家庭。扩展家庭是由核心家庭成员和祖父母等其他亲属组成的家庭,如中国的三代或四代同堂的家庭。上述两种类型之外的其他家庭,如未婚兄弟姐妹组成的家庭等,则归入其他类型家庭。家庭作为社会的基本单位,不仅是许多产品或服务购买、使用和消费的主体,而且也是影响个体消费者购买行为的重要参照群体。

与"家庭"交替使用的还有"住户"的概念。住户(household)是指由生活在同一住宅单元(housing unit)内的人所组成的社会活动群体。住户强调的是生活在同一个起居空间,它既包括家庭,也涵盖非婚姻或血缘关系的群体或个人。据此,住户可进一步划分为家庭住户和非家庭住户两种。当住户的成员之间具有婚姻、血缘或收养等亲属关系时,则称为家庭住户(family household)。非家庭住户(non-family household)指的是一人独居,或与其他没有亲属关系的人共同居住而构成的住户,如同性或异性合租的住宅单元。由于非家庭住户的快速增长趋势,区分家庭与住户这两个概念还是很有必要的。

家庭作为一种特定的社会群体,既具有普通群体的一般特征,又表现出其独有的特性。家庭与其他社会群体的区别在于:首先,群体形成原因的不同。家庭的组建是以婚姻、血缘或收养关系为纽带,而其他群体的形成多以工作、信念或爱好为基础。

其次,群体目标追求的不同。对亲情和关爱等内在价值的追求是家庭组建和维系的主要目标;而其他群体追求的是外在的价值,如经济上的利益或名利上的索求等。

再次,群体成员之间关系的不同。家庭成员之间存在着浓厚、深刻和持久的情感联系,体现的是一种骨肉亲情;其他群体成员之间的联系更多地反映出较浓的理性色彩,难以体会到"血浓于水"的情感。

第四,成员行为取向的不同。家庭成员之间虽然存在攀比或竞争,但强调的是彼此的关爱或忍让;而其他群体成员之间强调的是竞争,不仅相互争夺在群体内部的地位和作用,而且互相攀比生活或工作上的成功。

第五,群体存续时间的不同。由于血缘、姻缘是家庭存续的基础,家庭成员之间的关系持久、牢固,家庭存续的时间表现出终生或代传的特点;而其他社会群体成员之间的关系是建立在工作、信念或爱好的基础上,体现的是一种正式或非正式的契约关系,可能因既定目标的实现而终止,也可能由于成员之间的利害冲突而中断。

二、家庭的生命周期

家庭生命周期(Family Life Cycle,FLC)是指,一个家庭从组建到解体的时间历程。随着时间的推移,大多数的家庭从单身期开始,依次经历婚姻、成员增加、成员减少和家庭解体等阶段。在家庭生命周期的不同阶段,家庭成员的数量、需求以及家庭的消费结构和购买模式表现出不同的特点。

(一)传统的家庭生命周期

1. 单身阶段

单身阶段(single stage)是指从离开父母独立生活开始到结婚组建家庭为止的时段。随着结婚年龄的普遍推迟,这一群体的数量在不断增加。他们的收入并不高,但因没有其他负担,个人可支配的收入还是相对较多。除了房租、家用器具和个人护理用品之外,他们收入的大部分花费在交通、度假、娱乐和服饰等方面。这一群体消费者追求时尚,注重娱乐和休闲,常常成为住宅、旅游、运动和休闲等产品或服务的目标市场。

2. 新婚阶段

新婚阶段(honeymoon stage)是指从新婚夫妇正式组建家庭到他们的第一个孩子出生为止的时段。处于这一阶段的家庭具有以下特点:其一,夫妻双方均需作出调整以适应婚后生活,如共同决策的购买模式,分担家庭责任的角色扮演,等等。其二,面临新的购买问题,缺乏相应的产品知识和购买经验。新家庭的建立导致对许多家居产品或家政服务的需求,新婚夫妇产品知识和购买经验的欠缺推动他们对营销信息的搜寻,口头传播常常成为重要的购物信息传播方式。其三,具有较强的购买能力。这一群体人数虽少,但因夫妻双方工作,拥有较高的购买欲望和支付能力,往往是高档家具、昂贵服装、餐馆饮食和旅游度假等产品或服务的重要目标市场。

3. 满巢阶段

满巢阶段(full-nest stage)始于第一个孩子出生而止于所有孩子长大成人并离开父母的时期。由于这一阶段持续时间很长,往往超过20年,因而又根据孩子的年龄变化而相应地分为满巢Ⅰ、满巢Ⅱ和满巢Ⅲ等三个时段。

满巢Ⅰ是指从孩子出生到孩子尚幼(通常为6岁以下)这一时段的家庭。孩子的出生导致家庭消费结构和购买方式发生较大的变化:首先,对婴儿食品、婴儿服装、儿童玩具和儿童照料等相关产品或服务提出新的需求;其次,在妻子停止工作或请假在家照看孩子的情况下,家庭收入随之减少;再次,若是请亲属或保姆照看孩子或料理家务,家庭的生活起居和消费模式则要作相应的调整。

满巢Ⅱ是指最小的孩子已超过6岁且在中小学念书这一阶段的家庭。对于中国的家庭来说,这一阶段仍是以孩子为中心,但表现出不同的特点:首先,家庭用于孩子的消费支出增加,不仅孩子的生活费用上升,而且还要增加孩子的教育投资;不仅要承担孩子学校教育的费用,而且还需要在孩子的兴趣培养和素质提高等方面的投入。其次,由于孩子业已长大而无需大人在家照看,妻子或丈夫得以重新工作,家庭经济状况得到改善。再次,父母工作,孩子挂"钥匙",对快餐食品、家政服务等产品或服务的需求大幅度增加。

满巢Ⅲ是指孩子虽已成长但尚未完全独立,仍和父母共同居住的家庭。这一阶段,父母可能双双就业,孩子也可能在工作,家庭经济状况明显好转,因而就有可能购买一些大件商品,或者增加体育锻炼、医疗保健、娱乐休闲或旅游度假等方面的开支,但也能因孩子上大学而增加教育费用支出。

【小案例9.1】

Kenwood 的怀旧营销

厨具品牌Kenwood试图开发各种产品以满足不同类型家庭的需求:"两款家庭厨房机基本上是一样的,但是其中一台更注重新颖、好看的外表,另一台更注重功能。购买哪一款,取决于消费者更看重产品的哪一个特点。"研究结果显示,对于所有类型的家庭而言,家庭的"最爱品牌"偏好都是一代传一代的。Kenwood的一些产品,其市场增长就是得益于这种家庭怀旧趋势,譬如烘烤机,就能让孩子和父母重温儿时烘烤食品的美好时光。许多年轻女性对Kenwood搅拌机很有感情,因为她们在孩童时代就在外婆家的厨房见过Kenwood搅拌机,因此它仍然是新娘新婚时必买的一种特色产品。小时候,孩子们可能一放学就会跑到厨房,用 Kenwood 搅拌机做一道可口沁心凉的冰沙。等到这些孩子长大了,他们就成了 Kenwood 的忠实客户。

(资料来源:http://finance.ifeng.com/news/industry/20110610/4134680.shtml.)

4. 空巢阶段

空巢阶段始于子女不再依赖父母,也不与父母同住,这一阶段延续的时间也比较长。可分为下面两个阶段:

空巢阶段Ⅰ期(empty nest Ⅰ:older married couples, no children living with them, head of household in labor force)。这一阶段,很多父母可以做他们以前想做但由于孩子的牵累而无法做的一些事情,如继续接受教育、培养新的嗜好、夫妻单独外出旅游等。人生的这一阶段,也许是经济上、时间上最宽裕的时期,在体力良好的情况下,夫妻不仅可以频繁地外出度假,而且还会买一些高档的物品、家庭生活改善用品,愿意施舍和捐献。

空巢阶段Ⅱ期(empty nest Ⅱ:older married, no children living with them, head of house – hold retired)。这一阶段属于空巢的后期,夫妇到了退休年龄,经济收入随之减少。由于大多数人是在身体很好的情况下退休,而且退休后可用的时间特别多,所以不少人开始追求新的爱好和兴趣,如出外旅游、参加老年人俱乐部等等。主要购买产品是有助于健康、睡眠和消化的医用护理保健产品。

5. 解体阶段

当夫妻中的一方过世,家庭进入解体阶段。如果在世的一方身体尚好,有工作或有足够的储蓄,并有朋友和亲戚的支持和关照,家庭生活的调整就比较容易。由于收入来源减少,此时在世的一方过上了一种更加节俭的生活方式,医疗费用上升。另外,这样的家庭会有一些特殊的需要,特别需要得到关注、情感和安全。

【小案例9.2】

不同阶段青年木门消费心理的比较

18～35岁的年轻人,他们的消费心理和消费行为在单身阶段、婚前及新婚(也可以称为婚后)具有各自显著的特征。在这三个阶段中,年轻人的心理与行为在木门购买消费活动中各自表现为:

1. 单身青年

单身青年消费者具有较强的独立性和很大的购买潜力。进入这一时期的消费者,多数正处于人生事业的成长、奋斗期,他们大都开始在经济上、生活上开始脱离上一辈的影响,或购买住房或租住而拥有自己独立空间,并且他们已具备独立购买商品的能力,具有较强的自主意识。尤其参加工作了有了经济收入的单身青年消费者,由于没有过多的负担,独立性更强,购买力也较高。在木门的选择上也越来越理性,更加追求个性、新鲜、时尚等元素,从传统的店铺选购到现今逐步走向成熟的网络购物这一切无不反映了单身一族的自身变化,不断跟上时尚,不断跟上新的消费观念,越来越舍得花钱在自己的生活舒适度上。因此,青年是消费潜力巨大的消费者群

2008 年,香港兴利集团欧瑞品牌一项针对"80 后"的家具消费关注调查结果显示,在当代青年消费者心目中,排在第一位的是款式,占了关注率的 69.7%,其次是价格和品牌。青年木门消费者尤其是单身青年实际上对价格的关注不是特别强,他们可以为了一件喜欢的东西花比较多的钱。但这并不代表他们不理性。相反,他们一般会先上网了解产品,了解专业网站和论坛上对产品的介绍、评测等,选定一定数量的目标之后再去卖场。同时,他们会对款式、材质、颜色等细节都会进行非常细致的研究,再衡量价格和品牌,最后才做出是否购买的决定。

2. 婚前青年

结婚和建立家庭是青年消费者继续人生旅程的必经之路,大多数年轻人都在这一阶段完成人生中的重大转折。近年来,我国新婚家庭的木门购买时间发生了变化。20 世纪 80 年代以前,年轻人婚前集中购置的物品大多以生活必需品为主,耐用消费品尤其是木门产品多是婚后逐渐购买。进入 90 年代以后,新婚家庭用品包括木门等大件耐用消费品,大多在婚前集中购买完毕,且购买时间相对集中,多在节假日突击购买。随着 21 世纪的来临,婚前购置住房、成套木门、家用电器等高额消费品,已成为许多现代青年建立家庭的前提条件。此时,婚前青年的木门消费既有一般青年的消费特点,又有其特殊性,由此形成了新婚青年消费者群的心理与行为特征。具体表现在以下几个方面:

①在消费需求构成上,婚前家庭的需求是多方面全方位的。即在木门需求构成上及顺序上,更加倾向于整体家居产品设计和整套木门的购买,其次是小件家具的搭配和饰品补充。

②在消费需求倾向上,不仅对木门产品要求标准高,同时对精神享受也有较高的追求。也就意味着婚前青年更加注重木门产品的文化认同感,他们需要的不是冷冰冰的工业产品,而是倾注于产品内部的情感内涵。在这种心理支配下,婚前青年对家庭用品的选购大多求新、求美,注重档次和品位,价格因素则被放在次要地位。同时,在具体商品选择上,带有强烈的感情色彩,如购买象征两人感情设计元素的木门,或向对方表达爱意的木门饰品等。

3. 新婚(婚后)青年

新婚夫妇的购买代表了最新的家庭消费趋势,对已婚家庭会形成消费冲击和诱惑。他们不仅具有独立的购买能力,其购买意愿也多为家庭所尊重。他们对木门潮流的把握与选择,将直接影响和辐射周围的同龄人以及长辈。

青年人的攀比心理和从众心理使新婚夫妇的购买成为潮流的风向标。建立自己的小家庭后,新婚夫妇开始承担赡养老人的责任,老年人对他们的依赖逐渐加强,对于老年人木门的选择,他们的意见往往也起到举足轻重的决定性作用。孩子出生后,他们又以独特的消费观念和消费方式影响下一代的消费行为。可以说,婴幼儿木门市场的需求几乎完全取决于新婚夫妇的喜好与品味。同时由于少年儿童消费具有依赖性,就目前现状而言,我国青少年木门产品的

购买绝大部分受青年消费者决策左右。这种高辐射力是任何一个年龄阶段的消费者所不及的。

因此青年消费者尤其是新婚青年夫妇的购买行为具有扩散性，对其他各类消费者都会产生深刻影响。

(资料来源：http://www.liecheng.com/lq/20090805-11884.html.)

(二)非传统的家庭生命周期

近年来由于社会经济、文化的飞速发展，人们的价值观念的急剧变化，家庭因婚姻而产生的变化越来越多。例如，离婚率的增加，使得再婚比率随之上升，男女结合成家庭的分类模式也就更加复杂。

非传统的家庭生命周期包括：①无子女的夫妇；②较晚结婚的夫妇(三十几岁或更晚)；③较晚有第一个孩子的夫妇(三十几岁或更晚)；④单亲家庭；⑤扩展家庭：成年子女和父母同住，几代同堂。

在我国，生育率下降和人均寿命延长改变了原有的家庭生命周期模式，家庭用于养育子女的阶段明显减少，无子女共同生活的"空巢阶段"大大延长。我国的人口老龄化速度急剧加快。到2008年65岁及以上老人为1.10亿，占总人口比例的8.3%，已超过联合国定义的65岁及以上老人超过总人口的7%的老龄社会标准。研究显示，至2010年，我国城乡老年空巢家庭超过50%，大中城市老年空巢家庭达到70%。可见，家庭中只剩下老年一代人(单身或夫妇两人)独自生活，传统上这是家庭生命周期中的一个阶段，如今"空巢家庭"从传统家庭类型分化出来并迅速扩大，已然成为不容忽视的社会现实。因此应坚持动态的观点，研究家庭生命周期对市场，对企业经营的影响。

三、家庭的发展趋势

随着各国政治、经济、文化和社会生活的发展变化，家庭规模的小型化、夫妻角色的相互转换和家庭形式的变迁成为家庭发展的新趋势，家庭结构和功能的这些变化不可避免地影响到家庭消费需求和购买行为模式。

(一)家庭规模的小型化

家庭规模小型化对家庭消费行为的影响表现为：一方面，家庭成员数量的减少和家庭结构的核心化导致家庭消费需求结构和数量的改变。例如，对厨房小家电和方便食品、袋装食品、净菜等产品需求的增加，对家政服务要求的提高和数量的增加。又如，要求冰箱、电饭煲等家用电器小型化，要求包装食品容量相应减少，等等。另一方面，家庭规模的缩小和家庭结构的核心化，也意味着家庭户数或住户数量的增多，这无疑也会扩大对住宅、家具、床上用品、家用电器、厨房用具和家政服务等与家庭生活相关产品或服务的需求。

(二)夫妻角色的相互转换

随着社会经济的发展,"男主外、女主内"的传统家庭观念日益受到挑战。在许多国家或地区,越来越多的女性参加工作,传统的夫妻角色关系和家庭责任正在发生转换,丈夫洗衣、买菜和料理家务的现象并不罕见。例如,在我国,女性就业的普遍和社会地位的提高,更多的男性承担起料理家务和照看小孩等原由女性为主的家庭事务,"男主外、女主内"的传统观念已被打破,夫妻角色发生转换。这种家庭趋势在许多国家也得到验证,在美国,女性就业率从20世纪50年代的不到25%上升到90年代的60%以上。随着女性受教育程度和收入水平的提高,妻子的收入成为许多美国家庭的主要经济来源;而与此相反的是,丈夫可能找不到合适的工作,或者因收入菲薄而放弃工作,回家照看孩子。2003年5月12日出版的《新闻周刊》以"她工作,他待在家里"为题,描述了这种夫妻角色转换的趋势。在日本,"男主外、女主内"的传统家庭观念也受到置疑。政府的一项调查表明,被调查对象中反对这一传统家庭观念的比例为48.9%,而30岁以下年轻人的反对比例则达56.3%。

夫妻角色转换对家庭消费行为的影响表现为:一方面,更多的女性参加工作,既增加了家庭收入,提高了家庭购买能力,但也影响家庭的消费结构和购物模式,厨房家电、方便食品和家政服务等产品或服务备受女性欢迎,她们更多地选择电话购物、网络购物等购物方式和便利商场、24小时服务商店等购物场所。另一方面,越来越多的男性开始分担上街购物、照看孩子和料理家务的工作。作为许多家庭用品或服务的购买者与使用者,他们不仅成为相关产品生产厂商或服务提供者促销活动的目标,而且他们的喜爱偏好和购物模式也成为这些厂商研究的重点。

(三)家庭形式的变迁

随着社会经济的发展,家庭的形式也在发生变化。一方面,晚婚家庭、无小孩家庭与单亲家庭等新型家庭形式大量出现。例如,美国新婚夫妇的离婚比率从20世纪70年代末的35%上升到80年代末的50%,与此相应的是单亲家庭的数量也增加了近一倍。另一方面,单身独居者、未婚同居者、无小孩的离婚者和鳏寡独居者等非家庭型住户数量增多,并呈上升趋势。比如,到90年代,非家庭型住户的比重已占美国住户总数的30%以上。这些家庭或住户的消费需求和行为模式较之传统家庭表现出更多的差异。例如,单亲家庭在经济收入、精神状况和可自由支配时间上,往往要比普通家庭承受更大的压力,对家用电器、食品种类或孩子托管服务等方面具有许多特殊的要求。又如,未婚同居者组成的非家庭型住户,在家庭消费结构和产品需求上,往往不同于新婚夫妇组成的家庭,许多生活开支或费用支出可能采取共同分摊的方式。

家庭成员减少、规模缩小和家庭结构核心化在许多国家日渐普遍。以我国为例,20世纪70年代起推行计划生育政策,80年代强调一对夫妇只生一个孩子,我国人口出生率从1970年的33.4%下降到1990年的14.39%,再到2002年的6.45%,每户家庭平均人口已降至4人

以下。推动家庭规模小型化的原因,除了人口出生率下降之外,还有单亲家庭和独身者数量增多,子女婚后离开父母独居,以

第二节 家庭购买决策

一、家庭购买角色

人们在家庭中的身份地位或相应的行为模式,叫做家庭角色。一个人在家庭中可以同时承担多种角色,如既是丈夫又是父亲。家庭角色具有对应的性质,妻子是对应于丈夫的,父母是对应于子女的。家庭成员结成各种角色关系。家庭角色是自然确定的,不可以随意地扮演,如一结婚就要承担丈夫或妻子的角色,一出生就确定了儿女的角色。

家庭中的各种角色分别具有相应的角色规范,承担相应的权利和义务。不同的角色对家庭事务有不同的分工,如父母就要抚养和教育子女,维持和发挥家庭的功能。

按我国过去的传统,在整个家庭活动中,主要承担家务工作、协调家庭关系的家庭角色,是家庭主妇。俗话说,"男主外,女主内",已婚妇女不论参加工作与否,都要花更多的时间和精力操持家务和抚养后代。婚姻基本是女到男家,由于女方加入改变了原有的家庭关系结构。在小家庭中家庭主妇在协调家庭矛盾中也属主要地位。从现代家庭的发展来看,男性也在越来越多地分担家庭主妇的角色。

在现实生活中,消费通常是以家庭为单位进行的。在一个家庭的购买活动中,每个家庭成员都可以扮演不同的角色,起不同的作用。按其在家庭购买决策过程中所起的作用不同,可分为五种不同的角色。

(1)发起者

第一个建议或想到要购买某种产品或服务的人。

(2)影响者

响应发起者的建议,对最后决策有直接或间接影响的人;为购买提供评价标准和哪些产品或品牌适合这些标准之类信息,从而影响产品挑选的人。

(3)决定者

对最后购买做出决定的人,有权决定购买什么及何时购买的家庭成员。

(4)购买者

从事实际购买的人。实际进行购买的家庭成员与决策者可能不同。比如,青少年可能会授权决定购买何种汽车甚至何时购买,但是,父母才是实际与经销商进行议价并付款的人。

(5)使用者

在家庭中实际消费或使用由他们自己或其他家庭成员所购产品的人。有时家庭中产品的使用者不一定是购买者,比如,儿童所喝的奶粉,其广告的诉求对象应该是母亲,因为她们才是

产品的决定者及购买者。

【案例9.3】

家庭成员共同决策

前进策略最新发布的一项调查结果发现：价格是决定家庭集体决策购物的首要因素，单价在3 000元以上的产品就需要家庭成员共同决策。

从调查结果来看，消费者认为需要与家庭成员共同决策购买的每件产品的均价在3 022元以上。而从价格分布来看，30.9%的受访者表示价格在1 000~2 000元的产品需要和家人商量，占到整个受调查人数的近1/3。由此看来，大部分人在考虑购买商品时，1 000元以上就会与家人商量。

本次调查中，有87.5%的受访者表示，在购买金额较大的商品时一定会与家人商量后才购买，远高于其他因素。另外家人共同使用的商品，其家庭集体决策购买的比例也较高，到了41.7%，其余依次为高科技产品、家人更有购买经验的产品以及第一次购买的产品，有0.3%的受访者明确表示就自己说了算，不需要参考家人意见。

（资料来源：http://biz.163.com/41227/1/18JUBR7000020QDS.htm1。编者对原文有删减。）

同样，在家庭里，母亲和妻子是大部分日常用品的购买者，包括孩子和丈夫的用品。有些购买活动中，由一人承担大部分角色，也有一些购买由多人承担不同的角色。一般来说，发起者和使用者多为同一人，但是，发起者所提供的信息和建议却不一定总被采纳，这取决于他在家庭中的地位和影响。影响者决定了家庭在一次购买活动中接触的信息，他们对信息进行分析处理，是其他人做出决定的重要依据。实际购买者有时也会承担信息收集的任务，因为他们对这类产品比较熟悉。

在消费上不同家庭成员对购买决策的影响要受到家庭类型、所购商品类型、特点，商品价值与购买风险大小等因素的影响。购买不同的商品，每个家庭成员所起的作用是不一样的。但总体上讲，每个家庭成员在不同商品的购买决策上无外乎上述五种角色。

家庭购买过程中的每一角色，对企业产品设计、信息的传递、营销方案、营销预算的分配都有影响。对于企业来讲，了解家庭成员在购买和消费中扮演的不同角色和各自的作用，回答"谁最可能对企业的产品产生兴趣，谁将是产品的最终使用者，谁最有可能成为产品的最终决策者，不同类型的商品通常由谁来实际购买"等问题有利于营销策略的制定。在分析、研究各种家庭购买角色及其相互之间影响的基础上，企业要找出决定购买者，并对决定购买者采取各种诱导购买行为的有效措施和营销手段，扩大企业产品销售。

二、家庭购买决策

家庭购买决策是指由两个或两个以上家庭成员直接或间接做出购买决定的过程。在日常生活中,一个家庭每天都要做出许多的购买决策。在这些购买决策中的,有的极为重要,如购买何种汽车、够买何处住房以及去哪里度假等等,另一些决策则普通得多,如决定午餐吃什么。作为一种集体决策,家庭购买决策在很多方面不同于个人决策。比如,在早餐麦片的购买活动中,成年人与儿童所考虑的产品特点是不同的,因而他们共同做出的购买决策将不同于他们各自单独做出的决策。

(一)家庭购买决策方式

在家庭购买决策研究中的一个重要问题是,对于不同产品的购买,家庭决策是以什么方式做出的,谁在决策中发挥最大的影响力。一般家庭,夫妻是商品购买的主要决策者,他们不仅掌握着家庭的经济大权,同时还决定着商品的购买投向以及购买时间。但是,不同的家庭,夫、妻在商品购买决策中的影响作用是有很大差别的。随着社会的进步,夫妻地位日趋平等,经济收入一般公开,家庭中消费品的购买基本上是相互协商的,但由于家庭成员的性格、兴趣及消费经验的不同,选择商品的看法和标准存在差异,因此购买决策方式也不可能相同。

家庭购买决策主要有4种方式:

(1)妻子主导型

在决定购买什么的问题上,妻子起主导作用。这种类型形成的原因比较多,例如,妻子精明强干,掌握经济权,又有丰富的购买经验和较强的决策能力。或者是由于丈夫忙于工作,家务劳动绝大部分由妻子承担。

(2)丈夫主导型

在决定购买什么的问题上,丈夫起主导作用。这种情况的原因一方面是由于丈夫的生活能力高于妻子,有较强的理家购物能力;另一方面可能是丈夫收入高,家庭收入主要由丈夫提供。

(3)自主型

即家庭成员都有相对独立做出有关商品的购买决策,自主性和随意性都比较强。这类家庭夫妻收入都相对较高,属于现代开放型。这种情况在那些家庭不和、夫妻关系紧张的家庭中也存在。有时,在一般家庭中对于那些不太重要的购买,也可由丈夫或妻子独立做出决定。

(4)联合型

丈夫和妻子共同做出购买决策。这种家庭的主要特点是,夫妻双方关系融洽,思想较开放,家庭气氛民主,有良好的协商环境,共同做出的购买决策往往比较慎重、全面、理智。研究发现,在购买人寿保险、家电、汽车、住房等大件商品时,购买通常属丈夫主导型决策;度假、孩子上学、购买和装修住宅则多由夫妻共同做出决定;食品、服装、化妆品、清洁用品和厨房用具的购买基本上是妻子做主,而像饮料、体育用品等产品的购买一般是由夫妻各自自主做出决定。研究还发现,越是进入购买决策的后期,家庭成员越倾向于联合做决定。换言之,家庭成员在具体产品购买上确有分工,某个家庭成员可能负责收集信息和进行评价、比较,而最终的选择则尽可能由大家一起做出。

需要注意的是,通常丈夫有夸大其在家庭决策中的影响和参与作用的倾向,而妻子则更可能低估其影响力。一项研究发现,10%~50%的夫妇对于各自在家庭决策中的相对影响存在重大的分歧。

所以丈夫和妻子在不同的消费品类别中各居决策主导地位,他们的决策模式也存在显著差异。丈夫由于生活节奏快,工作忙,在实际的家庭消费决策过程中,除了在住房、汽车等大宗消费品(中国女性对建筑、机械、电子等产品知识往往惧于了解)的购买过程参与较多外,对其他的耐用消费品往往只扮演终审者的角色。而在耐用消费品的整个购买过程当中,前期的信息搜集和比较的工作往往由妻子负责,丈夫只是最终的拍板人。通常的购买流程是:"妻子帮我逛,逛得差不多了,然后她叫我去看行不行,决定权在我手上,但逛商场是她的事情。"女性对购物和商品信息的热衷在有关口碑传播研究中也得到印证,这些研究表明,男性和女性虽然都乐于汲取并乐于传播信息,但女性对"购买和使用商品的经验"、"生活小常识"、"子女教育"以及"医疗保健"等方面的关注程度明显高于男性。这也使女性更多地担当者商品信息把关者和家庭日常消费主宰者的角色。

(二)影响家庭购买决策方式的因素

为什么不同的家庭购买方式存在着差异?影响家庭决策方式的因素有哪些?经研究认为有三种因素:家庭成员对家庭的财务贡献;决策对特定家庭成员的重要性;夫妻性别角色取向。一般而言,对家庭的财务贡献越大,家庭成员在家庭购买决策中的发言权也越大。同样,某一决策决策对特定家庭成员越重要,他对该决策的影响就越大,原因是家庭内部亦存在交换过程。有时某位家庭成员可能愿意放弃在此一领域的影响而换取在另一领域的更大影响力。性别角色取向,是指家庭成员多大程度上会按照传统的关于男、女性别角色行事。研究表明,较少传统和更具现代性的家庭,在购买决策中会更多地采用联合决策的方式。除了上述因素,通常认为影响家庭购买决策的因素还包括以下方面。

1. 文化和亚文化

文化或亚文化中关于性别角色的态度,很大程度上决定着家庭决策是由男性主导还是女性生导。比如,在我国不发达的农村地区,由于家庭中的封建思想和重男轻女意识比较严重,家庭多以男性为核心。男性比女性有更多的受教育机会,更高的收入水平,在家庭中的地位更高,对家庭购买决策的影响自然更大。而在我国的大城市,如上海、北京、天津,人们受传统家庭观念的影响相对要小,家庭成员的地位较为平等,因此家庭决策过程中就更可能出现自主型、联合型甚至妻子主导型决策方式。在2005年的一项调查表明,上海92%的家庭由妻子掌管日常经济支配权,在决定家庭大事和子女的教育投资上,妻子有绝对的发言权。当然,文化并非一个地理的概念,即使生活在同一个城市,由于文化背景的不同,人们对于性别角色地位的认识也会有相当大的差别,由此导致男女在家庭决策中影响力的不同。

2. 角色专门化

随着时间的推移,夫妻双方在家庭决策中会逐渐形成专门化角色分工。日本的马场房子在她所著的《消费者心理学》一书中提到,在一个家庭中,父亲购买的商品主要是工具方面的,母亲购买的商品主要是表现情感的,这两种倾向影响夫妻的家庭决策。一般来说,妻子对食品、化妆品、服装、生活日用品、室内装饰用品等商品的购买较有发言权。这和女人的社会角色有关,女人大都偏重于感性认识,具有较强的审美意识,在从事日常家务劳动、抚育子女方面担当重要角色,因而在家庭日用生活品、食品、服装、化妆品、室内装饰用品的购买中起主要作用。而在购买家用电器、家具、汽车、住房等商品时,丈夫所起的作用就要大一些。

当今,随着社会的发展,婚姻中的性别角色不再像传统家庭中那样鲜明,丈夫或妻子越来越多地从事以前被认为应由另一方承担的活动。虽然如此,家庭决策中的角色专门化仍然是不可避免的。从经济和效率角度来看,家庭成员在每件产品上都进行联合决策的成本太高,而专门由一个人负责对某些产品进行决策,效率会提高很多。

3. 家庭生命周期

一个家庭从诞生、发展到消亡要经历不同的生命周期阶段。在不同的生命周期阶段,家庭的消费特点与决策方式有很大差异。一般在新婚阶段,夫妻双方协商,共同做出购买决策的情况较多;而随着孩子的降生及家庭生活内容的繁杂,一个人做出购买决策的机会不断增加;随着子女的逐渐长大,共同决策的情况又会增加;当子女们都各自成家独立出家庭之后,夫妻双方独立决策的情况又会出现。当然,不同的家庭决策方式会有很大差异。这说明,家庭生命周期对夫妻决策类型有一定影响。比起建立已久的家庭来,年轻夫妻组成的家庭会更多地进行联合型决策。之后,随着孩子的出生和成长,家庭内部会形成较固定的角色分工。当然,随着时间的推移,这种分工也会发生相应的变化。

在家庭具体购买决策中,同样存在着不同的阶段。家庭成员在购买中的相对影响力,随购买决策阶段的不同而异。家庭决策可分为三个阶段,即问题认知阶段、信息搜集阶段和最后决策阶段。家庭决策越是进入后面的阶段,角色专门化通常变得越模糊,直至最后购买达成一致。

4. 个人特征

家庭成员的个人特征对家庭购买决策方式亦有重要影响。正如前面所指出的,夫妻双方的影响力很大程度上来自各自的经济实力,因此,拥有更多收入的一方,在家庭购买决策中更容易占据主导地位。

个人特征的另一个方面是受教育的程度,妻子所受教育程度越高,她所参与的重要决策也就越多。一项研究表明,在美国受过大学教育的已婚妇女中,有70%认为她们在选择汽车时,有着与丈夫同等的权利;而在只受过高中教育的妇女中,这一比例为56%;在学历不足高中的妇女中,这一比例就更低了,仅为35%。家庭成员的其他个人特征,如年龄、能力、知识等等,也都会直接或间接影响其在购买决策中的作用。

5. 介入程度及产品特点

家庭成员对特定产品的关心程度或介入程度是不同的。比如,对CD唱片、游戏卡、玩具等产品的购买,孩子们可能特别关心,因此在购买这些产品时他们可能会发挥较大的影响;而对于父亲买什么牌子的剃须刀,母亲买什么样的厨房清洗剂,孩子可能不会特别关心,所以在这些产品的购买上他们的影响力就比较小。

【案例9.4】
注重实际功效的性价比权衡者

有一些家庭更加注重产品的功能,他们在挑选产品时兼顾产品的优点和价值,再结合自己搜集到的产品信息进行综合考虑。Discovery的研究报告将这种类型的家庭称之为注重实际功效的性价比权衡者。按照Discovery研究总监凯特·埃文斯的说法,这种类型的家庭希望避免对品牌"肤浅"(Shallowness)地盲从。"权衡者不想在购物选择上总是变化无常,他们不想买那些所谓的'最新必备产品',他们想买一些能够经得起时间考验的产品。"凯特说。

凯特指出,这种类型的家庭会经常性地对品牌产品能够带来的价值进行评估,他们不一定拒绝品牌,但每笔交易必须同时考虑质量和功能。这种类型家庭中的一位父亲对此加以说明。他的家庭成员包括父亲、母亲,两个人都有工作;还有一个成年的女儿住在父母家里。他说:"我不会因为它是品牌就购买它,也不会因为它是品牌就不买它。我会货比三家。"

(资料来源:注重实际功效的性价比权衡者[J].新营销,2011-06-20.)

家庭购买决策方式因产品的不同而异。通常,当某个产品对整个家庭都很重要,而家人对这类产品比较陌生,缺乏足够的市场信息,由于觉察风险较大,购买风险很高时,家庭成员倾向于进行联合型决策;当产品为个人使用,或其购买风险不大时,自主型决策居多。当所购的商品价格高,对全家具有重要意义时,多数家庭是共同协商做出决策的。一般来说,价值较低的生活必需品,在购买时,无须进行家庭决策。此外,一些情境因素也会影响购买决策的方式。比如,当购买产品的时间充裕时,联合型决策出现的可能性增大,而当时间压力较大时,丈夫或妻子主导型以及自主型决策就更为普遍了。

另外,夫妻在商品特征选择上的影响作用是不一样的。不同商品的特征,即商品构成要素的主要特点,包括商品的性能、品牌、型号等。比如,一项调查表明,购买汽车时,由丈夫决定的占56.1%,主要由丈夫决定的占29.9%,合计86%由丈夫参与决策;购买电冰箱由妻子决定的占38.9%,主要由妻子决定的占43.3%,合计82.2%由妻子参与决策;还有微波炉,由妻子决定占43.1%,主要由妻子决定购买的占40%,合计83.1%由妻子参与决定;吹风机由妻子决定的占51.5%,由丈夫决定购买的占22.2%,妻子在购买决策上起主要作用。

女性在家庭耐用消费品的购买过程中往往不是最终的拍板者,而是通过信息把关人的角色发挥其影响力。传播学中的"把关人"理论指出,传播者对于一切由他传递的信息都要进行筛选和过滤。因此,女性不仅决定了最终传达到男性决策者终端的信息内容,女性的态度和传递信息的方式同样也会影响男性的最终决策。为了使信息传递更为有效,产品的信息制定中应该少一些术语,使它更明白易懂。如果产品本身是技术复杂型的,就应该搭配有书面的材料说明,以使这些信息最充分地传递给作为最终决策的男性购买者。

第三节 孩子对家庭购买行为的影响

随着孩子在家庭中地位的上升,对家庭购买决策的影响日趋重要。对家庭购买决策过程中孩子影响的研究主要集中在两个方面:一是研究儿童消费者的社会化过程,主要是研究年纪较小的孩子(通常 12 岁以下)如何学习购买和消费,如何获取行为规范和价值观念;二是研究孩子与父母及其同龄群体在家庭购买决策过程中的相互影响和交叉作用。

一、儿童消费者的社会化过程

(一)儿童消费者社会化过程的阶段划分

消费者社会化(Consumer Socialization)是指消费者获取与消费活动有关的技能、知识和态度的过程。

儿童消费者的社会化过程受到其自身认知发展阶段的影响。瑞士心理学家皮亚杰(Jean Piaget)认为儿童认知的发展经历四个阶段:首先是感知运动阶段(Sensorimotor Stage),大约发生在儿童出生到 2 岁之间;其次为前运算阶段(Preoperational Stage),大概在 2 到 7 岁之间;再次是具体运算阶段(ConcreteOperational Stage),时间跨度大约是从 7 到 11 岁;最后是形式运算阶段(FormalOperational Stage),大约从 11 岁算起。

根据皮亚杰的理论,儿童消费者的社会化过程始于认知发展的第二个阶段,即前运算阶段。在这个阶段,孩子的语言技能正在发展,但认知结构尚未形成,父母可能允许孩子协助大人作出一些有限的购买决策,如对冰淇淋口味或服装颜色的选择。到了认知发展的具体运算阶段,孩子逐渐发展更为复杂的认知能力,开始运用逻辑思维去思考或分析具体的问题,已经能够应用技巧说服父母购买他们想要的东西。进入形式运算阶段,孩子的抽象推理和假设思维能力得到更为充分的发展,他们拥有更多的个人收入和购买经验,不仅能够对许多个人产品作出购买决策,而且也对家庭购买具有更大的影响力。

麦可尼(James McNeal)通过对儿童在超市或其他零售商场购买行为的研究,提出一个由五阶段组成的儿童消费者社会化过程。

其一,观察阶段。父母在孩子大约 2 个月大的时候就带他们到商场,开头他们得到的仅是关于商场环境的一些感性认识或模糊印象,到后来就会意识到商场有好东西。

其二,提出要求阶段。在这个阶段,孩子开始在商场向父母提出购买要求。由于他们尚未具备记忆特定商品的能力,因而只能在商场见到实物时才会提出购买要求,随后发展到在家见到电视广时也会提出。有些孩子在 6 个月大时就已进入这个阶段,但平均年龄为 2 岁。

其三,作出选择阶段。在没有他人的帮助下从货架上取下商品是孩子朝独立的消费者迈出的第一步。在这个阶段,孩子已经能够记住自己所喜爱商品在商场中的位置,并被允许独自过去选取,或者带父母过去挑选。虽然孩子只要学会走路就有可能从货架上取物,但做出选择阶段孩子的平均年龄是3岁半。

其四,协助购买阶段。进入这个阶段,孩子学会在商场中用钱交换所需商品,并被大人允许用自己的钱购买自己喜欢的商品,从这个意义上来说,孩子已成为初级的消费者。

其五,独立购买阶段。在这个阶段,孩子的平均年龄为8岁,他们开始理解商品或服务的价值,能够独立到商店作出负责任的购买,而不再需要父母的帮助。

麦可尼的研究表明,儿童消费者的社会化过程常常是从商场购买活动中起步的。对此,许多商家改造购物车以适应儿童乘坐,或设置儿童活动区域,赠送儿童购物纪念品,方便父母带孩子购物,吸引儿童参与购物活动,从小培养儿童的商店忠诚。

(二)儿童消费者社会化过程的家庭影响

虽然广告和其他营销活动对于儿童消费者的社会化过程具有重要的影响,但孩子们主要还是从父母那里学习各种与消费活动有关的知识、技能、态度和准则。父母直接或间接地教育孩子如何购物、如何进行品牌比较以及如何安排个人的消费支出,使孩子认识产品质量与价格的关系,学习购物的方法与经验,形成产品鉴别能力和品牌偏好,掌握对广告和其他营销信息的辨别能力,等等。父母对孩子消费知识和技能的教育或训练主要是有意或无意地通过操作式训练、仿效和调停等方式来完成。操作式训练是指父母通过说服方式或强化措施来引导孩子的反应或行为。仿效是指孩子通过观察或模仿父母或他人行为而完成消费知识的累积和消费技能的掌握。仿效可以是自发的,也可能是无意识的,但对孩子来说,仿效是一种非常重要而有效的学习消费知识、技能和态度的途径。调停是指父母通过改变或纠正孩子对营销信息的理解或反应来教育孩子有关的消费知识、技能和态度。比如,父母告诉孩子广告中的玩具实际上是不会跑动的,虽然从广告画面看上去似乎在动。

虽然家庭是儿童社会化过程的主要学习来源;但不同家庭的父母在这个过程中发挥不同的作用,承担不同的角色。卡尔逊和格罗斯巴特(Carlson and Grossbart)区分四种不同类型的家庭:独裁的父母、疏忽的父母、民主的父母和放纵的父母。他们发现,民主的父母或者放纵程度较轻的父母可能与孩子一同看电视,一起外出购物,更有可能征求孩子的意见,因而在孩子的社会化过程中发挥积极的作用。父母对孩子社会化过程的重要影响在某种程度上则表现为消费习惯和品牌偏好的代际传递。美国的一项研究发现,4 000左右的新婚夫妇所选择的汽车保险公司与丈夫父母选择的一样。但这种影响随着孩子年龄的增大而趋于减少。同一研究还发现,65%的丈夫在20多岁时对汽车保险公司的选择与父母选择的一样,但到50岁时,这个比例则降至25%。父母与孩子之间的影响并不是单向的,孩子对产品或服务的选择(尤其是在高新技术产品或服务的选择上)也会影响父母的消费选择和品牌偏好。研究发现,在个人计算机的购买上,57%的孩子选择影响到父母对自己购买品牌的选择。

(三)儿童消费者社会化过程的其他社会影响

除了父母的影响之外,电视和学校也是儿童社会化过程的非常重要的学习来源。孩子们从电视广告或电视节目中学习商品知识和消费技能,了解消费行为规范和文化价值观。研究证实,孩子收看电视的时间越长,就越有可能接受电视广告的产品和品牌。同样地,孩子在学校不仅学习文化知识,而且也有机会了解相关的产品知识和消费技能。学校一直是许多企业营销活动的目标市场和促销的重点区域,营销信息的渗透使得学校不可避免地充斥种种商业气息。其他孩子的影响也不容忽视,年幼的孩子模仿年龄较大孩子的消费行为,同龄孩子之间的相互模仿和交叉影响,这些影响同样推动儿童获取相关的消费知识、技能和态度。

二、孩子对家庭购买决策的影响

随着社会经济的发展,孩子在家庭中的地位趋于上升,孩子消费在家庭开支中的比重持续攀升,孩子对家庭购买决策的影响也越来越大。根据零点调查 1996 年在北京、上海、广州、武汉四个城市对 425 个拥有 7 岁到 12 岁孩子的家庭进行的随机抽样调查,孩子消费大约占据家庭收入的 30%。同一调查还发现,不同年龄段的孩子对家庭购买决策的影响并不一样:13~18 岁孩子的影响力最大,达到 44%;5~12 岁的孩子其次,影响力为 32%;接下去是 19~24 岁孩子,影响程度为 28%;最后是 4 岁以下的孩子,影响力仅为 12%。美国的一项研究也发现孩子对家庭购买决策的影响随着年龄的变化而有所不同。沃德和瓦克曼(Ward and Wackman)发现,对于 5~7 岁孩子的购买要求,只有 21% 的母亲会同意;而 57% 的母亲会屈服于 11~12 岁孩子的购买要求。但是,年龄大的孩子提出的购买要求少,因为他们倾向于独立作出决策,而更多地把父母的意见或观点视为一种信息来源。

研究发现,孩子对家庭购买决策的影响因购买产品或服务类别的不同而表现出较大的差异。根据零点调查,1999 年在北京、上海、广州和武汉四个城市对中学生的消费调查,在与孩子高度相关且价值不高的产品购买上,如零食、杂志、文具和个人用品等,孩子拥有较大的决策权;而与孩子相关度低或价值较高的产品购买,如家电、轿车或住宅等,孩子的决策影响力就较小。但对于孩子参与程度较高或产品知识较丰富的产品,如计算机、立体声音响、便携式录像机或移动电话等,孩子对家庭购买决策就有较大的影响力。研究发现,40%~60% 的青少年对家庭购买个人计算机、汽车和电视有较大的影响力。

孩子对家庭购买决策的影响存在文化差异。一项跨文化研究发现,美国孩子向父母提出购买请求的次数最多,两周内约有 19 次;而日本孩子最少,两个星期仅 9 次。但是,日本父母更有可能接受孩子的购买要求,因为日本文化体现的是父母对子女的溺爱,大多数的父母通常会同意孩子的购买请求。而美国的父母则更可能与孩子讨论或交流意见,或者干脆拒绝购买请求。

【小案例 9.5】

80 后独生子女消费特征对企业营销的启示

80 后由于在教育、收入水平上多数高于其父母,成为家庭消费的绝对中心。由于 1966~1976 年,中国发生了文化大革命,直接导致了这一代人教育水平的偏低,80 后的一代人对他们的"替代作用"显著增强。独生子女政策导致家庭资源全部集中于一个子女,这导致了现在的 80 后的教育水平明显高于前一代人,因此他们的收入增长更快,对前一代人的替代作用更强。

1997 年,"中国城市独生子女社会群体生存状况调研"课题组对北京市的调查显示,33.2% 的独生子女家庭在孩子身上的花费为家庭全部收入的 30%~50%,55.4% 的家庭花费比例为 10%~30%。这说明,家庭对于孩子的教育投资与消费是相当高的。由于 80 后阶层受到了良好的教育,而他们的父母们反而教育水平不高,子女不仅仅成为家庭消费的中心,而且成为家庭消费的"主要决策者"。这造成了非常明显的"消费反哺"现象,也就是在家庭中父母一代由于对于汽车等高价值消费品的了解程度低下,年轻人反而成为大件消费品的主流群体。2009 年对上海汽车市场的调查显示,20~35 岁的青年人已经成为了汽车市场的消费主力,而由父母提供资金购车的比例达到 45%。

独生子女政策直接导致了现今倒金字塔家庭结构的形成,从"2-1"向"4-2-1"的转变形成了独特的消费行为。独生子女在成家之前的"2-1 家庭"的结构中,独生子女成为家庭的消费中心。首先,受到困难时期成长经历的影响,父母一代还抱有"勤俭节约"的消费观念,为下一代提供了强大的物质积累。进一步的,"一个家庭一个孩子"的家庭结构也导致了"独生子女小皇帝"具有强烈的个人主义消费倾向,出现了"父母为孩子而活,孩子为自己而活"的观念。这种个人主义的消费模式,也是 2007 年麦当劳将其广告词由"常常欢笑,尝尝麦当劳"转变为"我就喜欢"主要的原因。"2-1 家庭"中,以孩子为中心的消费模式,还导致了独生子女一代没有"预算约束"的观念以及超前消费的理念。没有明确的预算约束,导致了独生子女一代在成年之后出现了过度消费的现象,这与他们少年时期的经历不无关系。2004 年,日本前桥国际大学的一项调查显示,中、日、韩以及越南四国当中,中国城市青少年的零花钱绝对金额最多,但支配权最小。显然,考虑到中日韩之间物价水平的差异,中国青少年高额的零花钱无疑会培养他们高消费习惯,而较少的支配权又导致了他们不能"合理安排财富"。

中国强烈的"宗亲观念"导致当独生子女成家立业之后,在预算约束上并没有诞生一个新的"2-1 家庭",而原来的两个"2-1 家庭"组成了"4-2-1"的结构。因此,来自祖父母一代的人不仅为 80 后独生子女带来了"收入",而且带来了更多"收入的安全感",使得家庭抵御收入波动风险的能力明显增强。作为独生子女的中间一代人有能力向未来"借贷"更多,也使得他们在财富积累过程中"重投资(风险高),轻储蓄(风险低)"。在消费方面,中间一代成为"4-2-1 家庭"的领导者和决策者,他们的预算约束是整个 7 人家庭当中 6 人的收入总和,从而整个家庭的消费特征呈现了年轻人的消费特征。由于独生子女一代生活能力低下、经济不独立,从而导致了这种"4-2-1"结构的家庭将长期持续下去,而不会分裂出新的家庭。

针对80后独生子女显著的三个消费特征,企业在品牌定位、产品研发、广告推广方面需要有所调整。针对"勇于冒险、追求享受"的消费特征,企业可采取合适方式激励消费、传达"享受人生"的理念。80后独生子女的消费乐观主义倾向导致其不惧风险,而传统世代缺乏"安全感",明显的例子就是,80后独生子女敢于"借钱消费,花未来的钱",而传统世代奉行"有钱先存起来,以备未来开支"。早期大规模推广学生信用卡,现在进一步推出分期付款的定价策略都是激励这一代人超前消费的举措。多家银行针对80后一代推出消费分期付款业务,通过鼓励信用卡分期付款满足了80后消费者超前消费的欲望,既充分挖掘了潜在需求,将"未来市场"转化为当前实实在在的购买行为。

而在品牌诉求上,"安全"、"可靠"、"成就感"对传统世代和非独生子女更有吸引力,而对80后独生代传达"尽情享受人生"、"体验快乐"的生活理念影响力更大。80后独生子女具有强烈的"享受生活"的观念,日常娱乐消费、旅游消费比重增加,愿意为了"享受生活"。一名消费者表示,一个年轻人如果挣了钱舍不得花,那就是对自己没信心。工作刚一年她就倾其所有,去梦想中的意大利海边晒太阳,并表示那才是真正感受到了什么叫生活。

针对"追求个性"的消费特征,企业营销过程中可由以往的"情感诉求"转为更强调更突出"个人价值实现"。传统世代更注重人际情感,人情消费、关系消费、"面子"消费和情感消费的比重较大,企业在品牌中夜多强调建立人与人之间良好关系方面的作用;相对于重情感的传统世代,80后独生子女更加个人体验,张扬个性。针对这些特点,企业在产品开发、品牌定位和广告诉求方面都突出对个人价值的实现,情感诉求对这一代的影响力相对较小。例如,在针对传统世代的营销时,企业多将亲情、友情等情感元素融入品牌形象中,许多品牌都凭借情感营销取得成功。

(资料来源:80后独生子女消费特征对企业营销的启示[J]. 中国企业家, 2010-07-23.)

本 章 小 结

家庭是社会的基本单位。在正常情况下,人的一生大都是在家庭中度过的。家庭对个体性格和价值观的形成,对个体的消费与决策模式均产生非常重要的影响。本章主要分析家庭规模、家庭类型、家庭生命周期、家庭购买角色以及家庭购买决策方式等因素对消费者的影响。

家庭规模的小型化对市场的影响较大。家庭类型按其成员构成可分为核心家庭、复合式家庭、本原家庭、生育家庭、联合家庭和不完全家庭。新的家庭类型如空巢家庭、丁克家庭、单亲家庭的出现为市场带来了新的机会。

一个家庭从诞生、发展到消亡要经历不同的生命周期阶段。在不同的生命周期阶段,家庭的消费特点与决策方式有很大差异。

夫妻在家庭决策中担当不同的角色,孩子在家庭购买决策中发挥重要的作用。目前家庭模式呈现多样化,家庭规模趋于小型化,婚姻功能正逐渐在被削弱化,结婚年龄的推迟和离异家庭的增多都会影响消费者行为。

思考练习

1. 家庭生命周期包括哪几个阶段,每个阶段的消费特点是什么?
2. 简述影响家庭购买决策的因素。
3. 孩子是如何影响家庭购买行为的?

【案例分析】

旅店和度假村:迎合家庭消费者

多年以来,旅店业的服务不能使儿童感到满意,他们对许多高档的旅店和度假村感到失望。但是,最近一些大型旅游产业,包括美国一些著名的大旅店和度假胜地,开始将儿童作为一个重要市场来对待了。

美国家庭人口组成的重要变化是这些旅店和度假村改变营销战略的根本原因。从20世纪80年代开始,生育高峰一代陆续开始生儿育女。一位旅游产业专家说:"这些生育高峰一代是最喜欢旅游的一代人。现在他们有了孩子,但是仍希望能带孩子一起去度假,希望能有时间参加属于成年人的娱乐活动。"因为生育高峰一代人生育孩子的时间较晚,并且大多数是双收入家庭,因此,许多家庭在旅游和度假上的支出相当高。1993年,这些家庭有20%的夜晚是在旅店里度过的,而1989年的比例为15.6%。1994年有5 000万人和自己的孩子在外面度假,为旅店业带来了127亿美元的营业额,而旅店业的总营业额为690亿美元。

为了迎合这个市场的消费者,许多旅店和度假村想办法来满足小朋友的需求。即使是豪华酒店也增加了白天照顾孩子的项目,其中包括每晚房价200美元的旧金山四季酒店。管理者已经意识到他们必须要让和父母一起来的这些小朋友们感到满意。"许多人喜欢住在高档豪华酒店,并且要把孩子带在身边",酒店的一位管理人员说。

为了适应这种趋势,保住自己的生意,这家大酒店推出了住户项目。现在,酒店成了一家人的安乐窝,酒店要询问孩子的姓名和年龄。当一家人出现在酒店里的时候,服务台的人也会向孩子表示欢迎,并赠送一份适合他们年龄的玩具或者图书。在住店的第一天婴儿会得到免费的尿布和婴儿食品。孩子们会有和父母在一起的、属于自己的房间,并且这种房间可以享受打折优惠。四季酒店会派人照顾孩子,带他们参观博物馆或者动物园,收费标准是每小时5美元。酒店提供夜宵,24小时供应食品。酒店还欢迎小朋友到豪华的餐厅就餐,那里身穿燕尾服的侍者早已接受过如何接待这些小朋友的培训了。

其他的酒店和度假村也为迎合这些孩子而推出了自己的项目。夏威夷所有的Sheraton酒店都增加了为4到12周岁儿童服务的项目。只要每天交纳10美元的费用,酒店就可以给儿童安排一系列活动,包括学打网球和学变魔术等。华盛顿的Hyatt度假村为周末晚会提供方便,孩子们可以钻进睡袋里在起居室过夜,而他们的父母可以住在旁边的卧室里。曾经被冠以

"美国商业胜地"的希尔顿大酒店也为商务旅行的家庭推出了周末促销活动。芝加哥的希尔顿大酒店将婴儿床位增加了3倍,在小房间里放了玩具熊,并且想出办法使父母们可以通过收费电视系统观看成人电影。

旅行社和度假的组织者们对市场的变化也做出了反应。以家庭为目标市场的旅行社生意非常火爆。现在甚至有了一份月刊《和您的孩子一起旅游》,介绍家庭旅游市场的最新发展动态,并介绍为孩子增加的服务项目。20世纪80年代初期,只有1/12的旅店提供适合孩子的服务项目(迪斯尼这样适合家庭的主题公园除外)。10年过去了,现在夏威夷一个地方就有50家为整个家庭提供服务的旅店了。

那些曾经忽视儿童的公司也开始学习如何来迎合小朋友了。Club Med曾经是独身者旅店的缩影,这家旅店价格固定,顾客可以在旅店设在世界各地的度假村观光。但是由于生育高峰一代年纪逐渐变大,开始结婚生子,旅店正面临顾客减少的危险。

因此,20世纪80年代中期以来,Club Med一改从前单身者乐园的形象,开始将注意力集中到家庭旅游市场。1987年,旅店接待了约80 000名儿童(当然还有他们的父母),这个数字比上一年增长了10%。1988年,公司在佛罗里达开设了第一家"婴儿俱乐部",在开业的头一年就接待了1 500名2周岁以下的孩子。现在该旅店一半以上的顾客是已婚者,许多人是和孩子一起住店的。到了90年代中期,Club Med已经开设了6个家庭村。旅店将继续增加适合家庭的新项目,包括一家为离异家庭建的旅店,在这家旅店里,孩子和父亲住一个星期,再和母亲住上一个星期。

家庭旅游线路的营业额已经增长了28%。现在有两条主要为家庭开设的旅游线路。迪斯尼公司在1998年又新开了一条家庭旅游线路。

《家庭旅游指南》的作者相信,市场营销战略的这些新趋势仅仅是一个开始。美国有许多人在等待着自己的孩子来到这个世界上,他们有钱,并且已经习惯了某种旅游方式。如果旅店不想办法留住他们,他们就会住到其他旅店里去。预计90年代中后期,休闲旅游市场会高速发展起来,而商业旅游的发展速度将要慢一些。因此,我们希望有更多针对家庭旅游市场的营销战略出现。

(资料来源:http://www.bamaol.com/html/XLWZ/XLZ/XFXL.shtm.)

思考题

1. 美国旅店业为迎合家庭消费者采取了哪些营销策略?
2. 本案例对中国旅店业有哪些启发?

第十章
Chapter 10

消费者决策过程 I：消费者决策与问题认知

【学习目标】

(1) 知识目标

通过本章的学习，掌握消费者决策的概念及类型；掌握消费者决策过程；了解消费者购买决策的内容和原则；了解影响消费者问题主动认知的因素。

(2) 技能目标

掌握激发消费者对问题认知的一般方法。

【引导案例】

一个高级白领的购房行为

陈先生和陈太太在广州市中心有一套三房一厅、面积有 96 平方米的住宅，而陈先生和陈太工作的单位，一个在城市的东面，另一个在南面。他们二人经常要早出晚归，也经常难得在一起吃餐饭。这种生活方式一直维持了六、七年。直到去年，情况开始发生改变……

陈先生和陈太又有四天没在一起吃饭了。这天下午，陈太给先生打电话，要他下班后一定回家吃晚饭。陈太一下班就开始为这顿晚饭张罗开了——买了先生最喜欢吃的菜，使尽浑身解数做了先生最爱吃的酸菜鱼。饭菜做好后，陈太左等右等，一个小时后才看到先生一身疲惫地回来。饭桌上，陈太的话匣子一打开，就开始谈她单位的事情：张三刚买房了，李四前段时间买的房子很漂亮，王伍今天中午请他们几个人去他新买的房子里吃饭，他房子的面积和咱们的差不多，但房子装修得很好、结构很合理，生活很方便，而且价钱较合适……

陈先生听太太谈到房子的问题，也想起他单位最近公布了在深圳开发了一些房子，欢迎职工购买，职工购买的价钱特别优惠，许多职工都想认购。陈先生把这件事告诉了太太，问她是否也买一套。

"买房子!好啊!"陈太太一听,可高兴了,好像等这句话已等了很长时间似的,她那突如其来的大嗓门差点没把她先生吓一跳。"就这么着,买套新房享受一下。"陈先生看她太太这样兴奋,知道太太很想再买一套房,也就作了这样的表态。"买房"这件事,就这样自然地成了这个家庭的年度计划了。陈太太高兴莫名,常把这件事挂在嘴边,看到她的同事,总要把这事给议论一翻。

(资料来源:迈克尔 R 所罗门.消费者行为学[M]. 8 版.卢泰宏,杨晓燕,译.北京:中国人民大学出版社,2011.)

大多数消费者都和陈先生及其太太一样,在日常生活中常常意识到需要购买某种商品或服务满足个人或家庭生活的需要,也就是说需要不断地进行购买决策。那么是消费者如何决策的?消费者决策有没有一定的规律?这是市场营销者感兴趣的问题。本章讨论消费者决策与消费者决策的第一阶段——问题认知。

第一节 消费者决策概述

要理解消费者决策,市场营销人员不仅需要知道消费者企图满足的特别需要,以及他们如何将这种需要转换成购买标准,而且需要了解消费者如何搜集有关选择的各种信息,甚至需要了解消费者如何做出购买决策、喜欢到什么地方购买等,同时也需要了解消费者的购买决策过程及购买原因在不同类型的消费者中是如何变化的。

一、消费者决策的概念

消费行为就是指人们为了满足需要和欲望而寻找、选择、购买、使用、评价及处置产品和服务时介入的过程和活动,实际上这一系列行为活动过程就是消费者的决策过程。对于许多产品和服务来说,购买决策包括广泛的信息搜集、品牌对比和评价及其他活动在内的一系列的全部过程。比如,在购买之前,消费者就要确定买什么商品、买哪种牌子的、买多少、到哪里去买等,在购买过程中要选择品牌、衡量价格水平、确定购买型号等,在购买之后还会体会到某种程度的满意或不满意,从而影响到以后的购买行为。准确地说,消费者购买决策时指为了实现满足某一特定需求目标,消费者在购买过程中进行的评价、选择、判断、决定等一系列活动。

购买决策从多个方面影响消费者购买行为。首先,消费者是否进行决策,决定了其购买行为的发生或不发生;其次,决策的内容决定了购买行为的方式、时间和地点;最后,决策的质量决定了购买行为效用的大小。正确的决策可以使消费者以较少的费用和时间买到物美价廉的商品,最大限度地满足消费者的需要。

消费者在购买过程中既有追求产品效用的需要,也有追求情感体验和快乐的需要。消费者在效用性需要的支配下解决问题时比较注重产品提供的功能或实际利益方面,这样的解决问题的方式叫理性的购买决策过程。传统上,研究者是以理性观点来研究消费者决策的。根据这一观点,人们会尽可能冷静而仔细地获取信息,并与已有的产品认知进行综合,认真衡量每一备选对象的优劣,然后做出一个令人满意的决定。这一传统的决策观点是将信息经济学方法应用到消费者决策过程中,它假设消费者会收集尽可能多的信息,做出合理的决策。这个过程意味着营销者应该认真研究消费者决策的每一步骤,以便了解消费者如何获取信息,如何形成信念,以及根据什么原则选择产品。这样一来,公司就能设计出强调适当属性的产品,促销策略也可以量身定制,以通过最有效的方式传递最具吸引力的信息。

消费者在情感体验或快乐需要的支配下解决问题时,一般维持或强化自我意识或者注重产品或购买过程中所提供的快乐性的利益,这样的解决问题的方式叫感性的购买决策过程。感性消费是相对于理性消费即物质性消费而言,划分这两种消费的界限是消费者的消费目的。物质性消费意味着消费者的消费目的在于通过购买商品或利用服务而得到商品或服务的使用价值,如天气冷了买件衣服御寒,自行车坏了请人修理。而感性消费则意味着消费者购买某种商品或利用某项服务的目的在于通过消费而满足某种心理倾向,如购买的衣服要符合购买者个人对美的追求等。

【小案例 10.1】

生日礼物:汽车? 玫瑰?

女律师简妮·布洛菲尔特小姐今天一大早兴冲冲地来到一家经营汽车的大公司,她之前看中了这儿出售的海蓝色"西尔斯"牌小轿车。价格尽管贵一点,但她喜欢这种车的颜色和式样,而且"西尔斯"这个牌子和名称也叫她喜欢。不巧,销售员正要去吃午饭。他对她说,如果简妮小姐愿意等待 30 来分钟的话,他一定乐意立即赶回来为她服务。简妮小姐同意等一会儿,总不能不让人吃饭呀,就是再加上 30 分钟也没关系,要紧的是她特意挑选今天这个日子来买车,无论如何都必须把车开回去。她走出这家大公司,看见街对面也是一家出售汽车的公司,便信步走了过去。

销售员是个活泼的年轻人,他一见简妮进来,立即彬彬有礼地问:"我能为您效劳吗?"简妮微微一笑,告诉他自己只是来看看,消磨一下时间。年轻的售货员很乐意地陪她在销售大厅参观,并自我介绍说他叫汤姆。汤姆陪着简妮聊天,很快两人便变得很投机。简妮告诉他,自己来买车,可惜这里没有她想要的车,只好等那家公司的销售员回来了。汤姆很奇怪简妮为什么一定要今天买到车。简妮说:"今天是我的生日,我特意挑选今天这个日子来买车。"汤姆笑着向简妮祝贺,并和身旁一个同伴低声耳语了几句。不一会,这个同伴捧着几只鲜艳的红玫瑰进来,汤姆接过来送给简妮:"祝你生日快乐!"简妮的眼睛亮了,她非常感谢汤姆的好意。他们越谈越高兴,什么海蓝色"西尔斯",什么 30 分钟,简妮都想不起来了。突然,简妮看见大厅一侧有一辆银灰色的轿车,色泽是那样的柔和诱人,他问汤姆那是辆什么牌子的轿车。汤姆热心地告诉了她,并仔细地介绍了这辆车的特点,尤其是价钱比较便宜。简妮觉得自己就是想要买这种车。

结果,简妮·布洛菲尔特小姐驾了一辆自己原来根本没有想到的车回家了。车上插着几支鲜艳的红玫瑰。简妮的生日充满了欢乐。

(资料来源:http://wenku.baidu.com/view/4a5771136c175f0e7cd137d8.html.)

二、消费者介入

消费者介入或消费者参与,是指消费者为满足某种特定需要而产生的对决策过程关心或感兴趣的程度。消费者对某种决策过程关心或感兴趣的程度可以用投入的时间或精力等来衡量。影响消费者卷入程度的因素:

①先前经验。当消费者对某一产品或服务有先前经验时,其卷入程度较低。因为消费者先前多次购买或使用某产品,他就会对该产品比较熟悉,也知道它能否满足他的需要,因而,在购买该产品时,其卷入的程度就比较低。

②对负面结果的风险预知。如果消费者对购买某产品感到有较大的风险,那么他的卷入程度就会相应提高。

③消费者的个人特征。正如消费者的风险知觉与消费者的个人特征有关一样,消费者的卷入程度也与消费者的个人特征有关。有些消费者做事小心谨慎,只要时间和精力允许,他们在购买时都会有一定程度的卷入;有的消费者兴趣变化比较快,很难形成品牌忠诚,因而在很多情况下将面临新的选择。当面临新选择的时候,他们就需要投入较多的时间和精力。此外,人们的价值观和生活目标也能影响人们购买时的卷入程度。

④产品特征。对于功能比较简单的、属性比较单一的或价格比较低的产品,人们在购买时的卷入程度比较低;相反,对于一些高科技的产品、功能比较复杂的产品或价格比较高的产品,人们的卷入程度就会相应提高。

⑤环境因素。环境因素指的是自然环境(或物理环境)、社会环境及营销环境。比如,在炎炎的夏日,人们在逛街时总要选择有空调的商场;有人在与他人一起购物时比独自购物时有更多的自我意识(我想给我的朋友展示我对风格或时尚的感觉);一个很早就打算换一个新的网球拍的人,如果某天他碰上了打五折的球拍,他会毫不犹豫地买下来。

【小案例10.2】

过年送啥礼

新春佳节,走亲访友,赠送礼物是谁也躲不过去的一关。送礼是一件极具挑战性的事,该送什么礼,既实惠又体面,既让对方受之自然又感到欣慰呢?

新婚不久的黄小姐这几天很为送礼发愁,自己成家了,买些礼物送给父母和婆婆,是免不了的,在商场逛了一大圈,也不知买什么好,保健品眼花缭乱,但搞不清楚哪种适合父母,只包钱吧,又觉得少了点什么。临近春节为送礼大伤脑筋的人大有人在,记者发现,"送老人健康、送孩子知识、送朋友心意"仍然是大多数市民的送礼原则。父母辛辛苦苦了一辈子,子女最大的心愿就是希望老人家身体健康,红包、保健品也因此成为赠送长辈最普遍的礼物。王先生老家在湖北,每次春节回家都会送上一个大红包并购买补品送给父母表达心意。林先生是本地人,他计划送给父母的礼物是红包、茶叶及保健品。如今的保健品多种多样,在选购前一定要弄清楚这些保健品适合什么样的人群,对于消费者来说并不是任何一种保健品都适用的,也可考虑购买如跑步机、按摩椅等健身器材送给长辈。包压岁钱给小孩子是大多数人的做法,但如果能送一些对孩子有益的书籍和学习软件,相信孩子会记住这份不一样的礼物的。至于送朋友,礼物不在豪华在于新颖、投其所好,一盆鲜花、一幅字画、一件别致的工艺品都是不错的选择。送礼贵在新意,我们应"别有用心"地挑选,既实惠又体面,聪明的人即使花较少的钱也能收到最好的效果。

(资料来源:http://news.sina.com.cn/o/2005-02-04/01195037512s.shtml.)

三、消费者决策的类型

考察每次决策所需要付出的介入程度或者努力程度是描绘决策过程的有效途径。消费者研究人员发现,将这一问题置于一个连续统一体中考虑会较为简易,该连续统一体的一端为名义型决策,另一端为扩展型决策,有许多决策是落在中间区域的,它们被称之为有限型决策。如图10.1所示。

1. 名义型决策

名义型决策,有时也称为习惯性购买决策,消费者介入程度低,实际上就其本身而言并未涉及决策。消费者所作的许多购买决策都是以名义型决策为基础的,对于许多低价的、经常购买的产品而言,决策过程相对简单而快速。这时,消费者花费很少的努力或没有花费努力进行外部信息搜寻或选择评价。

名义性购买决策通常可细分为两种类型:品牌忠诚型和习惯型。比如,对于使用哪种品牌的化妆品,你曾经有着很高的卷入程度,并运用了广泛型购买。最后,你选定了羽西牌系列化妆品作为这一过程的结果。此后你再次重复购买时,虽然有众多的化妆品广告时时在诱惑着你,但你认为羽西牌化妆品正符合你的需要并产生好感,因而会直接购买羽西品牌产品而丝毫不考虑其他的选择,此时你的购买行为就属于品牌忠诚型。而习惯性购买则与此不同。比如,你可能认为所有牙膏的功能都差不多,因而,你在使用了某种品牌牙膏的一段时间以后,觉得没有什么让你不满意的,你就会一再地选择该品牌,但你实际上并不忠诚于这一品牌。有一次你在逛商场的时候,看到别的牌子的牙膏正在打折,你就毫不犹豫地买了这个新牌子的牙膏。

2. 有限型决策

那些经常购买的不十分贵重的商品或服务一般与有限型购买有关。在这种类型的购买

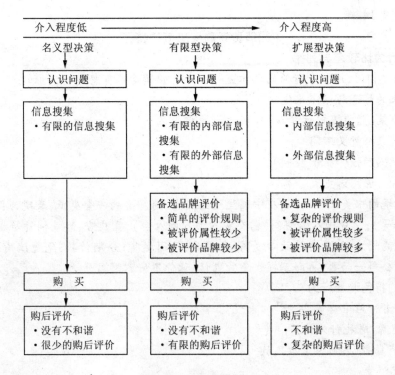

图 10.1 购买决策类型

中,消费者介入程度中等,花费适当的精力搜寻信息或考虑各种可能的选择,存在少量的备选方案,基于简单的决策规则,伴随着中等水平的认知和行为的努力,是介于名义型决策和扩展型决策之间的一种决策类型。有限型决策伴随着很少的购后评价,除非产品在使用过程中出现问题或消费者对售后服务不满意,否则,事后很少对产品的购买与使用进行评价。

有限性购买有时会因情感性需要或环境性需要而产生。比如,我们很多人都有这样的经历,虽然我们打算换一种新的产品或品牌,但我们并不是对目前使用的产品或品牌不满意,只是用了太久而产生了一种厌倦感。因此,这时候的购买行为只涉及对现有备选品牌的新奇性或新颖性的评价,而不是由于其他原因而产生。

3. 扩展型决策

当购买不熟悉的贵重产品或不常买的产品时,消费者的购买属于广泛型购买。扩展型决策包括大量的内部信息和广泛的外部信息搜寻,对多种备选方案的复杂评价。这个过程消费者高度介入,是购买行为中最复杂的一种类型,消费者的参与水平较高,所投入的时间较长,影响消费者作决策的因素也较多,而且,消费者在购买产品之后,很容易对购买决策的正确性产生怀疑,从而产生对购买的全面评价。当然,达到如此复杂程度的购买并不多,通常在房屋、汽车等产品的购买上,广泛型购买行为比较多见。

【资料卡 10.1】
中国消费者购买决策的特征

一、消费行为比较差异列举

中国与西方相比,消费者行为的具体差异对公司营销是不可忽视的,例如:
- 对未来的防范与保守花钱
- 购买决策(信息及时间跨度)比西方人慎重得多
- 产品的象征意义不同
- 价格敏感度强(对 SP 反映)
- 购买者与使用者更大分离

以购买环境的中美比较为例,在中国呈现高障碍,消费者的安全感低,表现为:高购买风险(假货、假广告等);消费进入障碍高(需交费入卡入网入会);靠广告、终端铺货等逼近消费者。而在美国呈现高吸力,消费者的放心度高,表现为:无因退货;分期付款;免费试用;诚信吸引,如美国 AT&T 公司一而再、再而三提供免费电话,让你不好意思离开。

二、中国的特色消费行为

中国消费者行为中有某些独特的表现,如:
- 面子消费:送礼行为关系消费
- "根"消费:维系血缘家族民族
- 独生代消费
- 女性消费:从奉献到自我的转变

三、中国消费行为的结构性差异

从空间上,中国区域消费差异很重要,"中国市场更似欧洲而非美国",即横向差别大:多元市场、区域差异不可忽视。如米尔顿·科特勒说:"应该把中国当作一个更类似欧洲而非美国的市场来看待。中国基于不同的地区文化、法律、品味及只能通过政治力量与媒体力量慢慢消化的权力结构,正像欧洲商业表现出的多样性。相反,美国市场则具有显著的同质性。"

从时间上,中国消费世代差异十分明显,即纵向差别大:快速变化的中国社会在不同社会生态环境中培育出不同的中国消费世代。不同于西方的稳态,中国人口与家庭结构变动大;消费群结构的变化大过西方,世代差别(不同消费价值观)大于西方;因为纵向变动大,年龄世代比生活方式更重要。

(资料来源:迈克尔 R 所罗门. 消费者行为学[M]. 8 版. 卢泰宏,杨晓燕,译. 北京:中国人民大学出版社,2011.)

四、消费者决策过程

在各种因素的作用下,消费者的购买行为可能会表现为一个非常复杂的、动态的过程。这个完整的过程一般可以分为五个阶段。如图 10.2 所示。

图 10.2　消费者购买决策的基本模型

1. 问题认知

消费者的购买行为过程从对某一问题或需要的认识开始。由于有了某种需要,而这种需要又未得到满足,人们才会通过购买行为来使之满足。所以消费者总是首先要确认自己还有哪些需要未得到满足,在多种需要都未得到满足的情况下,迫切希望最先得到满足的需要是什么,然后才会考虑购买什么,购买多少。所以确认需要是购买过程的起点。

2. 信息收集

消费者一旦确认了自己最先希望得到满足的需要以后,由于需要会使人产生注意力,因此,便会促使消费者积极收集有关的信息,也就是有关能够满足自己需要的商品或服务的资料,以便做出购买决策。

3. 方案评估

即对从各种来源得到的资料进行整理、分析,形成不同的购买方案,然后进一步对各种购买方案进行评价,做出购买选择。消费者在对不同的购买方案进行评价时,由于前面所述各种不同因素的影响,对同一种商品往往有不同的评价方法。

4. 购买决策

经过上述评价过程后,即进入了购买决策和实施购买阶段。但是消费者推迟、修改或回避作出决策的可能性是经常出现的。

5. 购后行为

消费者购买了商品并不意味着购买行为过程的结束。消费者购买商品后,往往会通过使用与他人交流等,对自己的购买选择进行检验,评价自己的购买行为。消费者对所购买的商品是否满意,以及会采取怎样的行为对于企业目前和以后的营销活动都会产生很大的影响。

这五个步骤代表了消费者从认识到对产品和服务的需求到评估一项购买的总体过程。需要指出的是,并不是说消费者所有的购买决策都会按次序经历这个过程的所有步骤,在有些情况下,消费者可能会跳过或颠倒某些阶段,尤其是参与程度较低的购买。

【资料卡 10.2】

消费者购买决策中营销者关注的主要问题

动机与欲望的认识

1. 以产品的购买与使用来满足哪些需求或动机(就是说,消费者追求哪些利益)?
2. 消费者的这些需求是潜在的需求还是激活的需求?

3. 目标市场的消费者以何种程度卷入产品?

搜寻信息

1. 哪些产品或品牌的信息储存到潜在消费者的记忆里?
2. 消费者是否具有搜寻外部信息的动机或意图?
3. 消费者搜寻有关购买信息时利用哪些信息来源?
4. 消费者所要获得的信息是产品的哪些属性方面的信息?

方案评价

1. 消费者评价或比较购买方案的努力程度如何?
2. 在消费者评价对象中包括哪些品牌?
3. 消费者为评价方案利用哪些评价标准?
   a. 哪些评价标准最突出?
   b. 评价的复杂程度如何(是利用单一的标准还是利用复合的标准)?
4. 以哪些类型的决定方法来选择最佳方案?
   a. 在评价项目中哪些项目最突出?
   b. 评价的复杂程度如何?
5. 对各方案的结果如何?
   a. 是否相信各方案的特征或特性是事实?
   b. 对各方案的主要特性的认知程度如何?
   c. 对各方案的购买或使用持哪些态度?
   d. 购买意向如何? 这些购买意向能否变成现实?

购买

1. 消费者为自己所选择的方案是否付出时间或努力?
2. 有没有与商店(购买场所)有关的追加的决策?
3. 偏好哪些类型的商店?

购买后结果

1. 是否满意方案,满意程度如何?
2. 有没有满意或不满意的特殊理由?
3. 其他消费者是否也感觉到类似的满意或不满意?
4. 消费者如何缓和或解决不满意?
5. 有没有再购买意向?
   a. 如果没有,其理由是什么?
   b. 如果有,那么这些购买意向是否反映品牌的忠诚度或习惯

(资料来源:李东进.消费者行为学[M].北京:机械工业出版社,2007.)

五、消费者决策的内容与原则

(一)消费者决策内容

(1)为什么买?

即购买动机。消费者的购买动机是多种多样的,同样购买一台洗衣机,有人为了节约家务劳动时间,有人则是买来孝敬父母。

(2)买什么?

即确定购买对象。这是决策的核心和首要问题。决定购买目标不只是停留在一般类别上,而是要确定具体的对象及具体的内容,包括商品的名称、厂牌、商标、款式、规格和价格。

(3)买多少?

即确定购买数量。购买数量一般取决于实际需要、支付能力及市场的供应情况。如果市场供应充裕,消费者既不急于买,买的数量也不会太多。

(4)在哪里买?

即确定购买地点。购买地点是由多种因素决定的,如路途远近、可挑选的品种数量、价格及服务态度等。它既和消费者的惠顾动机有关,也和消费者的求廉动机、求速动机有关。

(5)何时买?

即确定购买时间。这也是购买决策的重要内容,它与主导购买动机的迫切性有关。在消费者的多种动机中,往往由需要强度高的动机来决定购买时间的先后、缓急,同时,购买时间也和市场供应状况、营业时间、交通情况和消费者可供支配的空闲时间有关。

(6)如何买?

即确定购买方式。

(二)消费者制定购买决策的原则

消费者在决策过程中,总是依据一定的标准、尺度对各种方案进行比较选择,从中确定最优方案。而选择标准及尺度的拟定又是从一定原则出发的,决策原则贯穿于决策过程的始终,指导着消费者的决策活动。消费者购买决策原则一般有以下几项:

1. 最大满意原则

该原则是指消费者力求通过决策方案的选择、实施,取得最大效用,使某方面需要得到最大限度的满足。按照这一指导思想进行决策,即为最大满意原则。但实际中贯彻最大满意原则,带有许多苛刻的附加条件,如需要详尽、全面地占有信息,对各种备选方案进行准确无误的评价比较,能够精确预测各种方案的实施后果。而消费者受主观条件和客观环境的限制,几乎不可能全部具备上述条件。因此,所谓最大满意原则,只是一种理想化原则。现实中,人们往往以其他原则补充或代替之。

2. 相对满意原则

该原则认为,现代社会,消费者面对多种多样的商品和瞬息万变的市场信息,不可能花费大量时间、金钱和精力去搜集制定最佳决策所需的全部信息，即使有可能，与所付代价相比也绝无必要，况且人的欲望是无止境的，永远不可能达到绝对的、最大限度的满足。因此，在制定购买决策时，消费者只需做出相对合理的选择，达到相对满意即可。贯彻相对满意原则的关键是根据所得与所费的比较，合理调整选择标准，使之保持在适度、可行的范围内，以便以较小的代价取得较大的效用。

3. 遗憾最小原则

若以最大或相对满意作为正向决策原则，遗憾最小则立足于逆向决策。由于任何决策方案的后果都不可能达到绝对满意，而存在不同程度的遗憾，因此可以可能产生的遗憾最小作为决策的基本原则。运用此项原则进行决策时，消费者通常要估计各种方案可能产生的不良后果，比较其严重程度，从中选择最轻微的作为最终方案。遗憾最小原则的作用在于减少风险损失，缓解消费者因不满意而造成的心理失衡。

4. 预期满意原则

有些消费者在进行购买决策之前，已经预先形成对商品价格、质量、款式等方面的心理预期，为此，在对备选方案进行比较选择时，既非挑选最佳方案，也不选择可能产生遗憾最小的方案，而是与个人的心理预期进行比较，从中选择与预期标准吻合度最高的作为最终决策方案。这一方案相对于预先期望能够达到的消费者满意程度最大。运用预期满意原则，可大大缩小消费者的抉择范围，迅速、准确地发现拟选方案，加快决策进程，同时可避免方案过多而举棋不定。

【小案例 10.3】

网下的麻雀

一天，靠炒卖股票发家的犹太巨富列宛看着他 8 岁的儿子在院子里捕雀。用来捕雀的工具很简单，是一只很小的网子，网子边沿使用铁丝圈成的，整个网子呈圆形，用木棍支起网子的一端。木棍上面系着一根长长的绳子，孩子在立起的圆网下撒了一些米粒，然后牵着绳子躲在屋内。

不一会儿，飞来了几只麻雀，孩子数了数，竟然有 13 只之多！也许他们是饿久了，很快就有 8 只麻雀走进了网子底下吃米粒。

列宛示意孩子可以拉绳子了，但是孩子并没有拉绳子，他悄悄告诉列宛，他要等那 5 只麻雀都进去再拉，所以要再等一下。

等过了一会儿，那 5 至麻雀非但没有进去吃米粒，反而走出来 4 只，列宛再次示意孩子赶快拉绳子，但孩子却说，不着急，等再有一只麻雀走进来就拉绳子。

可是事与愿违，过了一会儿，又有 3 至雀儿走了出来。列宛对孩子说，如果现在拉绳子还能套住 1 只麻雀。但孩子好像对失去的好运不甘心，他说，不是还有几只麻雀没迟到米粒吗，它们总该要去吃的吧，再等一等吧。

终于,最后1只麻雀也吃饱走出去了。孩子很伤心,看着麻雀一个个飞走了。

(资料来源:http://blog.csdn.net/wangchinaking/article/details/4227615.)

思考题:列宛选择的决策符合哪种决策原则?列宛的儿子使用的是哪种决策原则?

六、决策中的角色

对于某些产品来说,确认购买者是比较容易的。男人通常选择自己的剃须刀,而妇女购买自己用的口红。但随着社会的发展,越来越多的产品所涉及的决策成员往往不止一个人。比如,家用电脑的选择,可能首先是爷爷提出要给孙子买一台电脑,同事推荐某种品牌或型号,妻子决定第二天去电子商场购买,丈夫去选择、付款,孙子使用买来的电脑。

因而我们可以区分出对购买决策有影响的五类角色:

①首倡者,首先提出购买某个产品或服务的人;
②影响者,其观点或建议对决策有影响的人;
③决策者,对购买决策的某个方面(包括是否买、买什么、如何买、何处买)作出决定的人;
④购买者,实际去购买的人;
⑤使用者,消费或使用产品或服务的人。

【小案例10.4】

开心洗发精

阿娜达公司曾经推出"开心洗发精"时,将目标消费者设定为15~18岁的女孩,电视广告女主角看起来一副高中生模样,十分俏丽可爱,广告主题曲"开心女孩"也广受欢迎。然而,令公司不解的是,"开心洗发精"的销路始终不理想。

(资料来源:荣晓华.消费者行为学[M].沈阳:东北财经大学出版社,2005.)

思考题:开心洗发精为何销售业绩不好?

【小案例10.3】

中国家庭消费决策中的角色变化

家庭消费决策的复杂性主要来自于家庭成员角色的分工及地位不同。在中国传统观念中,女性在家庭中处于从属地位,几乎没有任何话语权,"男尊女卑"的思想带来的不仅是"男主外",男性甚至还要掌控家庭的各项重大消费支出,而"女主内"主的却只是繁杂的日常生活琐事,于是形成"丈夫主导"的家庭消费决策模式。但在今天讲求开放、自主、平等的社会环境中,女性有自己从事的事业并获得了经济收入,自助商品的出现和流行使得家庭生活也更加便捷而富有个性,从而使女性获得了家庭消费决策中的大部分话语权。根据中国社会观察网《2006中国家庭生活质量调查报告蓝皮书》统计调查显示:超过四成以上的家庭中,"夫妻共同分担家务"成为一种时尚,"好主夫"成为男性扮演的重要家庭角色,仅有 1/5 的家庭选择保姆或小时工;在家庭消费决策方面,女性除了在日常开销方面当家做主之外,如房子、车子、投资、孩子教育消费等大宗消费方面也主要是夫妻共同决策的消费模式。不仅如此,孩子对家庭消费决策也起着越来越重要的作用。当代家庭结构中,孩子拥有较大的自由权和自主权,他们能够紧跟消费的潮流与风尚,能迅速捕捉消费的时机和动向,掌握详尽的信息和超前的消费知识,因此,孩子在家庭谈判中的力量日益强大,他们的观点不仅主导了家庭消费的主要内容和方向,还在很大程度上充当了父母的消费教育者。这时,家庭成员之间的代际需求和消费理念的差异,必然推进家庭消费决策的合谋化。

(资料来源:赵金蕊. 当代中国家庭结构的变化及其消费发展趋向[J]. 生产力研究,2009,17:121-123.)

第二节 问题认知

问题认知是消费者决策过程的第一步,是消费者的理想状态与实际状态之间的差距达到一定程度并足以激发消费决策过程的结果。实际状态是指消费者对其当前感受及处境的认知。理想状态是指消费者当前想达到或感受的状态。缺乏对问题的认知,就不会产生决策的需要。当消费者的愿望与其觉察到的实际状态有差距时,问题便产生了。需要强调的是,导致问题认知的是消费者对实际状态的感知或认识,而非客观的现实状态。如抽烟的消费者,尽管"现实"是抽烟有害,但这些消费者并未认识到这是一个问题。如图 10.3 所示。

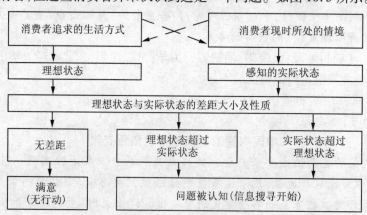

图 10.3 消费者问题认知过程

消费者问题可以分为主动型和被动型。主动型问题是指消费者在正常情况下就会意识到或将要意识到的问题。被动型问题是消费者尚未意识的问题。主动型问题仅仅要求营销者令人信服地向消费者说明其产品的优越性,而被动型问题,营销者不仅要使消费者意识到问题的存在,而且要使其相信企业提供的产品或服务是解决该问题的有效方法。

一、消费者对问题的主动认知

许多因素都可以使人们主动认识到自己的问题。问题认知的诱因也就是引起理想和实际状态之间产生差异的原因,这些诱因能受到外部和内部两方面因素的影响。这些因素有:

(一)缺货

当消费者使用一种储存的产品时必须补充存货,这时需要确认就出现了。此时的购买决策通常是一种简单和惯例的行为,并且经常靠选择一个熟悉的品牌或该消费者忠于的品牌来解决这个问题。

(二)不满意

需要确认产生于消费者对正在使用的产品或服务不太满意。例如,消费者也许认为他的电脑已经过时。广告可以用来帮助消费者确认什么时候他们有问题和需要做何种购买决定。

(三)新需要

消费者生活中的变化经常导致新需要。比较常见的是,一个人生活方式或工作状态的变化就可以创造出新的需要。比如,当你搬家时,就可能重新购置一些新的家具;要当你的职务提升时,你就可能买一些更高档的服装以使自己显得更体面些。有时报酬的增加也会提高个人的期望,他会考虑以前没有达到过并从未期望过的购买。比如,一个买彩票中了大奖的人会购买一辆家庭小轿车或到国外去旅游。

(四)相关产品的购买

需要确认也可以由一种产品的购买激发起来。例如,购买家庭影院会导致对其附属产品如影碟需求的确认,个人电脑的购买会推动对软件程序或软件升级的需求。

(五)新产品

市场上出现了新产品并且这种新产品引起了消费者的注意时也能成为需要确认的诱因。营销商经常介绍新产品和服务,并且告诉消费者他们解决问题的类型。比如,手机营销商告诉消费者为什么他们需要手机并强调手机的方便、时尚、省时及安全等。

(六)营销因素

引起实际与期望状态之间差距的另一个原因是由营销商引致的问题确认。比如,很多个人卫生用品的广告是通过创造一种不安全感,使消费者确认需要或问题,而消除这种不安全感的最佳方式就是使用他们推荐的产品。营销商还可以通过改变款式和服装设计,在消费者中制造一种他们的着装已落伍的感觉,帮助消费者确认需要。

二、营销激发消费者对问题的认知

(一) 发现消费者问题

发现消费者面临的问题有很多种方法。最常用的莫过于凭直觉进行判断,即管理者分析某类特定产品,然后根据逻辑和经验来决定可作哪些改进。静音吸尘器和洗碗机就是针对消费者面临的潜在问题得出的合乎逻辑的解决方法。该方法的缺点是,据此得出的问题对大多数消费者来说可能并不重要。另一种典型的方法是调查,即询问大量消费者以了解他们所面临的问题。

除了上面提到的这些方法以外,活动分析、问题分析、人体因素研究和情绪研究也被较多地运用于消费者问题的识别。

1. 活动分析

活动分析集中于对某一具体活动,如对准备晚餐、洗碗和洗碟子、修剪草坪等进行分析,以发现消费者面临的问题。如约翰逊·万克斯公司进行了一次面向妇女的全国性调查,内容是她们怎样护理头发及遇到了哪些问题。调查揭示了一个现有洗发水品牌均未能解决的问题——油腻。结果,该公司有针对性地开发出了一种新的香波和一种新的清洗液,两种新产品均获得了极大的成功。一项关于"家庭主妇所面临的厨房问题"的调查显示,家庭主妇最感头痛的问题是厨房用品的摆设缺乏条理。相对而言,把食品贮藏作为问题的人不多,处理剩饭剩菜也不是什么大问题。

2. 产品分析

产品分析与行为分析颇为类似,但研究的是某一个特定产品或品牌的购买与使用。比如,消费者被问到的问题可能与使用山地车、笔记本电脑或活动台灯有关。克里服装公司运用专题组访谈法分析男士服装的购买和使用。结果表明,很多人在购买男士服装时感到非常不放心,原因是对零售服务人员的动机和能力不信任。据此,公司开展了一项大规模的培训活动,运用专门设计的培训课程和拍摄的影视节目来培训员工,取得了良好的成效。

3. 问题分析

问题分析采用与前面介绍的两种方法截然不同的途径来发现消费者问题。它列出一系列问题,要求被调查者指出哪些活动、产品或品牌会涉及这些问题。

例如,一项涉及包装的调查会提出这样一些问题:

① ……包装难以开启。
② ……包装难以重新密封。
③ ……不便于倾倒。
④ ……的包装不适于陈列。
⑤ ……包装浪费的材料太多。
⑥ ……包装太不结实。

4. 人体因素研究

人体因素研究试图通过测试人的诸多能力,如视力、反应时间、灵活性、疲劳程度,以及影响这些能力的因素如亮度、温度、声音等来发现消费者问题。用于人体因素研究的具体方法多种多样,其中观察法,如慢动作拍摄和放映、录像、录音等对营销者来说尤为有用,采用也较普遍。

人体因素研究主要用于确定消费者意识不到的功能性问题。比如,它有助于吸尘器、割草机、汽车坐垫之类产品的设计,以减轻使用者的疲劳程度。近年来众所周知的腕部综合征,即由于长时间重复同样的动作如往电脑里输入数据而受到的身体伤害,激起了人们对人体因素研究的极大兴趣。

5. 情绪研究

无论是理论界还是企业界,对情绪在决策过程中所起作用还缺乏深入认识。目前,有关这一方面的研究主要集中在两个方面:①与某一特定产品或服务相联系的情绪;②能够减轻或激发某种情绪的产品。对于比较细微或敏感的情绪,采用投射技术比较合适。所谓投射法是将某种模糊的、非结构性的物体、情形、语句或其他对象呈给应答者,请他给予解释。这种方法的基本假设是,人们在谈论他人或谈论与自己无直接关系的事物时,往往能更加无拘无束,并间接地折射自己的心迹和想法。

(二)激发消费者对问题的认知

在很多情况下,营销者不只是被动地对消费者意识到的问题做出反应,而是希望在消费者尚未意识到该问题之前激发消费者对问题的认知。前面介绍的迪恩伯莱公司为销售壁炉引火产品就面临这一问题。同样,销售贺卡一类的公司,除了在元旦、农历新年和圣诞节这样的节日促销其产品外,还应在一年中的其他时段激起人们购买这些产品的认知。

1. 一般性问题认知与选择性问题认知

一般性问题认知涉及的理想状态与现实状态之间的差别,可以通过同一类产品中的不同品牌来缩小。一般来说,当一个公司着力于影响消费者的一般性问题认知时,该问题对消费者往往是潜在的或至少目前不是特别重要的。而且,可能具有这样一些特征:①所涉及的产品处于产品生命周期的前期;②该公司在此产品市场占有很高的市场份额;③问题认知后的外部信息搜集相对有限;④需要全行业协作努力。像银杏产品、螺旋藻及其制品的推广就是这方面的例子。这些产品既具有药用价值,又具有很强的保健作用,受到医药界的推崇。然而,一般消费者对这些产品了解很少,而且也缺乏主动了解这些产品的促动力。在此情形下,销售这些产品的企业需要激发消费者对这类产品的一般性问题认知。做到这一点,凭一个企业的努力是很难奏效的,因而需要全行业的通力合作。当然,激发一般性问题认知,最大的受益者是行业的领导企业。所以,通常该企业主动发起旨在激发一般性问题认知的各种促销活动。

选择性问题认知涉及的理想状态与现实状态的差别,通常只有某个特定品牌才能予以解决。一般性问题认知会导致整体市场的扩大,而选择性问题认知则会增加某一特定品牌或特定企业的产品销售。现实中,大多数企业在其促销与传播活动中强调其产品或品牌的独特性,实际上就是试图激发消费者的选择性认知。

2. 激发问题认知的方法

由于消费者对问题的认知是由理想状态与现实状态的差异大小以及该问题的相对重要性所决定,所以,企业可以通过改变消费者对理想状态与现实状态的认识来影响两者间的差距,也可以通过影响消费者对现有差距的重要性的认识来激发消费者的问题认知。

一方面(许多营销活动旨在)影响消费者的理想状态。营销者常在广告中宣传其产品的优越之处,并希望这些优点被消费者看重。例如,率先为汽车配备安全气囊的汽车制造公司一再强调这一装置的重要性,似乎安全气囊是"标准汽车"不可或缺的部分,其目的就是影响消费者关于"理想汽车"的概念。

另一方面(通过广告或其他促销手段)影响消费者对现实状态或现有状况的认识。消费者可能习惯性地重复选择某一品牌,而不考虑是否有性能更好、品质更优的替代产品。此时,生产新的替代品的企业需要打破消费者的惯常决策模式,使其意识到他现在所购买的产品并不是最好的。例如,后起的保险公司在广告中鼓励潜在客户在自动续签保险单之前对各种险种和保险条件进行比较,目的就是唤起消费者对现在状态的关注。同样,一些企业在推广新产品或新品牌时,运用比较广告凸现新产品的优点,同时影射市场上现有品牌的局限和不足,也是出于同样的目的。

也有人对上述方法的有效性提出质疑。试图使消费者对现有产品或服务产生不满,可能被消费者视为纯粹追求企业"私利"。同样,通过提高消费者对理想状态的期望来创造新的需要,被斥为促动甚至引起追求物质主义的思潮。对企业来说,也许一种更为合理的战略是尽力弄清消费者现在的需求状态,在此基础上了解他们对现有产品或服务在哪些方面不满,不满的原因何在,据此找到发现新的市场机会的有效途径。

【小案例 10.5】

"只接待了一位顾客"

下班的时候,商场经理问其中一个营业员:"今天你接待了几位客户?"当得知这个营业员一天只接待了一位客户时,经理很生气,因为其他营业员都接待了好多位客户。经理继续问:"那你的营业额是多少?"营业员说:"58 000美金。"经理很惊讶:"这是怎么回事?"

这个营业员介绍了接待客户的经过。刚开始这位客户是来买阿司匹林的,他说他的太太头疼,需要安静地休息。营业员在卖给客户药的同时与客户聊天,得知客户一直很喜欢钓鱼,营业员就向他推荐了一种鱼竿。接下来营业员问客户喜欢在哪儿钓鱼,客户说他家附近的河流、池塘鱼太少,他喜欢到海边去钓鱼。营业员还了解到客户喜欢在深海钓鱼,因此就向客户推荐了商城销售的一种钓鱼船。客户买了船后,营业员又问客户,去海边需3小时的路程,船准备怎么运过去,并借机向客户推荐了一辆特别适合运输船只的卡车。就这样这位客户来的时候只是想买一盒阿司匹林,走的时候却买走了一包药、一杆鱼竿、一艘船和一辆卡车,共消费了 58 000 美金。

(资料来源:天翼阅读. http://nc. zjsdxf. cn/read/.)

思考题:案例中顾客的问题属于哪种类型?营业员是如何激发该消费者问题认知的?

3. 问题认知的时机

消费者常常在购买决策发生困难或找不到解决办法时才产生问题认知:事故发生后才想起买保险、断电和家里变得一团漆黑时才想起应备一盏应急灯或一些蜡烛、觉得不舒服又不想去药店时才想到家里该备点感冒药。

有时营销者试图在事后帮助消费者去解决问题,比如送药上门,但更常用的策略是在问题发生之前就激发问题认知。如果消费者能够在潜在问题暴露之前就意识到并解决它,那么无论是对消费者自身还是对营销者都是有益的。

【小案例 10.6】
消费者早期健康检查的问题认知

公共健康部门的官员和其他关心公共健康的团体一直致力于说服妇女检查乳腺癌,说服男性检查前列腺癌。近年来,检查疾病及其发生原因的技术不断发展,可以通过透视检测出高胆固醇(一种心脏病的诱因)、高血压、骨质疏松症、遗传的乳腺癌、艾滋病和结肠癌。

早期健康检查的好处是很多的。一些疾病可以通过早期对疾病诱因的检查(如高胆固醇)而被防治。另一些疾病如果早期被检测出来,并尽早治疗,则治疗更加有效。因此,早期健康检查可以挽救生命、缓减痛苦和省钱。

尽管早期健康检查有这么多好处,但是很多人却不愿意接受早期检查,其中部分原因是医疗系统的运作问题。低收入人群往往缺乏医疗保险,不愿意花钱去检查可能不存在的毛病。但是,即使是那些有保险而且较为富裕的人群也常常忘记这些重要的检查。比如,据估计,20% 的美国成年人都存在胆固醇过高的问题,但是大部分人却不知道这个情况。

为什么消费者懒得进行这些简单、不贵却又能挽救生命的健康检查呢? 一些人出于自己的年龄、基因或总体情况认为自己不可能患上疾病。因此,他们认为进行这样的检查是没有意义的,检查只不过是确认他们"已知的"情况。

还有一些消费者则存在另外一种心态:害怕健康检查会暴露疾病。即使早期查出这些疾病有利于治愈,他们也觉得这是一个坏消息。而且,这种诊断往往会带来短期的不愉快——饮食的改变、身体或药物的治疗、焦虑。面对这样的检查,人们感到很矛盾。

(资料来源:德尔 L 霍金斯,罗杰 J 贝斯特,肯尼思 A 科尼. 消费者行为学[M]. 7 版. 北京:机械工业出版社,2000.)

思考题:基于以上的情况,公司、非营利组织或公共组织应该如何劝说消费者进行早期健康检查呢?

三、压制消费者对问题的认知

消费者对某些问题的认知,往往是一些营销者力图避免的。美国烟草行业曾花大力气试图弱化消费者对与吸烟有关的健康问题的认知。比如,一则 New—port 香烟广告,画面上是一对快乐的夫妇,标题是"享受人生"。显而易见,它可以理解为试图减少广告下方"吸烟有害健康"这一强制性警示所带来的问题认知。

有时候,企业往往不希望现有顾客对其产品或品牌所存在的问题产生认知。比如,生产普通自行车的厂家可能不希望消费者过多地注意这种自行车不及变速车或山地车的那些方面。此时,为抑制消费者的问题认知,一致的品质和广泛的分销格外重要。因为质量上的问题或产品的缺货恰恰为消费者重新评价产品和意识到现有产品存在的问题提供了促动。另外,能使消费者对其购买产生踏实感的包装、说明和其他信息均有助于抑制消费者对现有产品不足方面的认识。

四、消费者解决被认知问题的愿望

消费者有时候即使认识到问题的存在,但并不一定会采取行动。消费者解决某一特定问题的意欲水平取决于两个因素:①理想状态与现实状态之间差距的大小;②该问题的相对重要性。举个例子,某个消费者希望自己的汽车不仅要满足他对型号与马力的要求,还要达到百公里 8 升的油耗水平。如果他现在的汽车油耗水平是百公里 9 升,尽管这二者存在差距,但这一差距并没有大到促使该消费者产生购买新车的地步。

另一方面,即使理想与现实之间差距很大,如果问题并不十分重要,消费者也不一定着手搜集信息。某个消费者现在拥有一辆开了 5 年的旧丰田车,他希望能有一辆宝马 X5 型汽车,应当说差距是相当大的。但是,与他面临的其他一些消费问题(如住房、用具、食物)相比,这个差距的相对重要性可能很小。相对重要性是一个很关键的概念,因为所有的消费者都要受到时间和金钱的约束,只有相对更为重要的问题才会被重视和解决。总的来说,重要性取决于该问题对于保持消费者理想的生活方式是否关键。

【小案例 10.7】

中国烟草总公司:"吸烟有害健康"明年扩字号

记者昨日上午登录国家烟草专卖局官网看到,中国烟草总公司下发《关于进一步加大卷烟包装警语标识力度的通知》:自 2012 年 4 月 1 日起,境内生产和销售的卷烟要加大警语字号,卷烟条包的字体高度不小于 6.5 毫米,卷烟盒包的字体高度不小于 4 毫米(原为 2 毫米)。

"加大卷烟包装警语标识力度"消息一出,绝大部分专业控烟人士都认为,根据国际经验,只有将警示图片印刷到烟盒上,才能更好地达到控烟效果。

广东省惠州市科协主席、全国人大代表黄细花在微博上表示:"热切盼望烟包上图文并用,扭转现有警示标识被世卫专家指责'警语无力'的现状,真正有效地向消费者告知烟草使用带来的健康风险,激励吸烟者戒烟,并打消不吸烟人群尝试吸烟的念头。"

记者了解到,根据广州市控烟协会日前公布的一份评估调查报告显示,《广州市控制吸烟条例》正式颁布施行11个月后,违规吸烟处罚知晓率由38.3%大幅提高至79.4%,吸烟者在公共场所的吸烟比例下降了5.4%。

记者昨日下午随机采访了多位烟民,绝大部分受访者表示,自己多年抽惯了一种烟,最重要的是口味不要变,至于包装怎么变,其实无所谓。

"我一忙起来,一天起码5包烟。"某企业合伙人王先生认为,像自己这样的资深烟民,根本不会去考虑烟盒的包装问题,"反正都是去相熟的小店和老板那儿买,都成习惯了,估计只有烟涨价的时候会稍微关注一些。"

另一位中学教师吴先生则表示,由于工作关系,自己在学校很少抽烟,但有时候烟瘾上来了又忍不住。他认为,包装上印图片也许会令某些新烟民望而却步,"我去香港、澳门旅游时看到那些印着吓人图案的烟盒时,也会稍微有些触动。"

(资料来源:http://news.e23.cn/content/2011-08-11/2011081100426.html.)

思考题:控烟机构如何才能有效激发香烟消费者对健康问题的认知?

本 章 小 结

根据消费者决策的复杂程度可以将消费者决策分为名义型决策、有限型决策和广泛型决策,名义型决策最简单,广泛型决策最复杂。完整的消费者决策过程一般可以分为问题认知、信息收集、方案评估、购买决策和购后行为五个阶段,问题认识是消费者决策的第一阶段。问题认知涉及消费者理想状态(消费者所喜欢的)和现实状态(消费者意识到已存在的)之间的差距。如果两种状态间的差距足够大且非常重要,消费者将着手寻求解决问题的方法。

消费者问题认知分为主动性问题和被动性问题,对于被动型问题营销者应对难度相对较大。营销者可以通过在活动、产品、问题分析基础上的调查法和集中小组访谈法来衡量消费者问题。人体因素研究是从观察角度衡量消费者问题,情绪研究则集中于研究产品购买和使用方面的情绪性原因与反应。

营销者通常希望影响问题认知,而非被动地做出反应。他们可能希望产生一般性问题认知,消费者关于理想状态与现实状态的差别可通过同类产品的不同品牌来缩小。也可能希望引发选择性问题认知,在这种情况下,前述差别只有某个特定的品牌才能消除。激发问题认知的努力通常针对理想状态,然而,使消费者认识到现实状态的消极方面也非常普遍。营销者还试图在潜在问题发生之前就使消费者认识到该问题,从而影响问题认知的时机。

最后,营销者还试图弱化或压制其品牌的现有顾客群对问题的认知。

思 考 练 习

一、问答题

1. 简述消费者行为的一般模型。
2. 消费者购买决策的含义是什么?购买决策的内容包括哪些?
3. 简述消费者的购买决策过程。
4. 名义型决策、有限型决策和扩展型决策有何不同?
5. 什么是问题认知?
6. 主动型问题和被动型问题有何差异?这种差异为什么很重要?
7. 公司如何激发消费者对问题的认知?试举例说明。

二、讨论题

1. 家庭生活中通常有哪些产品与名义型决策相联系?哪些与有限型决策相联系?哪些与扩展型决策相联系?在什么条件下这些产品会与不同类型的决策相联系?
2. 你的购买行为中哪些产品与品牌忠诚型决策相联系?哪些与重复购买型决策相联系?说明形成的原因。
3. 针对下面的产品,你如何激发消费者的问题认知?

a. 慈善基金

b. 肠清茶

c. 素食

d. 家用高血压电子测量仪

e. 健康俱乐部

【案例分析】

阿雯选车的故事

阿雯是上海一位普通的上班族,阿雯周边的朋友与同事逐渐都成为有车一族,看他们在私家车里享受如水的音乐而不必承受公交车或地铁的拥挤与嘈杂,阿雯不觉开始动心。另外,她工作地点离家较远,加上交通拥挤,来回花在路上的时间要近三小时,她的购车动机越来越强烈。只是这时候的阿雯对车一无所知,除了坐车的体验,除了直觉上喜欢漂亮的白色、流畅的车型和几盏大而亮的灯。

初识爱车

阿雯是在上司的鼓动下上驾校学车的。在驾校学车时,未来将购什么样的车不知不觉成为几位学车者的共同话题。

"我拿到驾照,就去买一部 1.4 自排的波罗。"一位 MBA 同学对波罗情有独钟。虽然阿雯也蛮喜欢这一款小车的外型,但她怎么也接受不了自己会同样购一款波罗,因为阿雯有坐波罗1.4的体验,那一次是4个女生(在读MBA同学)上完课,一起坐辆小波罗出去吃中午饭,回校时车从徐家汇汇金广场的地下车库开出,上坡时不得不关闭了空调才爬上高高的坡,想起爬个坡便要关上空调实实在在地阻碍了阿雯对波罗的热情,虽然有不少人认为波罗是女性的首选车型。

问问驾校的师傅吧。师傅总归是驾车方面的专家,"宝来,是不错的车",问周边人的用车体会,包括朋友的朋友,都反馈过来这样的信息:在差不多的价位上,开一段时间,还是德国车不错,宝来好。阿雯的上司恰恰是宝来车主,阿雯尚无体验驾驶宝来的乐趣,但后排的拥挤却已先入为主了。想到自己的先生人高马大,宝来的后座不觉成了胸口的痛。如果有别的合适的车,宝来仅会成为候选吧。

不久,一位与阿雯差不多年龄的女邻居,在小区门口新开的一家海南马自达专卖店里买了一辆福美来,便自然地向阿雯做了"详细介绍"。阿雯很快去了家门口的专卖店,她被展厅里的车所吸引,销售员热情有加,特别是有这么一句话深深地打动了她:"福美来各个方面都很周全,反正在这个价位里别的车有的配置福美来都会有,只会更多。"此时的阿雯还不会在意动力、排量、油箱容量等等抽象的数据,直觉上清清爽爽的配置,配合销售人员正对阿雯心怀的介绍,令阿雯在这一刻已锁定海南马自达了。乐颠颠地拿着一堆资料回去,福美来成了阿雯心中的首选。银色而端正的车体在阿雯的心中晃啊晃。

亲密接触

阿雯回家征求先生的意见。先生说,为什么放着那么多上海大众和通用公司的品牌不买,偏偏要买"海南货"?它在上海的维修和服务网点是否完善?两个问题马上动摇了阿雯当初的方案。

阿雯不死心,便想问问周边驾车的同事对福美来的看法。"福美来还可以,但是日本车的车壳太薄",宝来车主因其自身多年的驾车经验,他的一番话还是对阿雯有说服力的。阿雯有无所适从的感觉。好在一介书生的直觉让阿雯关心起了精致的汽车杂志,随着阅读的试车报告越来越多,阿雯开始明确自己的目标了,8万至15万的价位,众多品牌的车都开始进入阿雯的视野。此时的阿雯已开始对各个车的生产厂家,每个生产厂家生产哪几种品牌,同一品牌的不同的发动机的排量与车的配置,基本的价格都已如数家珍。上海通用的别克凯越与别克赛欧,上海大众的超越者,一汽大众的宝来,北京现代的伊兰特,广州本田的飞度,神龙汽车的爱丽舍,东风日产的尼桑阳光,海南马自达的福美来,天津丰田的威驰,各款车携着各自的风情,在马路上或飞驰或被拥堵的时时刻刻,向阿雯亮着自己的神采,阿雯常用的文件夹开始附上了各款车的排量、最大功率、最大扭矩、极速、市场参考价等一行行数据,甚至于4S店的配件价格。经过反复比较,阿雯开始锁定别克凯越和本田飞度。

特别是别克凯越,简直是一款无懈可击的靓车啊!同事A此阶段也正准备买车,别克凯越也是首选。阿雯开始频频地进入别克凯越的车友论坛,并与在上海通用汽车集团工作的同学B联系。从同学的口里,阿雯增强了对别克凯越的信心,也知道了近期已另有两位同学拿到了牌照。但不幸的是,随着对别克凯越论坛的熟悉,阿雯很快发现,费油是别克凯越的最大缺陷,想着几乎是飞度两倍的油耗,在将来拥有车的时时刻刻要为这油耗花钱,阿雯的心思便又活了。还有飞度呢,精巧,独特,省油,新推出1.5 VTEC发动机的强劲动力,活灵活现的试车报告,令人忍不住想说就是她了。何况在论坛里发现飞度除了因是日本车系而受到抨击外没有明显的缺陷。正巧这一阶段广州本田推出了广本飞度的广告,阿雯精心地收集着有关广本飞度的每一个文字,甚至于致电广本飞度的上海4S店,追问其配件价格。维修成员极耐心地回答令飞度的印象又一次得到了增加。

到此时,阿雯对电视里各种煽情的汽车广告却没有多少印象。由于工作、读书和家务的关系,她实在没有多少时间坐在电视机前。而地铁里的各式广告,按道理是天天看得到,但受上下班拥挤的人群的影响,阿雯实在是没有心情去欣赏。

只是纸上得来终觉浅,周边各款车的直接用车体验对阿雯有着一言九鼎的说服力,阿雯开始致电各款车的车主了。

朋友C已购了别克凯越,问及行车感受,说很好,凯越是款好车,值得购买。

同学D已购了别克赛欧,是阿雯曾经心仪的SRV,质朴而舒适的感觉,阿雯常常觉得宛如一件居家舒适的棉质T恤衫,同学说空调很好的呀,但空调开后感觉动力不足。

朋友E已购了飞度(1.3),她说飞度轻巧,省油,但好像车身太薄,不小心用钥匙一划便是一道印痕,有一次去装点东西感觉像"小人搬大东西"。

周边桑塔纳的车主,波罗的车主,等等,都成为阿雯的"采访"对象。

花落谁家?

阿雯的梦中有一辆车,漂亮的白色,流畅的车型,大而亮的灯,安静地立在阿雯的面前,等着阿雯坐进去。但究竟花落谁家呢?阿雯自己的心里知道,她已有了一个缩小了的备选品牌范围。但究竟要买哪一辆车,这个"谜底"不再遥远……

(资料来源:迈克尔 R 所罗门.消费者行为学[M].8版.卢泰宏,杨晓燕,译.北京:中国人民大学出版社,2011.)

思考题

1. 根据消费者介入度与购买决策分类理论,阿雯选车是属于哪一类购买决策,为什么?
2. 试运用消费者决策过程的五阶段模型分析阿雯选车所经历的相关阶段。
3. 消费者决策过程中考虑的品牌组是一个逐渐筛选、淘汰过程,由全部品牌组、知晓品牌组、考虑的品牌组、选择品牌组决定,试根据此内容分析阿雯选车时在不同阶段品牌组的具体品牌构成。

第十一章
Chapter 11

消费者决策过程 II：信息搜寻与方案评价

【学习目标】

(1) 知识目标

通过本章的学习，掌握信息来源和类型；了解消费者内部信息搜寻的基本内容；了解衡量消费者外部信息搜寻的简单方法；掌握影响消费者外部信息搜寻的主要因素。

(2) 技能目标

掌握确定消费者评价标准的一般方法；掌握评价备选方案的方法。

【引导案例】

一个高级白领的购房行为（续）

在陈家提出买房的十多天后的一天，陈太太向陈先生提出了在另一个城市置业是否合适的问题。陈先生奇怪太太为什么提出这样的问题。陈太太把这些天与同事讨论的情况告诉了先生：他们都认为在另一个城市置业，要么是投资，要么是要到该市工作，要么是作旅游休闲之所，咱们好像没有一条能沾得上边的，难道因为有优惠就到这么远的地方花几十万去买套房？陈先生一听有道理，"要不我们就不买了"。陈太太想了想，尽管心理有点不甘，但要到这么远的地方买套房，也的确不合算，就同意了先生的提议。买房这件事因此也就告一段落了。

时间不长，陈太太又旧事重提了。"不买另一个城市的房子，我们有没有必要在本市再买一套房？"陈太太的想法也是陈先生在这段时间一直考虑的问题。自从上次提出要买房之后，买房这件事就成了他们夫妻的一种向往了。陈生和陈太都觉得奇怪，每每想到买房，一种莫名的兴奋总会悠然而生。他们是否真要考虑在本市再买一套房呢？陈太太摆了一些他们应该买房的理由：①原来的房子已有六七年了，需要重新装修和买家具，与其花一笔钱装修和买家具，还不如交首期买套新房。②二人的住房公积金差不多可以每个月供房之用。③现在的房子正好在各自上班的单位的中间,来回跑彼此都辛苦,可以买套靠近其中一人单位的房子。陈太太的理由既现实又可取,接下来的事是夫妻二人走访各自单位附近的楼盘,看是否有彼此满意合适的。

一晃几个月过去了,陈太太和陈先生在百忙中抽空实地考察了好些单位旁过的楼盘。还看了一些朋友介绍的、看起来还属于可考虑范围的楼宇。忙碌几个月,有关楼盘的知识倒是增长了不少,还开了眼界,但也确实把他俩累坏了,而且最终结果却是没有他们都满意的:不是规格不行、就是价钱不合算,要不就是对售楼小姐的服务不满。看来,在他们一方单位附近买房的想法又要泡汤了。

"算了,还是把钱省下来做别的事吧。"陈先生垂头丧气地对陈太太说。陈太太也默认了——找不到合适的,也没有办法嘛!

(资料来源:迈克尔 R 所罗门. 消费者行为学[M]. 8 版. 卢泰宏,杨晓燕,译. 北京:中国人民大学出版社, 2011.)

在消费者问题得到确认后,随后一般会进行信息搜寻和方案评价。陈先生和陈太太在决定购置房产后,先和同事探讨,还到多个楼盘进行实地考察,随后对收集的信息进行分析。研究消费者收集信息和评价过程,有利于市场营销人员有效开展信息传播活动。本章将探讨信息搜寻和方案评价。

第一节　信息搜寻

消费者决策制定的第二步是搜寻信息。一旦消费者意识到一个问题或需求能通过购买某种产品或服务得到解决,他们便开始寻找制定购买决策所需的信息。

一、信息来源与信息搜集类型

(一)信息来源

信息搜寻可以从内部、外部产生或内、外部同时产生。内部信息搜寻是对记忆中原有的信息进行回忆的过程。这种信息很大程度上来自以前购买某产品的经验。比如,购买时遇到你以前曾经喝过的某种品牌的饮料,通过搜寻你的记忆,你可能记起它是否好喝,是否受欢迎等。因此,对许多惯性、重复性购买来说,使用储藏在记忆里的、过去所获得的信息就足够用了。

如果内部搜寻没有产生足够的信息,消费者便会通过外部搜寻来得到另外的信息。市场营销人员最感兴趣的是,消费者所需的主要外部信息来源及每种信息对今后的购买决策的影响。消费者外部信息来源可以分为以下五类:

1. 记忆来源:产品的操作、检查与使用

通过过去的信息搜寻活动、个人经验和低介入度学习所形成的记忆或内部信息是大多数消费者最主要的信息来源。在很多情况下,消费者依靠储存在记忆中的信息就可以解决他所面临的购买问题。例如,在购买牙膏、饮料等产品的过程中,绝大多数消费者是凭过去的经验、印象或习惯做出选择,无需求助于其他外部信息。当然,储存在消费者长期记忆中的有关信息,在过去的某一时点上也是从外部获得的。

2. 个人来源:家庭、朋友、同事、熟人

个人来源包括朋友、同事、家人等等。美国一家汽车调研公司的调查发现,三分之二的新车购买者说他们购买哪一款汽车主要受周围接触的人的影响。另有调查表明,在寻求医疗和法律服务时,个人来源尤其是朋友是最主要的信息来源。

【资料卡11.1】
个人信息来源

个人信息来源主要是消费者个人之间通过口头传播的购物信息,这种信息来源往往要比商业性来源对消费者的购物行为有着更大的影响。根据一项对60种不同商品购买行为的调查,消费者受他人影响是受广告影响的2倍。对美国消费者的一项调查也表明口头传播信息的影响力分别是广播广告的2倍,人员推销的4倍,报纸和杂志广告的7倍。

为何有些消费者愿意提供购物信息,而另外一些消费者又乐意打听这些信息呢?消费者之所以愿意提供购物信息,一是可能给信息提供者带来某种权力与声望的感受;二是可能减少或者消除信息提供者事后对自己购物行为的疑虑;三是借此增加信息提供者与相关群体其他成员之间的交往。消费者之所以乐意向他人打听购物信息,可能由于下述的原因:一是来自亲戚、朋友或相关群体其他成员的购物信息被认为要比商业性信息来源更加可靠;二是对于那些性能复杂而又难以检测的产品,或者那些社会可视性很高的产品,消费者倾向于充分听取他人意见以减少购买风险;三是通过向他人获取购物信息得以减少自己信息搜取的成本。

(资料来源:黄维梁. 消费者购前信息搜寻与企业营销对策[J]. 北京商学院学报,1998(6):57-59.)

3. 商业来源:广告、推销员、经销商、包装、展览

商业来源包括广告、店内信息、产品说明书、宣传手册、推销员等。

(1)广告信息来源

广告信息的影响与作用依据产品类别和消费者特征的不同而有所区别。根据美国小家电市场购买信息来源的一项调查报告,25%的消费者选择报纸广告,15%通过杂志广告得知,14%从电视上见过广告产品,而7%听到电台广播的产品广告。

(2)商店信息来源

随着媒体广告的过度泛滥,越来越多的消费者转向商店信息来源。根据美国市场耐用消费品购买行为的调查,47%的购买者在一家商店内选购,15%到过2~3家商店,到达3家以上商店的消费者占26%,这反映消费者从购物地点获取购物信息的倾向。

(3)推销信息来源

推销员的推销信息对于消费者购物决策的影响取决于多种因素。如依赖性强的消费者容易接受推销员的推销信息,独立性强的消费者则往往质疑推销员提出的建议。

4. 公共来源:大众媒体、消费者评比机构

公共来源包括大众媒体、政府机构、消费者组织等。大众媒体刊载的有关消息、报道及有关生活常识的介绍对某些产品的购买是非常有帮助的。我国有关政府机构如中国技术质量监督局,定期或不定期地对某些产品进行检测并将结果公之于众,为消费者选择产品提供了有用的信息。另外,中国消费者协会的刊物传递的有关信息对消费者也是非常有用的。

5. 经验来源

如消费者到不同商店比较各种产品的价格,亲自观测产品或试用产品。经验来源获得的信息最直接,也最受消费者信赖,然而,受时间、知识等资源条件的约束,在很多产品的决策过程中消费者很难完全或主要依赖于经验来源获得信息。

这些信息来源的相对丰富程度与影响程度随产品类别与购买者特征的不同而各异。一般来说,消费者的最初的产品信息主要来自商业来源,即市场营销人员所能控制的来源;最有效的信息则来自个人来源。每类信息来源对购买决策有着不同作用的影响,商业来源一般起着告知作用,而个人来源则起着认定或评价作用。

【小案例11.1】
互联网对消费者购买决策影响力加大

从我们长期对于互联网受众和消费者行为的研究,我认为,受众对互联网的接触行为和互联网的发展有以下特点:

第一,互联网对于消费者购买决策产生着重要的影响。在我最近做的一项研究中发现,在最近一次消费者购买的行为中,网络对消费者购买决策产生了越来越重要的影响。这种影响已经不亚于朋友之间的口碑,特别是在消费者购买一些需要进行复杂决策的大件的产品,或者是需要进行一些关键信息比较的产品时,例如手机、汽车、化妆品等。网络能够激发消费需求,在消费者信息搜集、产品比较和购买后评价阶段网络的影响力都已经超过传统媒体。这些企业完全可以将网络和终端两个点整合起来进行营销。企业如果能够利用互联网干预到消费者购买行为的每一个环节,网络对于企业的营销的帮助就越大。

第二,消费者越来越希望通过网络解决更多的消费问题。互联网如今已经成为消费者非常重要的平台,越来越多的消费者通过网络结交朋友、查找资料、帮助工作等。在新浪与新生代市场监测机构联合开展的一项"2009晒生活"大型网友互动参与活动中发现,网友不仅在分享自己的消费经验方面有较高的积极性,同时对于他人消费经验和故事也非常感兴趣,网络已经不仅仅是一个简单的信息平台的概念,而是一个消费体验聚合的平台。

第三,网络空间已经形成了自己的流行和时尚潮流。新浪与新生代市场监测机构联合开展的一项"2009 晒生活"大型网友互动参与活动发现了 10 大网友社会生活文化消费风尚。这 10 风尚分别为:怀旧风尚、炫酷风尚、科技风尚、娱乐风尚、动漫风尚、新节俭风尚、装扮风尚、简约风尚和品位风尚。这些流行充分说明网络有着自己的符号体系和语言体系,因此企业要能够把握互联网空间中的网友热点、热议事件、网络文化中找寻营销的关键点。

从未来趋势上看,互联网还会继续在所有的媒体中实现领先的快速的发展。特别是在印刷媒体下滑,中国电视媒体在 2010 年可能因为广告限播涨价等背景下,2010 年网络媒体将会迎来新的发展机遇,很多品牌广告主也将可能给网络媒体更多的预算。互联网要抓住这个发展机遇,从而成为帮助企业营销的高附加值媒体。

(资料来源:http://blog.ifeng.com/article/3372694.html.)

思考题:消费者从互联网上获取的信息可分为哪几类来源?

(二)信息搜集的类型

1. 内部信息搜集与外部信息搜集

从信息的来源看,信息搜集可以分为内部信息搜集和外部信息搜集。假设你的电脑出了毛病,或发现汽车汽油快用完了,或决定添件新外套,对这些意识到的问题你会怎样解决呢?一般情况下你会首先想一下或回忆一下自己平时是怎么解决这类问题的。你可能就会想到一个令人满意的解决办法,这就是内部信息搜集。内部信息搜集是指消费者将过去储存在记忆中的有关产品、服务的信息提取出来,以服务于解决当前问题的过程。如果通过内部搜寻未能找出合适的解决办法,那么搜集过程将集中于与问题解决有关的外部信息,这被称为外部搜集。如通过网络社区、朋友、熟人或专业性杂志等获得更多的解决该问题的信息。

2. 购买前信息搜集与即时性信息搜集

从信息搜集的目的看,信息搜集可以分为购买前信息搜集和即时性信息搜集。购买前信息搜集是消费者为解决某一特定购买的问题而开展的信息搜寻活动,具有明确的购买目的。比如,为购买一台电脑而阅读有关电脑杂志或访问电脑商店,均属于这种类型的信息搜集。即时性信息搜集不针对特定购买需要或购买决策而进行的信息搜集活动,在搜集信息时并没有明确的购买目的。比如,一位已购买了电脑的消费者仍不断从杂志、互联网和其他渠道了解有关电脑的信息,就属于即时性信息搜集。消费者从事即时性信息搜集或者是为了掌握大量有关该产品或购买的知识以便将来使用,或者是纯粹出于这类搜集活动所带来的乐趣。

3. 评价标准与备选方案的信息搜寻

从信息搜集的内容看,信息搜集可以分为评价标准信息、备选方案范围和备选方案具体特征系信息。评价标准的信息是指消费者希望购买的产品具备哪些基本的特征,比如,购买个人计算机时,你,如内存多少、硬盘多大、中央处理器应达到什么样的要求。这些产品特征或特点就构成了你购买个人计算机的评价标准。备选方案涉及备选方案范围信息和备选方案具体特征信息。仍以购买计算机为例,备选方案范围信息是关于市场上有哪些品牌的计算机、哪些品牌的计算机可以考虑购买、哪些品牌不在考虑之列等等,备选品牌具体特征信息则是关于具体品牌如联想或戴尔在价格、性能、维修便捷性等方面的具体信息。

表 11.1　购买前信息搜集与即时性信息搜集的比较

	购买前信息搜集	即时性信息搜集
影响因素	a. 对购买的介入程度 b. 市场环境 c. 情境因素	a. 对产品类别的介入程度 b. 市场环境 c. 情境因素
动机	a. 做出更好的购买决策	a. 建立供未来使用的信息库 b. 体验搜寻中的乐趣
结果	a. 产品与市场知识的增加 b. 更好的购买决策 c. 提高对购买结果的满意水平	a. 由于产品与市场知识的增加导致 ——未来购买的效率 ——个人影响 b. 冲动性购买增加 c. 从搜寻和其他结果中提高满意水平

二、内部信息搜集

消费者通常在记忆中对许多产品有一定的认识,当面临一项购买决策时,消费者可以通过回忆进行内部信息搜集。内部信息搜集一般先于外部信息搜集,而且在不同类型的决策条件下,内部信息搜集的程度也存在差别,越是重要、复杂的购买问题,内部信息搜集范围越广泛。

消费者记忆中与购买决策有关的产品或品牌的集合,可以称之为意识域(awareness set)。意识域是消费者知悉或意识到且有可能作为备选品的品牌。意识域可进一步分为激活域(evoked set)、惰性域(inert set)和排除域(inept set)3 个次级域。激活域是由备选品中予以进一步考虑的产品或品牌组成。如果从一开始消费者就对激活域里的品牌感到满意,信息搜集将集中于这些品牌在特定评价标准上的表现。如果未形成激活域或对激活域里的品牌缺乏信心,消费者可能会做外部信息搜集,最终形成一个有效的激活域。不活跃域或惰性域是由那些消费者了解但不关心的产品或品牌所组成。消费者对惰性域里的品牌既无特别的好感也无恶意,通常会接受有关这些品牌的正面信息,但不会主动搜寻这些信息。排除域里的产品或品牌是消费者不喜欢和不予考虑的。即使有关这些品牌的信息唾手可得,消费者也会不予理会。

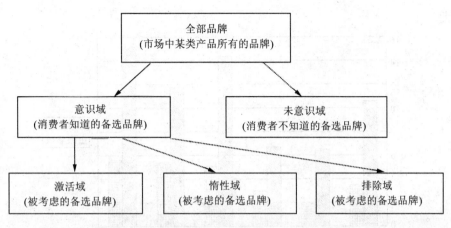

图 11.1 消费者内部信息搜集中的品牌分类

【资料卡 11.2】

意识域与激活域

涉及激活域的一个重要问题是,在消费者购买决策过程中,它是否会发生变化。早期的研究一直倾向于将激活域基本上视作是不变的或固定的,但现在不少学者对此提出了质疑。从信息处理角度看,激活域里的品牌可视为被激活的记忆内容,它应当是动态的,会随着更多的外部信息进入记忆领域而发生变化。

20 世纪 80 年代末 90 年代初,已有一些研究对激活域的规模及影响因素、激活域与意识域之间的关系等问题进行了探讨。研究表明,随着消费者品牌忠诚度的增强,激活域的规模将变小。影响激活域规模的因素主要有消费者受教育程度、消费者家庭规模、意识域所含品牌数量、消费者对不同品牌使用于不同场合的认识水平。另有研究表明,意识域与激活域的规模随产品而异,而且对于所有的产品,激活域远远小于意识域。由此表明,企业的营销仅以提高品牌知名度为目标是不够的,而应努力使消费者在作购买选择时将其品牌纳入考虑范围。

(资料来源:符国群.消费者行为学[M].北京:高等教育出版社,2006.)

由于解决消费问题的类型不同,消费者在知晓集中进行内部搜寻的程度也不同。在高卷入购买决策时,消费者更多地检索长时记忆中的信息,但在低卷入购买决策时只在极其有限的范围内检索记忆中的信息。在情感性卷入或冲动购买的时候,消费者一般并不依据长时记忆中的信息,而主要依据自己的感觉或购买情境。影响内部搜寻程度的因素有记忆里储存的信息量和信息的适合性。储存的信息量取决于与购买有关的以前的学习,而信息的适合性取决于对购买结果的满意度与购买间隔。对购买结果满意度高的时候就很可能回想起购买过的产品品牌,从而做出习惯性的购买决策。另外,购买间隔越长,消费者改变原来购买方案的可能性就越大。

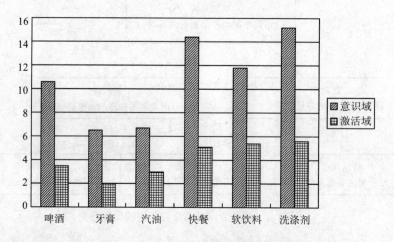

图11.2 不同产品意识域与激活域之间的关系

(资料来源:J ROBERT. A Grounded Model of Consideration Set Size and Composition[M].
T. K. Srull: Advances in Consumer Research XVI, 1989.)

三、外部信息搜集

外部信息搜集是指消费者从外部来源,如同事、朋友、商业传媒及其他信息渠道,获得与某一特定购买决策相关的信息。

(一)外部信息搜集行为的测量

营销经理对外部信息搜集特别感兴趣,因为这使得他们可以直接接近消费者。消费者到底进行了多大数量的外部信息搜集呢?由于大多数的购买都是名义型或有限型决策的结果,因此在购买之前只涉及很少或几乎没有外部信息搜集。对于低价便利品如饮料、罐装食品、洗涤剂等的购买,情况尤其是这样。

衡量外部信息搜集的方法很多,主要有:①被访商店的数量;②被考虑的选择方案的数量;③所使用的个人信息来源的数量;④总体或综合衡量。上述的每一种方法评价了购买行为的一个不同方面,然而它们均支持同一种观察现象:即由于大多数消费者在购买前很少进行信息搜集,因而外部信息搜集接近于一种有限搜集。

关于购物行为的调查显示,大多数耐用消费品的购买是在消费者仅去了一家商店之后做出的。被考虑的选择方案的数目也表明购买前的信息搜集数量十分有限。虽然被考虑的备选品牌或型号的数目随着该产品价格的上升而增加,但对有些产品如手表来说,近半数的购买者只考虑一种品牌,一个样式。另一项研究发现,27%的大件电器购买者只考虑一个品牌。关于个人来源和其他非商业性来源的测量也表明,消费者信息搜集水平是非常有限的。

研究发现,即使是在复杂的购买情形下,消费者的外部信息搜寻也是极为有限的。一项针对冰箱购买中信息搜寻行为的研究表明,42%的被访者在购买时只造访了一家商店,41%的人只考虑一个品牌。另外一项研究表明,在购买小型电器产品时,77%的情况下消费者只拜访一个商店。这些研究得出的一个结论是:即使信息不难获取,购买者也只是少量地进行搜寻。

虽然消费者在购买之前访问的店铺较少,但仍然存在着消费者面对同一店铺里各种备选品作广泛信息搜寻的可能性。例如,在选择食品时,消费者可能花很多时间阅读关于不同品牌食品的信息,然后做出购买决定。一项针对消费者店铺内信息搜集行为的研究发现,购买者平均只花12秒钟来选择一种产品,只有59%的购买者查看了商品价格,半数以上的人说不准所购物品的单价,同时,当物品是削价销售时,大多数人没有注意到这一点。由此进一步证实,消费者在购买过程中所作的外部信息搜集是很有限的。

虽然如此,我们并不能得出消费者是在不大了解情况的条件下做出购买决定的结论。事实上,前述研究所采用的访问消费者的调查方法,极有可能低估消费者的实际信息搜寻活动量。另外,消费者可能对于所选商品已有较丰富的消费经验,或者在做出购买决策以前,已经被动地接触广告或其他宣传媒体,从而对所购产品有了较多的了解。

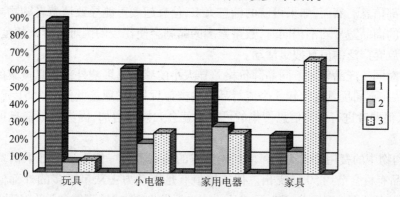

图11.3 购买汽车与家用电器前咨询的信息源数量

(资料来源:Geoffrey Kiel and Roger layton,1981.)

(二)影响外部信息搜集量的因素

消费者有时会进行较多的外部信息搜集,有时则只作有限的搜集活动。原因部分在于购买者对特定购买情形下信息搜集的收益和成本在感知上存在差异。一般认为,只有信息搜集所带来的边际收益超过由此引起的边际成本,消费者才会做进一步的信息搜集。

外部信息搜集的利益可以是有形的,如更优惠的价格、更偏爱的样式或更高的产品质量。这种利益也可以是无形的,如风险的减小,对购买信心的增加,甚至是增添乐趣。消费者对这些利益的认识会随消费者的市场经验、媒体使用习惯、消费者与他人相互影响的程度或所属的参考群体的不同而存在差别。

另一方面，外部信息的获取并非不需成本。消费者只进行有限的外部信息搜集可能是因为搜寻成本超过预期收益所致。搜寻成本可以是货币成本也可以是非货币成本。货币成本包括与搜寻活动相关的费用支出，如交通费、停车费和与时间有关的成本，包括损失的工资、放弃娱乐的机会、照顾孩子等等。搜寻的非货币成本相比之下不太明显，但可能比货币成本影响更大。几乎每一种外部搜寻活动都涉及某种体力和心力的损耗。除了疲劳之外，搜寻中的挫折，搜寻活动与其他更想做的事情之间的冲突也可能削减搜寻努力。

影响搜寻的预期收益与感知成本的基本因素主要包括4类。

1. 市场特征

市场特征包括备选方案的数目、价格幅度、商店分布和信息可获程度。需注意的是，影响购买行为的是消费者对市场特征的感知或信念，而并非实际的市场特征。虽然信念与现实往往是相关的，但很多情况下它们并不完全一致。

很明显，解决某一问题的备选方案（产品、商店、品牌）越多，消费者越可能进行更多的外部信息搜集。极端的情况是，在完全垄断状态下，如接受公用事业服务和办理驾驶执照，根本无需搜集外部信息。然而，如果可获的信息太多，信息超载可能导致消费者购物减少。特别是当每家商店的商品型号均不相同时，数量繁多的品牌会使比较的困难程度大幅度上升时，消费者可能就会放弃广泛的信息搜集活动。

消费者对同一产品领域不同品牌价格差异大小的感知是影响外部信息搜集的又一个重要因素。例如，在不同玩具店比较5个流行品牌的类似玩具，发现最低价格为51元，最高价格为105元，那么消费者进行外部信息搜集的可能性就会大幅度增加，因为有效信息可能获得相当大的经济收益。

另外，购物中的费用节省比例可能如同节省的绝对数量一样重要。如果消费者感到购买200元的商品有机会节约50元支出。他或她就有足够动力去从事更多的外部信息搜寻。同样节约50元，如果是在购买1 000元商品的情境下发生，他或她可能就没有这种搜寻动力。

店铺分布，包括店铺数目、位置、彼此之间的距离，也会影响消费者最终购买前访问商店的数量。由于访问商店要花时间、精力，很多情况下还伴随金钱支出，商店彼此邻近将增加外部信息搜集。

一般来说，信息的可获性直接与信息使用相关。然而，太多的信息会引起信息超载，导致信息使用的减少。此外，随着时间的推移，随处可获的信息还会引发学习，这也会减少在购买前进一步搜寻外部信息的需要。

2. 产品特征

价格水平和差异性等产品特征会影响外部信息搜集。一般来说，更高的价格和更大程度的产品差异，将导致外部搜寻活动的增加。

消费者似乎喜欢寻找那些积极或正面性的产品,即那些能够带来正面强化的产品。例如,购买花草、服装、体育用品、照相机被很多消费者视为美好的体验。相反,购买负面性或消极产品(即其主要利益是负面强化和消除某种外在不快)则没有如此令人愉快。逛杂货店、除虫服务、汽车修理对大多数人来说并不是件惬意的事。在其他条件一样的情况下,消费者更可能从事有关积极性产品的外部信息搜寻。

3. 消费者特征

很多消费者特征影响他或她对预期利益、搜寻成本以及需要从事某一特定水平搜寻的感知。对某一品牌的令人满意的体验是一种正面的强化过程,它会增加重复选择该品牌同时减少外部信息搜集的可能性。结果,对某一产品领域的各种品牌只有有限经验的消费者更趋于搜集外部信息。然而,也有证据表明,对产品领域的某种程度的熟悉是外部信息搜寻活动产生的必要条件。例如,购买新汽车时,具有大量一般性汽车知识的消费者购买前的外部信息搜集水平很高,而对现有汽车品牌非常熟悉的消费者则较少进行外部信息搜寻。因此,对产品领域一无所知的消费者要么因为新信息太多而产生对外部信息搜寻的惧怕感,要么因缺乏足够知识而不能从事外部搜寻。

虽然中等收入的消费者较更高或更低收入水平的消费者搜寻水平更高,外部信息搜寻程度似乎随社会地位的增加而增加。购买者的年龄与信息搜集呈反比。也就是说,随着年龄的增长,外部信息搜寻呈下降趋势。这部分是由于随着年龄的增长,消费者知识增加,对产品也更加熟悉。新组成的家庭,以及步入家庭生命周期新阶段的家庭较之于既有家庭对外部信息有更大的需求。

消费者倾向于形成一般的外部搜寻方式或模式。这些一般的模式被称为购物导向。虽然在不同的情境和产品领域个体在一般模式上会呈现出很大的变异,然而很多人在大多数产品的购买和不同购买情境下会展现某种较为稳定的购物方式。另外一些个体从事广泛的即时信息搜寻,这些人就是前面描述过的市场通。新涌现的一代消费者,即所谓的"网络一代",则正在发展一种完全不同以往的信息搜寻模式。

对某一产品领域介入程度很高的消费者一般会即时搜集与该领域有关的信息。这种即时搜集和由此形成的知识背景可能导致这些消费者在购买前无需进行外部信息搜寻。当然,这也可能随他们对该类产品的介入程度的不同而变化。研究表明,追求多样性的葡萄酒嗜好者更多地从事外部信息搜集活动。

【资料卡 11.3】

消费者特征对信息搜寻范围的影响

一项以中国微型汽车消费者为对象的实证研究表明:

(1)年龄

消费者的年龄显著地影响了消费者信息搜寻的范围,一个消费者的年龄越大,他(或她)

的信息搜寻的范围越窄。

(2) 职业

职业也是一个显著地影响消费者信息搜寻的因素,当消费者需要某些信息的时候,他们首先考虑的是能否方便地和免费地获取这些信息,那些因为职业能够免费地使用信息来源的消费者,比工作中难以免费地使用信息来源的消费者更可能广泛地搜寻信息。

(3) 文化

消费者的文化程度也显著地影响了其信息搜寻的范围,一个消费者的文化程度越高,他(或她)的信息搜寻范围越广,这可能是因为有较高教育水平的消费者有较低的信息处理成本和较高的参与度。以前的研究结果也表明一个消费者的教育水平越高,他(或她)通过更多信息来源来搜寻信息的可能性越大。

(4) 家庭收入

中国微型汽车消费者的家庭月平均收入也对其信息搜寻的范围有显著影响,消费者的家庭月平均收入越高,那他(或她)的信息搜寻范围越广泛,因为有较高收入的人们通常会订阅一些报纸或期刊,而且他们更可能购买 Intel 网络服务,因此当他们需要诸如汽车的购买信息时会有更多的信息渠道可供搜寻信息。

(5) 性别与居住城市

消费者的性别和居住城市对其信息搜寻的范围没有显著影响,男性或女性消费者并不是更可能使用更多的信息来源来搜寻或获取汽车购买信息;生活在大城市的消费者并不是比生活在小城市的消费者更可能使用更多的信息来源。

进一步地分析发现,尽管消费者的四个特征变量年龄、职业、文化程度和家庭月平均收入都对消费者的信息搜寻的范围产生显著影响,但是其影响的重要程度是不一样的,其中文化程度对信息搜寻范围的影响度最大,超过了50%。

(资料来源:陈道平,郑景丽.消费者特征对信息搜寻行为的影响:基于中国微型汽车消费者的实证[J].现代管理科学,2011(8):79-81.)

4. 知觉风险

与不满意的产品表现相联系的知觉风险,无论是功能性的还是象征性的,均会增加购买前的信息搜寻。更高的知觉风险可能导致更高的信息搜集水平和对个人与经验信息来源的更大程度的依赖。

知觉风险是个人、产品与情境的函数,它随消费者的不同、产品的不同和情境的不同而异。例如,如果是购买一瓶供自己酌饮的葡萄酒可能涉及的知觉风险很小,然而,如果是为一个有上司参加的聚会而准备葡萄酒,知觉风险就骤然增大了。同样,即使是供自己消费,如果购买者对葡萄酒知之甚少,而且是选择一瓶价格很贵的,此时,知觉风险也大大增加。

虽然知觉风险随消费者和情境而异,某些产品通常被认为较另外一些产品购买风险更大。

例如,购买服务的风险常常被认为比购买有形产品的风险大。消费者知觉风险可以分为以下几个方面:

①社会风险(例如一件不被同伴看好的新衣服)。
②财务风险(例如在一次费用昂贵的度假中一直下雨)。
③时间风险(例如修车时要求把车拉到修理站,然后过一段时间后再去取车)。
④精力风险(例如,刚在计算机上装了一个重要软件,硬盘却坏了)。
⑤功能风险(例如,一种新药品产生的副作用)。

5. 情境特征

情境变量对搜寻行为具有重要影响,具体来说影响信息搜寻活动的情境因素可以分为以下几方面:

首先,是时间因素。对于搜寻行为而言,时间观也许是最重要的情境变量。可用于购买活动的时间越充裕,搜寻活动可能越多。解决某一特定消费问题的可用时间越少,外部信息搜集水平就会降低。

其次,是消费者在从事购买活动前所处的生理、心理等方面的状态。消费者的疲惫、烦躁、身体不适等均会影响消费者搜集外部信息的能力。

再次,是消费者面临的购买任务及其性质。如果购买活动非常重要,比如是为一位要好的朋友购买结婚礼品,那么,购买将会十分审慎,并伴有较多的外部信息搜集活动。

最后,购物环境因素。面对拥挤的店堂,消费者最基本的反应是尽量减少外部信息搜集。令人愉快的物质环境有助于增加信息搜集,社会环境既可以增加也可以减少搜集水平。

【小案例 11.2】

88%的网购者通过电子商务网站获取信息

12月8日消息,昨日,尼尔森发布调查报告称,从信息渠道上看,88%的网购者会通过电子商务网站获取商品或企业信息,另外使用搜索引擎的占74%,使用生产商网站的排名第三,占56%。而从购买渠道上看,电子商务网站也同样是网络购物者购买的最主要渠道。

尼尔森大中华区总裁严旋介绍,尼尔森的这次调查涵盖了中国一线城市至农村的超过3 500位在线消费者。调查报告还显示,中国的二线城市中有43%的受访者表示会更多依靠网上购物来寻找最实惠的商品,一线城市消费者这一比例则高达73%。

另外,调查显示,中国消费者2011年三季度在社交媒体上产生了50万条以上关于"寻找最优惠的交易"的消息,不过,最终转化为实际网购的比率仍然偏低。比如,中国消费者对服装、鞋子、配饰的网上搜索率最高为55%,但只有35%的受访者最终进行购买。

(资料来源:亿邦动力网. http://www.ebrun.com/20111208/37049.shtml. 2011-12-08.)
思考题:影响网购消费者搜寻信息的主要因素有哪些?

第二节　方案评价

在决策过程的信息搜寻阶段中获得信息后，消费者便进入到方案评价的阶段。在这个阶段，消费者会使用记忆中存储的和从外界信息源获得的信息，并形成一套标准，这些标准将帮助消费者评估和比较各种选择。

一、评价标准

评价标准或选择标准，实际上是消费者在选择备选品时所考虑的产品属性或特征。这些属性或特征与消费者在购买中所追求的利益、所付出的代价直接相关。消费者将每种产品看做是能不同程度地带来所寻求的利益并进而满足某种需要的属性集。

评价标准会因人、因产品、因情境而异。在购买电脑时，有些人十分关心价格、速度、内存、图像显示能力和售后保障，这些因素因此成为他们选择电脑的评价标准。同样是买电脑，另外的人可能会采用一套完全不同的评价标准。对于照相机来说，消费者感兴趣的属性主要包括照片清晰度、摄影速度、携带方便与否、价格等；对旅馆来说，其重要的属性主要包括舒适、卫生、安全、便利、费用等。

对于那些相对简单的产品，如牙膏、香皂、手纸，评价标准数目可能很少。而对另外一些产品如汽车、服务、立体声音响，可能会涉及很多评价标准。

另外，购买情境也会影响评价标准的数量和各种评价标准的相对重要性。举例来说，某一消费者在平时购买食物时可能会考虑很多评价标准，而且将价格视为最重要的评价标准，但在赶时间的情况下，该消费者可能会减少评价标准的使用，并将服务速度和便利置于更重要的地位。

（一）确定消费者采用的评价标准

从市场营销角度，首先要确定在某一具体的产品购买上，消费者采用哪些评价标准。为此，营销人员可以运用各种直接或间接的调查方法。比如，可以采取问卷或专题小组访谈，直接询问消费者在某一特定购买中使用哪些方面的信息，在比较各备选品时考虑哪些因素。直接方法的最大问题是它假定消费者知道为什么购买或为什么喜欢某一品牌，同时，它也假定消费者愿意提供营销者所需要的信息。实际上，消费者可能不愿或无法准确地回答企业所提出的问题。例如，他们可能给研究人员提供为社会所接受而不是反映其真实情感的信息。另外，消费者也可能会忘记甚至说不清楚在最近的购买中所运用的最重要标准。

在消费者无力或不愿直接表明其评价标准的情况下，企业需要用间接的调查方法。常用的间接方法有投射技术和知觉图像。投射技术要求受访者判断或指出"他人"在购买某种产品时所采用的评价标准，"他人"的想法很可能就反映了受访者本人的心迹，由此可以间接确定该受访者的标准。投射技术在判断和发现情感标准时尤为有用。

【小案例 11.3】

拒绝速溶咖啡的真正原因

20世纪40年代,当速溶咖啡这个新产品刚刚投放市场时,厂家自信它会很快取代传统的豆制咖啡而获得成功。因为它的味道和营养成分与豆制咖啡相同而饮用方便,不必再花长时间去煮,也不用再为刷洗煮咖啡的器具而费很大的力气。

厂家为了推销速溶咖啡,就在广告上着力宣传它的这些优点。出乎意料的是,购买者寥寥无几。心理学家们对消费者进行了问卷调查,很多人一致回答是因为不喜欢它的味道,这显然不是真正的原因。为了深入了解消费者拒绝使用速溶咖啡的潜在动机,心理学家们改用了间接的方法对消费者真实的动机进行了调查和研究。他们编制了两种购物单,两种购物单上的项目,一张有速溶咖啡,另一张则是新鲜咖啡豆,其他各项均相同。把两种购物单分别发给两组妇女,请她们描述按购物单买东西的家庭主妇是什么样的妇女。

结果表明,两组妇女所描述的想象中的两个家庭主妇的形象是截然不同的。测试者中50%以上认为按速溶咖啡购物单这张购物单购物的家庭主妇是个懒惰的、邋遢的、生活没有计划的女人;有12%的人把她说成是个挥霍浪费的女人;还有10%的人说她不是一位好妻子。测试者普遍把按新鲜咖啡豆购物单购货的妇女,描述成勤俭的、讲究生活的、有经验的和喜欢烹调的主妇。

由此可见,速溶咖啡开始时被人们拒绝,并不是由于产品的本身,而是由于人们的动机,即都希望做一名勤劳的、称职的家庭主妇,而不愿做被别人和自己谴责的、懒惰的、失职的主妇。这也正是速溶咖啡被拒绝的真正原因。

(资料来源:广告策划与策略网. http://jpkc.ne.sysu.edu.cn/ggch/adv/0200_content/02.htm.)

思考题:心理学家运用的调查方法是哪种类型的?这种方法具有什么特点?

知觉图像一般要求消费者两两比较各备选品的相似性,然后将判断结果输入计算机,由计算机绘制出一张张反映各备选品相似程度的知觉图。消费者并没有指明具体的评价标准,而只是对所有配对品牌的相似性进行排序。最后获得一个知觉图,营销研究人员必须凭直觉或通过进一步的研究来确定知觉图的维度,消费者的评价标准实际上就是这个知觉图的维度。由于推断知觉图的维度是营销人员的主观判断,因此这一过程难免带有主观性。

【资料卡 11.4】

图 11.4 来源于某消费者对各种品牌啤酒之间相对相似性的判断。通过营销专家的分析,可将横轴看成是物理特征如口感、热量和颜色浓度,纵轴反映的是价格、质量和档次等。这使得我们能理解啤酒消费者区分啤酒品牌所采用的标准。

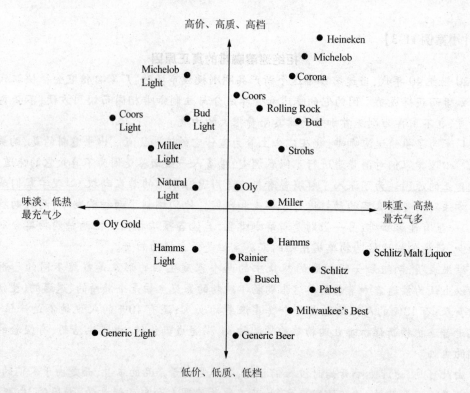

图11.4 美国消费者啤酒评价标准的知觉图

（资料来源：德尔 L 霍金斯，戴维 L 马瑟斯博，罗杰 J 贝斯特. 消费者行为学[M]. 10版. 北京：机械工业出版社，2009.）

(二)决定评价标准的相对重要性

一旦了解了消费者所采用的评价标准，接下来要确定的是各种评价标准的相对重要性。对于某一具体的购买，如购买个人计算机，不同消费者赋予同一产品属性的权重是不同的。有的最看重质量，有的最看重价格，有的则十分注重某些特殊的功能。确定各评价标准的相对重要性，既可以采用直接测量法，也可以采用间接测量法。恒和量度法是一种使用十分普通的直接测量方法。该方法要求消费者根据每一产品属性的相对重要性赋予其相应的权数，并使权数之和为100。表11.2是运用恒和度量法描述某位消费者对个人计算机的主要评价标准的相对重要性。

目前，确定重要性权数最流行的间接测量方法是相关分析法。该方法要求消费者对具有相同属性但不同水平的一系列产品作出整体偏好评价，然后对数据进行分析，得出各种属性的相对重要性。

应当指出,评价标准的重要性会随着个体、时间变化而变化。也就是说,虽然消费者对各种标准的重要性有个一般的感觉,但是也会受到多种因素的影响而发生变化。这些因素包括:

表11.2 某消费者对便携式电脑的评价标准及相对重要性权数

评价标准	相对重要性
价格	30
重量	25
运行速度	10
电池寿命	5
售后服务	10
显示质量	20
总计	100

(1) 使用情景

产品或服务的使用情景,可能会对使用何种标准决策产生重要影响。例如,对于赶飞机的旅客,服务的速度和所在的地点可能对于午餐时选择餐馆很重要,但对于放假的大学生同学聚会就不那么重要。

(2) 竞争态势

一般来说,某评价标准竞争品牌之间的差异性越小,则该标准在决策过程中可能的影响就越小。比如,银行的营业时间非常重要,但消费者认为不同银行在这些方面差别很小,因此营业时间不会成为影响消费者选择银行的最重要的影响因素。

(3) 广告的影响

广告可以通过多种途径影响评价标准的重要性。例如安装有安全气囊的汽车生产商通过广告唤起人们对汽车安全的关注,可能会提升安全气囊安装与否在消费者选择汽车决策中的重要性和影响力。

二、评价方法

假设某位消费者正在选购一台便携式电脑,6种牌号已进入了激活域或选择域,同时,他对这些产品在价格、重量、处理器、电池寿命、售后服务和显示质量6种属性分别作出了评价(见表11.3)。该消费者将选择何种品牌呢?这将取决于他运用什么样的选择规则或决策规则。消费者通常运用的选择规则有5种,即连接式规则、重点选择规则、按序排除规则、编纂式规则、补偿性选择规则。消费者在进行决策时会使用一种或多种规则,通常的做法是使用一种相对简单的规则来减少备选方案的数量,然后再使用较复杂的规则在余下的选项中进行选择。

例如,在购买住房的过程中,我们首先排除那些离工作地点太远或者价格太高的楼盘,然后对余下的备选楼盘进行更细致的考察。

表 11.3 消费者对 6 种便携式电脑的评价

	消费者评价					
	联想	惠普	华硕	戴尔	东芝	索尼
价格	5	3	3	4	2	1
重量	3	4	5	4	3	4
处理器	5	5	5	2	5	5
电池寿命	1	3	1	3	2	5
售后服务	3	3	4	3	5	3
显示质量	3	3	3	5	3	3

注:1 = 感觉很差;5 = 感觉很好

(一)连接式规则

在连接式规则下,消费者对每一评价标准设置最低可接受的表现水平,然后选择所有超出了这些最低标准的品牌。任何低于这些最低标准的品牌都将被排除在进一步考虑之外。在上述便携式电脑选购例中,若消费者以表 11.4 作为各评价属性的最低标准,可看到有四个品牌——联想、戴尔、东芝和索尼被排除,因为它们没能够符合所有的最低标准。在这种情况下,剩下的两个品牌也许具有相等的满意度,也许消费者会再应用其他决策规则从中只选择一个。

在产品购买中,运用连接规则排除那些不符合最低标准的备选品牌,有助于减轻信息处理工作量。它首先排除那些不符合最低标准的对象,这在购买如住房等商品或租赁公寓时常被采用。按连接式规则,首先排除了诸如价格不适合、位置不好或不能提供其他期望属性的对象,对符合这些最低标准的选项则再采用其他规则来做出选择。连接式规则也常用在低度介入的购买中。在这类购买中,消费者在一个品牌集合中每次评价一个品牌,然后选择第一个符合所有最低标准的品牌。

表 11.4 消费者规定的最低接受标准

评价标准	最低接受标准
价格	3
重量	4
处理器	3
电池寿命	1
售后服务	2
显示质量	3

(二) 重点选择规则

重点选择规则又称为分离式规则。在这种选择规则下,消费者为那些最重要的属性规定最低的绩效值标准。这一标准通常比较高。只有在一个或几个重要属性上达到了规定的标准,该品牌才会被作为选择对象。在前述的个人电脑购买中,如果消费者只考虑价格、重量和显示质量三个属性,而且要求这些属性的绩效值或评价值均在4以上,那么,只有戴尔电脑符合该选择标准,其他品牌都将被排除。

运用此规则,有时获得的备选品牌不止一个,此时,还需要运用其他选择规则作进一步筛选。

(三) 按序排除规则

消费者先将各种产品属性按重要程度排序,并为每一属性规定一个删除点或删除值。然后,在最重要的属性上检查各品牌是否能够通过删除点,不能通过者则被排除。如果有一个以上的品牌通过第一道删除关口,则再考虑第二重要属性,检查哪些品牌在这一属性上能够通过删除点。如此继续下去,直至剩下最后一个品牌为止。

在前述个人电脑购买中,如果各产品属性的重要程度和相应的删除值如表11.5所示,那么,在第一个重要属性上将排除东芝和索尼这两个品牌,在第二重要属性即重量上将排除联想,在运行速度这一属性上将排除惠普和华硕,因为这两个品牌在此属性上的绩效值均为3,没有达到删除值所规定的4的标准。所以,最后消费者将选择戴尔。

表11.5 消费者对便携式电脑评价标准重要性排序及删除值

评价标准	重要性排序	删除值
价格	1	3
重量	2	4
显示质量	3	4
处理器	4	3
售后服务	5	3
电池寿命	6	3

(四) 编纂式规则

编纂式规则要求消费者将评价标准按重要程度排序,然后他将选择最重要的属性中表现最好的品牌。这一规则类似于编纂词典时所采用的词条排序法,如果得分最高的品牌不止一个,则在第二重要的属性上进行比较。若在该属性上仍分不出高低,则比较第三重要的属性,如此继续下去,直至找到最后剩下的那个品牌。在前述个人便携式电脑购置例中,若价格被消费者视为最重要的属性,消费者将选择购买联想,因为在所有品牌中联想的价格评价值得分最高,其他品牌因此被直接排除。

编纂式规则与前面介绍的按序排除规则较为接近,但两者有一个明显的区别:编纂式规则在每一比较阶段都寻求最佳表现的品牌,按序排除规则是以满意值作为选择标准。应当指出,如果目标消费者是以编纂式规则进行选择,企业必须保证其产品或服务在最重要的属性上等同或超越竞争对手,否则,即使在其他属性上表现再好也无济于事。

(五)补偿性选择规则

补偿性选择规则,亦称期望值选择规则。根据此规则,消费者将按各属性的重要程度赋予每一属性以相应的权数,同时结合每一品牌在每一属性上的评价值,得出各个品牌的综合得分,得分最高者就是被选择的品牌。用公式可以表述为

$$R_b = \sum_{i=1}^{n} w_i B_{ib}$$

式中 R_b——b 品牌的总体评价得分;

w_i——第 i 个评价属性的权重;

B_{ib}——品牌 b 在评价标准 i 上的评价值;

n——评价标准的数目。

应用补偿式决策规则,评价标准权重参照表 11.2,各评价标准具体评价值参照表 11.3,戴尔取得最高的综合评价,其计算结果如下

$$R_{戴尔} = 30 \times 4 + 25 \times 4 + 10 \times 2 + 5 \times 3 + 10 \times 3 + 20 \times 5 = 385$$

补偿性规则与前面介绍的四种选择规则的一个重要不同点是,在这一规则下,某一属性上的劣势可以由其他属性上的优势来弥补,而在前述四种选择规则下,较优的属性与较劣的属性不能相互抵偿。

【小案例 11.5】

瑞得克公司的一次消费者调查

瑞得克公司是一家制造和销售具有独特耐用性与抗裂性,且使用寿命长的钢制品的专业公司。

瑞得克公司开发应用于采矿、建筑和森林采伐领域的产品。在这些领域,由于磨损剧烈,购买者在购买决策时,首要的考虑因素是产品的断裂和使用寿命问题。为此公司对产品作了很多改进,使之适合各种恶劣的使用条件。

瑞得克最近对消费者需求进行了调查。表 11.6 显示了各种购买标准的权重以及消费者对瑞得克竞争地位的感知。在前三个最重要的购买标准中,瑞得克领先于竞争者。虽然瑞得克的产品价格更高,但顾客更愿意购买这些产品,原因是这些产品的前三项标准上的优良性能。在重要性较低的三项购买标准上,瑞得克落后于竞争者。

表 11.6 购买标准、重要性权重及瑞得克的竞争地位

购买标准	重要性/%	竞争地位
使用寿命	25	非常好
断裂	20	非常好
售后支持	15	非常好
产品价格	14	差
可获性	10	很差
送货	10	差
产品设计	6	差

表 11.6 显示的消费者需要及感知,是通过对瑞得克现有顾客的调查得出的。由于非顾客群体比顾客群体大九倍,所以瑞得克对非顾客群体进行了调查。调查发现,该类顾客在需要和对瑞得克产品的评价上与瑞得克用户存在一些差别。

一部分非顾客调查结果显示在表 11.7 中。在对瑞得克竞争地位的评价上,非使用者与使用者认识比较一致。然而,两类用户的需要存在很大差别。非使用者将产品可获性、价格与设计视为非常重要的产品评价因素,相反,使用寿命、断裂和售后服务则并不十分重要。

表 11.7 非顾客群的需要和对瑞得克的感知

购买标准	重要性/%	竞争地位
可获性	30	非常差
产品设计	25	差
价格	20	差
送货	15	差
使用寿命	5	非常好
售后支持	3	非常好
断裂	2	非常好

用户群与非用户群需要的不同使公司意识到,公司对其用户和非用户的决策过程缺乏足够了解。虽然表 11.6 和表 11.7 显示了两个群体在购买标准上的差异,但这些结果并没有深刻说明这些购买标准在购买决策中是如何运用的。基于此,公司采用随机抽样取得用户和非用户样本,作了一次关于购买决策的调查。这项调查结果显示在图 11.5 中。

```
断裂或           是20%能买到吗？ ┤ 能60% 产品价格对我合算吗 ┤ 合算80%      购买 0.096
使用寿                              │                          └ 不合算20%    不买 0.024
命是一                              └ 不能40%                                不买 0.08
个问题 ┤
吗？            不是80% 产品设计适合使用吗？ ┤ 否75%                           不买 0.60
                                            └ 是25% 能买到吗？ ┤ 能50% 价格对我合算吗 ┤ 合算10%   购买 0.01
                                                               │                      └ 不合算90% 不买 0.09
                                                               └ 不能50%                          不买 0.10
```

图 11.5 调查结果

在作购买决策时，顾客首先问使用寿命或断裂是否是一个问题。80%的使用情况下，回答不是问题。因此在采矿、建筑和森林业运用这些产品时，80%的情况下，瑞得克提供的关键利益并不重要。如果一种产品确保了使用寿命和断裂不成为主要问题，可获性就成为一个关键点。瑞得克产品在需要时，40%的顾客无法获得该产品。如果他们能够得到瑞得克产品，决策者接下来要考虑产品的成本价值比。成本包括售价、使用寿命延长的节约和断裂造成的潜在损失；价值则包括售后支持所派生的利益。在使用寿命和断裂是一个问题时，80%的情况下瑞得克能做成生意，然而这只发生在大约10%的使用者身上。在用具的使用寿命或断裂并不重要时，决策过程侧重于生产设计，而瑞得克在这方面不如人意。

由于在这方面表现较差，75%的使用者不考虑使用该公司的产品。当瑞得克产品被认为适合使用时，它只有50%的时候能够买到。而且，较高的价格被认为远高于因使用寿命的延长、防裂或售后支持而来的节约，瑞得克在这部分顾客中只获得了10%的份额。上图显示了何处及为何瑞得克获得市场份额。更重要的是，它揭示了在何处及为何失去了市场份额。虽然它的总市场份额约为10%，当使用寿命与断裂很重要时，它有几乎50%的市场份额，但在这个领域之外，该公司只有10%的市场份额。

（资料来源：道客巴巴．http://www.doc88.com/p-94751938762.html.）

思考题

1. 只考虑顾客或非顾客购买标准有什么局限？
2. 理解购买决策过程对企业有什么好处？

本 章 小 结

认识问题之后，消费者可能进行广泛的内部与外部信息搜集，有限的内、外部信息搜集或仅仅是内部信息搜集。消费者搜寻以下方面的信息：①问题解决方案的合适评价标准；②各种备选方案；③每一种备选方案在每一评价标准上的表现。当面临某个问题，大多数消费者会回忆起少数几个可以接受的备选品牌。这些可接受的品牌，即激活域，是在随后的内、外部信息搜寻过程中消费者进一步搜集信息的出发点。消费者主要有四种信息来源：①个人来源；②公共来源;③商业来源;④经验来源。

在收集有关信息后,消费者就会评价各备选对象,并选择最可能解决问题的方案。在分析消费者评价备选方案的过程中,营销者需要思考三个问题:①消费者应用了哪些评价标准;②消费者在每一标准上对各个备选对象的看法如何;③每个标准的相对重要性如何。当消费者根据几个评价标准来判断备选品牌时,他们必须用某些方法从各选项中选择某一品牌。五种常用的决策方法是连接式、析取式、编纂式、排除式和补偿式。

思 考 练 习

一、问答题

1. 内部信息搜集与外部信息搜集有何差别?
2. 在外部信息搜集过程中,消费者搜寻哪些类型的信息?
3. 什么是评价标准?它与信息搜集有何关系?
4. 消费者的意识域如何影响信息搜集?
5. 在消费者信息搜集过程中,激活域、惰性域和排除域各起何种作用?
6. 消费者获取信息的来源主要有哪些?
7. 什么是评价标准?在哪些特征上它们会不同?
8. 你如何确定消费者应用了何种评价标准?
9. 有哪些方法可用来衡量消费者关于各品牌在特定属性上的表现?
10. 如何了解消费者赋予各评价标准的重要程度?
11. 对备选品牌有哪些评价方法?

二、讨论题

1. 列出你购买(或租用)以下物品时使用的评价标准及每一标准的重要程度。情境因素会改变你的标准吗?各标准的权重是多少?为什么?

   a. 一次周末旅行

   b. 一次慈善活动

   c. 一间公寓

   d. 一只手表

   e. 一份快餐

   f. 一份父亲节礼物

   g. 一辆山地车

   h. 太阳镜

2. 描述你在以下决策时会采用的决策规则。请问你在不同的情境下会应用不同的规则吗?在哪些情境下会?为什么?这些决策中是否有情感型决策?

   a. 选一个医生

  b. 选一间好餐馆
  c. 选一本书
  d. 举办一次慈善活动
  e. 选一个电视节目
  f. 买一瓶饮料
  g. 买一辆自行车
  h. 买一台电脑

【案例分析】

六大特征"中国式"购车心态大剖析

  中国的汽车市场在世界总体形势低迷的状况下，受到了前所未有的重视。外国的汽车厂商从在中国卖车，到在中国产车，再到为中国产车，中国消费者的购车趋势成为各厂商研究的焦点。那么，中国消费者是怎么进行"中国式"购车的呢？

买热不买冷

  中国人很热情，也爱凑热闹。中国人喜欢去大家都喜欢去的地方，聊大家都在聊的话题，去大家都去的餐厅用餐，当然，也喜欢买大家抢着买的车。

  在中国车市中，许多排着队等着买的车，不但没有因为提车不方便而影响消费者的购车心理，反而，还被很多人认为是抢手的指标。像东风本田CR-V，已经大概有5年的订车加价的历史，这不但没有影响CR-V的销售，还让更多的人觉得，这样一车难求的车型才更加值得珍惜。相反，有许多库存多、等着卖的车型，却被冤枉地扣上卖不出去的帽子，遭受冷遇。

买老不买新

  中国人做事比较踏实，就连买车也一点都不马虎。许多国外的消费者喜欢求新、求变，什么事情奇怪、刺激就做什么。而中国消费者不然，对于刚刚推出的全新车型，中国的消费者更愿意相信历经岁月历练、优胜劣汰后的老车型。大多数的中国消费者会觉得，老车有若干久经考验的绝招在手，而新车太嫩，无法取代这些绝招妙法，这也就是为什么捷达、桑塔纳这两种品牌永远排在汽车销售前列的原因。

买听不买看

  有人评价中国消费者买车是：心眼多，主意少，买车跟着别人跑。虽然，这样的说法太过以偏概全，但是，对于有的不自信的消费者来说，还是有一些道理的。平时玩车、懂车的车迷我们且不说，对一些不太懂车的消费者来说，常常喜欢看亲戚朋友买啥车，也心存艳羡购买同样的车。一方面，中国人比较热情，喜欢给人出谋划策；另一方面，中国人也比较喜欢听从别人的劝诚。所以，我们常常看到许多人会买身边人使用、推荐的车。于是有人说，一些中国消费者买车是用耳朵，而不是用眼睛。

买长不买短

在中国人的审美观里,汽车要大气会更有面子,也更显档次。所以,一些加长版车型在中国就销售得特别好。有人说,中国汽车市场有一条不成文的规律,那就是不好卖的产品就加长,一加长就热卖,此规律屡试不爽。

中国消费者在车型的选择上,自然出现了"加长化"的趋势。不仅是中国的消费者注意到这一点,大多数外国的厂商也注意到了这一点。现在,有很多"L"款车型都专门为中国消费者生产,以迎合中国消费者的胃口。加长车的经久不衰,也是中国消费者偏爱大气外型方面的非理性因素所导致的结果。

买涨不买降

在车市里,降价已经成为一种必要的销售手段。但是,这种手段的效果并不一定在中国的市场立竿见影。

对于许多中国消费者而言,他们买车的方式其实相对保守。如果现在车市的价格狂降,许多人就会选择持币待购,以免觉得明天、后天再降,自己不就亏了吗?而如果车市的价格开始上涨了,许多消费者就觉得再不买的话,等车价涨上去了之后再买就来不及了。所以,许多消费者购车会做出与车商促销相反的决策。

买坐不买开

许多外国的车主比较喜欢购买驾驶操纵感强的车,而中国消费者在选车时,却更加注重乘坐者的感受。

一方面,在中国车市里,家庭用车占了很大的一部分,所以,在为一个家庭买车时,当然不能只在乎驾驶者的感受了,相反,家人的感受则更加重要。另一方面,比较有能力的消费者还是很喜欢雇司机帮自己开车,这时,当然要选择乘坐起来更舒服的车了。

(资料来源:http://autos.cn.yahoo.com/10-09-/321/28scq.html.)

思考题

1. 中国汽车消费者获取信息的主要来源有何特征?
2. 中国汽车消费者选择汽车主要标准是什么?

第十二章
Chapter 12

消费者决策过程 III：购买行为与购后行为

【学习目标】

(1) 知识目标

通过本章的学习,了解店铺选择在消费者购买行为中的重要性;了解消费者产品与包装处置的一般过程;了解品牌忠诚及形成的原因;了解消费者不满情绪的表达方式;理解企业及时处理消费者不满的重要性。

(2) 技能目标

掌握分析影响消费者选择零售店铺的方法;掌握消费者满意与不满形成的一般过程。

【引导案例】

一个高级白领的购房行为(续)

陈先生以为买房这件事就这样过去了,不想在"五.一"黄金周期间,太太提议到番禺区去看一个她的同事。这个同事刚研究生毕业分配到她单位不久,就在一个新楼盘上买了一套三房二厅的房子。陈太太把这位同事给她的有关这个楼盘的宣传单张拿给他先生看,顺便说:"听说那里的房子很不错,而且在黄金周购房还有很多优惠呢!"陈先生回应:"不错有啥用,解决不了我俩两边跑的问题,我们要买的不是单位附近的房源吗?既然没有合适的,还有必要买其他地方的吗?"陈太太说:"是的。但我们去看看也无妨嘛!"陈先生拗不过陈太太,只好答应。

等他们到了这个楼盘后,他们的第一个感觉就是安静,更重要的是靠山面水、地方宽绰。这个环境对住在市中心、工作在繁忙拥挤区域的陈太太和陈先生来说这里真有点世外桃源的味道。陈先生有点动心了,再听太太的同事历数这里的诸多好处,也就情不自禁请太太的同事一起去看看待卖的房源。在路上,陈先生碰到了一个熟悉的脸孔,他热情地迎了上来,一看之下才知道原来是一位很久没谋面的朋友。这位朋友介绍说他是这里的副总经理,买房要先实地考察一下,看上了再找他,他会给些力所能给的优惠。陈先生和陈太太看了几套三房二厅的房子,对其中四楼的一套特别感兴趣。陈先生和陈太太略略交换了一下意见,当即交了定金,办了相关手续。

在回家的路上,陈先生笑问陈太太是否早有预谋。陈太太一语道破天机:"买新房、住商品房是我的一个梦!""为什么?"陈先生问。"商品房新潮,而且往往结构合理,好用。"陈太太的回答并没有打消陈先生的忧虑。他怀疑这么快下定金是否有点太冲动了。陈太太安慰他"其实,我们之所以这么快决定买这套房子,看似一时冲动,其实并不尽然。"陈先生想不到他太太竟有如此一说,带着欣赏的口吻说:"愿闻其详。"陈太太自信地继续谈她的看法:"这房子的确解决了我们的问题。你想想,我们原来的房子是在路边,而且是在高层,噪声很大。这就是为什么我们喜欢这里,而且要买低层房子的原因。""啊,原来如此。"这时陈先生才有恍然大悟的感觉。陈先生和陈太太入住新房有半年多了,都很爱他们的新家,时不时请朋友来分享其幸福和快乐。尽管他们二人上班的距离更远了,但并没有感到太大的不方便,穿梭于市中心和楼盘间的巴士专线直达,基本能解决上下班交通问题。偶尔的买东西不方便,也被其良好的环境抵消了。他们还介绍一些朋友来买房,成了业余的销售人员。

(资料来源:迈克尔 R 所罗门. 消费者行为学[M]. 8 版. 卢泰宏,杨晓燕,译. 北京:中国人民大学出版社,2011.)

很多消费者和陈先生及其太太一样,有些购买决策经过了一段时间酝酿,但一直也没有形成购买,可能在某种特定的情景,购买行动自然就发生了。在消费者日常购买行为中,特定的场景常常是零售店铺,本章主要探讨店铺选择与消费者购买行为,并讨论消费者购买后的行为。

第一节 店铺选择与购买

消费者在做出购买决定时,一般有三种选择顺序:①先品牌后店铺;②先店铺后品牌;③同时选择品牌和店铺。前面两章的模型所讨论的,实际上都是先品牌后店铺这种形式的购买,因为这是最常见的一种形式。仍以购买电脑为例,大多数消费者会先阅读一些电脑方面的刊物,并向经验丰富的人请教,在这些信息的基础上,做出品牌的选择,然后以最低的价格(或最佳的地点、形象、服务或其他商店特点)作为标准,选择一家商店进行购买。另有一些顾客在购买电脑时,先决定到熟悉的电脑销售商店去看看,然后从店里现有的品牌中选择中意的产品。这种购买决策属于先店铺后品牌的模式。也有部分消费者既会对电脑销售商店进行比较选择,也会电脑品牌进行比较选择,涉及对商店和产品同时进行评价。这种购买决策就属于第三种模式。

事实上，无论基于哪种选择模式，消费者购买行为一般都会通过零售店铺得以实现，存在对零售店铺选择的过程，零售店铺因此会对消费者购买行为产生重要的影响。消费者选择零售店铺的过程，与前面的篇章中所讲的品牌选择过程一样。在此不再重复讨论这些步骤，本节将描述消费者在选择商店时经常会使用的评价标准、影响店铺选择的消费者特征以及影响购买品牌的店内因素。

一、零售概述

"零售通路"或"零售店铺"是指消费者获取产品和服务的一切渠道。除了传统的零售门店，越来越多的消费者从商品目录、直接邮件、各种印刷品、电视广播或互联网，获取有关产品的信息，通过电话或网络、邮寄包裹购买。近些年网上零售发展迅猛，成为传统零售商店重要的竞争对手。

（一）网上零售

网上零售(e-Retail)是指通过互联网或其他电子渠道，针对个人或者家庭的需求销售商品或者提供服务。网上零售的交易双方以互联网为媒介，进行信息的组织和传递，实现有形商品和无形商品所有权的交易。网上零售的经营方式主要有两种：一种是纯网络型零售企业，比如美国的亚马逊、中国的当当书店等；另一种是传统零售企业与电子商务互相整合，比如美国的沃尔玛、中国北京西单商场等。

与传统零售商店相比，网上零售的优势有：

(1) 投资少，回收快

一项针对中国中小企业的情况调查显示，个人在网下启动销售公司的平均费用至少5万元，而网上开店建店成本非常小，一般不用租实体门店和囤积货品，所需资金不超过万元。

(2) 商圈广泛

网上零售商虽不能说完全打破了商圈的局限（因为配送不是无限的），但比传统零售商的商圈范围扩大许多。以全球最大的零售商沃尔玛为例，即使其在世界各地的发展速度很快，但其每一家店铺有效吸引顾客来店购买的数量也是有限的。然而在网上，哪怕一家中小型零售商，只要能点击到其页面的网民，都是潜在顾客，而这个范围可以是全省、全国乃至全球的。

(3) 24小时营业时间

网上商店延长了商店的营业时间，可以全天候不停地运作，无须专人值班看店，都可照常营业。传统店铺的营业时间一般为8~12小时，遇上特殊情况还不得不停业休息。网上零售营业时间不受限制，消费者可以在任何时间登陆、购物。交易时间上的全天性和全年性，使得交易成功的机会大大提高。

对于某些产品，网上购物可以提供更多选择、更方便、价格更优惠等等。但是，目前消费者网上购物由于面临信用卡安全或电子银行安全的担心、无法接触商品、送货成本高、网络欺诈、消费者权益难以维护等问题，许多消费者虽然上网但却不在网上购物。

【资料卡 12.1】

2010 中国网络零售发展现状及规模

2011 年 1 月 18 日,中国电子商务研究中心发布了《2010 年度中国电子商务市场数据监测报告》。报告显示,在销售额方面,2010 年中国网上零售市场交易规模达 5131 亿元,较 2009 年近翻一番,约占全年社会商品零售总额的 3%;在网络零售企业规模方面,2010 年国内 B2C、C2C 与其他电商模式企业数已达 15 800 家,较去年增幅达 58.6%;在市场占有率方面,2010 年自主销售类 B2C 购物网站中,京东商城仍以 32.5% 市场占有率位居第一;随着卓越亚马逊 9 大运营中心的建立,超过 150 万类产品的提供,百货化进程速度远超当当网,在 2010 年末已显成效,以 9.2% 的份额超过当当网的 8.9% 份额位列第二,而凡客诚品、麦网、红孩子、苏宁易购、新蛋网、易迅等紧随其后。在网络零售用户规模方面,2010 年国内网上零售的用户规模达 1.58 亿人。在个人网店数量规模方面,数据显示 2010 年个人网店的数量已经达到了 1 350 万家,较去年涨幅为 19.2%。

据中国电子商务研究中心从淘宝网了解的数据显示:182.3 万直接就业人群中,一半以上年龄在 20~32 岁之间,其中大学生通过网络创业实现就业成为潮流。网上开店或者成为其创业的开端、或者为其累积实践经验,这一经验将助益他们未来的人生。

(资料来源:联商网. http://www.linkshop.com.cn/web/archives/2011/153368.shtml. 有删节。)

(二)店铺零售

店铺零售(Store - based Retailing)是指有固定的进行商品陈列和销售所需要的场所和空间,并且消费者的购买行为主要在这一场所内完成的零售业态。店铺零售业态按照不同的特点可分为 12 种业态:食杂店、便利店、折扣店、超市、大型超市、仓储会员店、百货店、专业店、专卖店、家具建材商店、购物中心(社区购物中心、市区购物中心、城郊购物中心)、工厂直销中心。

传统的零售商还尝试其他多种方式,比如在店铺内设置小摊、迷你小店和店中店;大型超市在小城镇、购物中心和城市中心开设迷你店;最有影响的变化是购物商城逐渐成为大型的娱乐中心。

目前消费者大部分的购物行为还是在传统店铺里进行的,在可以预见的未来也将不会有太大的改变。然而,传统的店铺零售也是有弱点的。研究表明,传统店铺零售的主要不足有:销售人员缺乏销售知识、排长队、商品寻找困难、停车与交通问题、拥挤问题、时间压力等等。

对很多消费者来说,店铺购物既没有意识也消耗时间,但零售人员可以通过店铺销售活动和零售技术改善消费者的购物体验,不断给消费者带了兴奋,并适应消费者不断变化的消费习惯。

【资料卡 12.2】

店铺零售的体验式消费

所谓体验式消费,就是商业街、商场在建筑设计、景观配套及业态组合等方面营造出一种新鲜的、有特色的、有吸引力的消费氛围,使消费者在消费过程中感受到愉悦的精神享受。具有体验式消费特征的商业街、商场不仅能满足人们传统的物质需求,还能满足人们放松精神、愉悦身心的精神需求。

电子产品体验:心中更有底

在某品牌电脑专卖店,记者看到销售员在给顾客介绍产品的时,还鼓励顾客多试用。"电子产品讲解起来就比较抽象,没有真实操作,没有亲身体会是很难发现个中奥秘的。"销售员小章告诉记者。游戏发烧友小林告诉记者,因为他喜欢打游戏,对画面和反应速度等性能要求很高,试用之后对产品才算有所熟悉,感觉还不错,所以才决定购买。

打一通电话,试试音质;拍一张照片,试试画面清晰度,原本锁在柜台里的数码相机、手机等电子产品,如今都是开放式销售,消费者可逐一试用其功能。

汽车试驾:了解汽车的重要途径

人们购车的主要目的是驾驶它,而不是观赏它,一辆汽车的外表再好,也是"给别人看的",而汽车的行驶性能与操控性能又难以用数据来衡量,试驾也就成了多数消费者了解汽车行驶性能和操控性能的唯一途径。所谓试驾,是指顾客在经销商指定人员的陪同下,沿着指定的路线驾驶指定的车辆,从而了解这款汽车的行驶性能和操控性能。

此外,试驾还是经销商推销产品和服务的最好时机。销售人员可以在试驾时很自然的向顾客介绍车上的各种装备,从而使顾客深入了解这款汽车。

"车子的价格比较高,作为消费者不可能光听销售员的推荐就决定购买,毕竟口说无凭,只有自己亲自上场试试,方知汽车的性能。"准备买车的卢超说,最近忙着"奔波"在各4S店试驾,只为了买到一辆称心如意的爱车。

随着消费者对于汽车的了解程度以及对于销售服务重视程度的加深,试驾在销售服务中扮演的角色必将越来越重要。

超市试吃:免费享受美食

试吃就是指超市为了促销,而举行免费品尝活动。像切成小块的熟食牛肉,一口一杯的酸奶,小纸杯盛放的方便面,这些都可以成为超市里免费试吃的食品。现在超市里的食品,除了不能生吃的,几乎都有免费的试吃活动。奶茶、方便面、酸奶、蛋糕等吸引了不少消费者。"现在逛超市常常看见促销点的导购员拿着扩音器,将插着牙签的商品递给我们试吃。有的时候试吃了觉得味道还不错,我也会买点给家人尝尝。"正在华联超市选购苹果的方阿姨说。

商家给消费者提供试吃的机会,让消费者对商品有了一个更直观的感受,在一定程度上,也拉动了消费的增长。

(资料来源:中国化妆品网. http://www.zghzp.com/news/yxgl/ppyx/29640.html. 2010-

04-30. 有删节.）

二、影响零售店铺选择的因素

特定零售店铺的选择，无论是在品牌选择之前还是之后做出的，都涉及根据消费者的评价标准对可供选择的店铺进行比较。在这部分，我们将讨论消费者选择零售店铺时通常采用的评价标准。

（一）店铺形象

某个消费者或目标市场对一个零售店铺所有特点的整体印象，被称为店铺形象。例如，商品层面要考虑质量、品种、款式、价格等要素，而服务层面则包括信誉、资金、送货和销售人员等要素。请注意店铺气氛层面的构成要素都带有强烈的感情色彩。表12.1中列出的店铺形象及构成适用于商店，对于其他零售渠道则需要做适当的调整。

表12.1 商店形象构成层面与构成要素

构成层面	构成要素
商品	质量、品种、式样、价格
服务	提供按月付款、销售人员、退货方便、信用、送货
主顾	顾客
硬件设施	清洁、店堂布置、购买便捷、吸引力
方便	店铺位置、停车
促销	广告
商店气氛	温馨、有趣、兴奋、舒适
机构	店铺声誉
邮购	满意

营销者在制定零售策略时，需要注意零售店的形象塑造。首先，营销者控制着许多决定店铺形象的要素；其次，不同的消费群体喜爱各种零售店铺的不同层面。对大多数零售商来说，塑造符合目标市场需求的形象极为重要。零售店铺应该致力于开发一个或多个对于某个顾客群或某种情境中的大多数顾客来说十分重要的属性或特色。

（二）商店品牌

与商店形象密切相关的是商店品牌。从某种意义上，商店或店铺就是一个品牌。传统上，零售商只使用制造商品牌，到了７０年代，许多商店开始发展商店品牌作为全国性品牌的廉价替代品。

然而越来越多的零售商如沃尔玛,正在发展高质量品牌,这些品牌或者使用商店的名字,或者使用独立名称。自有品牌不仅为零售店带来了可观的利润,而且如果发展得当的话,它们还会成为零售店铺的重要特色,即成为吸引消费者到该店购物的原因之一。最重要的是,没有其他店铺可以使用它们的品牌。

实际上,所有购物者至少在某些时候购买商店品牌。商店品牌占到超级市场销售额的32%,在家用电器市场上它同样占有很大的销售份额。商店品牌获得成功的关键因素是产品的高质量。消费者调查和学术研究均表明,消费者对店铺品牌质量的感知是其成功的关键。以低价提供质量适中的商品,这一传统模式并不是最好的。事实上,如果品牌与店名重合,或与商店密切相关的话,那么强调物有所值则会带来更大的利益。

【资料卡 12.3】
沃尔玛的自有品牌
Great Value 惠宜 日用品、食品——优质平价,满意百分百
mainstays 明庭 家居日用、厨具、纺织品、箱包、文具、五金工具、园艺工具
Select Edition 精选 纺织品、厨具——温暖舒适,温馨之家
equate 宜洁 日化用品、化妆品——清新自然,美丽生活
Simply Basic 简适 普通服饰——简单大方,舒适超值
725 Original 青春时尚服饰
Penmans 彭曼 男士正装及配件——成熟大方,品质保质
Athletic Works 运动源 运动服饰、器械
Kid Connection 玩具、童装——小小奇趣世界,优质值得信赖
Durabrand 劲霸 小家电,家电配件
Everlast 久耐 电池
Parent's Choice 双亲之选 纸尿裤
Extra Special 特选 有机食品
(资料来源:山东国际商务网. http://www.shandongbusiness.gov.cn/index/content/sid/177709.html.)

(三)零售广告

零售商运用广告来向消费者宣传它们的特点尤其是产品的销售价格。很明显,价格广告能够把人们吸引到商店里去。一项涉及各类商品(包括汽油、床单、电子表、长裤、套装、自制咖啡器、礼服和床垫等)的报纸广告调查显示,零售商广告依产品类别的不同而存在很大差异。美国一项调查显示,因汽油广告吸引到商店的人中有88%会购买广告中的产品,而受礼服广告吸引的人中,只有16%会购买。总体而言,受广告产品影响而进入商店的人中,大约

有50%会购买这些产品。

仅仅估量被广告产品的购买情况远远低估了零售广告的实际影响。因被广告产品吸引进入商店的顾客购买其他产品被称为"外溢销售"。研究表明,外溢销售额几乎与被广告产品的销售额相等,即被广告吸引到商店中购物的人,每花1元购买广告中的产品,就会另花1元购买商店中的其他商品。

零售店在评价价格或其他促销手段带来的利益时,应该考虑它们对商店的整个销售额和利润额的影响,而不仅仅是对那些做了广告的商品所作的贡献。

尽管大部分零售广告强调的都是价格特别是促销价格,但是很多研究表明,价格往往不是消费者选择零售店的主要原因。这意味着对很多零售商来说,通过强调服务、选择范围或给消费者带来的情感利益,效果可能会更好。

(四)店铺位置与规模

零售商店的位置在消费者选择商店的过程中起着重要作用。在其他条件大致相同的情况下,消费者一般会就近选择购物点。同样,零售商店的规模也是消费者选择商店的一个重要考虑因素。在其他条件都相同的情况下,除非消费者特别注重快速服务或方便,否则,较大的零售店会比较小的更受欢迎。

一般而言,商店的距离会因为商品的不同而产生不同的影响。对于便利品或小件商品来说,距离通常影响很大,因为购物者不愿意为此类产品长途跋涉,而对于需要高度介入的产品,如汽车、结婚礼服等,消费者则不会在意长距离的购物。

通常,所购物品的多少也会影响消费者对商店距离的感觉,如果仅仅购买三四件便利品,消费者不会愿意跑很远的路,但如果要一次购买20或30件商品,消费者就会不太在意距离的远近。

【小案例12.1】
北京金源时代购物中心

金源新燕莎 Mall 位于北京市海淀区远大路1号,是目前亚洲最大的 Shopping Mall。在金源新燕莎 MALL 55万平方米巨大开阔的空间里,近4万多平方米是娱乐设施区域,400多家店铺,90多家国内外知名旗舰店,100余家主题餐厅,2 000多个名牌琳琅满目。有超大的室内停车楼及近10 000个免费地面、地下停车位,各层有人文色彩浓郁的"街道景点"、休息坐椅、舒爽的温度,200多部运行的电梯,1 500个坐椅确保宾客的休息。

金源新燕莎 Mall 内有90余家国内外知名旗舰店,燕莎友谊商城、贵友大厦、易初莲花、居然之家、国美电器等大型名店都已在这里落户,涵盖服装服饰、鞋帽箱包、化妆用品、儿童用品、运动休闲、珠宝首饰、钟表眼镜、家居用品、工艺礼品、数码通讯等16大类的综合商品系列。

金源新燕莎 Mall 内有百余家餐饮店,涵盖了中餐、西餐、快餐、风味小吃;冷饮店、水吧、咖啡屋、茶室;金鼎轩、湘华天、苗乡楼、金山城、麦当劳、肯德基、棒约翰。

金源新燕莎 Mall 内有方特科技乐园、设施先进的冠军溜冰场,有国际水准的星美影城、功能齐全的时代俱乐部、为现代都市人重塑健康生活方式的红人运动俱乐部等等。还有商务中心、电信服务、金融服务、旅游咨询、益智早教服务、票务代理、美容美发服务、宠物寄存等等,在这里顾客可以充分感受到时尚 MALL 的休闲生活。

(资料来源:中国商业展示网. http://www.zhongguosyzs.com/news/1632648.html.)

三、消费者特征与店铺选择

(一)知觉风险

消费者购买涉及多种风险。这些风险大致可以分为两大类,一是社会风险,二是经济风险。社会风险是指消费者所购买的商品不为同伴所欣赏或受到同伴的嘲弄所造成损失的可能性。经济风险是由于产品失灵或产品达不到预期的效果所造成的金钱上、时间上和精力上损失的可能性。研究表明,不同的商品消费者风险知觉差异性大。如短袜和汽油的经济风险和社会风险都很低,而发型和礼品的经济风险低,社会风险却很高。其他商品如个人电脑和汽车维修等,社会风险低但经济风险很高。最后,汽车和家具等商品的经济和社会风险都很高。另外情境对知觉风险的影响。比如,当葡萄酒为家人消费时,其社会和经济风险都很低,但是当它用于宴请时,社会风险就变得很高。

消费者对风险的知觉依过去经验和生活方式而异。基于此,知觉风险既被视为是产品特征,也被认为是消费者特征。例如,很多人对汽车品牌的社会风险浑然不觉,另一些人却恰恰相反。和不同产品类别一样,不同零售店也被认为具有不同程度的风险。传统零售店的知觉风险很低,但较为新颖的零售方式如直接邮寄、网上购物和电视购物等等,知觉风险则较高。

(二)购物导向

人们购物不仅仅是为了获得产品,而是有着更为复杂的原因。调节生活、运动、感官刺激、社交、了解时尚,甚至获取权力(当店员的"老板")等等,都可能成为逛商店的理由。当然,在不同的人之间,或者一个人在不同的情境中,这些动机的相对重要性是不同的。特别强调某些活动的购物方式或风格被称为购物导向。购物导向与一般生活方式密切相关,并且受到类似因素的影响。例如,研究发现,与零售商交往的经验,所处家庭生命周期阶段以及收入等等,都有助于预测一个人的购物导向。

根据消费者的购物导向,可以将消费者分为以下几种类型:

(1)不活跃的购物者

他们是生活严谨、购物兴趣很低的一类人。被动性是他们最大的特点,在购物时,他们不会流露强烈的好恶,对于购买物属性如价格、服务或选择范围等等也不甚关心。

(2) 积极型购物者

他们具有独特的生活方式、"难对付"的一类购物者。他们热衷于参加各种形式的户外活动,特别是自己动手活动。积极型购物者的购买行为更多的是表达一种热情的生活态度,而不是为了寻找廉价商品。因此,这类购物者在购买时会综合考虑价格、质量、式样和品种。

(3) 服务型购物者

这类消费者在购物时要求有高质量的服务。他们通常会选择店员友善、乐于助人的便利店。如果让其等候店员提供帮助,他们很快便会失去耐心。

(4) 传统型购物者

这类消费者与积极型购物者一样热衷于户外活动,但却没有他们那样的购物热情。他们对价格不敏感,购物时也没有其他强烈的要求。

(5) 易变型购物者

他们比一般人更喜欢试用新产品。他们似乎不由自主地想要保持与众不同。易变型购物者对广泛社交不感兴趣,很少受电视和广播广告的影响,对品牌和商店也很少表现出忠诚。

(6) 价格型购物者

顾名思义,这类消费者对价格极为敏感的。价格型购物者喜欢四处搜寻,以便找到价格满意的商品。他们高度依赖各种广告来寻找最低价格。

(7) 过渡型购物者

是处于家庭生命周期早期阶段的消费者,其生活方式和购物观念正处于成型的过程中。他们较一般人更愿意试用新产品。过渡型购物者对于四处寻找低价没有兴趣,他们往往是"随机购物者",一旦对某种商品发生兴趣,可能立即做出购买决定。

四、影响品牌选择的店内因素

经常消费者到一家零售店来想购买某一品牌的商品,结果却购买了另一个品牌或者附带着购买了其他东西,这种情形并不少见。店内因素诱发更多或更进一步的信息处理,从而影响最终的购买决策。

(一) 计划外购买

消费者经常购买计划外品牌或者购买其他商品,即所谓的冲动型购买。所谓冲动型购买,一般是指消费者在店内做出的购买,这些购买并不在消费者进店前计划的购买之列。冲动型购买或其更准确的代名词——计划外购买,常含有缺乏理性和缺乏评价选择的意味,但是这也并不绝对。选择购买王老吉凉茶而不是可口可乐,可能是因为前者在降价销售,这种选择并非不合理性。意外购买了难得一见的新鲜草莓,这种计划外购买也是合情合理的。

为制定有效的营销策略,营销者应该把消费者店内选择视为在店内获取了附加信息的结果,而不是随机的或非逻辑性的购买。这种思考问题的方式也有助于营销者利用有关目标市场及其动机和感知过程的知识,来增加特定商品的销售。

【资料卡 12.4】

计划购买与计划外购买

（1）具体计划购买

在进店之前已经决定了所要购买的具体产品与品牌,并且按计划进行了购买。

（2）一般性计划购买

进店之前已经决定购买的某类产品如蔬菜,但没有决定具体品牌或品种。

（3）替代

由一般性计划购买或具体性计划购买转向购买一种替代品。

（4）非计划购买

购物者在进店之前没有计划,但购买了该商品。

上述计划外购买还可以被分为两类——回忆性购买和冲动性购买。回忆性购买在类似以下情境中发生:当顾客在店内看到邦迪创可贴就想起家中的创可贴快用完了。而冲动性购买则在类似这样的情况下发生:当顾客在店内看到糖果,没有多想就希望购买。

（资料来源:德尔 L 霍金斯,戴维 L 马瑟斯博,罗杰 J 贝斯特.消费者行为学[M]. 10 版. 北京:机械工业出版社,2009.）

（二）降价与促销

降价和促销（赠券、综合折扣、赠品等等）,是很多零售店经常运用的一种营销策略。有足够的证据证明,店内降价对品牌选择有着很大的影响。根据美国、英国、日本和德国做的调查,销售在价格刚刚降低时,会有大幅上升,随着时间推移或者降价结束,销售又会落回到正常水平。

降价带来的销售增长有四个来源:

①现有品牌使用者提前购买未来所需的产品（储存）。由于产品的可获性,储存常常会带来更多的消费。

②竞争品牌的使用者可能会转向降价品牌。这些新的品牌使用者可能会也可能不会成为该品牌的重复购买者。

③从来没有使用这类产品的消费者也许会购买该产品,因为它比替代品或没有该产品时能带来更多的价值。

④不经常在此店购物的消费者,也许会来光顾和买该品牌。

不是所有的家庭对降价或促销都做出类似的反应。资源富有的家庭（指财政基础雄厚而非收入高）比其他家庭更喜欢利用各种促销的好处。因此,面向财务上具有较好基础的家庭出售商品的商店,可以期待顾客对降价和促销会有积极的反应。同样,易于储藏的商品比易变质商品有更大的价格弹性,这表明,促销手段更适用于不易变质的商品。对于不同产品的促销,消费者也常有不同的心理反应。

【资料卡 12.5】

降价促销策略的运用要点

(1) 降价促销方式的选择

商家通行采用的降价促销方式主要有直接降价、折让降价、购物抽奖、附赠商品、购物返券、特价限时、特价限量等。上述降价促销方式在形式上有所不同,但其实质都是以牺牲单位商品价格中的利润为代价,意在吸引消费者前来购物,赚取消费者综合购物的利润。因此,商品降价促销方式的选择,要重视引起消费者连带购买非促销商品的促销效果,否则,顾客只为购买降价促销品而来,降价促销的功效将大打折扣。

(2) 降价促销时机的把握

降价促销不可常年持续不断地进行,否则,消费者会患上"降价疲劳症"。因此,降价要有充分可信赖的理由,如季节性商品销售、重大节假日促销、商家重要纪念日庆典、重大的社会活动或事件等,都是企业可以利用的较理想的降价促销时机,此时降价促销往往会收到事半功倍的促销效果。

(3) 降价促销商品范围的确定

降价促销商品的范围应结合促销目的、促销时机等来选择,如新店开张、重大庆典、传统购物节等,可以实行全场商品限时的一定幅度的降价销售;季节消费的商品实行季节价格,过季商品降价销售等;较长时期的持续促销,则应选择有吸引力的消费品限时限量低价销售,如某些超市常年超低价限量销售鲜蛋、水果超市常年总有一款水果实行低价销售等。这类商品降价销售,会吸引部分消费者经常光顾,因此可以较好地带动其他商品的销售。

(4) 商品降价幅度的控制

商品降价幅度,是决定商家促销是否获利的关键性因素。就目前我国城市消费市场而言,平销和滞销的商品占市场所销售的商品的主体地位,众多商家同台竞争,导致消费者对商家降价促销的麻木,小幅降价促销引不起消费者的兴趣。根据商家以往的促销经验,一般商品降价幅度在10%以内很难引起消费者的随机购买行为,促销降价幅度大于10%,其需求价格弹性系数才会逐渐加大,而后随着市场需求的饱和,其需求弹性又会回落,直至市场需求的极限值。事实上,过度降价不仅不利于商家经营利润的增加,而且还会引起消费者的怀疑,因此,促销降价的幅度应限制在合理的范围内,降价既要使该商品产生足够的需求弹性,又要保证商家具有足够的获利空间。

(资料来源:巴里 伯曼,乔尔 R 埃文斯.零售管理[M]. 11 版.北京:中国人民大学出版社,2011.)

(三) 商店布局与店内气氛

商店内产品的摆放位置,对于产品和品牌选择有重大影响。显然,一种商品越容易被看到,它被购买的机会就越大。西普瑞斯(Shoprite)杂货店的一个分店,把原先放在商店后部、与

肉类柜台相连的熟食品柜台移到商店前部人流较大的地方,结果获得了意想不到的效果:①熟食品柜台占商店总销售额的比重由2%上升到7%;②带来了利润的增长,因为熟食品的毛利率是35%,而大多数商品的毛利率只有10%。

商店布置应有助于引导消费者前往那些高毛利商品所在的地方,因为这些商品很有可能被计划外购买。消费者可能要寻找出来的商品可以放在商店靠里的位置。商店布置不仅能影响商店的客流量,还会影响商店的气氛或环境。这反过来又影响购买者访问和停留于商店时的情绪和意愿,以及消费者对商店质量和形象的评价。也许更重要的是,在商店中引发的情绪会增加顾客满意度,而这又导致了重复购买和店铺忠诚。

商店气氛通常受到下列因素的影响:灯光、布局、商品陈列、室内设施、地板、色彩、声音、气味、销售人员的着装与行为、其他顾客的数量、特征和行为。"气氛化"指一种过程,即营销经理利用零售店的物质环境来引导购物者产生特定的情感反应。

研究表明,音乐对消费者在商店或餐馆中逗留的时间、消费者的情绪以及对商场的整体印象都有一定的影响。营销者也开始研究气味对购买行为的影响。早期的研究表明,气味对购买行为有着积极的影响。然而如同对音乐一样,顾客对气味也各有所爱,所以应确保使用的气味不致令目标顾客反感。

另外商店气氛同时影响着销售人员和顾客,然后他们之间又互相影响。

【小案例12.2】
风靡欧洲大陆的黑暗餐厅登陆北京

2006年12月22日,圣诞节前的最后一个周末,亚洲第一家黑暗餐厅——"巨鲸肚"北京国贸店在其店内正式开业。所谓黑暗餐厅就是让消费者在黑暗中享受美食,鼓励人们尝试仅仅依靠触觉、嗅觉、味觉和听觉来体验独特的进食过程。这对绝大多数人而言,都是从未有过的体验,因此在国外,许多人都乐于一试。

"巨鲸肚"的寓意来源于一部名为《巨鲸历险记》的童话故事,讲述的是一个不幸遭遇海难的小男孩在巨鲸的肚子里离奇生活的冒险经历。黑暗餐厅取名为"巨鲸肚",暗示着进入黑暗餐厅的客人就像进入一条巨鲸的肚子里冒险一样刺激有趣。

"巨鲸肚"黑暗餐厅整个外观只有一种颜色——黑色。内部设计完全区别于一般餐厅,餐厅内主要分为两个区:亮区和暗区。亮区包括门厅、吧厅、视觉过渡区及厨房,暗区包括两条黑暗走廊和黑暗餐区。客人进入餐厅后首先进入吧厅,要进入黑暗餐区必须经过黑暗走廊。

由于餐厅内的特殊设计,客人进入黑暗餐区必须要由佩戴夜视镜、经过特殊培训的侍应生引导,经由特殊设计的单行线盲道进入黑暗餐区。在进入黑暗餐区之前,客人会被要求将贵重物品、外衣以及手机、打火机、夜光表等能发光的物品存放在专人看管的储物柜中,非带手机不可的客人会被要求将手机装入一个特制的遮光手机袋中才能进入黑暗餐区。进入黑暗餐区后,侍应生将引导客人入座。由于黑暗餐区伸手不见五指,入座后的客人将被建议不能离开座位,客人所需的所有服务如上洗手间等均由经过专门培训的侍应生引导完成。

客人可以选择在吧厅或黑暗餐区点餐、酒或其他饮料。点完餐之后,客人便可以在侍应生的协助下体验在黑暗中享用美食的乐趣了。客人用餐完毕需要离开餐厅时,侍应生将引导客人经由单行线盲道走出黑暗餐区,并在视觉过渡区适应片刻后重新回到光明的世界。这种从黑暗世界重新回到光明世界的感觉,对绝大多数人而言都是从未有过的新奇体验。

在食物方面,"巨鲸肚"黑暗餐厅为客人准备了创意十足的八大套餐及餐厅特调的美酒和甜品。客人可以选择充满悬念的"黑暗套餐",体验边吃边猜的乐趣,也可以选择特殊配料的"情侣套餐",为美妙的爱情添油加醋。

除了体验摸黑吃饭的乐趣、享受黑暗餐厅特制的美食之外,"巨鲸肚"黑暗餐厅还为客人准备了一场创意十足的"黑暗剧"。或是在黑暗中听一个令人毛骨悚然的恐怖故事,或是闭着眼睛任凭思绪飘荡在一场生死绝恋的爱情悲剧中。

(资料来源:http://www.yxdaily.com/yxnews/cate/msrd/2007-1-5/132763.shtml.)

(四) 产品脱销

脱销是指商店中的某种品牌暂时缺货。很明显,它会影响到消费者的购买决策。顾客必须决定是在另一家商店买该品牌,还是转换一种品牌;是推迟购买、过一段时间再来该店购买该品牌还是到别的商店购买该品牌或者干脆放弃购买。此外,消费者的口头评价和态度也会改变。

【资料卡12.6】

产品脱销的影响

购买决策	影响
Ⅰ. 购买行为	A. 在原来的商店中购买替代品牌或替代产品。在今后的购买中,替代品牌可能会也可能不会取代原品牌 B. 推迟购买,直到原来的商店里该品牌到货 C. 放弃购买 D. 到另一家商店购买原品牌。在该商店里,消费者购买所需的所有商品或只购买脱销商品。今后的购买中,第二家商店可能会也可能不会取代原来的商店
Ⅱ. 口头行为	A. 消费者可能就第一家商店向同伴做出负面评价 B. 消费者可能就第二家商店向同伴做出正面评价 C. 消费者可能就替代品牌或产品向同伴做出正面评价

购买决策	影响
Ⅲ. 态度转换	A. 消费者降低对第一家商店的喜爱程度 B. 消费者增加对第二家商店的喜爱程度 C. 消费者增加对替代品牌或替代产品的喜爱程度

(资料来源：德尔 L 霍金斯，戴维 L 马瑟斯博，罗杰 J 贝斯特. 消费者行为学[M]. 10 版. 北京：机械工业出版社，2009.)

(五) 销售人员

销售人员对消费者的购买有着重要的影响。许多百货商店越来越重视对销售人员进行有效的训练。但由于高成本和高店员转换率又促使另外一些商店向完全的自助服务形式靠拢。

对于大多数低介入决策来说，自助或自我服务占支配地位。当购买介入程度增大，顾客与销售人员发生相互影响的可能性也随之增大。因此，关于销售互动的有效性的研究，大多集中在高度介入的产品如保险、汽车或工业产品的购买上。有效的销售互动不是轻易能够解释清楚的，它要受到下列因素及它们彼此之间相互作用的影响：

①销售人员的知识、技能和权威性。
②顾客的购买目的及性质。
③顾客与销售人员之间的关系。

因此，为了确定最优的人员推销策略，有必要针对每一目标市场和产品类别进行专门调查。

五、购买

一旦品牌和商店都已选定，消费者一般都会完成交易。传统上，顾客需要支付现金以取得对产品的各项权利。然而，在当今社会里，信用卡在消费者购买中越来越占据重要的地位。当然，信用卡不仅是购买商品的一种手段，它本身也是一种商品。因此，当购买较为昂贵的商品时，可能会引起对信用卡使用问题的认知。

商店必须尽可能简化实际的购物程序。这既包括缩短付款排队时间这样简单的管理，也包括较为复杂的操作，如将信用卡账号输入计算机以便缩短信用卡审核时间等等。许多商店好像忽视了这样一个事实，即实际的购买是购物过程中消费者与商店的最后一次接触。第一印象固然重要，但最后的印象也是如此。

店员在这时不仅要保持工作的效率，也要乐于助人并富有人情味。他们的行为和态度代表了商店希望留给顾客的最终印象。

第二节　购后行为与处置

一、购后冲突

在某些购买后有一种称为购买后冲突的现象,这种现象发生于顾客对购买行为的明智性产生怀疑时。另外一些购买则伴随不采用现象,即顾客将产品退还或保存而不加使用。对大多数购买来说,即使存在购后冲突或不和谐,仍会伴随产品使用。

由于消费者在面临一次重要购买时,备选项较多且属性差异,通常需要在多个备选品中间做出选择。而一旦做出决定,消费者可能就想知道自己是否做出了最佳选择。在相对较难下决心且具有长期影响的决定做出之后,这类反应是很常见的,这种对购买的怀疑和焦虑就叫购买后冲突。虽然不是所有的购买但确实有一部分购买会产生购后冲突。消费者产生购后冲突的可能性及其激烈程度,是由以下因素决定的:

①购买决定改变的难度。购买决定越容易改变,购后的不和谐就越不易发生。

②决定对消费者的重要程度。决定越重要,越有可能产生购后冲突。

③在备选品中进行选择的难度。越难做出选择,就越有可能产生冲突且冲突激烈程度越高。决策难度大小取决于被选品的数量、与每一备选品相联系的相关属性的数目以及各备选品提供的独特属性。

④个人体验焦虑的倾向。有些人更易感到焦虑,而越易于感到焦虑的人就越可能产生购后冲突。

购后冲突或不和谐之所以发生,是因为选择某一产品,是以放弃对另外产品的选择或放弃其他产品所具有的诱人特点为代价。这与个体希望获得这些富有吸引力的特点的欲望不相一致。在名义型决策和大多数有限型决策中,由于消费者不考虑被选产品不具有而其他替代品具有的特色,因此这类决策不会产生购买后冲突。例如,某位消费者的激活域里有4个咖啡品牌,他认为这几个品牌除了价格外在其他属性都旗鼓相当,此时,他会选择最便宜的品牌。这样一种购买一般不会带来购后冲突。

由于大多数购买介入度高的决策涉及一个或多个引发购后冲突的因素,因此,这些决策常伴随购后冲突。而且,由于冲突令人不快,消费者会设法减少冲突。消费者常用的减少购后冲突的方法有:

①增加对所购品牌的欲求感。

②减少对未选品的欲求感。

③降低购买决策的重要性。

④改变购买决策(在使用前退回产品)。

尽管消费者可以通过内心的再评价减少购买后冲突,搜集更多的外部信息来证实某个选择的明智性也是很普遍的方法。支持消费者选择的信息自然有助于消费者确信其决策的正确性。消费者购物后搜集信息的倾向和做法，极大地强化了广告和后续销售努力的作用。为了培养顾客对所选品牌的信心，许多耐用消费品的营销者如大宗家电和汽车推销商就会寄一些资料给近期的购买者，这些资料在很大程度上是专门用于证实购买的明智性与正确性的。地方零售商在家电、汽车售出后给顾客打电话，一方面确保顾客没有碰到产品问题，另一方面也是为了减少购后冲突。即使是一些十分简单的口信，如"感谢您在我处购买了新车，我们相信你会对自己的选择感到满意。我们是否能做些什么使您更充分地享用您的新车呢？"这些都可以减少购后冲突和增加顾客满意感。另外很多广告既有助于吸引新的购买者，同时又有助于顾客在购后证实其选择的明智性。

二、产品的安装与使用

很多产品尤其是耐用性消费品，需要安装调试，才能使之处于可使用的状态。比如，空调机、计算机、热水器等，均需要进行某种程度的安装、调试工作。即使是那些对安装有较少要求的产品如儿童玩具，对很多消费者来说，"拼装"或"组装"仍是一项令人生畏的工作。很明显，消费者在使用前的准备阶段所获得的体验，对决定其满意状况具有十分重要的影响。因此，提供必要的安装服务和安装与使用说明，对提高消费者满意感大有裨益。

了解消费者如何使用和消费其产品对企业是非常重要的。例如，宝洁公司的设计人员长期认定消费者在厨房洗碗碟时，是先将洗洁精倒入盛满水的水池中，再用抹布将碗碟洗干净，然后再用清水漂。后来的调查发现，绝大部分消费者并不是如此行事。相反，他们先将洗洁精直接挤到要洗刷的碗碟上，用抹布将污渍洗掉后再用清水冲洗。这一调查结果对公司新产品的开发无疑大有帮助。例如，可以开发出浓度更低的洗洁精，这不仅可以降低产品成本，而且可以减少消费者的漂洗负担。

在产品使用过程中，消费者可能采用创新性方式使用产品，或将产品使用到设计时所没有考虑到的场合。这会带来两个方面的后果。就积极方面而言，这将扩大产品的用途，从而增加产品的销售。如阿恩·翰墨酵母除了用于烹饪之外，还被消费者用于冰箱的清洗和除臭。发现这一新用途后，阿恩·翰墨公司利用各种媒体大做广告，由此使它生产的酵母销量大增。从消极层面或潜在的不利方面看，产品的某些超过设计范围的使用有可能给消费者带来伤害。例如，在美国，一些消费者将香水撒到点燃的蜡烛上，还有消费者将烘箱当凳子使用，由此带来了伤害，并引发诉讼。所以，企业在设计产品时不仅要确保在正常条件下的使用安全，还应合理预计消费者可能将产品作何种使用。

除了以上讨论的有关方面，了解以下几个因素对企业营销是十分有用的：一是使用频率，二是使用量或消费量，即每次的消费数量。同是一天刷两次或三次牙，有的消费者将牙膏挤满牙刷，另一些消费者挤出的牙膏只及牙刷长度的二分之一或三分之一。

三、产品的闲置

消费者购买的产品并非全部使用。产品的闲置是指消费者将产品搁置起来不用,或者相对于产品的潜在用途仅作非常有限的使用。我国银行发行的信用卡数量不小,但使用者尤其是经常使用者寥寥。同样,在我国一些家庭,家里贮存的名酒尤其是洋酒多是作为摆设,并没有正常地 被消费掉和经常予以补充。

产品闲置的最主要原因是很多产品的购买决策与使用决策不是同时做出,两者之间存在一个时间延滞,在此时间段内一些因素会促使消费者推迟消费甚至决定将产品闲置不用。消费者购买了运动器材,但总腾不出时间来使用;购买了跑鞋,但找不到穿出去的机会。如置身于超市时,可能想到某种产品适合野营时使用,但买回来后迟迟没有外出野营。由于购买与使用的决策时间、情境都明显不同,购买时所设想的某种使用情境可能迟迟没有出现,由此可能导致产品的闲置。

产品闲置的另外一个原因可能是企业或营销者并没有为产品的使用和消费缺乏令人满意的条件与环境。前面提到的大量信用卡闲置不用,其原因恐怕主要是这些信用卡使用起来并不如获取时所想象的那么安全和方便。

产品的闲置不用,无论是对消费者还是对企业均是一种损失。前者浪费了金钱,后者无法获得重复购买。在某些情况下,给消费者以提醒或促动,是可以使其消费这些购得的产品的。

四、产品与包装的处置

产品在使用前、使用过程中和使用后均可能发生产品或产品包装的处置。例如,一位对新购服装不是特别满意的消费者,可能将该服装转卖给邻居或同事,或者将其赠送给朋友或亲戚。大量的产品处置活动是发生在产品经长期使用和不再具有使用价值、或不再具有消费者所希望的象征意义之后。对许多类别的产品而言,即使产品本身不再具有使用价值,其实物形态依然存在。一种产品迟早会不能以消费者满意的方式发挥作用,或不再具备消费者想要的象征意义。不能再开的汽车是产品失去功能价值的例子,而被车主视为过时的汽车则不再具有象征性功效(对某特定消费者而言)。无论出于何种原因,营销者一旦做出替换决策(甚至在购买之前),他也同时要对原来的产品做出处置安排。如图 12.1 所示。

传统上,企业和学术界对消费者如何处置产品与包装不是十分关注,但随着社会对环境和生态保护的日益关切,这种状况正在改变。

企业关心产品、包装的处置,既有外在的压力,也有内在的动力。从外在方面看,随着大量包装容器和用过的产品被作为垃圾扔掉,收集处理这些垃圾的费用正在节节攀升,而且作为废弃物,它们对环境和生态造成了严重破坏。很多社会团体和组织正在试图通过宣传、立法游说甚至抵制等活动要求企业对其产品给环境可能造成的影响予以正视。生产环境友善的产品和可回收利用的包装,被越来越多的人视作是企业不可推卸的社会责任。

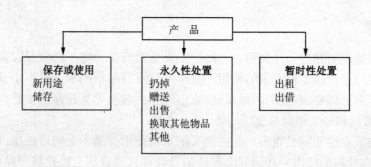

图 12.1　消费者产品处理一般方式

表 12.2 中列出了消费者对六种产品的处置方式。

表 12.2　消费者对六种产品的处置方式

	所有产品/%	音箱/%	手表/%	牙刷/%	录音带/%	自行车/%	冰箱/%
用于新用途	7.9	1.6	1.8	17.2	9.6	1.5	7.5
贮存	12.7	—	28.7	—	32.8	3.1	—
扔掉	39.7	11.5	30.6	79.7	43.2	17.3	22.6
赠送	17.1	31.1	23.1	—	9.6	40.2	19.3
出售	11.5	42.6	5.6	—	—	17.3	25.8
出租	0.7	—	0.9	—	—	—	3.2
出借	0.3	—	—	—	—	1.5	1.0
换取其他物品	5.3	4.9	5.6	—	0.8	3.2	20.4
其他	4.8	8.3	3.7	3.1	4.0	15.0	—

（资料来源：J JACOBY, C BERNING, T DIETVORSDT. What about Disposition？［J］. Journal of Marketing, 1977：26.）

【资料卡 12.7】

德国对包装废弃物的回收和再利用

德国于 1991 年实施《包装条例》，1998 年 8 月，根据实践经验，条例进行了重新补充和修订。根据用途不同，德国把包装进行分类，并分别就各种包装的回收利用以及生产商和经销商的义务作了具体规定。

一、销售包装占全部包装的比例约为 45％，针对销售包装，条例规定：1993 年 1 月 1 日起，生产商和经销商有义务在消费者使用后无偿回收，并重新使用或者进行材料利用，而且提交有关利用比率的证明。如果商家不自己履行回收义务，可以加入"二元体系"缴纳费用，由它负责废包装的回收利用。

二、装饰性包装是销售包装的附加包装，并非出于卫生、保质或者保护商品免遭损害或污染的目的。条例规定，1992 年 4 月 1 日起，商家必须回收这些大多是出于美观目的而采用的包装。条例出台后，不少商家考虑到回收费用而决定放弃装饰性包装。

三、运输包装主要是为了方便商品运输，保护商品在运输过程中免受损伤或者保证运输安全。1991 年 12 月的条件规定了生产商和营销商对运输包装的回收利用义务。法规出台后，一些行业明显增加了可多次使用的运输包装的比例。

四、对于饮料包装，条例特别强调使用可多次重复利用的饮料包装，并规定了可多次回收使用的饮料包装必须达到 72%。如果多次使用的饮料包装达不到这一比例，一次性饮料包装享有的免征押瓶费的规定将被取消。

据统计，2003 年，德国废弃包装循环节约了 641 亿兆焦耳的天然能，如转化为电能，相当于同期德国风力发电量的 1/3。另外，通过再循环减少了大约 132 万吨温室排放。2003 年德国回收包装材料 599 万吨，人均 72.6 公斤。
(资料来源：中国废旧物资网. http://news.feijiu.net/infocontent/newdetail.aspx? Nid = 8104.)

从内在方面看，研究消费者处置产品、包装的行为，对企业具有十分重要的经济意义。首先，由于财务资源与空间的限制，在取得新产品前，很多情况下消费者需要处理掉原来的产品。比如，在购置新车前必须把现有的旧车卖掉，在购置新的成套家具前需要把旧家具挪走。若现有产品不好处理，消费者可能会推迟甚至放弃新产品的购买。因此，协助消费者处置产品无论对经销商还是制造商均是有利的。其次，消费者做出转手出售或赠送二手产品的决定可能导致形成巨大的旧货市场，从而降低市场对新产品的需求。例如，二手教材的大量销售会严重减少某些出版商的总体销售量。虽然从短期看，这可以节约学生购书费用，但从长远看会抬高新书价格。因为新书卖得越少，单本书成本就越高，而且出版社出新书的压力也越大。再次，日益增多的人对他们所扔掉的产品、包装如何被处理越来越关注，他们甚至将此视为产品的一个属性，在购买时就予以考虑。如果被扔掉的产品、包装不能被重新利用，或者会对环境造成危害，很多消费者可能在作购买决定时会犹豫甚至退缩。

【小案例 12.3】

旧货市场冷冷清清

9 月 17 日，记者在位于保儿村附近的青岛市闲置物资交易市场上看到，曾经异常红火的市场如今已是冷冷清清。"现在到这里来卖旧家电的越来越少了。"市场业户胡先生这样告诉记者。商户宋女士也说，现在旧货市场普遍不景气。在李沧区的文昌阁闲置旧货交易市场有不少业主反映，最近他们的生意很冷清，有时候一天也处理不掉一台旧家电。

多家经营者认为,生意难做,与政府的一些政策相关。自"以旧换新"的政策实施以来,很多人都喜欢把家电拿到商场去"以旧换新",这样一来,"我们很难收到旧家电,就是收到了,也很难卖出去"。韦先生表示,在"以旧换新"政策支持下,一台不错的新液晶电视不过1 000多元,许多市民当然更倾向于"以旧换新"。

据了解,"以旧换新"政策将于2011年底结束,韦先生介绍他看好2012年的二手货市场。

(资料来源:http://news.bandao.cn/news_html/201009/20100919/news_20100919_984771.shtml。)

第三节 消费者的满意与品牌忠诚

一、消费者满意与不满的形成

消费者在获取和使用产品后,会发展起一种对产品或品牌满意或不满的情感。消费者满意是"购买者在特定的购买情形中,对其所付出的是否得到足够回报的认知状态。"它是消费者对产品或服务的期望水平与认知的实际水平的主观比较。

基于对某一特定品牌以及对该产品领域其他品牌的使用与体验,消费者发展起两种不同类型的信念。一是关于产品绩效的期待或预期,二是关于该品牌实际绩效的认知或评价。认知的实际绩效水平可能高于、等于或低于期望的绩效水平。如果前者低于后者,消费者会感到不满;如果前者高于后者,消费者会觉得满意;如果两者趋于一致,即实际绩效水平刚好满足了消费者的期望,消费者可能既不感到十分满意也不感到十分不满意。

由于期望的绩效水平与实际绩效是消费者满意与否的主要决定因素,因此,企业应对产品与服务的绩效予以了解。一项关于消费者转换服务提供商的原因的研究表明,绝大多数消费者不会从一个满意的服务商转向更好的服务商,相反,他们转换服务商是因为现有服务商不能令他们满意。

二、影响消费者满意的因素

(一)影响消费者对产品或品牌预期的因素

1. 产品因素

消费者过去对产品的体验、产品的价格、产品的外部特征均会影响消费者对产品的预期。如果本产品较竞争品价格高,过去体验和口碑均好,消费者自然会期待该产品满足较高的绩效与品质标准。

2. 促销因素

企业如何宣传其产品,用什么样的方式与消费者沟通,也会影响消费者对产品的预期。比如,企业在广告中大力宣传其产品的可靠性、耐用性,试图树立产品的优质形象,由此可能使消费者对产品品质产生比较高的预期。如果消费者实际感受到的品质低于这一预期,就可能引起不满情绪。美国一家旅馆曾推出一项促销计划:凡给旅客带来麻烦和问题,旅店愿意免费提供一晚的住宿。这一计划最终失败了,原因是它提高了众多旅客对旅馆服务质量的预期,由此引发大量不满意的旅客,致使旅店无法兑现其承诺。

3. 竞争品牌的影响

消费者并不是在真空中发展起对某一产品或服务的预期,他们在预期形成过程中会充分利用过去的经验和现有一切可能的信息,尤其是关于使用同类产品的体验和有关这些产品的信息。目前,国内一些企业强调所生产的产品是采用国际先进技术,或者产品的关键零部件是由某国外厂商提供,其目的旨在提高消费者对产品品质的预期,从而激发试用的欲望。

4. 消费者特征

一些消费者较另一些消费者对同一产品有更多的要求与期望。换句话说,有些消费者对产品较为挑剔,另一些消费者则较为宽容。比如,在吃的方面,我国南方人较北方人似乎有更高的期待;在穿的方面,女性较男性似乎更为讲究和有更高的要求。

(二) 影响消费者对产品实际绩效认知的因素

1. 产品的品质与功效

产品的实际表现与消费者对产品的认知在很多情况下是一致的,但有时也存在不一致的情况,因为除了产品的实际功效与品质以外,还有一些其他因素影响消费者的认知。然而,在一般情况下,消费者对产品的认知是以产品的实际品质为基础。如果产品货真价实,那么,不管原来预期如何,消费者迟早会调整其预期,逐步对产品产生满意感,相反,如果产品实际品质很差,即使原来对产品期望很低,消费者也会产生不满情绪。比如,不少消费者明明知道一些廉价集市上的产品质量不能保证,但一旦真正买到了质量很差的廉价品,仍会表达其抱怨和不满。

2. 消费者对产品的态度和情感

基于过去经验形成的态度和情感,对消费者评价产品有很大的影响。消费者对产品的评价并不完全以客观的认知因素为基础,而带有一定的情感色彩。所谓"爱屋及乌"、"晕轮效应"等等,都反映了态度因素对主体判断、评价和认识事物所产生的影响。

3. 消费者对产品的期望

比如,如果顾客对某一餐馆的食物和服务有特别的期待,那么,在用餐过程中,他可能较其他人更有选择性地感受到那些能够证实其期望的服务项目,而没有持这类期望的顾客则可能对这些服务项目或其中的某些服务项目视若无睹,印象不深。

4. 对交易是否公平的感知

消费者对产品是否满意,不仅取决于对产品预期与实际功效之间的比较,还取决于消费者认为交易是否公平合理。一旦消费者认为自己是受剥夺或受"剥削"的一方,心理就会不平衡,从而导致不满情绪的滋生。消费者对"公平"的感知,与消费者所处的文化背景、所受教育程度以及消费者的价值观念等多种因素有关。

5. 消费者的归因

所谓归因,是指人们对他人或自己行为原因的推理过程。具体地说,就是观察者对他人的行动过程或自己的行为过程所进行的因果解释和推理。

消费者在购买和使用产品过程中,会对企业的各种活动、其他消费者的行为以及产品品质的好坏作出归因。比如,当产品出现故障和问题时,消费者可能将其归因于生产或销售企业,也有可能将其归因于自己使用不当或运气不好,或气候、环境等外部因素。当消费者将产品问题归因于供给的企业时,消费者将对产品产生不满,而在另外的归因情况下,则可能采取较为宽容的态度。曾经有一个调查,询问乘客在航班误点时的反应,结果发现,消费者是否不满,很大程度上取决于归因类型。当将误点原因归咎于气候条件时,乘客反应比较和缓,对误点表示理解;如果将航班误点与航空公司可以控制的一些因素相联系,乘客的愤怒和不满情绪就比较大。

【资料卡 12.8】

消费者归因

对某一行为作出归因,涉及三个方面的因素:消费者或行为人、客观刺激物(如产品)、所处关系或情境。例如,如果企业获得了某一用户对产品的表扬信,企业是否应沾沾自喜,将其归因于产品的内在品质呢?恐怕不能简单地作出这种结论。也许写表扬信的人是因为心境特别好,或者生性喜欢赞许他人。只有了解写该表扬信的人平生从来或很少对别的产品写过表扬信,在同样的心境下他也没有写表扬信的习惯,同时,有不少消费者表达过对该产品的赞许,此时,企业才能得出确实是企业产品品质超群才赢得赞许的结论。对企业来说,重要的是了解消费者是如何作出归因的,并引导他们作出正确的和有利于企业发展的归因。

著名的百事可乐公司在对可口可乐发起强劲攻击的过程中,曾邀请一些消费者"蒙眼"品尝两种可乐,结果大多数被试喜欢"百事可乐"的口味。百事可乐公司将此摄制成广告片,大肆宣传,由此使其市场份额急剧上升。面对咄咄逼人的攻势,可口可乐则在另一收视率极高的电视节目中,影射品尝活动的"被试"是为了获得上电视的机会和在电视上一显自己的风采,其目的是给观众以新的理由,淡化百事公司广告信息的影响,结果也相当成功。

(资料来源:符国群.消费者行为学[M].北京:高等教育出版社,2006.)

三、消费者满意、重复购买和品牌忠诚

一般而言,不满意的消费者不大可能继续使用同一品牌,并且很可能向其亲友表达不满从而造成后者的不满。相反,满意的消费者倾向于在下次产生需求时再次购买该品牌,由此直接

导致厂商获利能力的增加。然而,在消费者日益精明和更具有价值意识以及众多品牌都令人满意的情况下,对很多营销者来说,创造满意顾客是必须的,但仅仅停留在这一水平仍是不够的,企业应以创造忠诚顾客或品牌忠诚型顾客为目标。

在任何产品的全体购买者中,只有某一百分比的人会对购买满意,营销人员一直在努力促使这一百分比提高。这样做的原因是,虽然有些满意的顾客仍会转换品牌,但其中很多人会成为重复购买者。重复购买者是指这样一些人,他们对某一品牌不一定具有情感上的或情绪上的偏爱,但一直重复购买该品牌。当然,某些不满顾客也可以成为重复购买者。由于找不到任何令人满意的其他选择,或者认为重新寻找的预期利益低于预期成本,这些消费者被动地成为了重复购买者。然而,他们会进行负面的口传,并且易受竞争对手行为的影响。

尽管重复购买者是企业所期望的,但单纯的重复购买者易受竞争者行为的影响。换句话说,他们购买该品牌是因为习惯使然,或者他们购物的地方没有更好的备选品,或该品牌价格最便宜。这些顾客对品牌并无忠诚,或者说,他们对所购买品牌并无忠诚感。

(一)品牌忠诚的含义

品牌忠诚,指的是消费者对于某一品牌或厂商具有情感上的偏爱,他们会以一种类似于友情的方式喜欢该品牌并在较长的一段时间内购买该品牌的商品。消费者会用如"我信任这个牌子"、"我喜欢这个牌子"等话语来描述他们的忠诚。理解品牌忠诚应把握以下几点:

①品牌忠诚是一种非随意性的购买行为反应,偶然性地连续选择某一品牌,不能视为品牌忠诚。

②消费者在长时间内对某一品牌表现出强烈的偏好,并将这种偏好转化为购买行动或购买努力。单纯口头上的偏好表示,不能作为确定品牌忠诚的依据。这同时也意味着,确定消费者对某一品牌是否忠诚,仅凭通常采用的问卷法是不够的,历史数据才是衡量它的基础。

③品牌忠诚是某个决策单位如家庭或个人的行为。

④品牌忠诚可能只涉及消费者选择域中的一个品牌也可能涉及一个以上品牌。当然,在同一产品领域,消费者选择的品牌越多,其品牌忠诚程度越低。

⑤品牌忠诚是决策、评价等心理活动的结果。

品牌忠诚型顾客对企业具有特殊的重要性。首先,消费者一旦对本企业产品形成忠诚,很难为竞争品所动,甚至对竞争品采取漠视的态度,无形中可以减轻企业的竞争压力。其次,忠诚型顾客在购买产品时不大可能搜集额外信息,这可以削弱竞争企业所采用的诸如奖券销售、折扣销售等销售方式的吸引。即使因这种吸引购买了竞争者的产品,他们在下次购买时又会回过头来再度选择其所偏爱的品牌。再次,忠诚型顾客的价格敏感性相对较低,为购得所偏爱的品牌,一般较少期待从打折和讨价还价中获益。最后,忠诚的顾客极可能从事正面的口传,从而进一步扩大品牌的影响。

(二)品牌忠诚的成因

1. 产品吸引

传统上,对品牌忠诚的成因是从产品方面寻求解释,认为消费者形成品牌忠诚通常是因为产品的功能、特性、价格等的吸引所致。

用产品吸引说明品牌忠诚,有合理和可信的成分。一方面,现代消费者并不完全听信于广告的劝说,消费者对个人体验的信任更甚于对广告的信任。这样,消费者只有在对市场出售的商品性能、使用和销售情况有所了解,自己具备消费知识和技能后,才会作出反应。另一方面,消费者一般都会根据行为结果或报酬来考虑的品牌或商品的选择的。过去的行为如果导致好的结果,人们就有反复进行这种行为的趋势,如果过去的行为导致不好的结果,人们就有回避这种行为的趋向。因此产品特性、品质对商品与品牌选择行为就具有决定性影响。正如美国学者兰卡斯特(Lancaster)所说,市场上各种商品都在显示其特性,这些特性在吸引着消费者,这是消费者购买它们的原因。

2. 时间压力

在现代社会,时间是一种宝贵的资源,在商品和品牌选择上,花费例外的时间就相当于货币的例外支出,因此,消费者总是尽可能地节省时间。但时间的节省和信息的搜寻是相互矛盾的,要想广泛地掌握信息,花费时间是不可避免的。解决这一矛盾的有效办法,是形成品牌忠诚。一旦形成品牌忠诚,消费者既无须花很多时间去搜寻信息,又无须在每次购买前反复考虑和斟酌,更因为形成重复购买,事先就知道购买地点,驾轻就熟,无疑可大量节省购买时间。

在西方国家,随着家庭收入水平的提高,时间的机会成本增加,购买商品时自然不愿花太多的时间搜寻信息,因而更有可能形成品牌忠诚。当然,这也不是绝对的,家庭收入高,其成员可能受过更良好的教育,在获取和处理信息的能力上较低收入家庭成员具有某种优势,这在一定程度上可以减轻其搜寻信息的时间压力。

在给定的收入水平上,家庭规模越大,财政上的压力将随之加大,因而更趋向于多方面搜寻信息,寻找耐用一点、价格适中或更便宜的产品。这类顾客受广告宣传、新产品和折价优惠销售的影响较大,一般经常发生品牌转换,忠诚度较低。

时间对品牌忠诚的影响,还表现在产品的购买间隔上,产品购买的时间间隔越长,消费者将有更多的时间搜寻信息,进行比较,其品牌忠诚度相对较弱。

3. 风险因素

消费者购买某一商品、选择某一品牌,是以放弃其他一些商品的购买和另外一些品牌的选择为代价的。也就是说,在收入和需求条件的制约下,消费者面临着品牌选择的机会损失。消费者在进行品牌选择时,总是试图使这种机会损失尽可能地小。但由于受客观外界条件的制约,消费者很难作出完全满意的选择,甚至作出错误的选择。从这个意义上说,消费者的选择总存在一定的风险。因外部条件的制约和消费者本身知识的局限,他不可能意识和了解到可能遇到的全部风险,而只可能在其知识和经验范围内部分地意识到这些风险。

消费者应付风险的办法很多,其中最有效的有三种:一是积极搜寻与选择和购买问题有关的信息;二是从众购买,或是选择全国性品牌和著名品牌;三是形成对品牌的忠诚。20世纪70年代初,罗斯纽斯设计了11种应付上述四种风险的方案,在对472名家庭主妇的调查中,发现养成对品牌的忠诚是应试者认为行之有效和乐意采用的最好办法。

4. 自我形象

自我形象或自我概念是消费者基于其价值观、理想追求、个性特征等形成的关于自身的态度和看法。消费者都有各自的自我形象,同时他们还对市场上出售的产品或品牌形成整体印象或形象。当品牌形象与顾客的自我形象一致时,他就会作出选择这一品牌的决策;为维护和强化其自我形象,消费者还会形成强烈的重复购买趋势。

多里奇1969年描述了自我形象与产品形象一致的概念。他要求被试在一系列由意义相反的配对形容词构成的7级量表上对自身形象作出评价。如"我是一个复杂的人"对"我是一个单纯的人","我男性味十足"对"我女性味很浓","我很善良"对"我很冷酷"等等。在测定个人的自我形象以后,被试被要求在4个产品领域(啤酒、香烟、香皂和牙膏)分别选出最喜爱的品牌和最不喜欢的品牌。结果发现,消费者最喜欢的品牌较消费者最不喜欢的品牌在形象上更接近消费者的自我形象。

消费者基于自我形象选择产品或品牌,对企业营销有多方面的启示。首先,企业应了解目标顾客的自我形象,并努力塑造与目标顾客自我形象相一致的品牌形象,并在两者不一致时尽力采取办法矫正后者,使之与前者相吻合。其次,目标顾客有可能获得不正确或不准确的产品或品牌形象,此时,需要企业通过广告宣传等手段予以改正。最后,企业应保持产品品质的一致性。特别是当企业的产品线很多且各产品品质差别较大时,为了防止各产品线在形象上的不相容,可能需要为每一产品线使用一个品牌。

【资料卡12.9】

重复购买者、忠诚顾客和利润

实践表明,随时间推移每位忠诚顾客对公司利润的贡献会越来越高。例如,某个信用卡公司的顾客随时间推移创造的利润。见表12.3。

表12.3 忠诚顾客对公司的利润

年份	利润	年份	利润
获取成本	(51)美元	第三年	44美元
第一年	30美元	第四年	49美元
第二年	42美元	第五年	55美元

获取成本包括广告、建立账户、寄卡等的花费。第一年利润低是因为很多新顾客是通过某

种促销活动获取的。另外,新获取的顾客起初对信用卡的使用率往往较低,而且他们并不使用所有的信用卡功能。这一点无论是对消费品用户还是对工业用户均是适用的。汽车服务商从每位顾客身上获得的利润由第一年的25美元升至第五年的88美元,而一家工业洗衣店发现,从每位客户获得的利润从第一年的144美元升至第五年的258美元。

重复购买者对公司利润的贡献随着时间增长,可能的原因有:首先重复购买者或忠诚的顾客倾向于持续购买该品牌而不是等待减价或不停的讨价还价。其次,重复购买者由于熟悉产品,不断降低公司信息沟通和服务成本。最后,顾客在长时期内倾向于使用一个厂家的更多种类似的产品和服务,由此也可促进利润的增加。

(资料来源:德尔 L 霍金斯,戴维 L 马瑟斯博,罗杰 J 贝斯特.消费者行为学[M].10 版.北京:机械工业出版社,2009.)

第四节 消费者不满及其行为反应

消费者不满一般是指消费者由于对交易结果的预期与实际情况存在较大出入而引起的行为上或情绪上的反应。一旦消费者对所购的产品或服务不满,随之而来的问题就是如何表达这种不满。不同的消费者、同一消费者在不同的购买问题上,不满情绪的表达方式可能都会有所不同。

一、消费者不满情绪的表达方式

如图 12.3 所示,消费者表达不满情绪的方式一般有以下几种:

自认倒霉,不采取外显的抱怨行为。消费者之所以在存在不满情绪的情况下,采取忍让、克制态度,主要原因是他认为采取抱怨行动需要花费时间、精力,所得的结果往往不足以补偿其付出。很多消费者在购得不满意的产品后,未见其采取任何行动,大多恐怕是抱有这种"抱怨也无济于事"的态度。虽然如此,消费者对品牌或店铺的印象与态度显然发生了变化。采取私下行动。比如转换品牌,停止光顾某一商店,将自己不好的体验告诉熟人和朋友,使朋友或家人确信选择某一品牌或光顾某一商店是不明智之举。直接对零售商或制造商提出抱怨,要求补偿或补救。比如写信,打电话或直接找销售人员或销售经理进行交涉,要求解决问题。要求第三方予以谴责或干预。如向地方新闻媒体写抱怨信,诉说自己的不愉快经历;要求政府行政机构或消费者组织出面干预,以维护自己权益;对有关制造商或零售商提起法律诉讼等等。

一般而言,消费者抱怨是基于两个方面的考虑。第一,获得经济上的补偿。比如要求更换产品,退货,或者要求对其所蒙受的损失予以补救。第二,重建自尊或维护自尊。当消费者的自我形象与产品购买紧密相连时,不满意的购买可能极大地损害这种形象。想象一下,在盛大的婚宴或其他庆典上喝假"茅台"的窘境，就不难解释主人当时的愤怒和事后的可能行动。

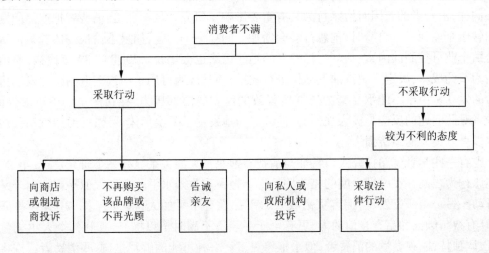

图 12.3　消费者不满时的反应

二、影响消费者抱怨行为的因素

很多因素影响消费者抱怨行为。诚如上面所指出，产品或服务的类型会影响消费者的抱怨倾向。随着产品成本和产品社会重要性的提升，抱怨的趋势将得到强化。一些研究人员认为，抱怨行为与以下变量存在密切关系：

① 消费者不满的程度或水平。
② 消费者对抱怨本身的态度。
③ 从抱怨行动中获得的利益大小。
④ 消费者的个性。
⑤ 对问题的归因，即将责任归咎于谁。
⑥ 产品对消费者的重要性。
⑦ 消费者用于抱怨的资源及其可获得性，比如是否有时间、精力来采取某种抱怨行动。

前述①、②两个变量对理解消费者抱怨行为具有特殊的重要性。正如人们所预料，消费者不满情绪越高，采取抱怨行动的可能性也越大。同样，对抱怨本身持肯定态度的消费者，也更多地倾向于对不满事件予以抱怨。最近的一项研究表明，前述③至⑦5 个变量都将影响消费者对抱怨的态度，而态度反过来又会影响实际的抱怨行动。因此，当产品对消费者的重要性增加，消费者对抱怨行为的态度会改变，抱怨行动也会增加。以前的经验对抱怨行为也会产生影响，因为有过抱怨体验的人更多地了解如何与企业或政府机构进行交涉，从而有效地达到自己的目的。抱怨还需要时间以及拥有与有关方面接洽的能力，比如，能够在信中准确地表达自己的意思、能够让有关方面听取自己的意见与申诉。

同样,消费者的归因对抱怨行为具有重要影响。研究人员发现,当消费者把产品问题或责任归咎于企业而不是自身时,抱怨行动会增加。同样一个问题,如果不愉快的体验被消费者视为是由企业可控的因素引起的,消费者的抱怨情绪也会增长。20世纪80年代初,通用汽车公司为节约成本,决定对其汽油发动机进行改进,使其成为可用于小汽车上的柴油发动机。改进后的发动机由于不能承受柴油燃烧所释放的巨大的内部压力,存在严重的不可靠性问题。消费者对此问题的反应是极为强烈的,他们成功地发动了一次集体诉讼,使通用汽车公司蒙受了数以百万美元的经济损失。

也有一些学者试图探究人口特征与消费者抱怨行为的关系。有一个研究发现,年龄、收入与抱怨行为之间存在一种中度的相关关系。年轻人和收入水平较高的人似乎更倾向于采取抱怨行动。另一项研究发现,拥有更高收入水平和教育水平的人,抱怨更多。还有一些证据显示,具有教条倾向和富有自信的人,更有可能在经历不满时予以抱怨。同时,个人主义色彩浓厚、强调独特性、独立性的消费者,似乎抱怨更多。一种可能的解释是,这些消费者或许将抱怨本身视为使自己与别人有所不同的方式之一。

三、企业对消费者不满和抱怨的反应

现实生活中,大多数企业对于自己的产品是否令消费者满意并未进行系统的调查和了解。斯道克斯(Stokes)在食品行业作的一项调查表明,60%的企业几乎一点也不了解消费者对本企业产品的满意状况。然而,一些以消费者为导向的企业,如美国的宝洁公司、3M公司等,在跟踪和了解消费者的购后反应上,确实作出了特别的努力。有一些公司设立了消费者热线,以此搜集消费者对产品的反馈信息,并帮助消费者解决有关质量、售后服务等方面的问题。还有一些公司,如汽车制造公司,则在各个地区设立了服务代表,专门处理消费者的投诉、不满等事宜。

政府有关机构对消费者抱怨行为也怀有很大的兴趣。如果它们发现消费者在某一领域的投诉比较频繁和集中,就可能制定和颁布专门的法律或行政条例,予以规范和干预。对于企业而言,当然不太情愿看到政府作出过于强烈的反应。为此,只有通过自身的约束或行业的自律,来减少消费者的抱怨和避免政府的直接干预。在美国,商业改进协会(Better Business Bureau)每年都要整理并公布各个行业消费者投诉与抱怨的信息,目的是提醒有关企业或行业组织注意加强自律,避免与消费者、与政府发生正面的冲突。

很多企业开始意识到,完全消除消费者的不满可能并不现实,但有一点企业是可以做到的,那就是建立起一种应付和处理消费者投诉或抱怨的内部机制。目前,采用得比较多的应付办法,一是设立免费的消费者热线,二是为产品或服务提供强有力的担保,如规定在哪些条件下可以退换和进行免费维修等。最近一些年,在美国等西方国家还发展起一种平息消费者不满情绪的新方式—服务合同。签订服务合同,类似于为产品买保险,消费者只要为产品多付一

点点钱,就可以在一定时期内享受由卖方免费解决某些产品问题的权利。服务合同在汽车行业使用较普遍。1983年,福特公司与客户签订了约220万份服务合同。福特公司的一位主管说:"我们发现,签了服务合同的客户再次购买我们公司产品的可能性较以前增加了一倍,而且他们更有可能成为满意的客户。"还有一些汽车公司在处理顾客抱怨事宜时采取仲裁的方式。例如,通用汽车、福特、克莱斯勒、奥迪等公司规定,消费者可以将其在产品消费中遇到的问题交由一个客观、公正的第三方进行裁决,以此决定企业应如何对其进行补偿。

本 章 小 结

消费者一般要对产品和店铺都做出选择。通常有三种决策方式:①同时选择;②先商品后店铺;③先店铺后商品。无论哪种决策模式,店铺在消费者购买过程中都有重大的影响。影响消费者选择的因素包括商店形象、商店品牌、零售广告、店铺的位置和规模。

消费者个人风险知觉和购物动机也会影响对零售店铺的选择。在店铺内,消费者常常购买与进店前所计划的不同的商品或品牌。这种购买被称为冲动型或非计划性购买。研究店内刺激如何引发消费者冲动型购买,对营销策略的制定更有意义。

消费者在购买后产生怀疑和疑虑,这被称为购买后冲突。无论消费者是否经历购后冲突,多数购买者在购回产品后会使用产品。产品可以是购买者本人使用也可以是购买单位的其他成员使用。跟踪产品如何被使用可以发现现有产品的新用途、新的使用方法、产品在哪些方面需要改进,还可以为广告主题的确定和新产品开发提供帮助。产品不使用或闲弃也是需要引起注意的问题。产品及其包装物,由于消费者对生态问题的日益关注,以及立法与管制机构的活动,营销经理对处置行为的了解变得越来越重要。

购买后,消费者会对购买行为进行评价,如果产品在期望的水平上满足了消费者需要,那么消费者满意就有可能产生。消费者可能强烈希望在某一时期再购买该品牌,或者愿意将来一直购买该品牌,甚至成为该品牌的忠诚顾客。如果期望不能满足,就可能导致消费者的不满。不采取行动、转换品牌、产品或转换商店、告诫朋友都是负面购买评价后的常见反应。

思 考 练 习

一、问答题

1. 什么是商店或店铺形象?它的构成层面和构成因素是什么?
2. 购买的知觉风险是怎样影响商店选择的?
3. 社会风险的含义是什么?它同经济风险有何不同?
4. 什么是购物导向?
5. 在某一特定商店内,哪些店内特征会影响品牌和产品选择?试各举一例。
6. 什么是商店气氛?
7. 什么是购后冲突?

8. 什么是产品闲弃？它为什么是营销者关注的一个问题？
9. 产品与产品包装的处置是什么意思？为什么政府管制机构与营销人员对此感兴趣？
10. 影响消费者满意的因素有哪些？这些因素是如何发挥作用的？
11. 在不满的情况下，消费者会采取哪些行动？最常用的行动是什么？
12. 营销者为什么热衷于拥有品牌忠诚型顾客？

二、讨论题

1. 描述你自己购买行为中印象最深的购后冲突，你是怎么消除这种心理不和谐问题的？你觉得企业应该采取哪些措施？
2. 如果你是生产企业，你如何确定消费者实际上是怎样使用下列产品的？企业根据这类信息如何制定营销策略？
   a. 空调
   b. 山地自行车
   c. 笔记本电脑
   d. 收音机

【案例分析】

能"煎鸡蛋"的笔记本

几个月来，中国质量万里行官方网站上，消费者关于某品牌笔记本电脑的投诉激增。截至目前，投诉已近200例。而同期，维权网和315消费电子投诉网提供的数据显示，某品牌笔记本电脑的投诉用户已经超过700例。消费者自发组织的某品牌维权用户QQ群也已达到20个之多。

"说实话，我也真想把它砸了！"9月25日，北京的王明（应本人要求，化名）指着他那台花5 000多元钱购买的、使用已两年的某品牌笔记本，摇摇头说。此前的十几天，已经有一位愤怒的消费者当众砸烂了自己的某品牌笔记本，并狠狠踩了几脚——这一小段视频至今仍在网上广为流传。

让王明难以接受的是，他的这台某品牌笔记本电脑在短短的两年时间内，共维修3次，烧了2块主板，还有1次是风扇。"我正常的工作和生活都被严重干扰了……"

2007年8月5日，王明花5 000多元钱购买了一台某品牌笔记本。"当初购买笔记本之所以选择某品牌，一是冲着其品牌去的，觉得质量会有保障，二是某品牌的本子做得很漂亮"，王明对中国质量万里行记者说。但令他没有想到的是，使用仅仅半年，就出现了黑屏现象。送到某品牌金牌维修站检测，维修人员说，主板烧坏了，需要换主板。但在免费更换主板使用半年后，同样的毛病居然又出现了。这到底是怎么回事？王明十分疑惑。

但仅凭手感，王明也能觉察到笔记本温度过高——烫手。王明说，他对自己的笔记本使用起来一直十分小心也十分爱护，因为机子温度偏高还特地自制了散热架。可笔记本依然"高

第十二章 消费者决策过程 III:购买行为与购后行为

烧不退"。当温度持续升高一段时间,电脑便开始罢工——自动黑屏,工作指示灯全亮,光驱弹出……某品牌金牌维修人员曾说可能有静电,但王在试过关电源、拆电池等方法后发现,这些措施似乎没起什么真正的作用。那么,到底是哪里出现了问题?

在用专业软件测过温度后,他才知道,这台刚换完主板、清过灰尘的笔记本开机显卡温度即在83度,18分钟之后竟高达100度!

同样慕名选购某品牌的武汉消费者高淑娟,其遭遇与王明相比甚至有过之而无不及。2007年2月,高在武汉市洪山区科星某品牌专卖店花8 400元买下了一台某品牌笔记本。"拿到心爱的宝贝,真是爱惜有加。谁的手脏摸了我的电脑都会遭到我的白眼。"

但3个月后的一天,高淑娟的笔记本突然蓝屏死机。死机后,她关机了一会,重新开机没发现什么异常。当时她还认为导致电脑死机的原因很多,不足为怪。及至2008年2月18日,高淑娟的笔记本突然出现"一长两短"报警声(显示器或显卡错误),很快完全崩溃——而她没有想到的是,这只是接踵而来的烦恼的一个序幕。

在送到某品牌金牌维修部后,经检测主板烧坏,换了主板。"当时咨询机子为什么会烧主板,得到的答复是:因素很多。"高淑娟说。8个月后,"机子又坏了"。高淑娟第二次送到维修部。"这次修好后仅仅时隔半月,机子竟再一次坏掉了,连烧主板。"高淑娟说,"一年三次维修,这肯定是质量问题!"

而王明和高淑娟只是众多投诉某品牌笔记本质量问题用户中的两个。2009年7月到10月,消费者对于某品牌笔记本问题的投诉惊人地大面积爆发。中国质量万里行投诉中心的统计显示,在短短不到一个月的时间里,对某品牌笔记本的投诉已经近200例。同期维权网的统计数字是:近300例。半年来,315电子投诉维权网的数据高达1 000余例。而杭州电视台新闻60分节目在播出某品牌笔记本质量问题的报道后,曾在4天内接到近百个投诉电话。

315消费电子投诉网、新浪科技、网易科技、中国金融网、某品牌笔记本论坛、vista之家、本本网、天涯社区等网站或论坛,消费者的投诉帖、抱怨帖此起彼伏。

在几家网站的知名论坛上,网友们纷纷发表情绪激动的申诉帖:如,"很破的垃圾!""某品牌——垃圾机中的战斗机"等,点击率、回复率都很高。

令消费者广为诟病的是,某品牌过于保守的态度——面对投诉如潮的窘境,某品牌方面的答案是:"我们只采取一对一的问题解决方式。"

面对消费者的激烈言辞,我们更想听听厂家为消费者提供的解决方案。为此,中国质量万里行记者多次提出采访要求,并提交了书面采访提纲,某品牌公关公司伟达公关最终的答复是不接受采访,而其邮件回复中的"最新媒体声明"中的解决方案和以前相比依然没有质的区别。迄今为止,某品牌能提供的依然是那项名为"有限质保服务增强"的计划。

2009年9月,维权网开展的"某品牌笔记本使用情况大调查"活动中,1 568位网友填写了调查项。其中对于某品牌金牌服务是"玩太极功夫的高手"的看法很集中,有38.0%的网友认为"金牌服务态度推诿"。

据315消费电子投诉网统计,今年1至8月期间,其共受理了某品牌投诉1297宗,但截至目前,某品牌似乎仍然"岿然不动"。

而王明向中国质量万里行记者透露,目前网友创建的"××维权群"已经超过20个,覆盖北京、上海、浙江、广东、江苏、湖南、江西、安徽、四川、辽宁、湖北、重庆、福建、广西、陕西、山东、河南等省、市、自治区,形势愈演愈烈。

(资料来源:http://digi.hsw.cn/system/2010/03/11/050454608.shtml.)

思考题

1. 某品牌的消费者不满的形成经历了什么样的过程?
2. 如果你是某品牌(中国)公司的总裁你将会怎样处理消费者的不满?
3. 通过网络,调查消费者不满对某品牌公司的影响。

第十三章 Chapter 13

网络消费者行为

【学习目标】

(1) 知识目标

通过本章的学习,了解网络购物与传统购物的区别;掌握网络消费者的类型及购买决策过程;掌握网络环境下消费者行为的特征;掌握影响网络消费者购买行为的因素;了解网络消费心理及营销策略。

(2) 技能目标

能够针对不同的网络消费者行为,制定个性化的网络营销方案。

【引导案例】

网络超级消费者的崛起——中国独有的购物行为

根据波士顿咨询公司(BCG)(下称"波士顿")在北京最新发布的报告,目前,占购物人数7%的"超级消费者"消费额已经达到消费总数40%,并且在不同产品品类中进行大量交易。同时,中低消费者占消费人群的60%,对网络销售额的贡献却不到15%。波士顿合伙人兼董事总经理叶永辉指出,超级消费者的队伍有不断扩大的趋势,在中国70%的网络购物者都是拥有多年网络购物经验的中产阶层和富裕人群。他们未来大部分人群都可能成为超级消费者。

波士顿认为,五年内大多数中国现有的网络购物者年网上消费额将增加一倍,达到每年消费6 220元人民币,其电子商务交易总额将增加至2万亿元。因此,满足超级消费者的情感需求将成为未来企业在电子商务领域成为赢家的关键所在。

根据波士顿的调查,到2015年,电子商务的快速渗透将在各个行业中更加明显,网络购物者的数量将增加一倍,渗透率从2010年的城市人口总数的23%增长到44%。消费品的网络购物份额将大幅度提升,其中旅游、电子产品、休闲服装和护肤品将迎来爆发式增长。

BCG中国消费者洞察智库负责人郭又绮表示,中国的电子商务与美国相比,有明显的本土特点,由于中国疆土辽阔,因此,购物者在网络上可以搜寻平时店铺里购买不到的特产和特殊商品;和其他国家的消费者相比,中国消费者更加注重口碑效应,这很大一部分取决于中国消费者对网络购物抱有谨慎心态并对网络商家持不信任态度;最后,中国的电子商务市场的集中度比其他国家都低,前五大品类仅占市场总值的一半,而在美国、日本和英国,前五大品类的商品比例都接近于70%。

抓住了超级消费者就等于抓住了整个网购市场。叶永辉认为,无论是传统零售商和网络零售商都应该在整体战略中首先思考电子商务的作用。提供针对网络的特殊商品、开发有针对性的服务,用有个性化的服务快速吸引网络消费者。能根据环境变化而积极采取行动的企业将成为未来赢家。

(资料来源:http://www.100ec.cn.)

第一节　网络消费者类型及购买过程

随着互联网在我国的迅速发展和普及,网络经济以其不可逆转之势,极大地促进了我国社会经济的发展及人类思想观念的转变和工作方式、生活习惯等的改变。网络购物是一种新兴的购物方式,经过十几年的发展,全社会对网络购物的认知日趋理性和平民化,网络购物从时尚化交易手段为导向逐渐演变为理性消费、便捷消费、安全消费为导向,逐步成为网民日常行为之一。

一、网络购物与传统购物的区别

网络购物是指在网络上进行的实际产品和虚拟产品的交易。与传统购物相比,网络经济下的购买特性有了新变化。

(一)网络消费增强了消费者决策的理性和有效性

在网络经济下,网络广告取代了传统广告,网上商店取代了传统的店铺陈设,网络的快速、及时、无边界传输及其庞大的信息量使消费者更容易获得有关购物的信息,对时尚的嗅觉更为灵敏。在网络购物时代,消费者可以通过网络快捷地了解所购商品在全球范围内的更好、更完整的信息,极大地扩展了其购物选择的范围。消费者通过上网浏览,便可以对厂商所提供的商品进行比较,选择有利于自己的商品,从而使购物决策更加合理和有效。

(二)网络购物扩大了消费者的需求

网络购物模式能增加消费者的有效需求,网络销售能够大大降低企业的生产、营销成本,降低产品的价格,让消费者能够买得起过去买不起的产品或购买比过去更多的产品,从而引导和增加了消费者的消费需求。网络经济时代的到来,不仅给消费者提供了更广阔的市场进行选择,而且可以为个别消费者的特殊偏好"量身定做"出让他们满意的商品,挖掘出潜在的需求,更好地满足个性化需求。

(三)网络消费增强了消费者的主动权

消费者拥有了对众多商品的选择权,增加了商品的替代性,这在客观上促进了厂商之间的竞争,减少垄断,从而促使商品价格下降,减少消费者的消费支出;消费者可以根据自己的特殊偏好在企业"量身定购"出让他们满意的商品,这些都有强化消费者权利的作用。

(四)网络购物使消费者的消费过程更加快捷简便

在网络消费时代,消费者不仅可以方便地在家里购物,而且可以方便地收集信息、比较产品、做出决策、在线支付,许多交易环节都大大被简化了。

【资料卡13.1】
网络消费者的群体特点

消费者行为以及购买行为永远是营销者关注的一个热点问题,对于网络营销者也是如此。网络用户是网络营销的主要个体消费者,也是推动网络营销发展的主要动力,它的现状决定了今后网络营销的发展趋势和道路。我们要搞好网络市场营销工作,就必须对网络消费者的群体特征进行分析以便采取相应的对策。网络消费者群体主要具备以下四个方面的特征:

(一)注重自我

由于目前网络用户多以年轻、高学历用户为主,他们拥有不同于他人的思想和喜好,有自己独立的见解和想法,对自己的判断能力也比较自负。所以他们的具体要求越来越独特,而且变化多端,个性化越来越明显。因此,从事网络营销的企业应想办法满足其独特的需求,尊重用户的意见和建议,而不是用大众化的标准来寻找大批的消费者。

(二)头脑冷静,擅长理性分析

由于网络用户是以大城市、高学历的年轻人为主,不会轻易受舆论左右,对各种产品宣传有较强的分析判断能力,因此从事网络营销的企业应该加强信息的组织和管理,加强企业自身文化的建设,以诚信待人。

(三)喜好新鲜事物,有强烈的求知欲

这些网络用户爱好广泛,无论是对新闻、股票市场还是网上娱乐都具有浓厚的兴趣,对未知的领域报以永不疲倦的好奇心。

(四)好胜,但缺乏耐心

因为这些用户以年轻人为主,所以比较缺乏耐心,当他们搜索信息时,经常比较注重搜索所花费的时间,如果链接、传输的速度比较慢的话,他们一般会马上离开这个站点。

网络用户的这些特点，对于企业加入网络营销的决策和实施过程都具有十分重要的参考价值。营销者要想吸引顾客，保持持续的竞争力，就必须对本地区、本国以及全世界的网络用户情况进行分析，了解他们的特点，制定相应的对策。

(资料来源：http://www.tinlu.com/.)

二、网络消费者的类型

进行网上购物的消费者可以分别按照消费主体以及消费者的购物时的表现进行划分。

按照网络消费者的消费主体为依据划分，网络消费者可分为个人消费者，企业消费者，政府消费者三大类。

1. 个人消费者

网络上的用户，由初期的学术团体与科技机构已逐渐扩展至企业商务活动与家庭。据国际知名咨询公司尼尔森的调查，约有14%的上网者通过国际互联网来购物，上网者中约有60%的人具有大专以上学历，有50%的人从事专业性或管理性的工作，有25%以上的人年收入8万元。网络购物的个人消费者具有数量多、地区分布广、购买方式灵活多变等特点。

2. 企业消费者

企业消费者主要是指商品生产企业以及商品流通企业。商品生产企业采用电子商务网络做市场调查、采购材料和销售商品、研究开发新产品等，可以降低生产企业的生产成本，提高生产效率和效益。商品流通企业利用现代化的科技手段进行营销，能提高服务质量和水平，降低经营成本，提高经济效益。由于快速、准确、全面的信息能使决策活动减少不确定性、失误和风险，所以商品流通企业开展电子商务的步伐越来越快。商品的形态展示、资料咨询、货物储存、信息反馈与跟踪等服务采用计算机网络管理，从而可以为国内外供应商和生产商提供商品信息和商品交易服务。

【资料卡 13.2】
电子采购对企业的好处

与传统采购相比，电子采购使企业不再采用人工办法购买和销售它们的产品，在这一全新的商业模式下，随着买主和卖主通过电子网络而联结，商业交易开始变得具有无缝性，其自身的优势是十分显著的。

首先，缩短了采购周期。

采购方企业通过电子采购交易平台进行竞价采购，可以根据采购方企业的要求自由设定交易时间和交易方式，大大缩短了采购周期。自采购方企业竞价采购项目正式开始至竞价结束，一般只需要1~2周，较传统招标采购节省30%~60%的采购时间。

其次，节约大量的采购成本。

采购方企业通过电子采购交易平台进行竞价采购,可以使竞争更完全、更充分,从而使采购方企业获得更为合理并且低廉的价格,从而大大节省了企业的采购开支。根据我们已经运作的竞价项目得出的经验,采购商品的价格平均降幅为20%左右,最高时可达到40%多。这是令很多采购企业感到吃惊的。

再者,还会增加有效供应商。

采购方企业通过电子采购交易平台的专业数据库的帮助,可以跳出地域、行业的限制,找到更多、更合适的供应商;进一步丰富采购方企业的供应商资源和情报,更进一步了解相关物资和产品的市场供求情况;并在此基础上,可以根据供应商的资信,整合供应商资源。这些会使市场供求关系更加明了。

优势还不仅仅如此,电子采购可以达到信息共享。不同企业,包括各个供应商都可以共享信息,不但可以了解当时采购、竞标的详细信息,还可以查询以往交易活动的记录,这些记录包括中标、交货、履约等情况,帮助买方全面了解供应商,帮助卖方更清楚的把握市场需求及企业本身在交易活动中的成败得失,积累经验。这使供求双方之间的信息更加透明。

总而言之,利用网络技术,通过一个公共的交易信息平台,采购、竞标变得前所未有的快速、高效和公平。一般性的采购,小到日常用品,大到机电设备,参与的采购者从政府、军队到企业,通过一个交易平台,拉近了空间的距离,缩短了竞标谈判的时间,而这样的效率在传统采购中是不可想象的。同时更节省了大量的人力和采购所需的大量间接资金投入。也避免了在有人直接参与的采购与竞标中难以完全杜绝的不公正性。企业可以把更多的精力放在产品的技术含量及品质上。

(资料来源:http://www.technew.cn.)

3. 政府消费者

政府利用计算机网络进行宏观生产信息的收集和供给,及时调控商品生产。并且政府本身也是一个大消费者,政府购买如果通过网络来进行,既高效、低成本,又规范、透明、公开、公正,可以大大提高办事效率,增强民众对政府的信任度。

按照网络消费者购物时的表现可以分为简单型、冲浪型、接入型、议价型、定期型和运动型。

1. 简单型

简单型的顾客需要的是方便直接的网上购物。他们每月只花很少的时间上网,但他们进行的网上交易量却很大。时间对他们来说相当宝贵,上网的目的就是快捷的购物,购物前他们有明确的购物清单。网店必须为这一类顾客提供真正的便利,让他们觉得在商业网站上购买商品将会节约更多的时间。要满足这类顾客的需求,首先要保证订货、付款系统的方便、安全,最好设有购买建议的页面,例如设置一个解决各类礼物选择问题的网上互动服务为顾客出主意,要提供一个易于搜索的产品数据库,便于他们采取购买行为。此外,网页的设计应力求简洁,避免过多的图像影响网上购物的速度。

2. 冲浪型

冲浪型的顾客占常用网民的比例较小,而他们在网上花费的时间却很长。冲浪型网民对经常更新、具有创新设计特征的网站很感兴趣。互联网包罗万象,无所不有,是一个非常好的娱乐媒体,在这里可以参与竞赛、玩游戏、访问各类站点,点击有趣的个人网页,听音乐,看电影,了解健身、美容知识等。正是因为这类冲浪者的存在,才使网站投其目标用户所好成为可能。

3. 接入型

接入型的网民是刚触网的新手,他们很少购物,而喜欢网上聊天和接收免费购物卡。那些有着传统品牌的公司应对这群消费者保持足够的重视,因为网络新手们更愿意相信生活中他们所熟悉的品牌。此外,由于他们的上网经验不足,一般对网页中的简介、常见问题解答、名词解释、网站结构图等链接更感兴趣。

4. 议价者

议价者有一种趋向购买便宜的商品本能,例如赶集网中多数顾客属于这一类型,他们喜欢讨价还价,并有强烈的愿望在交易中获得优惠。因此,他们对网站上的"免费"字样具有较强的吸引力。

5. 定期型和运动型

定期型、运动型的网络使用者通常都是为网站的内容吸引。定期网民常常访问新闻和商务网站,而运动型的网民喜欢运动和娱乐网站。对这类消费者务必保证网站包含他们所需要的和感兴趣的信息,否则他们很快就会跳过去。目前,网络商面临的挑战是如何吸引更多的网民,并努力将网站访问者变为消费者。

三、网络消费者的购买过程

网络消费者的购买过程,也就是网络消费者购买行为形成和实现的过程。网络消费者的购买过程如图13.1所示。

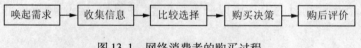

图13.1 网络消费者的购买过程

1. 唤起需求

网络购买过程的起点是诱发需求。在传统模式下,诱发需求可能是内部和外部的刺激所引起的,在网络营销中,消费者需求的产生多源于视觉和听觉的刺激。网络的特性使文字表述、图片、声音配置成为诱发消费者购买的直接动因。由于消费者行为具有可诱导性,因此,网上商店在站点设计、网页制作方面应注意突出自身站点特色,主题鲜明,在结构和背景上体现出自己独特的一面,体现自身的企业文化和经营理念。同时,注意信息的丰富、有趣和及时更新,以吸引顾客浏览、驻留,提高网上消费者的满意度。运用体验式营销将消费者的感觉和感受结合起来,在网页中将文字、图像、动画、音乐等多种元素融合在一起,使得网络购物更加具有吸引力。

2. 收集信息

网上消费者有较大的选择余地,而且消费者的主动性可以得到最大限度的发挥。消费者一方面可以根据自己了解的信息通过因特网进行查询,另一方面,消费者还可以在网上发布自己对某类产品的需求信息,得到其他上网者的帮助。

3. 比较选择

通过信息搜集,消费者将会形成若干可能采用的方案,消费者将根据一定的评价标准并利用一定的选择方法,对这些方案进行评价和选择。在网络消费中,消费者对商品与服务的比较只能依赖于商家的描述,且这种描述也多限于文字和图片方面。这种局限性是决定网上销售的产品种类的直接原因。商家提供的产品或服务描述,若不能吸引人,可能很难赢得顾客,但若这种描述过分夸张以至带有虚假的成分,则可能永久地失去顾客。因此,把握好产品信息描述的"度",是摆在厂商与网页制作者面前的一道难题,信息的可靠性与真实性,则是留给消费者的难题。

4. 购买决策

对于通过网络购物来说,消费者的口碑以及商家的信誉是非常重要的。如果消费者普遍对该网站销售的产品比较满意,消费者就会通过网络发表自己的意见,这些意见和建议对其他消费者制定最终的购买决策影响非常大。同时网络消费者还非常担心自己私人资料的泄露,以及付款方式是否方便和可靠等等,如果这些相关的问题网上的销售商不能很好地解决,无疑会影响到消费者的购买决策。

5. 购后评价

在网络环境下,消费者会把自己的网络购物体验在网络上进行反映,网络空间中信息传递的速度极快。如果消费者的评价是好的,可能会令厂商获益匪浅,但若消费者购后产生不满意感,他们很可能会通过网络将它表达出来,在广大网民心中产生不良影响,打消很多潜在的消费者的购买欲望。

第二节　网络环境下消费者行为特征

随着互联网的大规模运用,消费者的消费观念、消费方式和消费者的地位都发生了很大变化,消费者行为与以往相比呈现出新的特征。

一、个性消费的回归

在过去相当长的一个历史时期内,工商业都是将消费者作为单独个体进行服务的。在这一时期内,个性消费是主流。只是到了近代,工业化和标准化的生产方式才使消费者的个性被淹没于大量低成本、单一化的产品洪流之中。在短缺经济或近乎垄断的市场中,消费者可以挑选的产品很少,个性被压抑。但当消费品市场发展到今天,多数产品无论在数量上还是在品种上都已极为丰富,消费者能够以个人心理愿望为基础挑选和购买商品和服务。他们不仅能做出选择,而且还渴望选择。他们的需求更多,变化也更多。逐渐地,消费者开始制定自己的准则,他们不惧怕向商家提出挑战,消费者所选择的已不单是商品的使用价值,而且还包括其他延伸物,这些延伸物及其组合各不相同。消费者对商品和服务的要求将会越来越多,从产品设计到产品包装,从产品使用到产品的售后服务,不同消费者将有不同的要求。这些要求还会越来越详细、专业,越来越个性化。现代顾客追求时尚、表现时尚;追求个性、表现自我;追求实用、表现成熟;注重情感、容易冲动。这些要求是传统的营销媒体所难以实现的。传统的强势营销以企业为主动方,轰炸式的传统广告和高频的人员推销是其主要特征,而网络营销是一种"软营销",其主动方是消费者,营销者通过网络礼仪的运用从而获得一种微妙的营销效果。

【小案例 13.1】
互联网迎来个性化消费时代

随着电子商务领域竞争的加剧,"触网"销售的企业纷纷把精准研究消费者需求当成必修课,围绕消费者个性化需求的电商模式创新不断出现。

最近风起云涌的团购是 C2B(Consumer to Business 消费者对企业)的典型代表。C2B 最早是在美国兴起并流行到国内的,核心是把分散而数量庞大的消费者需求集中起来,形成一个强大的采购集团,让消费者享受到以批发价购买单件商品的利益。

淘宝团购聚划算平台总监慧空表示,下半年将推出更多按需定制的团购服务,要打造以需求驱动的新平台,这将意味着网上大规模定制的个性化时代即将来临。

按需定制的核心仍然是带来消费者,即各种电商模式离不开的 C(Consumer)。在按需定制最传统的行业服业,触网服装企业也在探索通过互联网扩大业务的 D2C(Designer to Consumer,设计师对消费者)模式。

北京酷绅服装有限公司在分析了酷绅数据库里近 10 年来所积累的 100 多万人的量体尺寸后发现,在只需要顾客提供三个常见尺寸的前提下,使用 3 000 个左右的型号,就可以保证 95% 的顾客能定制到合体的服装。

业内人士认为,电商模式的不断演进,一方面将迫使更多传统企业为了保住客户,不得不追随加入触网的大军;另一方面,将推动对消费者需求的更深层次挖掘,促使互联网迎来更低成本的个性化消费时代。

(资料来源:王宏远.互联网迎来个性化消费时代[J].青年记者,2011(17):31.)

二、消费需求的差异性

不仅仅是消费者的个性化消费使网络消费需求呈现出差异性。不同的网络消费者因所处的时代、环境不同而产生不同的需求,不同的网络消费者在同一需求层次上的需求也会有所不同。所以,从事网络营销的厂商要想取得成功,必须在整个生产过程中,从产品的构思、设计、制造,到产品的包装、运输、销售,认真思考这种差异性,并针对不同消费者的特点,采取有针对性的方法和措施。

三、消费行为的理性化

首先,富裕的消费者从"招摇"的消费转向了"开明"的消费,质量和价值将成为他们主要的考虑因素,即在公平价格上的高质量,尤其是品牌。他们想用最可能低的价格买到质量最好的产品,因此,价格仍然是影响消费心理的重要因素,即使在发达的营销技术面前,价格的作用仍然不可忽视。其次,明智的购买者希望全面了解产品,包括其对个人和社会的效益。通过产品和服务的信息交流,消费者对价值的追求得到最大的满足。购买者获取信息的方式在某种程度上能改善购买经历,因此获取信息的过程也产生价值。信息是经济活动中主要的价值创造者,购买者将越来越倾向于在更充分了解信息的情况下做出决定。购买者想要的产品不仅要表现其功能,而且还要让他们了解相关的信息和知识,并且符合他们关于价值的新想法。一个实时的信息系统是把以知识为基础的价值交付给未来消费者的唯一载体,以此满足消费者对"高价值"的追求和继续节俭的愿望。

四、注重技术的购买行为

随着知识、信息和电子技术的快速进步,产品更加复杂,购买者更加老练,产品生命周期更短。人们期盼实时交付,并在任何时间、任何地点都能得到,大量的消费者希望能够在家里购买产品或服务。随着"键盘文化"的发展,更多的人越来越依赖电子手段获取产品、服务和娱乐。现代电信系统对于有效的市场竞争至关重要。时间和便利性已是关键因素,对未来的消费者来说,时间是最宝贵的资源。企业必须利用最尖端的技术方式,以最快的速度提供产品和服务。

【小案例 13.2】

搜索框的营销疆界字号

搜索是生物的一种本能,对信息的获取和搜集能力根本上决定着个体寻觅猎物、躲避天敌、感知配偶,进而影响着整个种群的生死存亡。而在信息碎片化、渠道多元化的数字化生存环境中,搜索能力和引导搜索能力对企业发展的重要程度更加空前。正如现代营销学创始人米尔顿·科特勒所言:"通过搜索引擎拓展市场找到客户已经成为中小企业重要的业绩增长来源。"其实,不仅仅是中小企业,很多品牌客户对搜索营销的依赖也逐步加深。目前搜索引擎广告在网络广告中占据三成以上的份额并依然保持强劲的增长势头。艾瑞咨询2011年中国搜索引擎市场规模将在去年110.4亿元的基础上增长55%左右。

搜索引擎市场未来的拓展空间更加充满想象。随着社会化媒体、移动终端的深入发展,搜索引擎找到了与之结合的广阔疆土。在新的形势下如何更加敏锐地洞察用户潜在搜索需求、更加科学地优化用户搜索体验成为行业关注的焦点。

相对于搜索引擎在原有技术和理念上的突破,基于社会化、移动化等新兴互联网领域的扩展更加充满了商业想象空间。这种将搜索基因和搜索思维拓展到其他领域的趋势被称为搜索营销扩张。

搜狗营销事业部副总洪涛谈到大约80%的Google的流量并不是来自于Google的首页,百度有50%的流量是非首页的流量,而来自于外部。同时,网络入口产业链越来越长,但入口越来越集中于几个平台,而利用导航、浏览器、客户端、搜索引擎等整合入口,提升流量和营销价值将会是必然的趋势。

著名IT博主陈永东在谈到搜索已经进入微博这个富于生命力的新疆土中。他说微博搜索和传统搜索有很大的相似性,无论是搜索形式还是搜索内容。而在此基础上,实时化、可信赖的搜索体验突破了传统搜索。他认为,传统搜索和微博搜索将有会走向融合,比如一些搜索引擎已经把微博列为一个专门的门类。

(资料来源:http://www.mie168.com/read.aspx.)

五、消费主动性增强

消费主动性的增强来源于现代社会不确定性的增加和人类追求心理稳定和平衡的欲望。网上消费者行为往往比较自主,独立性强。消费主动性增强来源于社会不确定性和人类追求心理稳定和平衡的欲望。消费者不仅对购买的风险感随选择的增多而上升,而且对单向的"填鸭式"的营销沟通感到厌倦和不信任。消费者会主动通过各种可能的途径获取与商品有关的信息并进行分析比较,从中获得心理上的平衡,减轻风险感和购后产生后悔感的可能,增强对产品的信任和争取心理上的满足。现代化的顾客不仅需要了解信息,常常还要作为整个营销过程中的一个积极主动因素去参与产品的设计、制造、运送等,充分体现现代顾客个性化服务双向互动的特性。公司要实现个性化的顾客服务,应将它的主要顾客的需求,作为产品定位的依据纳入产品的设计、制造、改进过程中。让顾客了解整个过程实际上就意味着企业和顾客之间"一对一"关系的建立,这种关系的建立为小企业挑战大企业独霸市场的格局提供了有力的保障。

六、消费心理稳定性减小

现代社会发展和变化速度极快,新生事物不断涌现,消费心理受这种趋势带动,稳定性降低,在心理转换速度上趋向与社会同步,在消费行为上则表现为产品生命周期不断缩短,产品生命周期的缩短反过来又会促使消费者的心理转换速度进一步加快。

七、消费行为的层次性

网络消费本身是一种高级的消费形式,但就其消费内容来说,仍然可以分为由低级到高级的不同层次。在网络消费的开始阶段,消费者侧重于精神产品的消费,到了网络消费的成熟阶段,消费者在完全掌握了网络消费的规律和操作,并且对网络购物有了一定的信任感后,消费者才会从侧重于精神消费品的购买转向日用消费品的购买。

第三节 影响网络消费者购买行为的因素

网络消费者购买行为经常受到网络文化、网络消费者个人因素和网络零售商店气氛设计等方面的影响。

一、网络文化的影响

互联网的出现和发展,不仅是科技上的革命性突破,其意义还在于对当代人类文化产生了重大而深远的影响,形成了独具特色的网络族群和网络文化。由于对互联网的访问需要具备计算机、网络以及其他一些相关的基础知识和相应的条件,互联网用户与一般人群在统计特征上形成了较大差别。调查显示,互联网用户中以年轻人为主,大多数人都接受过高等教育,平均收入水平要略高于总人口平均收入水平,从事的职业以信息技术、科研、教育、咨询服务等为主。这些互联网用户借助于网络进行交流和沟通,逐渐地形成了被普遍认同的网络文化,如网络礼节、对开放和自由的信仰以及对创新和独特事物的偏好等。

在互联网中还存在着诸多的亚网络族群和相应的亚网络文化,比如那些出于共同兴趣或爱好(网络游戏、音乐等)而形成的新闻组、虚拟社区、聊天室等等,这些亚网络族群中的成员往往具有相同的网络价值观,并且遵循相同的网络行为准则。网络文化虽然只存在于虚拟的网络空间中,但必然会影响到网络消费者的实际消费行为。例如,在网络营销发展的初期,网络消费者中的大部分是信息技术领域的从业人员,因而网络文化更多地表现出一种对信息的崇尚,体现在购买行为上就是计算机和相关产品以及通讯类产品占了相当大的比例。随着网络营销向纵深发展,网络消费者的结构变得较为复杂,网络文化开始表现出丰富多彩的特征,影响到消费行为也趋向于多样化,所购买的商品中信息技术类产品的比例逐渐下降,而其他种类产品的比例则逐渐上升,商品组合开始出现多元化的趋势。

【资料卡 13.3】

互联网商务应用稳步发展

1. 网络购物

截至 2011 年 6 月底，网络购物用户规模达到 1.73 亿，使用率提升至 35.6%，半年用户增长 7.6%，用户增长的势头有所减缓。

图 13.2　2010.12～2011.6 网络购物用户数

经历了 2009～2010 年网购用户迅速增长期，目前中国网络购物市场正在转型升级，从鱼龙混杂的集市模式更多地走向了品牌化、品质化竞争时代。2011 年上半年，在 B2C 综合购物网站业务扩张的同时，一些垂直化、个性化的精品购物网站也迎来了新的发展机遇，服务商在一些新的品类市场上继续开拓，市场容量仍在增大。但是，由于网络购物市场越来越多的欺诈和安全问题，导致消费者信心下降，也成为支付、物流等问题之外阻碍网络购物市场快速发展的最主要障碍。

2. 团购

2011 年上半年，中国团购用户数从 2010 年底的 1875 万增长至 2011 年中的 4220 万，半年增长率达到 125.0%。

2010 年团购在中国出现以来，服务网站数量增加迅速，虽然鱼龙混杂甚至受人诟病，但团购这种模式迎合了网民对服务性商品的需求，填补了市场空白。可以预见，网上团购将成为网民的生活常态。

3. 网上支付

2011 年上半年，中国网上支付用户数从去年年底的 1.37 亿增至 2011 年中的 1.53 亿，半年增加 1607 万，用户增长 11.7%。

随着中国电子商务的快速发展，作为电子商务重要支撑的网上支付服务也得到了较快的发展，目前处于平稳发展期。各金融机构的积极参与、网上支付相关监管体系的完善将促进网

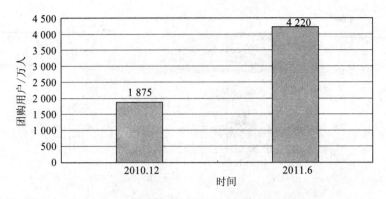

图 13.3　2010.12～2011.6 网络购物用户数

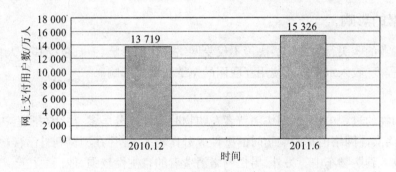

图 13.4　2010.12～2011.6 网上支付用户数

上支付应用在网民中进一步普及。

4. 旅行预订

截至 2011 年 6 月底,我国旅行预订用户规模为 3 686 万人,使用率为 7.6%。用户数比 2010 年底增长 73 万人,半年增长率为 2%。

从市场发展看,2011 年上半年代理网站和服务商官网发展迅速,垂直旅游搜索在市场上的地位有所增加,旅游团购成为团购市场上的热门领域。团购模式对酒店、旅游线路的冷热不均起到了良好的分流作用,这一服务形式已经在主要的旅游代理网站、门户以及论坛普遍应用,有利于培育用户预订习惯,促进旅游消费日常化。

随着人们旅行出行需求频次的增加,尤其是休闲自助游的比例的提升,以及服务商对网民的宣传和引导,会更多地推动用户使用在线旅行预订服务,预计旅行预订服务在未来会有较大的增长空间。

(资料来源:中国互联网络信息中心. 中国互联网络发展状况统计报告[R]. 2011(7):31-38.)

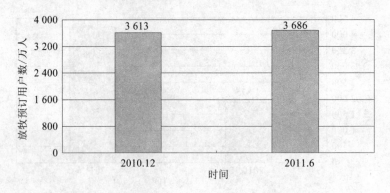

图 13.5　旅行预订情况

二、个人因素的影响

网络消费者的购买行为或购买决策不仅受网络文化的影响,而且也受其个人特征如性别、年龄、受教育程度、收入水平以及使用互联网的熟练程度等影响。

(一)性别

在网络购物的过程中,男性网络消费者在购物时理性成分居多,往往在深思熟虑之后才做出购买决策;而女性网络消费者购物时的感性成分比较多,往往在浏览到自己喜欢的商品时就会下意识地放入到购物车中。另外,男性网络消费者的自主性较强,他们往往会亲自去寻找关于商品价格、质量、性能等方面的信息,然后自己做出判断;而女性网络消费者的依赖性较强,她们在做出购物决策时往往会比较在意其他人的意见或评价。

【资料卡 13.4】

网络消费之女性消费心理

喜欢消费和购物是女性的天性,在传统的生活中如是,在互联网上的虚拟社会中亦然,在广阔的网络虚拟世界中,网络女性消费者是新的消费群体,同时也是如今买方市场中最为活跃的角色。现代女性知识更加丰富、工作更加优越、工资更加丰厚、角色更加多重,因此她们也希望生活更加多样化、消费更加潮流化、个体更加个性化、精神和经济更加独立化。另一方面,随着职业女性工作时间大幅度地延长及生活方式改变,货比三家的传统购物方式在时间上无法保证,而网络消费所提供的"信息高速公路"将成为她们注重消费便利性的同时坚守低价原则的重要消费途径。

尽管截止 2009 年 12 月 31 日,女性的网络渗透率为 45.8%,仍略低于男性 54.2% 的网络渗透率,但由于网络购物的时尚性、便捷性和娱乐性与女性的购物习惯相结合,女性热衷购物的习惯在线上延伸,女性网民也逐渐成为网络购物的活跃人群。2009 年女性在网络购物用户中的比重为61.5%,明显高于男性。基于女性网民多重家庭角色的特殊性和支配家庭消费的主导优势,女性网络经济效益快速体现。

对于身兼多重家庭角色的已婚女性,她们注重家庭生活、承担着赡养老人养育孩子的重担。相对于未婚群体,更倾向于精打细算、注重实用、消费范围广泛。对于能促进家庭成员身体健康、心理愉悦和家庭温馨的商品,她们一般都表现出相当的兴趣。学前及启蒙、小学教育阶段,家庭对子女辅导、督促的工作多由母亲承担,尤其在中国的特殊国情及就有高度市场炒作倾向"赢在起跑线上"舆论催化下,在孕育母婴、子女智力等领域不惜投资,因此,女性网民对子女智力投入选择上具有很大的决定权。

女性网络消费主要体现在服装、化妆品、时尚电子产品、婚恋服务、孕育母婴、早教、饰品等几个领域,其中,服装、化妆品、孕育母婴、早教消费规模较大。

(资料来源:http://biz.163.com/.)

(二)年龄

互联网用户的主体是年轻人,处于这一年龄阶段的消费者思想活跃、好奇、易冲动、乐于表现自己,既喜欢追逐流行时尚,又喜欢展现独特的个性。这些特征在消费行为上表现为时尚性消费和个性化消费两极分化的趋势,因此,在网上购物的过程中,一些时尚或个性化的商品就显得更受消费者的欢迎。在我国,年轻人也是对网络接触最早的,他们容易接受新事物,喜欢感觉,因而比较容易接受网络消费,但以好奇的尝试为主。从调查数据来看,我国网络消费的主要群体年龄在18~30岁,大约占被调查网民总数的70%左右,同时网民的年龄也在逐步年轻化。

(三)受教育程度

统计数据表明,互联网用户中大多数人都接受过高等教育,由于网络消费者的受教育程度越高,就越容易了解和掌握互联网知识,也就越容易接受网络购物的观念和方式,越是受过良好的教育,网络购物的频率也就越高。

(四)收入水平

网络购物的消费者平均收入水平要略高于总人口平均收入水平,绿地在线公司的研究发现,网络消费者的收入越高,在网上购买商品的次数也就越多。

(五)使用互联网的熟练程度

网络消费者对互联网的熟悉程度或使用互联网的熟练程度同样也会影响其行为,当消费者刚刚接触网络时,对互联网的认识处于比较低的水平,操作应用也不是很熟练,这时的消费者对互联网充满兴趣和好奇,其行为主要是通过实验和学习力求掌握更多的互联网知识,但由于对互联网还存在比较高的恐惧心理,因此网络购物行为发生的比率较低。随着消费者每周上网时间的增加,对互联网也就越来越熟悉,操作应用也会越来越熟练,而消费者对互联网的恐惧心理也逐渐消除,这时的消费者把互联网看做一种日常事物,并开始进行各种各样的网络购物活动。

三、网络零售商店气氛设计的影响

商店气氛通常是指商店用来树立形象和招徕顾客的物质特征。商店在门面外观、店内布局、商品陈列等方面的不同会营造出不同的气氛,并且会直接影响到消费者的心理感受或情绪,从而导致消费者的行为出现较大的变化。在网络营销中,网络零售商店由于没有传统零售商店那样的实体依托,因此很多经营者会忽视商店气氛营造的问题,但实际上这一问题对网络零售商店依然重要,只不过是换了一种新的形式表现出来。例如,传统商店中的销售人员可以为消费者提供参考意见和其他信息或服务,在网络商店中这一功能就转化为"帮助菜单"和"常见问题"列表,如果某一网络商店的网站上没有这两项内容,就会使该网络商店缺乏一种顾客就是上帝的气氛。

(一)商店界面设计的影响

对于网络零售商店来说,由于没有实体建筑物的依托,与网络空间一样,它的存在其实只是一种虚拟的想象中的概念,于现实中的体现是在网络消费者计算机终端上所显示的网页,网页是网络零售商店与网络消费者相互交换信息和执行各种交互活动的媒介,因此也被称为网络零售商店的界面。由此可见,网络零售商店界面设计的好坏将会对网络消费者产生重要影响。通常,网络零售商店界面设计将会使网络消费者产生如下几种行为:

1. 立刻离开

当消费者访问某个网络零售商店时,若网站界面设计与消费者的审美观不一致,或者由于网页设计过分复杂导致出现严重的传输延迟现象时,消费者会毫不犹豫地离开。

2. 引起关注

浏览网站的界面设计引起了消费者一定的兴趣,但消费者仅仅在网络商店中浏览而没有发生购买行为,或者消费者浏览后导致了延迟的购买行为,即消费者在浏览了后继的其他网站后重新回到该网络商店购买商品的行为。

3. 浏览并购买

消费者在浏览网络商店的过程中,网站的界面设计刺激消费者的潜在需求而引起相应的购买行为。

(二)商品陈列的影响

在虚拟的网络空间中没有店堂和货架的概念,取而代之的则是网页、商品分类目录和店内商品搜索引擎,所列出的也不再是商品的实体,而是有关该商品的说明、介绍和图片等,这些都会影响到网络消费者的行为。在网络零售商店中,商品实体和商品的说明介绍以及其他相关资料是分离的,消费者无法像在传统的商店中那样购物,通过与商品实体直接接触来了解商品的质量和适用性，比如在传统的服装商店中，消费者可以通过抚摸来了解服装的质地，通过试穿以了解衣服是否合身等。网络零售商店对单个商品的介绍只能依赖于文字说明和图片信息，这些资料是否齐全将会极大地影响网络消费者的购买决策，文字说明太少而且图片模糊不清的商品难以激发起消费者的购买欲望。

【资料卡 13.5】

网上商店生动性因素的优化

网上商店生动性因素创新是要在提供给顾客的视觉和听觉效果方面寻求改进，以增加氛围魅力。网店设计的目的在于突出商品以构成网店氛围，促进顾客的购买意愿。

视觉。要想抓住消费者的眼球可以采用先进的技术手段，如三维图形技术，以增加对消费者的视觉刺激。

听觉。网店播放的背景音乐都是店主根据自己的喜好选择的，也许消费者并不喜欢，甚至感到厌恶。播放背景音乐的目的是创造一种轻松恬静的购物环境，解除顾客的紧张感，使顾客轻松购物，播放顾客不喜欢的音乐只能适得其反。网店背景音乐应使用科学方法加以编辑，甚至音量也根据顾客的特性加以调整，并为消费者提供多种形式的音乐以供其选择，从古典到流行、从慢到快、从莫扎特到周杰伦、从梁祝到世界杯歌曲，为顾客提供个性化的定制音乐。

（资料来源：http://www.efu.com.cn/.）

另外，网络零售商店还可以利用信息技术来完成传统商店无法完成的功能。例如，提供店内商品搜索引擎，甚至允许第三方比较购物代理对本店商品进行搜索和比较，这些新功能也会使网络消费者的行为发生变化。

在传统实体市场中，由于消费者认知的机会成本非常高，因此，消费者的购物决策往往是选择基本符合自己需要和偏好的商品，在网络购物的过程中，消费者可以通过使用网络商店自有的搜索引擎或第三方比较购物代理等一些智能化的工具，极大地节省了购物所花费的时间和精力，网络消费者能够做出更符合自己需要和偏好的购物决策，提高购物决策的质量和效率。例如，在消费者搜寻信息阶段，比较购物代理会根据用户注册的个人信息寻找符合其偏好的产品，使消费者可以直接进入对选择品牌组进行深入评价和比较的过程，而不必经历对全部品牌组、知晓品牌组和考虑品牌组的搜寻过程。

第四节　网络消费心理及营销策略

网络消费是人们借助互联网络而实现其自身需要的满足过程，网络消费的兴起，使得当今企业面临着激烈的市场竞争，企业要想保持竞争优势，必须研究网络消费者行为，抓住网络消费者心理，通过有效的网络营销策略开拓网络市场，无疑是企业制胜的关键。

一、网络消费者心理

随着互联网技术的应用与普及,网络消费者对网络不再陌生,他们可以利用网络,选择需要的商品,网络消费者在决定网购以及挑选商品的过程中普遍具有以下四种心理:

(一) 求便心理

现代生活节奏加快,消费者在追求质量好的同时讲求购物时间短。网络消费不受营业时间限制,消费者可以随时查询资料或购物,而且消费者查询和购物用时短,程序简捷。此外,更吸引人的是消费者可以不受空间的限制进行异地购物。购得的商品通过物流公司送货上门,免去了消费者的很多麻烦。

(二) 求廉心理

毋庸置疑,价格是影响消费心理的一个重要因素。消费者在追求物有所值的同时,寻觅物美价廉的商品。通过互联网,消费者更容易掌握商品信息:功能、性能、价格等等。他们可以很便捷地对这些信息进行筛选、重组、比较,从而选择优惠的商品。另一方面,网络销售商利用网络降低了成本(如广告费、人工费、场地租赁费等),因而网上售价也要低于在传统市场中的商品价格。

(三) 求特心理

由于网络消费不受空间的限制,所以通过网络,消费者可以购买到平时不易购买到的商品或具有异域特色的商品。通过网络发布供求信息历时短且成本低。此外,网络消费者具有较高的文化程度和较高的收入水平,他们搜集信息的能力和自身的经济能力使得他们更容易接受新鲜事物和寻找新奇特的商品。网络购物充分地满足了消费者这种独特的心理需求。

(四) 求趣心理

随着各种聊天工具和 BBS 的利用率提高,网络消费不再是个体消费者的零散的消费行为,通过网络通信工具,零散的消费者联合起来,向厂家或者销售商进行大批量的购买,即互不相识的个体消费者通过网络联合成一个具有共同利益的团队,共同与商家议价、维权。这种消费方式不仅能满足消费者的个人社交动机,而且增加了消费动因和消费乐趣。

【资料卡13.6】

网络消费者的购买动机

网络消费者的购买动机可以分为两大类:需求动机和心理动机。

(一) 需求动机

网络消费者的需求动机是指由需求而引起的购买动机。要研究消费者的购买行为,首先必须要研究网络消费者的需求动机。美国著名的心理学家马斯洛把人的需要划分为五个层次,即生理的需要、安全的需要、社会的需要、尊重的需要和自我实现的需要。需求理论对网络需求层次的分析,具有重要的指导作用。而网络技术的发展,使现在的市场变成了网络虚拟市场,但虚拟社会与现实社会毕竟有很大的差别,所以在虚拟社会中人们希望满足以下三个方面的基本需要:

第一,兴趣需要。即人们出于好奇和能获得成功的满足感而对网络活动产生兴趣。

第二,聚集。通过网络给相似经历的人提供了一个聚集的机会。

第三,交流。网络消费者可聚集在一起互相交流买卖的信息和经验。

(二)心理动机

心理动机是由于人们的认识、情感、意志等心理过程而引起的购买动机。网络消费者购买行为的心理动机主要体现在理智动机、情感动机和惠顾动机三个方面。

1. 理智动机

理智动机具有客观性、周密性和控制性的特点。这种购买动机是消费者在反复比较各在线商场的商品后才产生的。因此,这种购买动机比较理智、客观而很少受外界气氛的影响。这种购买动机的产生主要用于耐用消费品或价值较高的高档商品的购买。

2. 情感动机

情感动机是由人们的情绪和情感所引起的购买动机。这种动机可分为两种类型:一是由于人们喜欢、满意、快乐、好奇而引起的购买动机,它具有冲动性、不稳定的特点。另一种是由于人们的道德感、美感、群体感而引起的购买动机,它具有稳定性和深刻性的特点。

3. 惠顾动机

惠顾动机是建立在理智经验和感情之上,对特定的网站、国际广告、商品生产特殊的信任与偏好而重复、习惯性的前往访问并购买的一种动机。由惠顾动机产生的购买行为,一般是网络消费者在做出购买决策时心目中已首先确定了购买目标,并在购买时克服和排除其他同类产品的吸引和干扰,按原计划确定的购买目标实施购买行动。具有惠顾动机的网络消费者,往往是某一站点忠实的浏览者。

(资料来源:http://www.tinlu.com/.)

二、网络消费的心理行为障碍分析

网络消费尽管具有强大的生命力,但是目前消费者对于网络营销仍存在着一些心理上的障碍。

1. 对虚拟购物环境的不信任

在传统购买方式中,消费者可以有效判别产品或服务的质量,但在网络环境下,消费者判别、选择和认识企业或产品的难度增大。消费者无法身临其境感受产品的质量。与此同时,对企业的经营状况、营业人员的服务水平等,消费者也心存疑虑。此外,网络购物环境存在不安全的因素,如个人信息的泄露、感染病毒的危险,都减少了消费者网上购物的欲望。

2. 某些心理需要的流失

网络消费无法满足某些消费者的心理需要,比如网上购物减少了消费者在传统购物中的人际交往关系,增加了消费者的孤独感,网络购物也无法满足消费者通过购物过程来显示自己的身份、社会地位、成就或支付能力等炫耀性消费行为,网络消费中较少的还价空间减少了某些消费者在购物过程中的讨价还价的乐趣。

3. 缺乏健全的法律保障体系

当前在网络消费过程中,仍然缺乏适当的法规及技术手段对网络消费的全过程进行有效规范和控制。因此,一旦发生网络纠纷,消费者的权益无法得到切实的保障。这也是消费者目前在网络消费过程中存在的心理障碍。

【资料卡 13.7】

消费者不在网上购物的原因

原因	比例/%
担心信用卡安全	44
无法接触产品	40
没有信用卡/借记卡	21
希望在网上了解产品,然后网下购物	20
听别人说网上购物的缺点	18
送货成本过高	14
不想等送货上门	10

(资料来源:Forrester Research, January, 2008.)

三、网络营销策略

网络营销是利用网络手段、方法和条件协调商家与消费者之间的关系,从而更加有效地实现企业营销的目的。由于网络消费者本身具有一定的网络消费心理,所以,可以采取相应的提拉式营销策略,即利用网络工具本身来实现营销目的,而针对网络消费有顾忌的传统消费者,主要采用推进式的网络推广策略,即通过改善网络营销环境达到营销目的。网络销售商可以通过以下几种策略提高营销效果。

(一)搞好网站建设

网站是网络营销的基础,特色的网站是满足消费者求新、求异心理,吸引消费者登录浏览商店、产生购买行为的基础。网站建设时,要注意网站上产品的介绍要尽量详细、产品展示图要清晰,以提高消费者的视觉和听觉感知度。同时,要注意简化流程操作,方便消费者快速得到想要的结果。

(二) 开展个性化营销

在网络时代,消费者需求呈现出个性化和差异化特征,为满足自己个性化的需求,顾客除了需要全面、及时地了解产品和服务信息,寻找出最能满足自己个性化需求的产品和服务外,还会要求直接参与产品的设计、制造、运送整个过程。企业要实现个性化服务,就需要改造企业的业务流程,将企业业务流程改造成按照顾客需求来进行产品设计、制造、改进、销售、配送和服务。最后,企业应把消费者作为独特个体进行营销,比如根据消费者的浏览特点、购买记录,有针对性地定期为其推荐适合的产品,这对于激烈的网络竞争来说,不失为一种有效的营销手段。

(三) 优化企业物流配送系统,完善售后服务

网络消费者大多是为了追求快捷便利的购物服务,配送问题是实现网络销售的关键问题。企业可以选择自己建立配送中心,也可以把业务外包给专业的物流公司,但要确保货物尽快到达消费者手中。同时,企业应该提供完善的售后服务,告知客户产品使用方法、注意事项等。当产品质量存在问题或是客户对产品不满意时,要建立良好的退换货机制,保障买家权益,消除消费者购物中的顾虑。

(四) 使用低价策略和促销手段

网络消费者普遍具有求廉心理,鉴于此,网络企业在制定价格时,同种商品网上的价格一般不能超过实体店的市场价格。在条件允许的情况下,企业还可以通过低价策略来吸引消费者,迅速扩大销售量。此外,企业还可以通过网上促销手段来满足顾客的求廉心理,目前网上促销策略比较常用的有网上折价促销、网上赠品促销、网上抽奖促销、积分促销、网上联合促销等方式,企业可以根据实际情况灵活选择相应策略。

(五) 提高网络交易的安全度和信任度

网上交易的风险是妨碍网络消费的主要因素。因此,对于网络企业来说,提高网络交易的安全性和信任度具有重要的意义。企业一方面要提供保障交易安全的技术,如加密技术、防火墙技术以及认证技术或利用虚拟专用网来防止或减少信息被窃取和篡改的可能性。同时增强消费者对网站的信任度,比如提供网站备案信息、经营资质展示、完整的联系方式、权威的网络安全认证标志等信息,在展示产品或服务展示时,展示该产品或服务客户的服务评价、使用体验等,利用口碑传播来推广自己的网站诚信度,从而增加用户购买的兴趣和信心。

总之,网络营销是适合网络技术发展与信息网络时代变革的一种全新的营销理念,具有强大的生命力。在当前的网络经济时代,企业只有全面了解和把握网络消费者的心理与行为,才能制定出相应有效的营销策略,在激烈的市场竞争中获取或保持竞争优势。

本章小结

网络购物与传统的购物方式相比,在消费者决策、消费者的需求、消费者的消费过程以及消费者的主动权等方面都有了显著差异,进行网上购物的消费者可以分别按照消费主体以及消费者的购物时的表现进行分类。网络消费者的购买过程,包括唤起需求、收集信息、比较选择、制定购买决策、购后评价五部分。网络消费者行为呈现出个性消费回归、消费需求的差异性、消费行为的理性化、注重技术的购买行为、消费主动性增强、消费心理稳定性减小以及消费行为的层次性等特征。网络消费者购买行为受网络文化、网络消费者个人因素和网络零售商店气氛设计等因素影响。网络消费者普遍具有求便心理、求廉心理、求特心理和求趣心理。消费者对于网络营销仍存在着诸如对虚拟购物环境的不信任等心理障碍。借助于网络工具实现销售目标的企业只有做好网站建设、开展个性化营销、优化企业物流配送系统、完善售后服务、使用低价策略和促销手段吸引消费者、提高网络交易的安全度和信任度,才能在激烈的网络市场竞争中立于不败之地。

思 考 练 习

1. 网络购物与传统购物有何区别?
2. 网络消费者有哪几种类型?
3. 网络消费者的购买过程分为哪几个阶段?
4. 网络环境下消费者行为有哪些特征?
5. 影响网络消费者购买行为的因素有哪些?
6. 网络消费者具有哪些消费心理?

【案例分析】

农村电子商务带来新机遇

农民:"菜贱卖难"伤感情

市民:"菜篮买贵"HOLD 不住

去年11月,河南菜农韩红刚,为防止滞销的萝卜烂掉,将近50万斤萝卜免费送给消费者,被网友称为"萝卜哥"。在农产品一片"贱"卖声中,黑龙江的五常大米逆势而上,最贵卖到199元/斤,被称为"天价大米",但稻农卖给当地企业的价格不到2元/斤,依旧难逃农产品"卖难"的命运。纵观近年来的农产品市场,似乎总有悖论:农民觉得农产品贱卖,而消费者买到手中的农产品又太贵。

在此背景下,农村电子商务应运而生。规模化的福建"世纪之村"、直接对接消费者的成都"南夏春",作为农村电子商务的试水者,提供了不少借鉴。然而电子商务能否给农产品带来新一轮春天,还有待时间考验。

最近,福建人陈建阳比较忙。作为农村电子商务的代表,他刚在北京分享完公司发展经验,不久便回到公司所在地——福建省泉州市南安。

农产品月交易额约八千万

陈建阳是"世纪之村"的副总经理。2008年,农村信息化综合平台"世纪之村"由福建省南安市康美镇兰田村党委书记潘春来创建。当时,由于村民诟病村里财务不透明,潘春来便建立"世纪之村",公开村里每笔收入与支出,同时也发布相关的农村政务信息。随后,他看到村里农产品常有剩余,他又在"世纪之村"开辟了农家店板块,帮助村民卖起了农产品。

当地村民吴恢宏制作的麻油远近闻名,以前只出售给附近村民或到集市上去卖;而"世纪之村"建立后,有信息员帮他把供货信息发到农家店,同时物流为他转运农产品,老吴只需在家按订单生产就好。"有了世纪之村,我这个'甩手掌柜'当起来可轻松了。"老吴乐开了花。

陈建阳透露,"世纪之村"按照"3+3+3+1"的比例进行利润分成:生产者、经营者、消费者各得30%,世纪之村得10%。正是在此模式激励下,目前"世纪之村"每月的成交额在2.1亿元左右,其中农产品约7 000万~8 000万元。目前,"世纪之村"平台已覆盖全国各地近21 000个行政村。

与"世纪之村"不同,成都南夏春生态农业有限公司(以下简称"南夏春"),并不只是一个信息平台,它通过电子商务平台及实体推广土鸡蛋。

2010年,该公司总经理陈涛的朋友妻子怀孕,需要土鸡蛋。他朋友在成都和周边找不到可靠的土鸡蛋,就萌发自己做土鸡蛋的念头。于是选定了成都以北300公里大巴山边缘部分乡镇村,收购当地农民土鸡蛋运往成都销售。2011年,陈涛等几人协商后,决定打造"南夏春"生态农业平台。

如今,"南夏春"土鸡蛋已销售至全国20个左右省区,涉及200余个县市区和乡镇。两年以来,土鸡蛋签约农户先后有一百多户,平均每户年增收超过5 000元。

而"南夏春"的做法有所不同。该公司总经理陈涛介绍,公司土鸡蛋产品采用农户签约生产供应、公司按约收购包销的模式,避免土鸡蛋供给过剩,而造成滞销。

他说,签约农户交蛋,首先需要刷交蛋IC卡、农户领取鸡蛋标贴,在标贴上盖章签字和注明日期,再由公司调拨并将鸡蛋入库。此外,"南夏春"还建立采购库存管理系统–从刷卡开始,系统监控整个交蛋过程和库存情况,确保库存数量和在销鸡蛋的保质期。

"我们跟农民打交道一年多,付出了精力和资金,慢慢形成相关制度和信息系统以保证产品品质和供应数量。"陈涛总结。在物流方面,陈涛向记者介绍,"南夏春"首先仍依靠传统销售渠道,如菜场、超市等;慢慢地他们开始线上、线下结合,包括成都本地专业网站(母婴类)、社交网站等,也取得一定成效。目前网络销售占总销售额比例很大。

陈涛说:"物流成本是个难题,目前只能暂时接受高成本,当销售达到一定规模后才可以谈降低成本。"

农村电商模式可复制

农村电子商务在解决"买""卖"难问题中,起到举足轻重的作用,那么农村电子商务的模式可以复制吗?

陈建阳表示,"世纪之村"的模式可以复制,"能在全国推广就是一个证明"。但他同时表示,世纪之村的发展模式最初是通过提供免费平台给政府并帮助发布相关政务信息,得到政府的认可与支持,给推广"世纪之村"提供了便利,"我们取得先发优势,整合了政府、社会各项资源,后来效仿者很难取得我们这样的规模"。

一名曾在泉州东田村做过信息员的大学生村官小陈也向记者表示,"世纪之村"的模式,并不是每个村都可行,农产品有剩余的地方才有发展电商的可能。

陈涛同样认为,农村电子商务模式可以复制。他认为,农产品直接从农民到消费者手中,运输成本虽相对较高,但整体的利润因为没有中间环节,反而更容易盈利。此外,他强调"我们这个行业文化程度不是限制性因素"。

去年 12 月 17 日,"转型中的农村电子商务高层研讨会"在北京召开。与会专家指出,"农民比工人更适合电子商务"。但在农村电子商务发展初期,先行者们也面临着一些问题,陈建阳表示村民对电商的认知度还不强,陈涛则在思考"在保持农产品原汁原味的前提下,如何保证产品供应"。农村电子商务或许还有很长的路要走。

(资料来源:李华,邱瑞贤.农村电子商务带来新机遇[N].广州日报,2012-01-11(3).)

思考题

1. 农产品买卖难的症结在哪里?如何合理加以解决?
2. 如果你是一家网站的营销推广人员,你将怎样借助网络平台实现农产品供需之间的准确对接?

第十四章
Chapter 14

绿色消费者行为

【学习目标】

(1) 知识目标

通过本章的学习,了解绿色消费行为的基本概念、类型和特点;掌握影响绿色消费行为的因素,不同绿色产品的消费心理与行为,我国绿色消费存在的问题。

(2) 技能目标

掌握绿色消费的心理过程。

【引导案例】

执走节能路 格兰仕空调的"绿色航线"

"绿色经济"不仅仅是一个企业的发展思路,更是全球经济发展的主流模式。从哥本哈根世界气候大会到德班气候大会,气候变化的"对弈"在各国之间已是愈演愈烈。与此同时,世界各大知名企业也纷纷加入发展绿色经济的队伍之中,绿色经济的革命正在时刻上演。

对中国家电业来说,绿色实践也在持续进行之中。作为世界龙头家电企业,格兰仕一直奔跑在"绿色变革"的前端。通过多年创新技术沉淀,依托低能耗、高能效的"绿色家电"产品的研发,格兰仕空调走出了一条独具特色的绿色发展之路。

《中国家用电器工业"十二五"发展规划的建议》指出,"十二五"期末,我国主要家电产品节能环保水平接近国际先进水平,产品的绿色设计水平和资源综合利用水平明显提高。《中国家用电器产业技术路线图》更是明确,要通过技术进步,挖掘潜力持续提高产品能效水平,深入开展家电产品节能、节水技术研究。格兰仕是第一个淘汰345高能耗空调,第一个实施1级能效战略,第一个在定速空调上全面推广"R410a"无氟新冷媒……格兰仕以超乎想象的技术变革姿态,不断创造者奇迹,引领世界家电新航标。

2011年,更是格兰仕绿色技术发展史大突破的一年。这一年,创新变流科技,格兰仕变频技术得到重大突破。据了解,变流技术作为一种电力变换的技术,采用了直接变流,省略了整流环节,使变频空调节能效果非常明显。变流科技的应用,使格兰仕空调绿色发展道路更进一步。有了领先的绿色科技作为企业发展的基石,并不代表企业的发展就真正的走上了通往绿色未来的罗马大道,企业更需要眼光长远,将绿色环保提升到企业的发展战略层面,并以实际行动主动践行它。作为市场契机的先知先觉者,格兰仕从企业自身生产的节能减排,到向社会推广高能效节能产品,都走在了行业的前列。格兰仕将节能战略融入到企业经营的方方面面。以优化产业结构为重点,实施"三低三高"模式,格兰仕在自身建设、产业布局、产品结构、市场推广等方面就掀起了一场场"绿色革命"。采用领先的低碳设计建造世界级空调制造基地,通过充分利用太阳光能实现了30%以上的节能。与此同时,耗资10亿元的生产基地二期工业园已竣工。格兰仕在竭尽全力地节约能源、降低能耗的同时,更是将节能高效的绿色产品带进千家万户。

格兰仕不仅在做高能效产品的推广者,在推进行业升级方面,格兰仕更扮演着"播种者"的角色。"淘汰345"、"一级能效普及风暴"、"无氟定速空调普及风暴"……2011年4月,格兰仕空调发布我国家电行业第一个《变频宣言》,全面淘汰四五级能效变频空调,仅生产三级能效以上变频空调,倡导变频空调能效升级。

无疑,格兰仕正担当着引领行业绿色转型升级的旗手。格兰仕空调相关负责人表示,未来,无论中国家电业的绿色道路如何,格兰仕都会坚定不移的走下去,打造一个"绿色家电输出源",不仅是格兰仕多年来的夙愿,同时也是格兰仕作为行业领导者应尽的企业责任。

(资料来源:http://info.homea.hc360.com/2012/02/231516882943.shtml.)

第一节 绿色与绿色消费行为

"绿色"代表生命、健康和活力,是充满希望的颜色。国际上对"绿色"的理解通常包括生命、节能、环保三个方面。绿色消费是消费者对绿色产品的需求、购买和使用活动,是一种具有生态意识的、高层次的理性消费行为。绿色消费从满足生态需要出发,以有益健康和保护生态环境为基本内涵,符合人的健康和环境保护标准的各种消费行为和方式的统称。21世纪的社会经济与生活消费,是以人与人、人与社会、人与自然协调为基调的发展与消费模式。人类对环境的重视,对绿色的关注,已经深入到社会生活的所有领域。

一、绿色消费的内涵与实质

绿色消费是指消费者对绿色产品的需求、购买和消费活动,是一种具有生态意识的、高层次的理性消费行为。绿色消费是从满足生态需要出发,以有益健康和保护生态环境为基本内涵,符合人的健康和环境保护标准的各种消费行为和消费方式的统称。绿色消费是一个广义的概念,它是指消费者意识到环境恶化已经影响其生活质量及生活方式,要求企业生产并销售有利于环保的绿色产品或提供绿色服务,以减少对环境伤害的总体消费活动和方式。它是一种以"绿色、自然、和谐、健康"为宗旨的,有益于人类健康和社会环境的新型消费方式。绿色消费包括的内容非常宽泛,不仅包括绿色产品,还包括物资的回收利用、能源的有效使用、对生存环境和物种的保护等,可以说涵盖生产行为、消费行为的方方面面。

在国际上,绿色消费已经变成了一个宽泛的概念,一些环保专家把绿色消费概括成5R系统:①节约资源,减少污染(reduce);②绿色生活,环保选购(reevaluate);③重复使用,多次利用(reuse);④分类回收,循环再生(recycle);⑤保护自然,万物共存(rescue)。

中国消费者协会也提出了绿色消费的概念,包括以下三层含义:①倡导消费者在消费时选择未被污染或有助于公共健康的绿色产品;②在消费过程中注重对垃圾的处置,不造成环境污染;③引导消费者转变消费观念,崇尚自然、追求健康,在追求生活舒适的同时,注重环保,节约资源和能源,实现可持续消费。

绿色消费的最初形式是对绿色食品的购买。人们逐渐钟情于无污染、环保的食品,尽管它们的价格要普遍高于同类产品。但是随着绿色经济的发展,绿色消费已经不仅仅局限于绿色食品,还包括绿色家电、绿色服装、绿色住宅等。而且绿色消费也不仅仅限于个人,绿色农业、绿色环境、绿色化工、绿色技术等宏观层面的绿色消费也在迅速发展。

【资料卡14.1】

绿色消费与传统消费的区别

1. 中心不同

传统消费是以满足人的需求为中心的,不管这种需求是否合理,是否适度,也不管这种需求对生态环境是否造成破坏。在传统消费理念下,人们为了满足自己无限膨胀的私欲,疯狂的掠夺大自然,破坏生态环境。仅就我国而言,2000年,原煤的开采量每天为273.4万吨,原油开采量每天为44.7万吨;为了扩大人类自己的生存空间,大肆砍伐森林、围湖造田,致使野生动物失去自己的家园;为了满足吃野味的欲望,置法律于不顾,大肆捕杀野生动物。人类向大自然索取的同时,还把人类消费的废弃物置于大自然中,使自然环境遭受到了严重的污染,生态环境被严重破坏,大片的原始森林消失,某些野生动植物濒临灭绝或已经灭绝。

绿色消费则以满足人的基本需求为中心,以保护生态环境为宗旨。在绿色消费理念下,人类把地球上生存的动物和植物看作自己的邻居和朋友,在开发利用自然资源时,对人类的行为自觉地加以约束和限制,把人类消费行为对自然的破坏降到最低点,直至消失。在保护自然生态环境平衡的同时,也保护人体自身的生态环境平衡,满足人体的基本需求。例如,人们在满足吃的欲望的时候,讲究营养搭配,讲究适量适度,要求所食用的食品是无公害、无污染的绿色食品,不会给人体带来额外的负担,如肥胖、高血脂与高血压等。

2. 着眼点不同

传统消费的着眼点是眼前的代内消费公平,这种公平是以国家甚至是群体为单位的。例如,确定价格下的某一产品,对于具有消费能力的消费者来说是公平的;在一定的生产技术水平下,某群体的消费相对是公平的。传统消费形式下,由于经济发展水平的差异,人们生活水平的不同,人与人之间、国与国之间的消费常常是不公平的。这种不公平表现在穷人与富人之间的消费不公平,发达国家与不发达国家之间的消费不公平,当代人与后代人之间的消费不公平。有资料显示,富人世界占全世界人口的1/4,却消费了世界谷物的一半,肉类和乳类的75%,林产品的78%工业品的60%,能源的80%,这是非常不公平的。不仅如此,当代人为了满足眼前的需要,大量开采有限的自然资源,特别是不可再生资源的开采,随着开采技术的进步,开采数量越来越大,由于忽视环境技术的开发与利用,这种行为对自然资源和生态环境的破坏力度非常大。我们当代人为了满足自己的消费需求而剥夺了本应属于子孙后代所享有的资源,造成了代际之间消费的不公平。绿色消费则着眼公平消费,这种公平既包括人际消费公平,又包括国际消费公平;既包括代内消费公平,也包括代际消费公平。虽然这些公平不是在短时间内能实现的,但消费公平却是绿色消费的基本准则。

3. 追求不同

传统消费追求奢华,倡导高消费、多消费和超前消费,从而造成大量的浪费。在传统消费理念和消费方式影响下,消费水平的高低,例如,吃好的、穿名牌、住别墅洋房、开高档轿车,成为衡量人们身份与地位的标准。因此,人们常常不是为满足人的需要而消费,而是为了显示身份和地位,为了挣面子而消费,其结果造成极大的浪费。据1997年7月1日《今日美国报》报道的美国农业部公布的一份报告说,美国人每年扔掉的食物多达365磅,全国每年浪费的食品高达960亿磅,其中仅5%就能供40万人吃一年。绿色消费则崇尚自然、纯朴、节俭、适度,主张满足人的基本需要,但它不是倡导禁欲过苦行僧的生活,而是倡导在现有的社会生产力的发展水平下,在合理的充分的利用现有资源的基础上,使人们的需要得到最大限度的满足。

4. 前提条件不同

传统消费是在资源过度耗费、利用率较低的前提下进行的。由于受当前的科学技术水平的限制,在生产消费品时,资源消耗量过大,利用率较低。就我国而言,黑色金属矿资源利用率为36%,有色金属矿资源利用率为25%,非金属矿综合回收率为20%~26%,矿产资源总利用率不到50%,低于发达国家水平20%左右。绿色消费则是在充分利用资源、合理使用资源的条件下进行的。资源作为经济可持续发展的基本条件之一,其开采与消耗以不超过自然生态的供给界限为最佳。对于不能再生的资源,在开采和消耗的同时,积极开发和寻找可替代资源,将有限的不可再生资源留给后人使用。

5. 结果不同

传统消费已经带来了资源短缺、生态破坏、环境污染的恶果,由于人类的过度行为,地球上的土地资源和森林资源大规模消失,全球森林在过去的100年中已减少一半以上,水土流失、土地沙漠化相当严重,世界上沙漠化的土地已达3 600万平方公里,几乎是中国、俄罗斯、美国国土面积的总和。大量的物种灭绝,生物多样性遭到严重破坏。同样,由于人类的活动,人类的生存环境受到了严重污染,如臭氧层空洞、温室效应、酸雨、光污染、化学污染、白色垃圾等。绿色消费则把环境保护和生态平衡放在首位。在绿色观念指导下,生产消费过程将实施清洁生产技术。生活消费首先是消费绿色产品,其次在消费过程中,不会带来环境污染,如生活垃圾分类包装、不用不可降解的塑料制品、废旧家用电器要合理回收和再利用等。

综上所述,绿色消费与传统消费相比,突出的优势就在于人类的消费行为与自然环境相和谐,与人类社会的可持续发展相统一,与经济的可持续发展相适应。当前,我国正处在工业化时期,如果不能认真汲取西方发达国家"先污染,后治理"的教训,必将重蹈覆辙,付出沉重的代价,增加发展成本,既给可持续发展设置障碍,又损害了后人的生存权和发展权。因此,无论从眼前还是从长远着眼,我们都必须实施绿色消费。

(资料来源:荣晓华.消费者行为学[M].3版.沈阳:东北财经大学出版社,2011.)

二、绿色产品

绿色产品是指生产过程及其本身节能、节水、低污染、低毒、可再生、可回收的一类产品,它也是绿色科技应用的最终体现。绿色产品能直接促使人们消费观念和生产方式的转变,其主要特点是以市场调节方式来实现环境保护为目标。公众以购买绿色产品为时尚,促进企业以生产绿色产品作为获取经济利益的途径。

世界各国绿色产品标志的名称、图形不尽相同。我国于1993年5月成立了"中国环境标志产品认证委员会"并实行绿色标志认证制度。虽然绿色标志认证在我国起步较晚,但发展较快。目前我国获得认证的企业有200多家,涉及家用电器、建筑材料、儿童玩具、纺织品、食品饮料、办公用品、汽车等方面,但与市场需求相差很远。现在,上海的企业越来越重视绿色产品开发,并取得了可喜的进展,2000年申请环境标志产品认证的企业是前6年的总和,2001年1月至9月,申请企业数已超过2000年,产品增加到46大类。

简而言之,所谓绿色产品是指其在营销过程中具有比目前类似产品更有利于环保性的产品。绿色产品与传统产品一样具有以下三个特征:

①核心产品成功地符合消费者的主要需求——消费者的有用性。
②技术和质量合格,产品满足各种技术及质量标准。
③产品有市场竞争力,并且有利于企业实现盈利目标。

但是,绿色产品与传统产品相比,还多一个最重要的基本标准,即符合环境保护要求。我们可以通过对产品的维护环境的可持续发展和企业是否负应尽的社会责任这两方面的考虑来评价绿色产品的"绿色表现"如何。可以说,绿色产品与传统产品的根本区别在于其改善环境和社会生活品质的功能。

三、绿色消费者及其分类

（一）绿色消费者的概念

绿色消费者是指那些关心生态环境、对绿色产品和服务具有现实和潜在购买意愿和购买力的消费人群。也就是说,绿色消费者是那些具有绿色意识,并已经或可能将绿色意识转化为绿色消费行为的人群。

（二）绿色消费者的分类

绿色消费者虽然在总体上有很多共性,如保护环境的意识、追求生活质量。但他们的绿色意识和绿色消费行为的深度和广度是有层次之分的企业要想实施有效的绿色营销,搞清影响不同层次的绿色消费者作出购买决策的主要因素,对他们进行细分。

国外学者根据消费者对环境意识水平对其进行分类,也有利用消费者自我认定的"绿色度"来进行分类。根据人们消费选择中所体现的对环境关注的程度呈由低到高的一个连续不断的状态,可以将消费者大致分为浅绿色消费者、中绿色消费者和深绿色消费者。

1. 浅绿色消费者

此类消费者只有模糊的绿色意识,他们意识到应对环境进行保护,但没有在消费过程中把这种意识具体化,他们的绿色消费行为大多是无意识的和随机的,是潜在的、不稳定的绿色消费者,对绿色产品的溢价难以接受。群体特征表现为受教育程度和收入水平较低,对环境的态度不积极,比较容易受他人的影响。

2. 中绿色消费者

这类消费者具有较强的环保意识,但对绿色消费还缺乏全面的认识,比如只认识到产品无害性或包装的可循环使用性,而没有认识到生产过程的无污性。他们是选择性消费者,主要选择与自身利益联系比较紧密的绿色产品如绿色食品如绿色建材,对 5% ~15% 的绿色产品溢价可以接受。群体特征表现为受教育程度和收入水平一般,对环境的态度比浅绿色消费者积极,受社会相关群体的影响更大。

3. 深绿色消费者

此类消费者的绿色意识已经深深扎根,对绿色消费有全面和深刻的认识,表现为自觉、积极、主动地参与绿色消费,对绿色产品的溢价接受程度大于15% ,会提出新的绿色消费需求。群体特征表现为受教育程度和收入水平较高,对环境的态度很积极。89% 的美国人购物时会考虑消费品的环保标准;85% 的瑞典消费者愿意为环境清洁而支付较高的价格;80% 的加拿大消费者宁愿多付10% 的钱而购买对环境有益的商品;77% 的日本消费者只挑选和购买符合环保要求的商品。

【资料卡14.2】

绿色消费者

绿色消费,是20世纪60年代激进的环保运动的产物之一。当时的环保主义者追求商品的明确坦率、诚实无欺和可信赖性,要求所买的商品能够满足情感上的需要,他们不仅关注商品的价格,而且会考虑该商品有没有涉及环境或是良心问题。

进行绿色消费也有着一系列消费选择。例如,对洗涤剂消费的选择,有人选择可回收包装的洗涤剂,有人使用一种本身包含了更少有害物质的洗涤剂,尽管两者都有绿色成分,但程度不同。事实上,不同的消费选择代表了不同程度的"绿色"。根据人们消费选择中所体现的对环境关注的程度,"绿色"是一个从浅到深的渐进过程,其中既有外部因素的作用,也是一种自然演进的自我意识过程。下面介绍一家美国调查机构总结的消费者绿色化程度的几种类型:

1. 积极型

这是走在绿色消费中最前面的人群。他们具有很强的绿色意识,而且表现为自觉积极的绿色消费行为。积极型消费者对绿色消费有着全面而深刻的认识,绿色消费是他们的生活方式。他们大多受过良好的教育,比一般人在社会上活跃,是新观念的倡导者,容易影响其他消费者。但有一点使他们不能成为最好的绿色消费者,就是不愿对绿色产品支付较高的价格,调查显示,他们只愿意比普通产品多付7%左右的费用。

2. 实利型

这是一群在绿色消费市场上不特别活跃、忠诚度也不稳定的消费者。他们有较强的环保和绿色消费意识,但只是在部分自认为有价值的消费行为中实践绿色消费,或者对某些绿色消费尚未有全面的认识。例如,他们只认识到可循环使用一方面,而未意识到绿色消费更多方面及更广的含义,但这部分人却愿意为绿色产品支付较高的价格,一般为20%左右的价格。实利型消费者通常比较年轻,多是白领人群,只要引导他们加深对绿色消费的全面认识,他们的忠诚度是可以加以培养的。

3. 萌芽型

这部分群体虽然关心绿色消费,但不太愿意支付额外的费用。他们对环境决定论接受比较慢,反映了一般公众的思维方式,愿意支付的绿色额外支出大约只有4%。

4. 抱怨型

这类消费者把环境保护看做他人的问题,在一定程度上关心环境,但却不足以让他们尽自己能力去做些事情。抱怨型消费者表示他们太忙而无法进行绿色购买,或者抱怨产品的成本和质量。这类人群所受的教育程度较低,也比较保守。

5. 厌倦型

他们是消费群体中最穷困和受教育最少的人群。绿色消费对他们来说,是一个引起负面影响的重要问题,因为绿色产品相对一般产品的价格较高,他们绿色消费意识薄弱,一般是不会主动进行绿色消费的。

（资料来源：张理.消费者行为学[M].北京：清华大学出版社，北京交通大学出版社，2008.）

【资料卡14.3】

解析绿色消费

（1）绿色消费并非"消费绿色"

很多消费者一听到绿色消费这个名词的时候，很容易把它与"天然"联系起来，这样就形成了一个误区——绿色消费变成了"消费绿色"。有的人非绿色食品不吃，但珍稀动物也照吃不误；非绿色产品不用，但是塑料袋却随手乱丢；家居装修时非绿色建材不用，装修起来却热衷于相互攀比。他们所谓的绿色消费行为，只是从自身的利益和健康出发，而并不去考虑对环境的保护，违背了绿色消费的初衷。

真正意义上的绿色消费，是指在消费活动中，不仅要保证我们这一代人的消费需求和安全、健康，还要满足以后的人的消费需求和安全、健康。尼泊尔是生态旅游搞得比较成功的国家。旅游者在进入风景区以前，随身所携带的可丢弃的食品包装必须进行重量核定，如果旅游者背回来的垃圾没有这么多，会遭到罚款。每个游客只允许携带一个瓶装水或可以再次装水的瓶子，而在山上，瓶装水是不准许出售的。

（2）"绿色"不意味着"天然"

"绿色"的含义是：给人民身体健康提供更大更好的保护，舒适度有更大的提高，对环境影响有更多的改善。绿色消费不是消费"绿色"，而是保护"绿色"，即消费行为中要考虑到对环境的影响并且尽量减少负面影响。如果沿着"天然就是绿色"的路走下去的话，结果将是非常可怕的。比如：羊绒衫的大肆流行，掀起了山羊养殖热，而山羊对植被的破坏力惊人，会给生态造成巨大的破坏。因此，绿色消费必须是以保护"绿色"为出发点。

（3）"绿色消费"反对攀比和炫耀

随着生产力的发展和社会的进步，人的消费动机日益呈现出多元化的趋势。这本不是坏事。但是，在日常生活中，不少人热衷于相互攀比，追求奢侈豪华，以示炫耀。他们竞相追逐新鲜的、奇特的、高档的、名牌的商品，其行为可谓"醉翁之意不在酒"，而在于那些商品的社会象征意义。由此容易形成浮华的世风，刺激人们超前消费和过度消费。

（4）"绿色消费"反对危害人和环境

绿色消费主张食用绿色食品，不吃珍稀动植物制成品，少吃快餐，少喝酒，不吸烟。消费绿色食品有利于人体健康，可以促进有机农业的发展，减少化肥和农药的使用。保护珍稀动植物有利于维护物种的多样性，多样性意味着稳定性，稳定性意味着可持续发展。吸烟和酗酒除了危害人体健康，还影响空气质量和粮食供应。

（5）"绿色消费"尤其反对过度消费

过度消费不仅增加了资源索取和环境的污染荷载，而且助长了人的消费主义和享乐主义。工业化国家比较普遍地存在着过度消费。我国民间流行的婚丧大操大办、大吃大喝等现象也属于过度消费。这些行为既浪费资源,又没有给人民带来一种满意的生活,对人对己对环境都是弊大于利。节俭消费则会减少资源索取和环境的污染荷载,有利于环境保护;如果人主动地放弃多余的物质消费,对充实精神生活、提高精神境界也是很有好处的。在国外,节俭消费源远流长,即使在过度消费盛行的工业化国家,节俭消费也没有被消费主义的狂潮所淹没。在环境问题日益严重的现代社会,实行节俭消费尤其必要。

(资料来源:荣晓华.消费者行为学[M].3版.沈阳:东北财经大学出版社,2011.)

第二节 绿色消费心理过程

绿色消费是消费者在消费过程中为了满足生态和环境需要而消费对环境无害或少害的消费资料和劳务的方式按照消费者心理与行为学的观点,消费者受自身条件的限制,往往按照自己的消费习惯和消费习俗进行消费,对人类自身和生态环境造成了不利的后果而不自知,这就需要对消费者进行正确的消费观念和消费意识的引导,向消费者宣传和介绍诸如理智消费观念、生态准则观念和绿色营销观念这样人类最新的消费理念,并从消费的各个环节加以引导,转变消费者的消费态度,以形成稳定的绿色消费心理。从绿色消费者的消费心理与行为中,可以明显观察到绿色营销留下的痕迹。与一般消费者的心理活动过程一样,绿色消费者的心理过程大致分为认知过程,情感过程、意志过程3个部分。但在这些过程中,绿色消费者的心理行为又直接反映出绿色消费的个体心理特征。

一、绿色消费心理过程

与一般消费者的心理活动过程一样,绿色消费者的心理过程也分为认知过程、情感过程和意志过程三个部分。在这一过程中,消费者的绿色心理与行为直接反映出绿色消费的个性心理,但与其他普通商品消费相比较,绿色消费在消费内容和消费心理上又有其独特表现:

(一)绿色消费者的认知过程

绿色消费者的认知过程构成了消费者对所购商品的认知阶段和知觉阶段,是购买行为的重要基础。消费者购买行为的心理活动,是从商品的认知过程开始的,这一过程构成了消费者对所购买商品的感觉和知觉阶段,是其购买行为的重要基础。在认识阶段表现为消费者对绿色商品、绿色服务的主动追求,是在绿色与非绿色的对比中开始的认识过程。在认识的开始阶段,消费者从广泛的途径获取有关绿色商品的各种知识和信息,如"绿色食品"、"绿色冰箱"等。在心理上产生刺激,从而形成对绿色商品片面的和表面的心理印象。随着绿色商品和绿色知识的不断传播,完成记忆、学习、思维、想象等一系列复杂的心理过程,在此基础上,对绿色产品产生信任情感,在购买中消费者借助于记忆,根据过去生活实践中感知的商品、体验过的情感或有关知识经验做出决定。所以在这个阶段,消费者要了解和掌握大量的绿色知识和有关绿色消费和信息,在头脑中形成一定量的信息储存,以便在以后的购买活动中随时提取作为分析、比较判断乃至决策的依据。在此基础上,对绿色产品产生信任感,在购买中消费者借助记忆,对过去生活中感知到的商品、体验过的知识经验作出决定。

(二) 绿色消费者的情感过程

消费者对绿色商品和绿色消费的认知过程是实施绿色消费者购买行为的前提。消费者生活在复杂的社会环境中,是具有独立思维能力的人,容易受影响的个体。因此,他们在购买时将必然受到自身生理需求和社会需求的支配,两者构成了其物质欲求的强度。由于生理欲求和社会欲求会引起消费者不同的内心变化,造成消费者对商品的各种情绪反映,如果情绪反映符合或满足了其消费需求,就会产生愉快、喜欢等积极态度,从而激发消费者对产品的强烈需求,导致购买行为。反之则会产生抵触情绪,也就不会产生购买欲望与购买行为。这种情感具有稳定的社会内容,往往以鲜明的突发性情绪表现出来,对消费者的购买行为具有明显的影响力,如"绿色蔬菜"指不用化肥、农药、不受其他污染的蔬菜,"绿色食品"指不用防腐剂及其他人工色素和化学品的食物,这些不仅满足了人们的基本生理需求,而且最大限度地保护了身体健康,可使消费者产生愉悦的心理情绪,从而刺激消费者的购买欲望。

(三) 绿色消费者的意志过程

绿色消费往往是理性的消费者,在购买活动中表现为有目的、自觉地支配和调节自身行为,努力克服心理障碍和情绪障碍,实现既定目标。这就是绿色消费中的意志过程。它具有两个基本特征:一是有明确的购买目标;二是排除干扰和困难,实现既定目标。总之,消费者心理活动的认知过程、情感过程和意志过程,是消费者心理过程的统一,是密不可分的三个环节。这一过程对于绿色消费者也同样适用。所以,绿色企业只有充分认识各环节的内在特征,才能与绿色消费者进行有效沟通,从而实现二者利益的统一。

二、绿色消费心理的特征

绿色消费者的心理与行为特征是消费者心理与行为特征的发展与延伸,并无本质差异,主要表现为:绿色消费需要、简约主义、引致效应、消费的理智性与社会性等几方面。

(一) 绿色消费需要

绿色消费需要,可以分别从广义和狭义上来了解。广义的绿色消费需要,是指人类为了健康、生存和可持续发展而产生的需要,它有利于人类的永续生活与发展需要的满足;狭义的绿色消费需要又称"生态需要",是指由于人类生理机制中内生的对自然环境和生态环境的依赖性与不可分割性而产生的需要,也是人们为了满足生理和社会的需要,而对符合环境保护标准的产品和服务的消费意愿。绿色消费需要是一种同时满足消费者自我和社会利益的高层次消费需要,它不仅仅考虑自身的短期利益,而更注重人类社会的长远发展,是一种满足自我、超越自我的理性行为,其内容一般符合"3E"和"3R"原则:

"3E"原则包括：①讲究经济实惠(economic)；②讲求生态效益(ecological)；③符合平等、人道原则(equitable)。

"3R"原则包括：

①减少非必要的消费(reduce)；②修理旧物(reuse)；③提倡使用再生资源制造的产品(recycle)。

这种需要是人类自身产生的并内化于人体之中的一种机制，是绿色营销存在与发展的客观基础。绿色需要大致可分为三种存在状态：①已满足的绿色需要；②尚未满足的绿色需要；③人们尚未意识到的和潜在的绿色需要。

【资料卡 14.4】
绿色需要与绿色需求的区别

绿色需要在现实市场行为中可以转化和表现为有货币支付能力的绿色需求。但是绿色需要与绿色需求二者有着原则上的区别，主要表现为以下三方面：

①绿色需要是客观存在的，而绿色需求是生产力发展到一定程度后，并且人的生态需要满足出现危机时才表现出来的。绿色需求可以主观控制，而且可通过市场机制加以调节和改变。

②绿色需要受人体自然的制约，由人的感觉决定，而绿色需求除受制于绿色需要外，还受消费者的购买力、可供绿色商品的数量、质量、价格水平等因素的影响。

③绿色需要与绿色需求之间非同步和非同量。由于受生产力水平和人们货币收入量等因素的制约，绿色需求量总是远远小于同一时期的绿色需要量。

(资料来源：http://www.marketing110.com/html/show-30-713-1.html.)

(二) 简约主义

简约主义，又称极限艺术、最小主义、极少主义，源于20世纪60年代兴起的一种非写实绘画雕塑，其理念在于降低艺术家自身的情感表现，而朝单纯、逻辑的选择方向发展。无论是在建筑、工艺还是时装设计界，简约主义都占有重要的一席之地。它主张利用有限的信息传达耐人寻味的意味，可以于纷乱之中保持清晰的脉络，更能在受众的记忆中提供出精练的索引信号，给人留下深刻的整体印象。

(三) 引致效应

在人的行为方式中容易出现各方面趋于同一倾向的特点。这一特点体现在消费者的绿色消费行为中，则明显地表现为一种"引致效应"，即人们对某一事物的态度会引起他们对其他同样具有引起该种态度因素的事物产生相同的反应。绿色产品涉及各个行业领域，引致效应可以使消费者的绿色消费从一个领域扩展到另一个领域。比如一个初次接触绿色消费的家庭，刚开始也许只会尝试绿色食品及饮用水，如果感觉良好，就会增强他们对绿色产品整体概念的好感和信心,起到一种强化作用,进而开始扩大绿色消费的范围,如购买节能电器或进行其他绿色消费;而一旦感觉不好,也同样会引起反效果。分析表明,"引致效应"对绿色消费者的影响比对一般消费者的影响要明显。

(四)绿色消费的理智性

消费者的绿色消费心理与行为,从一般意义上讲与当前的各类消费行为一样,是为满足消费者个人或家庭的物质与精神需要的行为。其与一般消费者行为的差异,主要表现为绿色观念指导下的消费者行为,冲动性、非理性、奢侈与铺张等行为不会出现。求实消费、适度消费、节俭消费等会成为消费者的自觉行为,而无须外在的社会约束和压力。

(五)绿色消费的社会性

绿色消费的最显著特征是它的社会性,因为,作为具有绿色观念的消费者在作独立的购买决策时,他不会站在完全自我的决策点上决策,而是站在未来、社会、自然与自我行为的最佳结合点上决策,这就是绿色消费的社会性。它是简约消费、无害消费的心理基础。在发达国家中,很多消费者放弃私家车,而改为自行车、公交车等,很明显是放弃了个人行为的自由与舒适,为优化自然环境出一点微不足道的力,这与国内一些消费者盲目购买大排量汽车,炫耀、攀比,在生活中走半里地,买一点鲜鱼水菜也要开车炫耀,以示高贵的行为呈鲜明对照。

第三节 绿色消费行为的影响因素

由于外在因素影响和消费者自身的原因,每个消费者的绿色消费意识和消费行为模式之间有很大差异。年龄、收入、教育水平、生活方式、观念和爱好等诸多方面,都会影响绿色消费行为的发生,其中对绿色消费行为影响最大的因素有以下几种。

一、社会文化因素

和其他消费行为一样,社会因素和文化因素会对绿色消费行为产生很大的影响,如身处一种崇尚自然的文化氛围或有着强烈环保意识的参与群体和家庭之中,会对其中个人的绿色消费行为产生正面的影响。一个社会及其文化的"绿色"程度,会直接影响着该文化群体的环保意识和"绿色"思想,进而影响绿色消费行为的模式。绿色消费是一种消费文化和消费习惯,绿色消费行为一般容易形成社会性的潮流趋势,其具体的消费模式会被绿色社会文化或绿色时尚所带动。一个社会的绿色文化和环保意识越强,该社会群体的绿色消费行为一般就越成熟。如很多发达国家,由于环保文化很早就已形成,目前已达到一个比较高的阶段,因此绿色消费也较之一些发展中国家普及,消费者的绿色消费行为也显得较成熟。

二、绿色教育

绿色教育是指对公众进行的生态环境意识教育,包括通过公共关系、广告、产品包装说明等方式对消费者进行观念的灌输。绿色教育实质是科技教育、人文教育、自然教育的综合,即把科学技术、思想道德品质、自然环境完美地结合起来,它的目标是培养出有科技专长、有积极思想、有自然意识的消费者。绿色产品大多采用较为高新的技术和材料制成,成本和生产工艺及市场开拓费用相对高昂,具有较高的附加值,所以价位也较高。对一般消费者来说,初接触时可能感到难以接受。因此,必须通过一定的教育手段,使他们了解绿色产品的实质,即产品为什么是"绿色"的,有什么优点、优势,有哪些好处等。就社会层面而言,绿色教育有利于提高人们的环保意识,促进社会自然环境的改善;从企业层面看,绿色教育则积极引导了绿色消费,为绿色营销创造更好的环境。绿色教育重在一种观念的灌输,而人的行为是受其观念指导的,可以说绿色教育是绿色消费和绿色营销的先导。反过来,绿色消费和绿色营销本身是另一种形式的"强化"教育,是一种"现身说法"的绿色教育。

三、消费者自身因素

绿色消费者的购买决策最主要还是受其个人特征的影响,包括年龄、家庭、生命周期、职业、经济环境、生活方式、个性及自我概念等。其中,收入水平、生活方式和受教育程度的影响尤为突出。

(一)收入水平

根据美国的一项研究,在美国人均收入达到 5 000 美元以上,人们就会花钱用于改善环境,包括进行绿色消费,而在此水平之下,人们则没有能力关注环境。该项研究表明,在影响人们绿色消费的诸因素中,收入是最重要的因素。收入水平在一定程度上代表了消费者的购买实力。由于绿色产品或绿色服务的价格相对较高,对于那些"价格因素权数"大于"绿色因素权数"的消费者而言。收入在消费方面的分配对于其绿色消费而言是一种制约,"实用主义"对大多数理性消费者来说是第一位的,尤其在居民整体收入水平还不算高的国家,价格和效用仍是消费者购买产品的主要考虑因素。

收入水平在一定程度上代表了消费者的购买实力。由于绿色产品或绿色服务的价格相对较高,对于那些"价格因素权数"大于"绿色因素权数"的消费者而言,收入在消费方面的分配对其绿色消费是一种制约。"实用主义"对大多数理性消费者来说是第一位的。尤其在居民整体收入水平还不算很高的国家,价格和效用仍是消费者购买产品的主要考虑因素。我国自古以来就有"民以食为天"的说法,实质上是先吃饱,再吃好,这里的"天"就是指"吃"是第一大事,其中包含了吃与人类自身健康和生存环境的和谐共存。从微观上讲,"吃"的基础就是收入水平,从宏观上讲就是国民收入。

(二)生活方式

根据阿诺德·米切尔的 VALS 划分法,社会上有九种生活方式群体:

（1）求生者

指那些绝望、压抑、为社会所抛弃的"处境不佳者"。

（2）维持者

指那些敢于为摆脱贫困而坚持奋斗的处境不利者。

（3）归属者

指那些维护传统、因循守旧、留恋过去和毫无进取心的人，这类人宁愿采用那种"顺应型"的生活方式，而不愿有所作为。

（4）竞争者

指那些有抱负、有上进心和追求地位的人，他们总希望出人头地。

（5）有成就者

指一个国家中那些能够影响事物发展的领袖们，他们按制度办事，并享受优裕的生活。

（6）我行我素者

一般指那些年轻、自我关注、富于幻想的人。

（7）经验主义者

指那些追求丰富精神生活，希望直接体验生活的人。

（8）有社会意识者

指那些具有强烈的社会责任感，希望改善社会条件的人。

（9）综合者

指那些心理成熟，能够把各种内向型因素和外向型因素中最优组合的人。

在各种生活方式的人群中，求生者和维持者处于需要驱使阶段，他们缺乏经济资源，温饱问题尚未解决，所以不太可能有实力关注环保，实施绿色消费；归属者、竞争者和有成就者处于"符合客观外界标准"的阶段，受客观外界标准影响很大，所以其绿色消费行为与所处环境的绿色化程度有关；我行我素者、经验主义者、有社会意识者和综合者已进入有自我看法的阶段，他们有明确的价值取向，假如是环保者，则一般来说必是积极的绿色消费者。

（三）教育水平

这里所说的教育，一是，指国民教育的整体水平；二是，指消费者个人受教育的水平。虽然二者的个体差异性很大，但在整体上是一致的。绿色教育是指对公众进行的生态环境意识普及和教育，也包括通过公共关系，广告、产品说明等方式对消费者进行环保观念的灌输。所以，通过全社会的绿色教育，对绿色消费会有很大的促进作用。因为就消费者自身而言，一个人的观念、行为等大多是后天因素影响的结果，而教育则是其中非常重要的一个方面。受过良好教育的人，一方面对各种知识有深入了解和正确的认识（包括对环境和地球生态的认识），另一方面有较高的素质，倾向于采取明智的行为。所以教育从很大程度上影响个人的绿色消费观念和行为。绿色产品大多采用较为高新的技术和材料做成、成本和生产工艺以及市场开拓费用相对高昂，具有较高的附加值，所以价位也较高。对一般消费者来说，初次接触时可能感到难以接受,因此必须通过一定的教育手段,使他们了解绿色产品的实质,即为什么是绿色,有什么优点、优势,有哪些好处等。就社会层面而言,绿色教育有利于提高人们的环境意识,促进社会自然环境的改善,从企业层面看,绿色教育则积极引导了绿色消费,为绿色营销创造更好地环境。绿色教育重在一种观念的灌输,而人的行为是受观念指导的,所以可以说绿色教育是绿色消费和绿色营销的先导。

（四）社会文化因素

一个社会及其文化的绿色程度,会直接影响着该文化群体的环境意识和绿色思想,进而影响绿色消费行为的模式,绿色消费也可以说是一种社会性的消费文化和消费习惯,绿色消费行为一般容易形成社会性的潮流趋势,其具体的消耗模式会被绿色社会文化所带动,或者说被绿色时尚所带动。一个社会的绿色文化和环境意识强烈,该社会群体的绿色消费行为一般就会越成熟。

【资料卡14.5】
绿色消费行为的变化趋势

随着经济的发展,人们生活消费水平的不断提高,消费需求出现由低层次、简单稳定向复杂多样化的转变。总的表现为:人们在购物过程中更注重物品是否满足自己的主观需要和偏好,消费者绿色心理方面的变化最终要体现在其消费行为上。与普通消费者相比,绿色消费者在其消费行为上也带有明显的特征。消费物品时,更注重物品在生产与使用过程中是否破坏环境与生态,是否污染环境。人们对生态环境的质量要求不断提高,对符合生态环境要求的绿色产品的需求量不断增大,具体表现为以下几个方面:

(1)绿色消费者的行为偏向于理性化消费

消费者的"攀附性"消费行为在逐渐减弱,"前瞻性"消费行为在逐渐增强,这是消费者理性提高的一个重要表现,是消费者趋向成熟的标志。绿色消费从根本上说,是消费者从预期持久收入和生命全程来考虑消费支出,追求生命周期的消费效用最大化,但绿色消费又是以保护环境,保护社会的长远利益为基本点的消费,消费者在购买绿色产品时,要经过深思熟虑,抱着改善环境的念头去购买,这种消费是对社会环境负责任的一种表现,它具有周密、谨慎和客观的特征。

(2)注重产品的"绿色"价值

绿色消费者会尽可能多的搜集绿色信息,希望购买真正的绿色产品,在了解过程中一方面运用自己掌握的信息,一方面又不断的吸取新的信息,让自己在消费中能够及时地掌握绿色信息。

(3)绿色消费行为呈现出个性化的色彩

消费者能以个人心理愿望为基础挑选和购买商品或服务。他们不仅能作出选择,而且渴望选择,消费者所选择的已不单纯是商品的使用价值,而且包括其他"延伸物"。因而从理论上看,没有两个消费者的心理是完全一样的,每一个消费者都是一个细分市场。心理上的认同感,已成为消费者购买品牌和产品决策时先决条件,个性化消费将成为消费主流。

(4) 消费主流性增强

在社会分工日益细分和专业化的趋势下,一方面消费者不再被动地接受厂商单方面提供的信息,他们会主动的了解有关绿色产品,绿色消费方面的信息,当得到足够的商品知识时,对绿色产品和服务进行鉴别和评估,另一方面,对环境保护也不再是被动和无能为力的,消费者对真正能够带来环保的产品也持积极主动的态度,在众多同类产品中,往往会选择对环境危害最小的产品,根据这一特点,厂商应适应消费者主动性增强的趋势,提供消费者需要的多种信息,供消费者选择比较。

(5) 产品的期望值更高、挑选更挑剔

现代社会中,消费者一方面期望新的绿色产品,另一方面希望原有的绿色产品能有所改善或提高。这种产品生命周期缩短、消费者心理转换速度加快的趋势,迫使厂家不断推出新产品,去适应消费者对绿色产品的新需求。

(6) 价格仍是消费者选择的重要因素

绿色产品的定价要在消费者能够接受的心理界限内,一旦定价过高,消费者将无法承受沉重的经济负担,同时绿色产品的增多也使绿色产品间出现价格竞争,这时价格的高低将成为影响消费者选择的重要因素。

(7) 性别差异及儿童影响

1991 年 INTEL 调查表明:46% 的女性和 31% 的男性在购物时会主动寻找绿色替代品;父母一般比没有子女的成年人更关注环保。有孩子的家庭通常是倾向于绿色消费的群体。由于教育和传媒为儿童提供大量的环保绿色信息,引起儿童对绿色问题的认识和重视,使孩子成为家庭中绿色产品购买的提议者和影响者,这无疑是绿色购买行为的重要模式。

(8) 购买行为变化

包括节约使用,加强保养和维修、重新使用尤其是包装物,商品使用方式的改变,如汽车控制在每小时 50~80 英里内减少油耗废气排放等。总之,企业绿色营销观念的逐步实施,已经使消费者的消费心理与行为发生有利于绿色消费的转变。消费者对绿色产品的了解、喜好和执著追求以及企业的绿色营销更具针对性则进一步促进了企业与消费者之间的互动,使得绿色营销已不仅是企业单方面的行为,更需要消费者的积极参与和推动。企业除需在营销活动中加以积极的引导外,还要注意对消费者开展环保、可持续发展及有益于消费者健康的消费观念与知识教育,激发消费者建立环保意识并实施绿色消费行为的热情以有利于生态环境的保护和可持续发展。

(资料来源:http://www.dooland.com/magazine/article_186651.html.)

第四节 我国绿色产品消费中存在的问题

当今绿色消费成为主要的大趋势。近年来,虽然在我国政府及有关部门大力倡导绿色消费推动下,我国绿色消费者群体越来越大,绿色消费越来越多,但发展中也存在一些不容忽视的问题:

一、从企业视角

(一)绿色产品的开发力度和动力不足

企业提供的产品是实现绿色消费的前提。由于绿色产品的开发难度大、成本高、风险大、获利不确定,如果没有政府的扶持,一方面,由于外溢的收益无法内化,另一方面,与非绿色产品生产的企业竞争不公平,必然使企业选择绿色产品生产、营销的动力不足。此外,我国企业目前普遍缺乏对绿色产品发展前景的深刻认识,很多企业仍然重视短期收效快、经济效益大、能迅速为企业带来利润的一般产品的开发,而轻视长期前景好、眼前投资高、能长久增加社会效益的绿色产品的生产与开发,从而使制造商提供的绿色产品非常有限,影响了绿色产品消费。

(二)技术改造投资和生产管理水平不足

与发达国家企业大量使用高科技,形成庞大的绿色产品制造市场相比,我国存在对绿色产品制造业重视不够、投资不足等缺陷,使我国目前的绿色产品制造业还未形成规模,产品结构单调,分布结构不均衡,技术落后,根本无法满足广大消费者的绿色消费需求。

(三)市场调研和宣传不到位

目前虽然很多有发展眼光的企业看到了绿色产业的先机,也致力于对绿色产品的研究与开发,期望在竞争中以"绿色"制胜,但在具体操作中由于对绿色产品缺乏深入细致的调研,对绿色产品目前的市场份额、市场需求、消费者的购买欲望和支付能力等未作调查、细分,盲目开发,使一些绿色产品的生产脱离实际而难于畅销。另外,很多企业对绿色产品的宣传不到位,要么宣传不够,使消费者难以认识并消费其产品;要么过分渲染,夸大其词,使消费者不敢相信其产品;还有的企业在宣传中假冒绿色产品,谎报绿色指标,使消费者对绿色商品失去信任。所有这些都制约着绿色产品的生产和营销,从而阻滞绿色消费的实现。

二、从消费者视角

(一)受收入水平的限制

绿色产品对环境的负面影响较小,其实现的途径是在制造资源、制造工艺等方面进行持续的创新。这要求制造商对产品投入大量的资金。因此,绿色产品成本高、价格贵,其消费属于高层次理想消费,绿色产品消费需求的价格弹性和收入弹性较高。根据马斯洛的需求理论:只有在消费者的基本需求得到满足的条件下,更高的需求才能成为其追求的目标。这要求消费者的收入水平相对较高。而我国目前整体收入水平不高,大部分消费者的收入水平仍处于较低或中等阶段,有的还处于贫困阶段,仅仅追求基本生存消费的满足。在此情况下,要求所有消费者实现消费行为的绿色化在消费者收入水平上存在很大障碍。

(二)对绿色消费观念认识不足

消费者普遍具有较高的生态意识、环保意识以及责任感是实现绿色消费的终极支撑。我国居民的生态意识、环保意识最近几年有明显提高,表现在越来越多的人的消费行为逐渐趋向绿色化、生态化:绿色农业、绿色食品、绿色营销、绿色家电、绿色服装、生态住宅、生态旅游等,日益成为人们时尚的追求。但从总体上讲,人们的环保意识、生态意识、绿色意识还远远不能达到实现绿色消费的要求,绿色消费观念还没有深入人心。据调查显示,我国目前真正的"绿色消费者"只有四分之一,"非绿色消费者"接近三分之一,"准绿色消费者"接近二分之一,"反绿色消费"在现实中还有很大的市场,并且我国农村居民的绿色消费观念远远落后于城镇居民。

(三)绿色消费行为不够成熟

由于我国消费者缺乏绿色消费知识,对绿色消费概念的理解比较肤浅,不够全面,造成当前绿色消费行为不够成熟,消费仍然比较盲目,消费者对绿色产品的消费还没有形成主动的选择,对绿色产品的判别方式不够科学等问题。

三、就产品市场视角

(一)绿色产品入市难

我国政府虽然大力提倡绿色生产、绿色营销,但目前绿色产品入市还存在一定的难度。以食品为例,要申请绿色食品、有机食品,一方面手续繁杂,另一方面农副产品只能是经过规模化批量生产出来的产品,对于中小型无公害蔬菜基地和农民自己生产的不用化肥、农药的蔬菜,国家还没有相应的标准来衡量、规范这些产品,消费者购买时没有有效的标志来鉴别这些产品,工商部门要打击假冒的"无公害食品"也无法可依,从而在很大程度上限制了绿色市场的扩大。

(二)绿色产品流通不畅

目前在我国,绿色产品流通中还存在一些不必要的关卡和收费,运输中缺乏统一标志和标准,在途污染时有发生;全国尚未建立从批发到零售的绿色产品流通网络体系;绿色产品的专营商店、绿色食品和蔬菜专门摊位、绿色产品的连锁商店在市场上很少见,甚至是空白;尚未举办影响力较大的绿色产品的展销和贸易活动。

(三)绿色市场秩序混乱

按照我国相关法规的规定,"绿色产品"必须拥有绿色标志,绿色食品的标志则是由我国绿色食品发展中心颁发的。绿色食品的包装上都同时印有"绿色食品"商标标志和"经我国绿色食品发展中心许可使用绿色食品标志"字样的文字和批准号,同时产品包装上贴有防伪标签,该标签上的编号与产品标签上的编号一致。除食品以外的其他产品如冰箱、彩电、空调等产品生产是否符合环保标准,则需要由我国环境标志产品认证委员会组织评定,颁发"环境标志",标志上标有"我国环境标志"字样。这样,判别绿色产品的唯一依据就是产品合法的绿色标志。但由于有关部门对"绿色食品"的标志、"我国环境标志"宣传不力,使消费者难以认清真正的绿色产品,企业也难以掌握绿色标志的申请认证途径;认证部门科技投入不足,检测手段落后,尚未形成方便、快捷、经济、易普及的检测手段。

此外由于我国至今还没有成立专门的绿色管理部门,没有一个行政机构专门负责制定绿色产业总体发展规划和产业政策,绿色市场尚未形成一个完善、规范的管理体制,造成绿色产业和绿色市场处于无序状态,假冒绿色产品充斥市场,使消费者丧失对"绿色"的信任,对消费的绿色产品的满意度不高,放弃对"绿色"的追求。

本 章 小 结

本章首先分析绿色消费的内涵与实质。绿色消费是指消费者对绿色产品的需求、购买和消费活动,是一种具有生态意识的、高层次的理性消费行为。绿色消费是从满足生态需要出发,以有益健康和保护生态环境为基本内涵,符合人的健康和环境保护标准的各种消费行为和消费方式的统称。然后分析了绿色消费心理过程。与一般消费者的心理活动过程一样,绿色消费者的心理过程也分为认知过程、情感过程和意志过程三个部分。进一步分析绿色消费行为的影响因素。由于外在因素影响和消费者自身的原因,每个消费者的绿色消费意识和消费行为模式之间有很大差异,年龄、收入、教育水平、生活方式、观念和爱好等诸多方面,都会影响绿色消费行为的发生。最后从企业、消费者、产品市场的视角分析我国绿色产品消费中存在的问题。

思 考 练 习

1. 如何理解绿色消费的内涵?
2. 如何理解绿色消费的心理过程?
3. 你认为影响绿色消费行为的影响因素有哪些?
4. 我国绿色产品消费中存在哪些问题?
5. 你如何评价我国的绿色消费现状?

【案例分析】

创建绿色饭店　倡导绿色消费——记飞速发展的香港大厦

在高楼林立的济宁高新区,有一座大厦别具风姿。它造型优美,线条轮廓错落有致,"洋气"中不失民族建筑的典雅风格。在大厦前广阔的绿地广场上有一座紫荆花雕塑金光闪闪,特别引人注目。这座雕塑,完全按照香港的那座1∶1仿建。所不同的,这里紫荆花瓣中心,安装了喷水装置。阳光下,高大的水柱会映出七彩霓虹。而到夜晚,在霓虹灯光的照耀下,喷出的水雾,更比白日的霓虹美上十分。驻足于此,恍若走进迷幻般的童话世界。这便是散发着现代艺术气息的三星级酒店香港大厦。

近年来,随着经济的发展,人民生活水平的不断提高,崇尚自然,追求健康,已成为新型的消费观念。为了适应绿色消费的需要,香港大厦大力开展了"创建绿色饭店,倡导绿色消费"的活动。活动的深入开展,不仅有利客人,有利社会,同时给饭店带来巨大的社会效益和经济效益,成为大厦创立品牌的一项重要内容。为了搞好这项新的工作,大厦的管理人员四下江南,考察了浙江等地创建绿色饭店的情况,并聘请浙江大学饭店管理专家和环保专家来大厦授课。印制了各种精美的宣传品,如"绿色消费100例","绿色使者行为准则","创绿漫画手册"等。提出了"坚持清洁生产,合理利用资源,倡导绿色消费,关注环境保护"的口号。在店内外悬挂有关创绿内容的条幅,在大堂醒目处摆放"创建绿色饭店"展示牌,统一创绿标识,使客人进得店来,就感受到一股浓厚的创绿氛围。为了提供怡人的环境,大厦内外大力实施绿化美化。大厦门口的紫荆花广场绿地2 500平方米,将雕塑、盆景和绿树鲜花相互映衬,成为城市的一道亮丽的开放式园林式景点。大厅内,建有号称"江北第一室内假山",高达8米。山下流水淙淙,水车悠悠,呈现一派江南田园风光。而这一切,又与整个豪华的装修融为一体。建设绿色客房,为客人提供无害舒适的住宿。客房不准吸烟。用纯羊毛地毯更换了化纤地毯。墙壁装饰禁用带有污染的材料。被褥床单全用棉织品。洗衣袋不用塑料袋,而用旧床单制作而成。就连软拖鞋常用的塑料外套也不使用,禁绝客房白色污染。客人到洗衣房洗衣,则使用无磷洗衣粉。客房里摆放鲜活的绿色植物、金鱼以及布艺而不插塑料花之类。开发绿色食品,让客人吃上放心菜。为了保证绿色菜品原料供应,在城郊建立了自己的无公害蔬菜基地。严格畜禽食品进货渠道,并计划建立畜禽鱼养殖基地。不提供以野生保护动物为原料的菜肴。在餐厅建造"绿色美食廊",向顾客宣传展示绿色食品。节约能源,减少消耗和浪费,也是环保的一项重要内容。大厦对现有的设备进行了技改,如对高耗电量设备采用变频调整技术,完善冷凝水回收,实现了水资源的二次利用。完善能源计量装置,实行能源定额考核。提醒客人离房时,关闭客房空调和其他电器,以减少能源消耗。加强对废水、废气、噪音的控制,使之完全符合国家规定要求。大堂设有废电池收集箱,对废电池统一处理。

同时,引导客人节俭消费。过去,客人点菜越多,饭店越高兴。开饭店和不怕大肚汉,也不管你浪费不浪费。现在观念变了,首先想到的不是狭隘的个人利益,而是想着保护地球,实现国民经济可持续发展,应从自我做起,从一点一滴做起,所以当客人过量点菜时,服务员会和善地进行劝阻。吃完后,主动提供打包和存酒服务。总之,在这里,绿色消费已不仅仅是一句动听的口号,而是成为一种深入人心的理念,成为一种实实在在的生活方式。

(资料来源:张一苇.创建绿色饭店 倡导绿色消费——记飞速发展的香港大厦[J].山东经济战略研究,2002(9):62.)

思考题

1. 从香港大厦打造绿色消费的案例中你得到哪些启示?
2. 如果你是香港大厦的总经理你将采取何种措施打造绿色消费?

第十五章
Chapter 15

服务消费者行为

【学习目标】

(1) 知识目标

通过本章的学习,掌握服务消费者行为的类型,认识服务消费者的购买心理,了解服务产品的评价。

(2) 技能目标

掌握服务消费者购买决策的过程。

【引导案例】

夫妻站微笑服务留彩民

江苏省泰州市海陵区罡阳镇东楼村十字路口第32125113号彩站站主刘兵是个细心人,"以前我并不了解彩票,但我比较喜欢尝试新鲜事物,并且在我们泰州这个地方,经济会越来越好,我觉得靠自己的努力一定可以把彩站做好!"这是刘兵挂在嘴上的话。功夫不负有心人,2012年4月19日晚,双色球进行了第2012045期开奖,刘兵的彩票店中得复式彩票投注奖金732万元。刘站主是怎样把彩票站办好的呢?原来,刘站主和他爱人储女士一起经营自己的彩票站。夫妻俩从2010年12月彩站开业的那一天起,使用心去经营,时刻为彩民着想,通过两人的努力,如今站点内的彩民越来越多,人气大涨。

1. 经营彩站首先要摆正心态

"我觉得经营彩票店也要有一种主持人的心态,一定要和前来买彩票的彩民多交流,和他们有互动,他们才会觉得亲切,才会愿意到你的店里来买彩票。"刘先生这样告诉记者。原来,当有彩民在彩站里买彩票的时候,刘先生往往会耐心地询问要打的每一个数字。"不管买彩票的人买多买少,我都会一样地给他们服务。"

每次有彩民来时,刘站主和爱人储女士都会和对方聊些对方感兴趣的话题,拉近与彩民之间的心理距离,让彩民加强对于站点的认可度;遇上经常购买彩票的人,刘站主还会跟人家请教彩票游戏的有关知识,增多和客人的共同话题。

2. 为彩民着想是经营前提

刘先生说:"看到来彩站里买彩票的人,我从心里真的想做点什么,比如给他们烧点茶水喝,这些简单的小事,我会这样做,也会让我妻子做。"刘先生这样的做法,会让每一个来到彩站购彩的人都感到欣慰。

"福彩是用爱心经营的事业,我们不但要汇聚彩民的爱心,更要付出我们的爱心。"刘先生心里这样想,并为此倾注了自己的心血。本来就是热心肠的他,平时总爱帮助身边的人或者彩民朋友做一些力所能及的事。"在店里的客人我会倒茶给他们喝,买瓜子给客人。"储女士向记者说,"提供额外服务,老彩民有时候把车子放在店门口,要我帮忙看着,我会帮忙。"

3. 良性循环劝彩民理性购彩

"每当彩民打完一注彩票,我都会真诚祝福他能够中奖!"刘先生说,"要告诉他希望就在眼前,就像我们会生活得越来越好一样。"

刘站主从一开始就把理性购彩的思想灌输给彩民,因此彩民在投注方面都很有计划。"一般都控制在十几元左右,如果100元以内,我都会给他们提供合理的投注计划,一旦有新彩民的投注金额超过百元,且打票方式多是机选,我就得劝劝他们。"刘站主介绍,"购彩一定要做到细水长流,买彩图的是个乐趣的过程。"

彩民买了一张彩票就等于买了一个希望、一个梦想,这个梦想是无限的,什么可能都有的,可能一分没中,可能中几元、几百元,也可能中几百万、上千万元。生活就是这样,有希望,就有美好。

刘站主告诉记者,投注站要取得彩民信任除了服务要好外,专业也是很重要的原因。为让彩民能有一个良好的购彩氛围,刘站主找到合适的店面,为彩民提供一个舒适的环境和高质量的服务。"我的彩站店虽然不大,但我会和我妻子把店里打扫整理干净,只有店里干净了,人家才想多到咱这里来,人人都爱干净,如果脏了肯定没人来。"

投注站还提供所有玩法的开奖号码及走势分析图供彩民参考,每期都有专家推荐的号码供彩民参考,只要彩民走进站内,就能让彩民产生回家的感觉,有良好的心情和舒适的环境购买彩票。很多彩民由此获益良多,纷纷称好。

(资料来源:http://sports.sina.com.cn.)

第一节　服务消费及购买心理

改革开放后,城市化进程加快、居民收入较高增长等因素促进了服务消费的迅速增长,服务消费明显高于 GDP 的增长速度,服务消费在全部消费支出中的比重不断提高。我国人均 GDP 已达 4 500 美元左右,城市化进程也在明显加快,居民服务消费增长有着巨大空间,我国已进入服务消费快速增长的黄金期。发展服务消费已成为经济发展的内生动力,了解消费者的服务消费行为及掌握消费者的心理活动是企业有效地制定服务营销战略和开展推广活动的重要依据。服务消费行为不同于有形产品的消费行为。服务购买过程及其决策过程受消费者购买服务时的心理状态的影响,也有别于一般有形产品的购买过程及决策过程。研究服务消费行为及心理活动是服务企业及一般企业营销活动中不可忽视的重要环节。

一、服务消费

服务消费是指居民全部消费支出中用于支付社会提供的各种非实物性的服务费用总和。从居民服务性消费的主要目的来看,一般将服务性消费分为五类:生存型服务消费、发展型服务消费、求便型服务消费、求美型服务消费、享乐型服务消费。

1. 生存型服务消费

居住服务支出、餐饮和医疗服务支出作为居民生存型服务消费。随着人们对生存质量要求不断提高,定期体检,加强保健已纳入人们的正常生活。

2. 发展型服务消费

随着社会发展,人们更关注自己和孩子的未来,教育投资已成为家庭的一项重要开支。

3. 求便型服务消费

由于生活节奏不断加快,体现在城镇居民饮食消费上为"花钱买时间、买便捷",在外用餐消费明显增多,饮食消费逐步走向社会化。如银行卡、快餐等注重时间价值的消费迅速兴起,大受欢迎。

4. 求美型服务消费

生活水平的提高为"求美"的服务消费提供了经济保证。多数女性和青年男士为保持健康的体态、美丽的容颜而不惜投入。

5. 享乐型服务消费

居民家庭收入增加后,除了满足物质生活的需求外,旅游成为居民主要休闲方式。另外,如区域性传播媒体(有线电视、有线广播等)和因特网的接触频率也大大提高,成为人们享受服务消费的新宠。

【资料卡 15.1】
服务消费者与有形产品消费者的行为区别

服务消费者区别于有形产品消费者的行为特征主要有:

①服务消费者主要通过人际交流来获取所要购买的服务信息,而广告等媒体沟通手段则相对地不被服务消费者所重视。

②服务消费者只能根据价格、服务设施和环境等少量依据来判断服务质量。
③服务消费者在购买服务时对服务品牌的选择余地实际上很小。
④服务消费者普遍接受一项服务的创新要比接受一项有形产品的创新慢。
⑤服务消费者在消费认知方面的风险比较大。
⑥服务消费者对服务品牌一般有较高的忠诚度。
⑦服务消费者多少会对服务行为有参与感和责任感,这也是服务的不可分离性所决定的。

(资料来源:叶万春.服务营销学[M].北京:高等教育出版社,2001.)

二、服务消费者的购买心理

(一) 服务消费者的一般心理过程

1. 消费者对服务产品的认识过程

(1)感性认识阶段

消费者对服务产品首先从感性认识开始,消费者在选购服务产品之前,都是通过视觉、听觉等对服务产品的个别特性进行感知的。比如:消费者决定外出旅游,为此准备选择一家旅行社,首先他会在同事或朋友中打听有关旅行社的信息,或者他会通过互联网搜索有关旅行社的网页,查询旅游线路和相关费用等信息,通过一系列活动,消费者会对有关旅行社建立起初步的印象。这是消费者对服务产品认识过程的起点。

(2)理性认识阶段

在感性认识的基础之上,消费者会进一步了解该服务产品的更详细信息,然后将感知的个别特性有机地联系起来,形成对该服务产品的一种价值判断。上例中,消费者对旅行社的认识过程还将继续下去,消费者会深入了解有关旅行社的服务态度、服务水平、具体旅游线路安排的合理性、地接导游的服务能力等,消费者对旅行社个别特性的感性认识越丰富,对旅行社的理性认识就会越完整。

(3)注意阶段

对服务产品的注意过程,是指消费者购买服务产品心理活动过程中对服务产品的集中性和指向性。当某种服务产品与消费者的消费需求相一致后,消费者的注意力就会较长时间地保留在所选购的服务产品上,此时服务营销起着相当重要的作用,有效率的服务营销活动就可能将服务需求转化为现实的购买行为。

2. 消费者对服务产品的情感过程

在现实生活中,消费者的购买行为在许多情况下要受到情感因素的左右,并不都是理性认识的结果。

服务产品带给消费者的情感体验一般有两种极端状态:积极的心理体验和消极的心理体

验。积极的心理体验会让消费者产生满意、喜欢、愉快的情绪;消极的心理体验会让消费者产生不满意、不愉快等情绪,降低消费者的购买热情。

影响消费者情感体验的主要因素有:提供服务产品的环境条件、服务产品的特点、服务提供者的态度、服务消费者的心理准备。提供服务产品的环境给予消费者的不仅仅是第一印象那么简单,有时消费者会通过环境产生联想,联想到服务产品的质量、服务产品提供者的能力等。比如,一般有实力的律师事务所都将其办公地点设在交通便利、宽敞、明亮、高档的写字楼内,就是为了有一个好的服务环境,让消费者产生积极的心理体验;服务产品的特点是本产品有别于其他产品的地方,也是消费者选购本产品的原因之所在;服务提供者的态度是服务产品质量的核心之一,服务企业不仅要讲究信誉,而且要注意服务态度,以给消费者留下良好的深刻印象,促使他们产生购买行为;服务消费者的心理准备是指消费者对服务产品的接受程度,特别是在服务新产品的开发活动中,更应该利用多种渠道引导或创造消费者的消费习惯,为服务产品的推广做准备。

(二)服务消费者的个性倾向分析

1. 服务消费者个性心理类型

服务消费者的个性消费心理与商品个性消费心理有许多相似之处,具体表现在以下几个方面:

(1)追求质量

有关调查资料显示:有52%的消费者在购买商品时把质量放在首位。服务消费者也不例外,他们在购买服务产品时,也是将服务产品的质量放在其购买决策的首位。比如,消费者在选购医疗服务时,医生的专业能力、业务素质、工作作风与态度、医疗设备的先进性等影响服务质量的因素,成为其重点考察的对象。

(2)追求方便

在某种程度上来说,享受服务就是享受方便。所以服务产品提供者要本着方便的原则,才会获得更多消费者的信赖和支持。比如,在计算机市场,品牌机的价格远远超过组装机的价格,可是其销售业绩却持续看好。为什么消费者愿意多掏钱购买品牌机呢?究其原因,方便的服务就是其中之一。如购买联想电脑后,只要客户一个电话,联想电脑的维修人员就会以最快的速度上门为客户排忧解难,而组装电脑就不能享受这样的待遇。

(3)追求安全

安全第一,这是服务消费者共同的心声。得不到安全保障的服务,许多消费者宁愿选择放弃。比如春运期间,超载、超速的客运车辆将被停业整顿,这就是为了保证旅客的旅途安全。

(4)求廉

有27%的顾客以价格低廉的商品为购买目标,这些顾客多为中、老年人和低收入户。他们在观念上保持着俭朴的传统,对款式、花色、功能等均无过多的要求,在同类商品的选择中,多以价格低廉的商品替代价格较高的商品。

(5) 追求信誉

信誉是服务企业的生命,大部分消费者对应该享受的服务并不太清楚,所以他们在选购服务产品时,大都会选择有较高信誉的服务提供商,以此来保障自己的合法权益。比如外出旅游,虽然旅客通过多种渠道对旅游线路有一定的了解,但旅游过程中宰客现象时有发生,于是消费者首先想到的就是选择一家有良好信誉的旅游公司。

(6) 追求健康

回归自然,感受健康,是现代人,特别是现代都市人共同的兴趣和爱好。人们对服务的选择趋于健康、明朗。绿色通道、绿色服务、绿色产品、户外运动等大受欢迎。

(7) 好奇

随着服务新产品的不断开发,服务形式和服务项目推陈出新,加上广告的促销和宣传,许多年轻人就会在好奇心的驱使之下,尝试这些新的服务项目。比如网络服务这一新兴的服务形式就备受年轻一代的欢迎。

(8) 身份象征

有的消费者将选购高端的服务产品看做一种身份的象征,他们通过出入高档宾馆酒楼、豪华会所或通过高尔夫球等体育运动,体现自身的价值。

2. 消费者兴趣类型

根据消费者对服务产品的兴趣程度和范围划分:癖好型、固定型、新奇型。癖好型服务消费者对服务产品的消费表现出较明显的目的性和规律性,外在力量很难改变他的这一消费习惯。固定型服务消费者一般对所消费的服务产品建立了较稳固的感情,这类消费者的忠诚度比较高,其他替代产品要想引起他的兴趣是很困难的,比如,一个人习惯了在哪家医院看病,那么他再有相应需求时,就会毫不犹豫地走进同一家医院。新奇型服务消费者的消费对象是不确定的,什么新奇的事物他都想尝试。

根据消费者感兴趣的服务产品类型划分:对服务产品的内容感兴趣、对服务态度感兴趣、对服务产品的价格感兴趣。服务产品的内容是服务产品的物态表现,如服务项目、服务流程、有形展示等,这是消费者能够具体把握的部分;服务态度是服务产品动态的表现,它将服务内容有机地联系在一起,并动态地展开,服务态度给予消费者的影响最为深刻;严格地说,单纯对服务产品感兴趣的消费者是没有的,他们都要结合服务内容和服务态度对服务产品价格进行综合分析。

第二节　服务产品的评价

一、服务评价的依据

消费者购买服务产品一般是理智行为,即购买前要对有关信息进行收集、评价、比较和选择。这个全过程与购买有形产品没有什么区别,但二者在依据条件和具体评价程序及把握上存在着明显的差异。总的说来,对服务产品的评估较之对有形产品的评估复杂而困难,这是由服务产品的不可感知性决定的。区分消费者对服务过程和有形产品评价过程的不同,主要依据以下三个特征:

(1)是否具有可寻找特征

可寻找特征是指消费者在购买前就能够确认的商品具体特征,比如包装、价格、颜色、款式、硬度和气味等。像服装、家具和珠宝等产品有形有质,具有较强的可寻找特征。而像度假、理发、餐饮则不具备可寻找特征而只具备经验特征。

(2)是否具有经验特征

经验特征是指那些在购买前不能了解或评估,而在购买后通过享用该产品才可以体会到的特征,如产品的味道、耐用程度和满意程度等。饮食只有品尝后才知其味,理过发后才知理发师的技术和服务水平,听过课后才了解教师的水平和能力。

(3)是否具有可信任特征

可信任特征是指消费者购买并享用之后很难评价,只能相信服务人员的介绍,并认为这种服务确实为自己带来期望所获得的技术性、专业性好处的服务特征。比如,诉讼寻找律师,投诉者无法判断律师的服务水平,只能听信律师的分析,其他技术性、专业性服务如家电维修、汽车修理、保健等都具有这类特征。

【资料卡 15.2】

服务的特性

服务是具有无形特征却可给人带来某种利益或满足感的可供有偿转让的一种或一系列活动。服务通常是无形的,并且是在供方和顾客接触面上至少需要完成一项活动的结果。服务具有以下特性:

1. 服务的无形性

商品和服务之间最基本的,也是最常被提到的区别是服务的无形性,因为服务是由一系列活动所组成的过程,而不是实物,这个过程我们不能像感觉有形商品那样看到、感觉或者触摸到服务。对于大多数服务来说,购买服务并不等于拥有其所有权,如航空公司为乘客提供服务,但这并不意味着乘客拥有了飞机上的座位。

2. 异质性

服务是由人表现出来的一系列行动,而且员工所提供的服务通常是顾客眼中的服务,由于没有两个完全一样的员工,也没有两个完全一样的顾客,那么就没有两种完全一致的服务。服务的异质性主要是由于员工和顾客之间的相互作用以及伴随这一过程的所有变化因素所导致的,它也导致了服务质量取决于服务提供商不能完全控制的许多因素,如顾客对其需求的清楚表达的能力、员工满足这些需求的能力和意愿、其他顾客的到来以及顾客对服务需求的程度。

由于这些因素,服务提供商无法确知服务是否按照原来的计划和宣传的那样提供给顾客,有时候服务也可能会由中间商提供,那更加大了服务的异质性,因为从顾客的角度来讲,这些中间商提供的服务仍代表服务提供商。

3. 生产和消费的同步性

一般商品都是先生产,然后存储、销售和消费,而大部分的服务却是先销售,然后同时进行生产和消费。这通常意味着服务生产的时候,顾客是在现场的,而且会观察甚至参加到生产过程中来。有些服务是很多顾客共同消费的,即同一个服务由大量消费者同时分享,比如一场音乐会,这也说明了在服务的生产过程中,顾客之间往往会有相互作用,因而会影响彼此的体验。服务生产和消费的同步性使得服务难以进行大规模的生产,服务不太可能通过集中化来获得显著的规模经济效应,问题顾客(扰乱服务流程的人)会在服务提供过程中给自己和他人造成麻烦,并降低自己或者其他顾客的感知满意度。另外,服务生产和消费的同步性要求顾客和服务人员都必须了解整个服务传递过程。

4. 易逝性

服务的易逝性是指服务不能被储存、转售或者退回的特性。比如一个有100个座位的航班,如果在某天只有80个乘客,它不可能将剩余的20个座位储存起来留待下个航班销售;一个咨询师提供的咨询也无法退货,无法重新咨询或者转让给他人。由于服务无法储存和运输,服务分销渠道的结构与性质和有形产品差异很大,为了充分利用生产能力,对需求进行预测并制定有创造性的计划成为重要和富于挑战性的决策问题,而且由于服务无法像有形产品一样退回,服务组织必须制定强有力的补救策略,以弥补服务失误,尽管咨询师糟糕的咨询没法退回,但是咨询企业可以通过更换咨询师来重拾顾客的信心。

(资料来源:http://wiki.mbalib.com/wiki/%E6%9C%8D%E5%8A%A1.)

二、产品与服务评价过程的差异

消费者购买产品和服务的评价过程的差异性主要表现为:

1. 从信息收集角度

一般,消费者购买有形产品通过两类渠道获取有关的产品信息:即人际渠道和非人际渠道(如产品本身、广告、新闻媒介等)。但是,消费者购买服务产品则更依赖于人际来源。分析如下:

①众多媒体多适合于传递有关有形产品可寻找特征方面的信息,服务产品多为经验特征和可信任特征,消费者很大程度上依靠社会相关群体获取服务产品的信息。

②服务提供者往往是独立机构,有形产品的生产商与中间商所采用的联合广告往往侧重于产品本身的性能、质量,而不会专门为服务做经验特征广告。

③消费者在购买服务之前很难了解到服务的特征,为了避免购买的风险,乐意接受相关群

体的口头传播的信息,以为这样的信息可靠性强。服务信息的收集并不完全排斥非人际来源,如音像、电视、电影、戏剧等文化服务,广告及其他新闻媒体的宣传往往是消费者采取购买行动的重要原因。

【资料卡 15.3】

口碑传播与商业传播之间的比较

	口碑传播	商业传播
传播媒介	人际间面对面、网络口碑传播	电视、报纸、广播、路牌等
传播形式	语言、声音、表情	图片、声音、文字
传播者与接受者关系	熟人、强关系传播	一对多、陌生、弱关系
沟通环境	人际沟通的社会环境	虚拟场景、情景
沟通成本	低成本	高成本
传播效果	可信度高、传播速度慢、影响力大、影响面窄	可信度低、传播速度快、影响力小、影响面宽

(资料来源:张明星.口碑研究体系构建:口碑传播意愿及口碑测量研究[D].西南财经大学博士论文,2008.)

2. 从质量标准角度

在购买有形产品时,消费者可以凭借产品的款式、颜色、商标、包装和价格等多种标准来判断产品的质量,而购买服务时,消费者只局限于价格和各种服务设施等方面。在管道维修、楼房管理、草坪剪修等服务行业,消费者在购买服务之前只能获得价格方面的信息,只能通过价格的高低来判断服务的质量;而对于理发、法律咨询和健身等服务,消费者则要根据有形的服务设计包括办公室、场所、人员及其设备等来判断产品质量。毋庸讳言,服务质量的判断标准的单一性或连带性容易造成假象,对消费者形成误导。在许多情况下,服务质量不一定与价格成正比关系,服务场所的设计和设备也不一定形成良好的服务质量,服务质量的标准因人而异。

3. 从选择余地角度

消费者购买服务的选择余地较之购买一般消费品小,这是由于以下原因造成的:

①服务品牌单一,它不像零售店陈列的消费品那样琳琅满目。

②在同一个区域中,限于需求的有限性,不可能同时有很多的提供同种服务的不同企业可

以选择,如银行、干洗店、画廊等都很有限。

③消费者在购买服务前所获得的相关信息也是有限的,这也限制了选择余地。

4. 从创新扩散角度

创新扩散是指在一定时间内,新事物在某些人中通过各种途径,逐渐被推广的过程。其速度取决于消费者对创新特征的认识,创新特征包括相对优势、兼容性、可沟通性、可分离性和复杂性。一般而言,一个创新产品比现有产品具有较高的比较优势和兼容性,并且容易演示和介绍,其扩散速度就会快;反之,一个产品的结构和性能较为复杂难以操作,则它的扩散速度就会慢一些。由于服务具有不可感知的特征,很难被演示、讲解和相互比较。而且每一个消费者对同一服务的看法和感受又各不相同,所以服务比较复杂难以沟通。再者,新的服务可能同消费者现有价值观和消费行为不可兼容,因为许多消费者可能已习惯于自我服务。例如,一家幼儿园开展对孩子们提供早餐服务。然而,许多家庭不会采用这项服务,因为这些家庭习惯于为自己的孩子烹制早餐,而要改变这些家庭的习惯是十分困难的。

5. 从风险认知角度

消费者购买商品和服务都要承担一定的风险,相比之下,消费者购买服务所承担的风险更大,消费者对风险的认知更难,这是因为:

①服务的不可感知性和经验性特征,决定消费者在购买商品之前所获得的有关信息较少,信息越少伴随的风险会越大。

②服务质量没有统一性标准可以衡量,消费者在购买产品过程中的不确定性增强,因此风险更大。

③通常情况下,服务过程没有担保和保证可言,即使顾客在消费过程中或消费后感到不满意,也会因为消费过服务而无法重新更改或退换。

④许多服务都具有很强或较强的技术性或专业性,有时即使在享用过服务之后,消费者也缺乏足够的知识或经验来对其进行评价。

6. 从品牌忠诚度角度

消费者购买服务较之购买商品对品牌忠诚度更高。这取决于以下因素:①转移品牌的成本;②替代品的适用性;③购买风险;④以往的经验。

消费者购买服务受获取服务信息困难的影响,难于全面了解到有关替代品的情况,对替代服务能否比现有服务更能增强满意度亦无把握,因而不如仍选择原有的服务。同时,消费者转移对服务产品品牌的选择也会增加更多的费用支出。例如,病人到第一家医院看病可能首先要对身体进行系列检查,如果中途想换另一家医院,那家医院可能又要重新作一次身体检查。这样,消费者增加了不必要的开支。而且,消费者知道购买服务将要承担更多的风险,他们当然不会轻易转换品牌,而只能忠实于原有服务品牌。在消费服务过程中,消费者往往心存由于老顾客的身份而获取更多优惠的侥幸。服务提供者要充分利用消费者的这种心理来稳定老顾客,与顾客建立良好的合作关系。

7. 从不满意的归因角度

消费者对购买的商品不满意,不是归咎于中间商,就是归咎于生产厂商,一般不会归咎于自己。但是,若购买服务则不然,由于顾客在很大程度上参与服务的生产过程,消费者会觉得对服务后果的不满意负有一定的责任,或是自悔选择对象不当,或是自责没给服务提供者讲清要求,或是为没能与对方配合好而自咎。服务质量既是服务提供者的事,又取决于消费者的认同与看法,这为企业引导和调动消费者配合完成服务过程提出了更高的要求。

第三节 服务购买及其决策过程

一、服务购买过程

服务企业要想为消费者提供满意的服务,除了要了解消费者购买行为和评价行为的特征之外,还必须熟悉消费者具体的购买过程来把握其服务消费行为特点。消费者购买服务的过程可以分为三个阶段,即购买前准备阶段、消费阶段和购后评价阶段。

1. 购买前准备阶段

购买前准备阶段是指消费者购买服务之前的一系列准备活动。当消费者意识到对某种服务有需求时,这一阶段就已经开始了。随着这种需求不断增强,促使消费者着手准备购买。最初,消费者从各种渠道搜集有关信息,他们先会回忆以往所了解或者体验到的有关知识,试图从中获得解决办法信息,同时向亲戚、朋友和邻居征求意见和建议,或者翻阅报章杂志、向专家咨询等,最后将确定出最佳的选择方案。

以一个消费者选择饭店吃午饭为例。他面临的第一个问题是"在什么场合下吃饭"。无疑,不同的饭店适合不同的消费者。自己吃与同朋友一起吃可能会有不同的要求。如果一个人吃饭,像麦当劳、肯德基一类的快餐店也许就可以了。如果是和朋友一起吃,则会选择较好一些或者是上档次的餐馆。吃饭的场合确定下来之后,紧跟的问题是"哪些餐馆可以选择"。从理论上讲,顾客可选择的餐馆有很多,而事实上,他通常根据以往的经验和知识只选择有限的几家。不过,究竟他会选择哪一家还需要考虑一系列因素,这一过程通常是很难描述出来的。

【资料卡 15.4】
载瑟摩尔的顾客感知价值理论

载瑟摩尔在一项研究中总结出感知价值的四种含义:①价值是价格的低廉。有的顾客认为价值即为价格的低廉,这说明所要支付的货币是最重要的价值感受。②价值是从产品中获取到我想要的东西,这说明有的顾客认为从产品或服务中获得的利益是最重要的价值感受,即为经济学中的"效用":主观衡量对消费产品的满意程度。③价值是我用钱买回的质量。这说明有的顾客将价值视为一种权衡,存在于"支付的金钱"与"买回的质量"之间。④价值是由全部付出所获得的全部利益。这说明有的顾客认为价值的描述,不仅要考虑全部付出,包括时间、金钱等,还要考虑所获得的全部利益。

载瑟摩尔将上述四种表达提炼为顾客感知价值的一个全面定义:顾客感知价值实际上就是顾客所能感知到的利益与其在获取产品或服务时所付出的成本进行权衡后对产品或服务效用的总体评价。顾客感知价值有两层含义:第一,价值代表着收益与成本间的权衡,为此是否作出购买的决定绝不是取决于某个单一因素,而是对收益和成本的综合评价之后所采取的行为。第二,价值具有个性化的特点,感受的主体不同,所感知到的收益也不同。即使是同一产品或服务,不同的顾客所感知的价值也不同。

(资料来源:ZEITHAML VA. Consumer perceptions of price, quality and value: a means – end model and synthesis of evidence[J]. Journal of Marketing, 1988, 52(7): 2-22.)

2. 消费阶段

经过购买前的一系列准备活动,消费者的购买过程进入实际购买和消费阶段。对于有形产品而言,消费过程通常包括购买、使用和废物处理、购后评价等过程。因为服务具有生产和消费同时进行的特点,所以消费者购买服务的过程也就是其消费服务的过程。在这一过程中,顾客不是同其消费客体打交道,而是表现为同服务提供人员及其设备相互作用的过程。有形产品的使用是完全独立于卖方影响的,至于消费者何时使用、怎样使用以及在哪里使用都是他们自己的事,同产品的提供者没有任何关系。对于服务来讲,则有着不同的情形。服务生产与消费同时进行的特征意味着服务企业在顾客享用服务的过程中将起到重要作用。离开服务提供者,服务的消费过程是无法进行的,因为服务提供者同顾客一道构成了消费过程两大主体。同时各种服务设施的作用也不容忽视,这些设施是服务人员向顾客提供服务的工具,它们给顾客的印象还将直接影响到顾客对企业服务质量的判断。此外,由于服务传递过程的延长,顾客对产品的评价不单单是在购买之后的阶段,而在消费过程中就已经发生。事实上,顾客在同服务人员及其有关设备打交道的过程中,已经开始对企业的服务进行评价。从企业的角度看来,服务消费过程的这种特点为企业直接影响顾客对产品的判断提供了便利,而这对有形产品的生产者来说是不大可能的。

3. 购后评价阶段

顾客满意是评价企业营销活动的重要指标之一,顾客满意度则来自于消费者对服务质量的评价。从现有文献来看,消费者在体验了服务消费之后,可能出现的购后行为包括:顾客忠诚(如重复购买等)、(正面)口碑传播(如推荐行为、赞扬行为等)、转换行为(如转换品牌、减少购买)、顾客抱怨行为(如向企业投诉、向他人抱怨等)。顾客对服务质量的判断取决于体验质量和预期质量的对比,而预期质量受市场沟通、企业形象、顾客口碑及其需求的影响。

从购买过程的层面上看,服务的消费过程有别于有形产品的消费过程,因为后者一般包括购买、使用和处理三个环节,而且这三个环节的发生遵循一定的顺序并有明确的界限。比如:顾客从超级市场购买一瓶洗衣粉,在洗衣服时使用,当所有的洗衣粉用光之后就把空袋子扔掉。而服务的消费过程则有些不同。在服务交易过程中并不涉及产品所有权的转移,服务的消费过程也就没有明显的环节区分,这些所谓的环节都融合为顾客与服务人员互动的过程;另一方面,服务不可感知(无形性)的特点,使得废物处理的过程同整个消费过程没有关系。服务的购后评价是一个复杂的过程。它在顾客做出购买决策的一刹那间就开始了,并延续至整个消费过程,顾客的评价就不仅受到前述因素的影响,而一些来自社会和环境方面的因素也将起很大作用。从某种意义上,顾客的评价如何将取决于企业能否善于管理顾客与顾客、顾客与员工、顾客与企业内部环境以及员工与内部环境之间的关系。

【资料卡 15.5】

顾客忠诚的分类

(1)缺乏忠诚(No loralty)

较低的态度取向伴随着较低的重复购买行为表明缺乏忠诚。此类顾客几乎长期不和企业发生业务关系。

(2)虚假忠诚(Spurious loyalty)

非态度因素(如主观的行为规范和情境的影响)作用于行为产生较低的态度取向伴随着较高的重复购买行为被称为虚假忠诚。这类顾客可能是因为某种原因,如垄断、惰性的原因而不能离开服务的提供者。

(3)潜在忠诚(Latent loyalty)

较高的态度取向伴随着较低的重复购买行为反映了潜在的忠诚。这类顾客虽然信任服务提供商提供的服务,但是在行为上却仍然要与企业终止联系。一些客观的因素妨碍了顾客的行为取向,顾客之所以作出这样的决定往往是因为一些有关利益决策的因素妨碍了顾客的购买,如价格、时间、距离等。

(4)理想忠诚(Loyalty)

它代表着态度取向和重复购买行为之间的最佳组合。此类忠诚是顾客积极情感和重购行为的统一,最为稳定,对企业最有价值。顾客出于内心的偏爱而重复购买,即便受到竞争对手的吸引也不转换。

(资料来源:GRIFFIN JILL. Customer Loyalty:How to Earn it and How to Keep it[M]. New York:Jossey-Bass Inc,1995.)

二、购买服务的决策理论

购买服务的决策理论包括风险承担论、心理控制论和多重属性论。这些理论是西方学者于 20 世纪 60 年代提出来的。这些理论为服务营销决策和消费者购买服务的决策行为提供了理论依据。

1. 风险承担论

风险承担论就是用风险认知的概念来解释消费者购买行为。所谓风险承担是指消费者在购买服务的过程中较之购买商品具有更大的风险性,因而消费者的任何行动都可能造成自己所不希望或不愉快的后果,而这种后果则由消费者自己承担。消费者在进行购买服务的决策中要尽可能降低风险、减少风险、避免风险。消费者作为风险承担者要面临四个方面的风险,即财务风险、绩效风险、物质风险和社会风险。财务风险是指由于消费者决策失当而带来的金钱损失;绩效风险是指现有服务无法像以前的服务一样能够达到顾客的要求水准;物质风险是指由于服务不当给顾客带来肉体或随身携带的用品的损害;社会风险则是指由于购买某项服务而影响到顾客的社会声誉和地位。

风险承担论认为,购买服务的风险大于购买商品的风险原因出于服务的不可感知性、不可分离性和服务质量标准的难以统一等。消费者购买服务一要有承担风险的心理素质,二要有规避风险的意识。消费者规避风险或减少、降低风险主要采取以下策略:

(1) 成为满意的服务品牌或商号忠诚顾客

根据自身经验,消费者对购买过程中满意的服务品牌或商号不随意更换,不轻易去否定或背离自己认为满意的服务品牌或商号,不贸然去承受新的服务品牌带来的风险。

(2) 对服务企业的美誉度和信誉度进行深入调查

优质服务企业往往会形成好的口碑,口碑是社会消费群体对企业服务的评价。好的口碑即是企业信誉度和美誉度的体现。消费者无法去测定企业的信誉度和美誉度,但可借助消费群体的口碑去判断其服务风险的大小。好的口碑,尤其是从购买者的相关群体获得的信息,对购买者具有参考价值和信心保证。

(3) 听从正面舆论领导者的引导

正面舆论领导者通常是一个群体中能够给人以较好意见的人。正面舆论领导者是具有相关知识、对社会消费行为负有责任感,并在社会消费活动中有影响力的专家。听从舆论领导者的引导意见有助于消费者减少、降低购买服务的风险。

(4) 综合考虑服务的不确定性

如对于专业技术性服务,购买者降低风险要从内部和外部两个方面降低购买的不确定性及其后果,要通过深入的调查研究、借助试验、大量收集服务企业的内部和外部的信息等方式规避风险。风险承担论一方面客观地正视了消费者购买服务的风险性的事实,另一方面明确地为消费者规避、减少、降低风险提供了依据。

2. 心理控制论

心理控制论是指现代社会中人们不再为满足基本的生理需求,而要以追求对周围环境的控制作为自身行为的驱动力的一种心理状态。这种心理控制包括对行为的控制和对感知的控制两个层面。

行为控制表现为一种控制能力。在服务购买过程中,行为控制的平衡与适当是十分重要的。如果控制失衡就会造成畸形,损害一方利益。如果消费者的控制力强,则服务企业的经济地位势必受到损害,因为消费者讨价还价能力强,则意味着企业利润的相对减少;如果服务人员拥有较多的行为控制权,则消费者会因为缺乏平等的交易地位而感到不满意,对于服务企业而言,其经营效率会随之下降。

在服务交易过程中,并不只表现为行为控制这一个层面,还要从深层次的认知控制加以分析。服务交易过程中的行为控制是交易双方通过控制力的较量和交易,以消费者付出货币和控制权而换得服务企业的服务为目标。交易双方都在增强自己的控制力,在彼此趋近于平衡的状态下取得成交。但由于交易双方对服务质量标准的认知不一致,因此交易双方对交易结果难于获得十分满意的最佳感受,这是感知控制层面所要解决的问题。感知控制是指消费者在购买服务过程中自己对周围环境的控制能力的认知、了解的心理状态。消费者对周围环境及其变化状态感知控制越强,则对服务的满足感越强,对企业的满意度也就越高。服务交易过程既是交易双方行为控制较量的过程,又是感知控制竞争的过程。从本质上讲,服务交易的成败,顾客满意度的高低,主要取决于服务企业对感知控制的能力和举措。企业服务人员的感知控制能力与其工作的满意度具有正相关关系,也与消费者的满意度具有同样的正相关关系。心理控制论尤其是感知控制对于企业服务和服务企业具有重要的管理意义。这一理论要求企业在服务交易过程中,应该为消费者提供足够的信息量,尽可能让购买者对服务提高认知度,使购买者在购买过程中感觉到自己拥有较多的主动权和较大的控制力,充分地了解服务过程、状态、进程和发展,以减少风险忧虑,增强配合服务过程完成的信心。例如,民航服务活动中,如若飞机误点,航空公司应该及时解释飞机为何误点、何时起飞、食宿安排等相关问题,以使乘客能提高认知控制能力,减少埋怨,配合服务。

3. 多重属性论

多重属性论是指服务业具有明显性属性、重要性属性及决定性属性等多种属性之外,同一服务企业由于服务环境和服务对象的差异性其属性的地位会发生变化。明显性属性是引起消费者选择性知觉、接受和贮存信息的属性;重要性属性是表现服务业特征和服务购买所考虑的重要因素的属性;决定性属性则是消费者实际购买中起决定作用的明显性属性。服务的这三重属性是依次递进的。决定性属性一定是明显性属性,但对某服务而言不一定是最重要的属性,重要的属性不一定是决定性的属性。

本 章 小 结

本章首先分析了服务消费及购买心理。服务消费是指居民全部消费支出中用于支付社会提供的各种非实物性的服务费用总和。从居民服务性消费的主要目的来看,一般将服务性消费分为五类:生存型服务消费、发展型服务消费、求便型服务消费、求美型服务消费、享乐型服务消费。然后分析了服务产品的评价,从有形产品和服务产品的评价依据差异着手,分析二者之间的区别。最后分析了服务购买及其决策理论。消费者购买服务的过程可以分为三个阶段,即购买前准备阶段、消费阶段和购后评价阶段。购买服务的决策理论包括风险承担论、心理控制论和多重属性论。

思 考 练 习

1. 服务消费分为哪几种类型?
2. 有形产品和服务评价依据的区别有哪些?
3. 简述服务消费的购买过程。

【案例分析】

亚马逊网络书店服务策略

在 Internet 给人类生活带来前所未有的变化的同时,一批紧紧抓住 Internet 这一时代特征并全力在网上开展业务的企业获得了奇迹般的成功。其中亚马逊书店已是广为人知的成功范例,美国时代杂志(TIME)在 2000 年 1 月 3 日出版了跨年的特刊,并遴选"亚马逊网络公司的贝佐斯"(Amazon.com's Bezos)作为"年度风云人物"(Person of the Year)的代表,而且用将近 18 页的全版版面,大大地赞扬贝佐斯的丰功伟业,其影响力由此可见一斑。但大多数人只是了解这家企业成功地利用了 Internet 开展业务,却不知道促使其成功的真正背后因素是其成功的服务策略以及服务流程设计。

一、亚马逊网络书店服务战略特色——以客为尊

根据美国的 James A. Fitzsimmons 和 Mona J. Fitzsimmons 教授提出的服务分类方法,我们按照亚马逊书店的交互定制程度以及劳动力密集程度可以把它归为大众化服务企业中。在大众型的服务企业中,其顾客参与的特征显得尤为显著和重要。

事实也正是如此,"顾客优先"一直是贝佐斯最重视的部分,他也确实将这个理念落实在亚马逊网站。诚如贝佐斯所言:"每天醒来后感到害怕的不是竞争,而是顾客。"

面对着越来越多的竞争者,亚马逊书店在处理与客户的关系时充分利用了 CRM 的客户智能,当你在亚马逊购买图书以后,其销售系统会记录下你购买和浏览过的书目,当你再次进入该书店时,系统识别出你的身份后就会根据你的喜好推荐有关书目。你去该书店的次数越多,系统对你的了解也就越多,也就能更好地为你服务。显然,这种有针对性的服务对维持客户的忠诚度有极大的帮助。CRM 在亚马逊书店的成功实施不仅给它带来了 65% 的回头客,也极大地提高了该书店的声誉和影响力,使其成为公认的网上交易及电子商务的杰出代表。统计数字表明,企业发展一个新客户往往要比保留一个老客户多花费 8 倍的投入,而 CRM 的客户智能可以给企业带来忠实和稳定的客户群,也必将带来良好的收益。若简略地浏览亚马逊网站的内容,我们不难发现亚马逊网站所提供的选择之多,内容之丰富,宛如一个自给自足的"网

络社区",而且这个社区的编辑内容还每天更新,不断有新的信息流进。就商品项目而言,除了可以在亚马逊网站购买各类的书籍,还可购买电子用品、玩具游戏、音乐CD、影视光盘、计算机机件、相机照片、美容保养品、厨房器具、婴儿用品等,不一而足。其它服务如杂志订购、旅游导览、拍卖交易等,也是包罗万象,囊括东西南北,而且服务对象从个人到特定公司团体都有,可谓面面俱到,甚至还利用亚马逊网站本身的知名度,提供厂商作为贩售商品的连接通路,如果称之为"亚马逊网络社区",实在是一点也不为过。就商品内容而言,亚马逊网站会根据商品的不同属性,给予顾客相关的商品信息与消费情报。以书籍为例,除了价钱与折扣之外,还给予不同等级的推荐,从一颗星到五颗星最高,还让顾客留下自己的意见或心得,作为其他消费者的参考,使得人与人之间的互动关系,透过网络接口,愈加密切。此外,顾客若购买其中一本书,还可以得到购买同类书籍的推荐作者或书单,无形中拓宽顾客的阅读视野,连带地刺激顾客消费,可说是一举数得。

二、亚马逊网络书店服务流程创新——友善互动

前面分析了"以客为尊""以人为本"是亚马逊网站的最大特色与最高宗旨。我们知道亚马逊书店的网络贩售属于"无店铺行销",亚马逊书店的广受欢迎,当然离不开其独特的互动流程,从使用者的角度来看,有效率的搜寻引擎(search engine)、网络购物车服务、贴心的礼品包装、多样化的商品选择与简便的购物流程,确实都是以使用者友善(user friendly)的立场为考量,进而创造最高的服务价值。贝左斯曾表示,亚马逊特别自豪于读者书评这个部分,因为读者书评正是亚马逊网站最大的特色。

亚马逊的书评依撰写者角色不同,主要分为两种,一种是专家书评,另一种是读者书评,专家书评包括与亚马逊网站策略联盟所提供的其他平面媒体专家书评,以及亚马逊网站的编辑书评。这些专家书评多为知名教授或专业人士所写,内容专精。除了这些专业书评之外,另外还有上网消费者的读者书评。亚马逊网站的读者书评以提供购书为指南,进一步延伸出阅读社群,这样让读者愿意常常上网买书、发表书评的背后是有一套商业机制在运作支撑的。为了吸引读者购买书籍,亚马逊不断提供价格之外的其他价值,借此提高向心力,使读者愿意提供书评,在借由书评等相关信息,提升读者购买力,所以书评与社群意识是环绕在刺激消费的期许中逐步形成的,为了刺激消费,且体验消费不仅止于消费,亚马逊提供许多实体书店所无法做到的事。

许多读者匿名书评或是其旁未加上E-mail的书评意味着几种可能:①书写者因为角色敏感而无法公开身份,例如,身为出版社员工,亚马逊网站竞争对手如邦诺书店货博得斯书店等;②因论述偏颇蓄意造假,不希望别人知道或是被干扰。然而,亚马逊的这些书评家认为匿名书评影响不大,对于匿名所引发的事件并不在意,因为匿名是大家能不被骚扰而勇敢表达不同意见的权利,也是网络的特性,就像任何人都有机会阅读和写书评一样,匿名与否是大家的自由,再者任何书评都不可能是绝对的公正客观,专家书评亦然,也有其预设立场与意见,因为真正制造事端的不是匿名而是书评家的心态,重要的不是匿名与否而是书评的品值,虽然匿名

性会让人怀疑写作动机，但是书评内容才应是读者最大的考量，为了减少不公的情况，将 E-mail 放在书评旁，会使言论多一些平衡。再者，若发现书评内容有促销广告倾向时，许多读者表示反而会因此造成反效果而不去买这本书。

就购物的服务流程而言，顾客在网络下单后，会先收到确认的订单，里面包含运送的方式、运费、到达日期、书籍数量与价格，然后将顾客订单数据传回配送中心（distribution center），透过特殊的书橱设备（closet facility）以红灯显示顾客订购的书籍位置，交给负责的员工从架上取货，然后放到流动的配送带上，再转送到一处斜槽，经由计算机扫描分类与人工包装后，将货物送抵顾客手中，完成交易。

三、关于亚马逊网络书店的盈利思考

亚马逊网站可以说是一个奇迹，它所带动的网络发烧股热潮与行销经营模式，已然成为各方讨论的焦点，有的成为电子商务的经营范例，有的则成为错误经验的教材。亚马逊网站的竞争利基，若以四个字涵盖其精神，就是新、速、实、简。"新"是指"服务功能随着科技进步"；"速"是指"信誉来自于流程的速度"；"实"是指"实惠的折扣价格"；"简"是指"一点就通（one-click）功能服务"。其他如库存量的精准掌握、资金成本的运用优势、广告促销的显著成效与相关的收购策略联盟，都是促使亚马逊不断壮大的因素。若简单地归纳亚马逊的十大成功秘诀，如 Rebecca Saunders 在《亚马逊网络书店的十大秘诀》中所提，有：一、与电子商务生息与共；二、让网络上充满优秀企业人才；三、专注于目标；四、打响网站知名度；五、提供超值服务吸引并留住顾客；六、发展无敌的后勤品质；七、保持精简；八、重视科技研发；九、创新与灵活转换；十、与优秀伙伴共同成长。

然而，毕竟亚马逊公司至今仍未获利，"成功"一词套在亚马逊身上似乎也言之过早。其中潜在的危机与困境，除了获利机制尚未完全成熟之外，过高的行销开支与难以捉摸的网络空间，都一再地显示出亚马逊未来发展的种种瓶颈。加上亚马逊树大招风，很容易成为众矢之的，必须承受来自各方的压力。

其实简单地说，如果不考虑到它的盈利状况的话，它是成功的。因为它选择了书作为它的主营业务。如果考虑到盈利状况的话，它是不成功的，原因仍然是它选择了书作为它的主营业务。这正是成也萧何，败也萧何，原因是什么呢？

要回答这一问题，首先我们必须问自己一个问题：它为何选择了书，而不是其他东西，比如说苹果？选择书的合理内涵是什么？实际上，内涵只有一个，那就是质量的无差异性。

固然，书比较易保存，易运输，但易保存、易运输的东西何止是书一种？服装也易保存、易运输。还有文具和其他很多东西都具有易保存、易运输的特性，但只有书具有质量的无差异性。那就是只要不破损，不被污染，两本同样名字的书的质量无差异。

正是因为如此，亚马逊公司才得以迅速发展，成为世界知名的网络公司。但它也会因为同样的原因而停滞不前，不可能再有大的发展。应该说，亚马逊公司提供了很好的服务，为了增加利润似乎可以提高销售价格，但可行吗？会有大量的顾客愿意出高价而得到与普通传统商

店毫无区别的产品吗？答案肯定是不，至少不会形成大量的客户群。正是由于质量的无差异性，使得这种可能不存在。亚马逊公司还是比较聪明的，它没有像某些网络公司一样自己建立物流公司，而是选择了与联邦快递公司合作，把传统行业的部分让出来，让更专业的人去做，这是明智的。所以说如果仅卖书，亚马逊公司不可能长期存在，它必须开拓其他市场。事实也证明了这一点。

不管亚马逊公司最终成功与否，它所呈现出来的鲜活、创意等智慧结晶，都是任何网站所无可取代的。没有人预测得到，原来网络购物也能如此生动有趣。而如果亚马逊象征的是一个尚未来临的电子世界，是一个透过科技所能实现的购物理想，是一种人与人之间的新沟通模式，那么贝佐斯所创造的，不仅仅是一个在线的百货公司，贝佐斯真正建立的是未来生活的基本蓝图。因此，我们有责任来关心亚马逊对我们生活所造成的影响，这是一个正在发生、已经发生，而且也是将来会不断发生的影响。

（资料来源：http://blog.icxo.com/read.jsp? aid =23188&uid =6786.）

思考题

1. 请你评价一下亚马逊书店的服务策略。

2. 借鉴亚马逊书店的经验，对我国网上书店（如当当书店，www.dangdang.com）经营服务策略进行策划。

参考文献

[1] 卡迪斯. 消费者行为与管理决策[M]. 马龙龙,译. 北京:清华大学出版社,2003.

[2] 李付庆. 消费者行为学[M]. 北京:清华大学出版社,2011.

[3] 符国群. 消费者行为学[M]. 北京:高等教育出版社,2001.

[4] 利昂 G 希夫曼,莱斯利 L 卡纽克. 消费者行为学[M]. 8版. 江林,译. 北京:中国人民大学出版社,2007.

[5] 张雁白,张建香,赵晓玲. 消费者行为学[M]. 北京:机械工业出版社,2011.

[6] 德尔 L 霍金斯,戴维 L 马瑟斯博,罗杰 J 贝斯特. 消费者行为学[M]. 10版. 符国群,等,译. 北京:机械工业出版社,2007.

[7] 亨利·阿塞尔. 消费者行为和营销策略[M]. 韩德昌,等,译. 北京:机械工业出版社,2000.

[8] 卢泰宏,杨晓燕,张红明. 消费者行为学——中国消费者透视[M]. 北京:高等教育出版社,2005.

[9] 迈克尔 R 所罗门,卢泰宏,杨晓燕. 消费者行为学[M]. 8版. 北京:中国人民大学出版社,2009.

[10] 丁保罗·彼德,杰里·奥尔森. 消费者行为与营销策略[M]. 韩德昌,译. 大连:东北财经大学出版社,2000.

[11] 谢斯,本瓦利·米托. 消费者行为学管理视角[M]. 2版. 罗立彬,译. 北京:机械工业出版社,2004.

[12] 江林. 消费者行为学习题与案例[M]. 3版. 北京:首都经济贸易大学出版社,2009.

[13] 荣晓华. 消费者行为学[M]. 2版. 大连:东北财经大学出版社,2006.

[14] 林建煌. 消费者行为学[M]. 北京:北京大学出版社,2004.

[15] 龚振. 现代市场营销学[M]. 沈阳:辽宁大学出版社,2000.

[16] 徐洁怡,马威. 消费者行为学[M]. 北京:中国农业大学出版社,2005.

[17] 江林. 消费者行为学[M]. 北京:科学出版社,2007.

[18] 莫温,迈纳. 消费者行为学[M]. 黄格非,束珏婷,译. 北京:清华大学出版社,2003.

[19] 荣晓华.消费者行为学[M].2版.大连:东北财经大学出版社,2007.

[20] 李东进.消费者行为学[M].北京:机械工业出版社,2007.

[21] 王曼,白玉苓,王智勇.消费者行为学[M].北京:机械工业出版社,2010.

[22] 冯丽云,孟繁荣,姬秀菊.消费者行为学[M].北京:经济出版社,2004.

[23] 李晴.消费者行为学[M].重庆:重庆大学出版社,2003.

[24] 王长征.消费者行为学[M].武汉:武汉大学出版社,2004.

[25] 卢泰宏.中国消费者行为之差异性[M].北京:中国社会科学出版社,2005.

[26] 德尔 L 霍金斯,罗杰 J 贝斯特,肯尼思 A 科尼.消费者行为学[M].7版.符国群,等,译.北京:机械工业出版社,2000.